***ACCESO GRATIS** a la Lectura en la Nube*

Para visualizar el libro electrónico en la nube de lectura envíe junto a su nombre y apellidos una fotografía del código de barras situado en la contraportada del libro y otra del ticket de compra a la dirección:

ebooktirant@tirant.com

En un máximo de 72 horas laborales le enviaremos el código de acceso con sus instrucciones.

La visualización del libro en **NUBE DE LECTURA** excluye los usos bibliotecarios y públicos que puedan poner el archivo electrónico a disposición de una comunidad de lectores. Se permite tan solo un uso individual y privado

SOBRE LA FILOSOFÍA DEL DERECHO MODERNA

VUELTA A LOS CLÁSICOS Y EL DESCONCIERTO ACTUAL

UNIDADES DIDÁCTICAS ADAPTADAS AL PLAN DE BOLONIA

SOBRE LA FILOSOFÍA DEL DERECHO MODERNA

VUELTA A LOS CLÁSICOS Y EL DESCONCIERTO ACTUAL

UNIDADES DIDÁCTICAS ADAPTADAS AL PLAN DE BOLONIA

2ª Edición

SANTIAGO CARRETERO SÁNCHEZ
Profesor Titular de Filosofía del Derecho
Universidad Rey Juan Carlos

tirant lo blanch
Valencia, 2024

EDITA: TIRANT LO BLANCH
C/ Artes Gráficas, 14 - 46010 - Valencia
TELFS.: 96/361 00 48 - 50
FAX: 96/369 41 51
Email: tlb@tirant.com
www.tirant.com
Librería virtual: www.tirant.es
DEPÓSITO LEGAL: V-351-2024
ISBN: 978-84-1056-492-3

Si tiene alguna queja o sugerencia, envíenos un mail a: *atencioncliente@tirant.com*. En caso de no ser atendida su sugerencia, por favor, lea en *www.tirant.net/index.php/empresa/politicas-de-empresa* nuestro procedimiento de quejas.

Responsabilidad Social Corporativa: http://www.tirant.net/Docs/RSCTirant.pdf

"No se puede aprender Filosofía, tan solo se puede aprender a filosofar"

Inmanuel Kant

"Vivir sin filosofar es, propiamente, tener los ojos cerrados, sin tratar de abrirlos jamás"

René Descartes

Índice

Lección 4

PUNTO DE VISTA FORMAL: EL MÉTODO DE LA TRIDIMENSIONALIDAD EN EL ESTUDIO DEL DERECHO

Lección 5

LA IDEA DE RELACIÓN DESDE LA PERSPECTIVA JURÍDICA

Lección 6

LA PERSPECTIVA DE LA NORMA JURÍDICA EN EL ORDENAMIENTO

Lección 7
RELACIONES ENTRE DERECHO Y MORAL

Lección 8
CONSIDERACIÓN ANALÍTICO-LINGÜÍSTICA DE LA NORMA JURÍDICA

Lección 9
LA FORMACIÓN DEL ORDENAMIENTO: TEORÍA DE LAS FUENTES DEL DERECHO

Lección 10

LA INTERPRETACIÓN DEL ORDENAMIENTO

Lección 11

LA APLICACIÓN DEL ORDENAMIENTO JURÍDICO Y EL PROBLEMA DE LOS VACÍOS NORMATIVOS

Lección 12

LA PLENITUD DEL ORDENAMIENTO JURÍDICO. LAS LAGUNAS JURÍDICAS

Lección 13

LA COHERENCIA DEL ORDENAMIENTO. LAS ANTINOMIAS JURÍDICAS

Lección 14

LA UNIDAD DEL ORDENAMIENTO JURÍDICO. LA VALIDEZ DEL DERECHO

Lección 15
FUNDAMENTO IUSNATURALISTA DE LA VALIDEZ

Lección 16
FUNDAMENTO POSITIVISTA DE LA VALIDEZ

Lección 17

EL REALISMO JURÍDICO Y SUS IDEAS

Lección 18

EL DERECHO SUBJETIVO COMO CONTENIDO DE LA RELACIÓN JURÍDICA

Lección 19

LA CIENCIA JURÍDICA Y LAS TEORÍAS POLÉMICAS MODERNAS

Lección 20

LA LÓGICA DEL SIGLO XX: NUEVOS OBJETIVOS Y TRABAJOS

Lección 21

LOS ESTUDIOSOS DEL LENGUAJE JURÍDICO

Lección 22

LOS MOVIMIENTOS DE LA METODOLOGÍA DEL XIX Y XX: ROMPIENDO MODELOS ANTERIORES

Lección 23

LOS VALORES CLÁSICOS DEL DERECHO Y SU MODERNIDAD PERPETUA

Lección 24

LAS TENDENCIAS MODERNAS DE LA FILOSOFÍA DEL DERECHO EN EL SIGLO XXI: LOS DOS MODELOS CONTINENTAL Y AMERICANO

Lección 25
LOS NUEVOS RETOS DE LA FILOSOFÍA DEL DERECHO ANTE LA INTELIGENCIA ARTIFICIAL

Lección 1

CONCEPTO DE DERECHO: DIFICULTADES DE ORDEN SEMÁNTICO

La palabra Derecho posee múltiples acepciones y esto es algo asumido en todo el lenguaje común. Se habla de los estudios de derecho, o de la ciencia del derecho, del derecho de un país determinado o que tenemos «derecho» a gozar de una vida holgada... o que no hay derecho a... lo que expresa que la palabra «Derecho» no expresa un concepto unívoco, pues expresa diversas cosas en el vocablo. Incluso existe una ciencia que estudia solo este tema: la Filosofía analítica que sólo lo estudia desde el puro lenguaje. No es posible en este nivel determinar un concepto unívoco del derecho. El problema es saber si subsiste una estructura subyacente a las distintas significaciones de la que pueda predicarse la condición de «jurídica». Entre Derecho como ciencia, norma, facultad, ideal de justicia existe una vinculación profunda ontológica puesto que el derecho es o constituye la elaboración de aquellas normas de Derecho en las cuales se fundan los derechos que cada cual puede afirmar como suyos y que expresan un ideal ético de justicia;

En términos escolásticos podrá decirse —señala LEGAZ— que el Derecho es un concepto analógico que depende de las distintas concepciones filosófico-jurídicas, pues para las concepciones subjetivas o personalistas el derecho será, fundamentalmente facultas para los normativistas será LEX y para los eticistas id quod iustum est, o sea, lo que es justo.

Parece evidente —dice Legaz— que todo autor establece su concepto de Derecho dándole un concepto sintético[1]. Todo concepto y definición de Derecho está condicionado por una previa opción metafísica que se proyecta en la idea que de él se tiene y que puede considerarse también como una idea, punto de vista o perspectiva sobre la Justicia. Los analistas del Lenguaje niegan ese denominador común que se pretende. El Derecho se expresa en un lenguaje en español: esta palabra como Droit o Diritto expresa lo que en latín expresaron Directum y como Ius. En un sentido normativista se ha entendido siempre este vocablo: El Derecho visto como NORMA. El ius no tenía al principio, un sentido normativo, significaba lo que no daña a los hombres, lo que se puede hacer; los romanos hablaron siempre del Derecho que se usa, tenían una concepción del pacto moral previo al Derecho. Pero el término evolucionó se hizo patente un cambio de sentido de Ius como normativista, el concepto de IUS se convierte en LEX. Ahora

---

1 Legaz Lacambra, L. Filosofía del Derecho. Barcelona: ed. Bosch, 1975, páginas 12 y ss.

bien, la palabra que expresa rotundamente el sentido normativista es Directum, a juicio de SFORZA triunfó el sentido ético, dice GARCÍA-GALLO este Directum significó el predominio de una concepción formalmente normativista, es decir aquello a que se laude no es a la justicia de la norma, sino a la misma ordenación que dirige, al origen de la norma y no a su rectitud. La Ciencia jurídica moderna ha ido realizando un proceso de simplificación y restringe la realidad jurídica como a la Normatividad incurriendo así en el convencionalismo de equiparar Derecho, Norma, y regla impuesta por el poder coactivo del Estado. Ha sido esta una etapa irreversible en la formación de Derecho, como indica LEGAZ, que no se puede desconocer.

Hay elementos de la realidad jurídica que tienen carácter estructural que integran la estructura del Derecho: una estructura tiene un carácter formal. Una estructura es algo que se mantiene o tiende a mantenerse.

Estos elementos NO son solamente las normas, sino también las realidades sociales de esas normas y las valoraciones y sistemas ideológicos que en ellas se expresan. En el planteamiento lingüístico se usa la expresión «A tiene derecho...» expresando:

1) que aquello a lo que se tiene derecho le está reconocido expresamente en alguna norma como atribución o competencia
2) que eso a que se tiene derecho no está mencionado en ninguna norma como prohibido,
3) que, respeta el orden jurídico y la cadena de consecuencias jurídicas
4) aquello que se reclama es considerado como justo objetivamente por el que solicita.

Pero estos sentidos son todos coincidentes porque toda Norma tiene el sentido objetivo de atribuir derechos. Sobre todo —siguiendo al maestro Legaz— implica la norma Justicia la justicia además por sus notas de Alteridad, generalidad, igualdad y proporción. La alteridad sin la que no es posible una relación de justicia, implica la relación de sujetos que son personas, y en cuanto tales, poseen algo suyo que les es debido y que les tiene que ser reconocido por normas que les tribuyen derechos y facultades. Se delinea así una estructura de la esencia de lo jurídico. En qué se apoya esa esencia es lo que se debe mostrar. El Derecho nace para los otros, y para uno mismo en el ideal de relación.

La justicia en sí es un valor; las normas son una entidad lógica, pero también son socialización de los comportamientos humanos. El ámbito de ubicación del Derecho es, pues el de la vida y la relación social. El Derecho no se agota en la idea de acción, pues se proyecta en el ámbito de la conducta habitualizada, el Derecho es vida humana, que es vida de la persona, que es la realidad jurídica fundamental. La persona es el verdadero ser del hombre. La persona constituye lo más perfecto en la naturaleza y es, en cualquier sentido, contraria a la noción de «parte». La persona es el gran concepto filosófico que pasa al Derecho y que el propio Derecho crea[2].

En eso consiste su eminente «dignidad» y ahí está la base de esa dimensión de la persona que es de algún modo afirmada por todas las doctrinas y que posee una gran relevancia en el campo de la ética: la autonomía el ser sui iuris, dueña y señora de sus actos, con la exigencia de atenerse a esa condición en sí mismo y en los demás. La persona tiene constitutivamente un elemento «social». Dice ZUBIRI vivir es con las cosas, con los demás y con nosotros mismos en cuanto vivientes. Scheler había también expresado esta idea en términos éticos al hablar de una «solidaridad de las personas». La idea de persona implica la de relación. La persona no existe, sino siendo con los demás, dice Javier CONDE que la persona está sometida al estatuto del «con» el cual constituye una categoría ontológica y hace que de la Alteridad consista propiamente en ínter-subjetividad relación entre sujeto y sujeto. ORTEGA habla de vida realmente vivida por el individuo y otro. La vida es de seres que coexisten lo esencial es la alteridad. Se habla de una clara actitud personalista en la aplicación del Derecho[3].

La vida social es vida socializada. EL derecho es una forma necesaria del vivir social, lo mismo que la vida social es una forma ineliminable de la existencia humana. Desde el momento en que hay hombres en mutua relación existen relaciones jurídicas entre ellos, esto lo vieron claro los autores de la Doctrina del Contrato social (SPINOZA y HOBBES), en este sentido el Derecho es la forma misma de la sociedad, la cual es, a su vez, una de las formas de la vida humana; El Derecho no tiene existencia en la vida personal, en esta existe como MORAL, el Derecho es un hacer social cristalizado en formas rígidas y estables que resisten la espontaneidad móvil de cuyo seno proceden y a la que encauzan en determinada dirección.

En el Derecho —nos dice LEGAZ— se constituye la libertad social de la persona: resulta ser la libertad personal el punto de convergencia de los diversos elementos que constituyen la realidad jurídica. Libertad desde las instituciones de la vida social; libertad hacia los valores de la vida coexistente; libertad hacia la coexistencia común[4]. RECASENS dice que el «Derecho es vida social objetivada». Recasens aclara que el Derecho es vida humana objetivada cuando lo contemplamos en cuanto normas jurídicas preestablecidas y preformuladas. Es

---

[2] Pro Velasco, M. L. «El concepto de persona en la bioética contemporánea. Estudio confrontación y diálogo entre Daniel Dennet, Peter Singer y Robert Spaemann» en la Revista Quién: Revista de Filosofía personalista, número 11, 2020, pp. 125-141.

[3] Moran, D. «La actitud personalista: Edmund Husserl, Max Scheler y Edith Stein» en la Revista peruana, Areté: Revista de Filosofía, vol. 34, número 1, 2022, pp. 171-225.

[4] Legaz Lacambra, L. Filosofía del… ob. cit. pp. 26 y ss.

fórmula, modelo de actuación, del hombre medio que vive en la sociedad, actualmente informatizada, robotizada, pero en vida social igual[5].

I. HETERONOMIA DEL DERECHO

Para crear esas Normas debe el Derecho obedecer a una racionalidad superior a la de otras normas sociales (encauzar los litigios a través de los procedimientos en el Orden civil, penal contencioso-administrativo, laboral...). Las normas sociales son irracionales no por su contenido, sino por su formación y proceso, el Derecho requiere, sus prescripciones, una aceptación más explícita por parte de la sociedad para calibrar su vigencia; la vida moral de la persona fluye y reobra sobre las normas jurídicas de modo más activo que sobre otras formas de vida social. Una dosis de racionalidad es requerida para la efectividad del derecho. El Derecho es HETERÓNOMO O AUTÁRQUICO; la heteronomía constituye una dimensión formal de lo jurídico; el derecho persigue un «mínimun de eficacia» como indica KELSEN[6]. El Derecho sin ser eficaz puede formalmente serlo, pero carece de la heteronomía que le caracteriza.

El Derecho propone proyectos de vida social, no puede renunciar a imponer una racionalidad en la misma. El derecho posee y requiere autonomía, en el sentido de que si por nadie es reconocido cesa de ser Derecho vigente, se impone no obstante de modo general con absoluta autarquía y heteronomía. Su misión es salvaguardar las condiciones elementales de subsistencia de la sociedad en que está vigente.

Está transido de «Eticidad», a su vez. Ha de ser aplicado, pero obedeciendo a un ideal de Justicia. Ese contenido se plasma en la atribución de licitud y deberes, conjugando las exigencias institucionales del bien común y las de la autonomía individual. Cada cual sabe el margen de vida social juridificada que posee. Esa vida social no excluye la libertad, libertad que reconoce el Derecho[7].

Entre esos elementos que apoyan su Heteronomía en la realidad jurídica son:

---

5 Recasens Siches, L. *Vida humana, sociedad y Derecho*, edición de la Biblioteca Virtual universal en su páginas de introducción, 2003 como año de la digitalización. Núñez Carpizo, E. «El concepto de Derecho en Luis Recasens Siches» en la Revista de la Facultad de Derecho de México, vol. 64, número 262, 2014, pp. 573-593.

6 Cevantes Ahumada, R. «Sobre el concepto del Derecho» en la revista de ciencias jurídicas, portal de revistas de Costa Rica, número 4, 1964.

7 González Martin, M. C. «Autonomia y Heteronomía» en la Revisa Isegoría: Revista de Filosofía Moral y Política, número 30, 2004 (ejemplar dedicado a la vigencia del pensamiento kantiano), pp. 203-218.

a. Un complejo de formas sociales de vida (Usos) que son «vigencias», que presionan a la vida humana y la sujetan a la normatividad.
b. Una idea de justicia de la que esa realidad social constituye una perspectiva vital o punto de vista y a la que influye una normatividad.
c. Una «Heteronomía» o «autarquía» que se traduce técnicamente en la aplicación del Derecho por los tribunales.
d. Una delimitación de lo licito y lo obligatorio.
e. Un sistema de proposiciones normativas formuladas por la autoridad creadora del Derecho que se llama Legalidad, hoy, constitucionalidad.

II. DEFINICIÓN DE DERECHO

Sobre estas bases anteriores, LEGAZ define el Derecho:

> «Una forma de vida social en la cual se realiza un punto de vista sobre la justicia, que delimita las respectivas esferas de licitud y deber, mediante un sistema de legalidad, dotado de valor autárquico»[8].

- Debemos desglosar la definición: forma de vida, justicia, lícito y deber, legalidad, valor autárquico.

  Lo cierto es que el evolucionar constante de la realidad social obliga a dar quizás una definición que entendemos sea más compleja:

  Conjunto de normas, principios, valores que una sociedad se dota a sí misma, para ella misma y su funcionamiento y sus ciudadanos, que establece lo que se debe hacer o no, y las consecuencias jurídicas de ello, todo ello creado y aplicado por los órganos que la propia sociedad decide democráticamente, siendo su voluntad representada por un Parlamento.
- Desgranar: norma, sociedad, funcionamiento, ciudadanos, consecuencias, órganos de aplicación, parlamento.

III. LA CONTROVERSIA ACERCA DEL CONCEPTO DE FILOSOFÍA

Indica Legaz Lacambra que el concepto de Filosofía del Derecho no es más que una variación del problema conceptual que es la Filosofía en general como

---

8 Legaz Lacambra, L. Filosofía del… ob. cit. p. 85 haciendo un resumen de todas las concepciones del Derecho y llegando a esta definición.

Ciencia. El jurista no puede dejar de filosofar y así lo indica el propio Aristóteles el cual decía que no se puede dejar de hacer filosofía, pues incluso para negarla como concepto hay que justificarlo ideológicamente. Sustraerse a los problemas de la filosofía es imposible; desde Platón a Hegel, todos los filósofos han visto en el Derecho su campo de actuación y aplicación de sus teorías. Ahora bien, desde el siglo XVII, la Jurisprudencia ha sido relacionada con la «ciencia». BURKE en Inglaterra y Blackstone indicaban que la jurisprudencia era sustituida por la «Filosofía de la Jurisprudencia»[9].

HEGEL es el que plantea un dualismo en el pensamiento sobre el Derecho. La Jurisprudencia era una parte de la Filosofía; a esta Jurisprudencia la llamaba «filosófica»; en tanto que, a la otra Jurisprudencia, la positiva, su misión es estrictamente explicar qué es y cómo se regula un determinado Derecho positivo. Hegel habla del recelo que existía en los tiempos de Roma entre juristas y filósofos, recabando ambos un concepto diferente de actuación y ámbito de estudio. El origen está en la depurada técnica de los juristas romanos, que siguen lo alemanes en el fenómeno histórico de la Recepción, en tanto que la vocación espiritual del filósofo, su propia actitud vital, eran dos cualidades difícilmente compatibles en el mismo hombre, al decir de Legaz. Todos estos razonamientos han ido dejando ver un desplazamiento de la Filosofía hacia el ámbito científico, persiguiendo una homologación de la Filosofía como Ciencia[10].

Por ello, se puede decir que La Filosofía que se ocupaba de temas fundamentales es «invadida» por la Jurisprudencia, concebida como ciencia de lo jurídico. Pese a ser muchos los negadores de la ciencia de la Filosofía, en ello se encuentra la característica que hace de esta Ciencia la más grande: reflexiona sobre su propia existencia y sólo con ello basta para concebirla como Ciencia[11]. Lo cierto es que se participa de una lectura de la Filosofía desde la Jurisprudencia, pero evidentemente la Ciencia precisa de una calma que no posee el intérprete judicial.

---

9 Frisch, M. J. «Edmund Burke and the Origins of the Constitucionalism» en European constitutional law, 1988, PPU, pp. 1893-1910.

10 Son interesantes muchos estudios sobre Hegel, destacaríamos Reyes Camargo, R. «Las líneas fundamentales de la Filosofía del Hegel y la idea de libertad» en la Revista de Filosofía, vol. 52, número 149, 2020, pp. 114-147.

11 Hernández Marín, R. «Concepto de Filosofía del Derecho», en Anuario de Filosofía del Derecho, número X, pp. 175, 190, 1993. El autor se inclina por una Filosofía del Derecho estricta: ciencia jurídica y Teoría General del Derecho, al margen de la Filosofía general.

1. *Controversia acerca del fenómeno jurídico: de orden semántico e ideológico*

Encontramos que en los términos «ciencia» y «Filosofía» existe una relación distinta entre una y otra respecto a su objeto.

Así, la ciencia trabaja con un objeto determinado, la ciencia quiere conocerlo, desde el aspecto formal, sabe a qué objeto atenerse, cuál es su camino de investigación, aunque no sepa cómo es el objeto.

- La filosofía empieza por ignorar el objeto propio, no forma parte de la previa posesión del objeto en sí; puede trabajar sin objeto previo; desde el Ente de Parménides, y la idea de Platón, y ente analógico de Aristóteles, Kant y sus cuestiones o condiciones trascendentales y Hegel: todos ellos han empezado su sistema por el Objeto.
- Ciencia: su objeto es concreto y delimitado.
- Filosofía: busca su objeto, puede ser se cualquier realidad, sea empírica o no.

La ciencia versa sobre un objeto sobre el que encuentra claridad, la Filosofía en un constante abrirse paso. Este objeto marca la dificultad intelectual también[12]. Y no se puede decir que no siga siendo un debate moderno[13].

2. *Las diferencias entre Ciencia y Filosofía*

La Ciencia se caracteriza o pretende en su «seguridad». La Filosofía completa ese conocimiento incompleto que proporciona la Ciencia, dice D'Ors, pero desde una forma de saber menos segura en el detalle, la filosofía no nace con la ciencia es anterior y superior a ellas, está en otro ámbito espiritual, así dice Ortega que la Filosofía es mucho más.

La Filosofía nace con la reflexión del hombre sobre sí mismo. Las ciencias obran, la Filosofía pretende saber la razón del obrar. Las verdades científicas siguen presentando parte de la «verdad», verdad que persigue la Filosofía[14].

Así, la Filosofía es saber del saber, es ciencia del saber científico, del problema total del universo, de lo absoluto del problema. En resumen, está en íntima co-

---

[12] Kolakowski, L; Ruiz-Ramón, G. La Filosofía positivista (ciencia y filosofía). Madrid: ed. Cátedra, 1979, pp. 23 y ss.

[13] Correa Roman, J. «¿Por qué la ciencia necesita a la Filosofía? En Filosofía & co, número 4, 2023, pp. 82-84.

[14] Heidegger, M. Introducción a la Filosofía. Madrid: ed Universidad de Valencia, 1999, pp. 25 en adelante todas las reflexiones sobre ciencia y filosofía y su evolución posterior.

nexión con las ciencias las cuales le nutren de reflexiones y objeto, pero no sólo es «filosofía o teoría de la ciencia» ni tampoco es «sólo ciencia».

3 Los criterios de caracterización de una ciencia, de un campo de conocimiento o disciplina científica

La cuestión es saber si puede tener la Filosofía un campo de conocimiento propio distinto al de la ciencia; si la Filosofía es «esa toma de posición» ante la realidad parece que es previa a toda ciencia. Ideas previas de las que partimos desde el punto de vista histórico:

1. Por tanto, el campo de actuación es el mismo que el de la Ciencia.
2. Muller entiende que la coincidencia no le excluye ser ciencia porque tiene objeto y método propio, estudia las «causas» de los demás objetos.
3. Proviene del latín, scire, scientia, saber, en la etimología alemana wissenschatf, el significado viene a ser el mismo.
4. Hasta el siglo XVIII la ciencia y la Filosofía han ido unidas.

El origen de la Filosofía (en los presocráticos), coincide con el surgimiento del pensamiento científico en Grecia. La filosofía aristotélica renueva el saber científico de su época, y la filosofía cartesiana promueve un nuevo saber científico en la edad moderna[15].

La ciencia, sin embargo, avanza rápidamente y va dejando atrás a la Filosofía, indica Bobbio que ese divorcio marca también la evolución de la Filosofía. Se dice frecuentemente, pero es cierto, la separación entre Ciencia y Filosofía (religión en muchos siglos y cristiana) es el gran paso para que la Filosofía en sí también adquiriera una delimitación conceptual. Tal es así que hoy es frecuente hablar de Filosofía de la Ciencia, sin levantar problema conceptual alguno.

1.1. Los autores modernos entorno al Debate científico de la Filosofía

- HEGEL propugnaba el abandono de ese amor al saber para ser «saber efectivo», así por su variación, pudo resultar ambiguo en su planteamiento[16].

---

15 Bunge, M. La investigación científica. México: ed. Siglo XXI, 2004, pp. 3-41, donde el autor diserta sobre todos las herramientas científicas de la filosofía.

16 Maraguat, E «La apropiación de Hegel, filósofo de la ambigüedad» en Aperion: estudios de Filosofía, número 17, 2022, (número dedicado a la vigencia de la Filosofía de Hegel), pp. 13-31.

- KANT es quien acerca la Filosofía a esa ciencia verdadera.
- HUSSERL aspira a una ciencia de verdades o evidencias apodícticas y absolutas, lo que implicó por supuesto a DESCARTES, el gran filósofo de la Ciencia.
- RUSSERL indica que será verdadera ciencia cuando no sólo adopte los conocimientos y métodos de las otras ciencias, sino que tenga método propio para obtener sus propias proposiciones generales.
- En el Positivismo lógico la teoría kantiana y neokantiana del conocimiento es eliminada como residuo metafísico.
- Así CARNAP indica que sólo son posibles dos clases de objetos científicos:
  - Los empíricos: cosas, sucesos, hechos. De ellos tratan las ciencias de la realidad.
  - Los Lógicos, las formas del lenguaje, que competen al análisis lógico, sintáctico, es misión de La Filosofía tiene su objeto científico que no ha de claudicar ante la opción cientista. Filosofar consiste, a juicio de Legaz, en constituir activamente el propio objeto. Las ciencias consideran las cosas que son; la Filosofía en cuanto son. El objeto es la propia reflexión y debate[17].

1.2. Los negadores de la filosofía como ciencia

Por ese diferente objeto, hay autores que han hablado de la muerte de la Filosofía; MARX, estudiado por ALTHUSSER, entiende que, en un momento científico, la Filosofía queda dentro del conocimiento de las ideologías, lo que repudia. Pero MARX se ha referido a la Filosofía de la conciencia, que es sólo un campo de la Filosofía.

Indica TRIAS que la Filosofía es una estructura subyacente, una unidad que confiere perennidad al discurso filosófico, girando en tomo al saber y no saber, inclinándose los pensadores por uno u otro.

El neopositivismo ha negado a la Filosofía del ámbito del conocimiento de forma sustantiva, así CARNAP o WITTGENSTEIN («Tratado Lógico Filosófico», 1922) indica que la Filosofía no es doctrina sino una actividad que no enuncia proposiciones, sino que simplemente las aclara: su misión es terapéutica cura

---

17 Espinoza, K. «Rudolf Carnap: el fin de la filosofía, el fin de la teoría del conocimiento» en la Revista Ánima, vol. 2, número 0, 2022, pp. 1-28, estudio sobre el límite de la Filosofía sólo al análisis del Lenguaje, y la metafísica como fuera del objeto científico.

los males metafísicos, algo que ha seguido centrada en el análisis del lenguaje la Filosofía analítica.

Se puede decir que, pese a esos ataques (Sociólogos del Francfort, MARCUSE, los filósofos marxistas) se ha producido una defensa de su conocimiento y disciplina científica:

La Filosofía no ha de ajustarse a los cánones de la cientificidad, pero no deja de ser racional, pues es razón y crítica, su misión es operar con ideas, en reflexión, desde Platón, fundador de la Dialéctica, éste es el material con que se trabaja[18].

---

18 Schulz, W. Wittgenstein: la negación de la Filosofía. Madrid: colección Molino de Ideas, G, del Toro, 1970, pp. 6-19. Destacamos obtenido de la Biblioteca virtual Miguel de Cervantes, un ciclo de dos conferencias, 1939, de José Gaos y Francisco Larroyo, un conjunto de conferencias, en concreto una titulada La Filosofía de la Filosofía, donde se concluye que la Filosofía es una ciencia de la Historia de lo que los filósofos han pensado que era la propia filosofía.

Lección 2

LA SOCIOLOGÍA DEL DERECHO: LA FACTICIDAD

La expresión Sociología del Derecho (sociología jurídica) sirve para designar indica TREVES «una disciplina que tiene por objeto de estudio las relaciones del Derecho y la Sociedad, y, que, precisamente por esta razón es designada por los autores anglosajones también como Derecho y sociedad (Law and society) y sociología (Law and Sociology)».

I. LA SOCIEDAD COMO RED DE RELACIONES

El Derecho no es solamente una forma de vida social, sino que es —dice LEGAZ— en sentido sociológico una forma de realidad social porque es:

- Es un modo de patentizar dicha realidad y conducirla por cauces racionales.
- Es una fuerza configuradora de la realidad social, entre otras.
- La Estructura de la realidad social es fundamental para un derecho que predique una «acción legal efectiva».
- Toda sociedad, por primitiva que sea, cuenta con unos elementos comunes, «sujetos», «autoridad» titular del «poder» para servir la «bien común» de las comunidades, para repartir unos bienes económicos, unas normas jurídicas organizadoras de ese reparto.

En la Sociología del Derecho moderna, existe una dicotomía «sociedad» y «comunidad» debida a TOENNIES. SCHELER distingue entre:

- «Masa» que se forma por contagio e imitación involuntaria.
- Comunidad de vida que se forma corno complejo mutuo de vivencias.
- Sociedad basada en la relación exterior de personas.
- Personalidad colectiva basadas en el amor y los fines comunes.

GURVITCH distingue entre la sociabilidad directa o espontánea tanto por interpenetración o fusión parcial en el nosotros como la sociabilidad por simple interdependencia entre el yo tú y él, y la sociabilidad organizada y reflexiva, referida a conductas cristalizadas en esquemas coactivos que resisten a la espontaneidad móvil del psiquismo colectivo y que sirven de modelos previamente fijados a conductas jerarquizadas y centralizadas. Distingue entre comunidad (integración social) dentro de ella (masa, comunidad, comunión) y sociedad (coordinación), pero esta visión tenía una base capitalista, FREYER dice que la sociedad es un grupo de relaciones (dentro de ellas están las jurídicas) de dominación (militar, económica, cultural o político) y habla de Organización como categoría aparte que se caracteriza por la subordinación jerárquica algo que tuvo reflejo en el régimen comunista marxista.

GURVITCH al hablar de formas sociales y relaciones de Derecho distingue: Sociabilidad por interdependencia como Derecho individual, y sociabilidad por interpenetración como Derecho social basado en el grupo colectivo defendiendo sus intereses.

Según LEGAZ, esta terminología es equívoca se olvida que todo Derecho es por naturaleza SOCIAL. Derecho social es según GURVITCH un derecho de integración objetiva en el nosotros en la totalidad que hace participar directamente en el todo a los sujetos a quienes se dirige. Derecho social: los derechos subjetivos se penetran y forman un todo indisoluble. En el Derecho individual chocan y se limitan entre sí sobre todo en el llamado derecho de SUBORDINACION, en que es la sumisión del Derecho social a las relaciones del Derecho individual;

El Derecho de un grupo (en el llamado «Estado Autónomo» en el contrato de trabajo) es negado en beneficio de ciertas situaciones de integración de ese grupo es negado en beneficio de ciertas situaciones de Derecho individual (régimen de la Empresa capitalista para GURVITCH). LEGAZ considera que la distinción en interindividual y social debe establecerse en las relaciones jurídico-sociales según la relación que se establezca. El hombre NUNCA es un individuo aislado por lo que la realidad jurídica debe partir de ese dato. Participa en sociedad puede ser considerado de diversas formas:

- El hombre como un igual: relación asociativo-contractual
- En una relación de superioridad: organización.
- Inferioridad: como ciudadano de esa organización
- Persona: un órgano de la comunidad.

Por tanto, existe

- Derecho de Coordinación: relación contractual.
- Derecho de subordinación: organización.
- Derecho de integración: comunidad.

En la realidad social estos compartimentos sociales y jurídicos aparecen mezclados y se complementan.

GURVITCH establece la existencia de un Derecho al margen del Estado. La Juridicidad no es necesario identificarla con si parte de un órgano estatal, el derecho surge en la sociabilidad, como forma de éste, no es preciso que el derecho se estatal, todos los grupos sociales quieren crear su propio Derecho. Un Estado es una situación de equilibrio entre diversas fuerzas sociales, que resulte de una unidad política de decisión. La vida es una lucha de diversas formas sociales que aspiran a romper el equilibrio del Estado y la voluntad unitaria de éste, según GURVITCH, no es necesario que todo Derecho se estatal, cada grupo tiene el suyo lo puede tener y se quiere constituir en Estado, pretensión que no casa con nuestro orden jurídico. Es difícil en un grupo social y sus relaciones jurídicas dónde se delimita la coordinación o la subordinación. La persona es igual o súbdito por momentos muy instantáneos. El Derecho social no es contrario al Derecho legislado como creía Gurvitch por su pensamiento antiestatista, el derecho del grupo no estatal hoy está regulado por el Derecho legislado. No puede cualquier grupo crear su propio Derecho si no tiene cierto cauce de institucionalización[1].

II. PRECURSORES

La sociología del Derecho en su breve historia se caracteriza por haber tenido en varias ocasiones como punto de referencia polémico la doctrina del Derecho Natural. Se separa del Derecho positivo al igual que la doctrina de Derecho Natural, pero diferentes son sus objetivos y sus métodos de trabajo. Indica GURVITCH en su «Sociology of Law» que Aristóteles ya planteó las bases del estudio sociológico del Derecho y además de este autor otros como Grocio, HOBBES, SPINOZA, LOCKE...

Indica TREVES que dos son los autores de la escuela moderna de la doctrina del Derecho Natural que marcan más definitivamente los precedentes:

- VICO (1668-1744) contribuye a la fundación de la Sociología sometiendo a crítica al racionalismo que inspiraba la doctrina del Derecho natural moderno estableciendo como base que el criterio de conocimiento sólo es de aquello que se conoce. En su obra «La Scienza nuova» llegó a considerar como único objeto de conocimiento el mundo «civil» el mundo de las naciones o la historia. En su obra, Vico indica que el análisis de la historia es de tres etapas: la de los dioses, la de los héroes y la de los hombres. Se corresponden tres tipos de Derecho natural el divino, el derecho de los hombres primitivos, creado por un Dios (gobierno teocrático); el Derecho Natural heroico basado no tanto en la religión como en la fuerza de las leyes (gobiernos de élites o aristocráticos); finalmente, el Derecho Natural

---

1 Páez Diaz de León, L. La escuela francesa de la sociología: ensayos y textos. México: Escuela Nacional de Estudios profesionales Campus Acatlán, 2002. Se estudia el Tratado de Filosofía de Gurtvich.

humado basado en la razón humana completamente desarrollada (gobiernos de repúblicas libres de igualdad de los hombres). Posee una concepción cíclica de la historia, según la cual, a cada avance sigue fatalmente un retroceso, como ocurrió del paso del Imperio romano y las invasiones bárbaras.

- CHARLES DE SECONDAT (MONTESQUIEU) (1689-1755), efectuó una valiosa aportación a la ciencia de la Sociología del Derecho. Persigue una ciencia empírica de la sociedad, más que un estudio histórico al estilo de Vico. Va más allá del mundo clásico, fijándose en otras culturas Japón, China. India...

  Su obra maestra «L'esprit des Lois» (1748) posee una idea central entre otras: las leyes deben adecuarse al orden social en que se aplican. Analiza las relaciones de las leyes con el contexto social, económico, incluso las razones climáticas. Trata de la relación de las leyes con la realidad comercial, con la religión, ley civil... en definitiva, la relación entre las leyes y las condiciones reales de la sociedad, de manera que, con razón, dice TREVES, debe ser considerado como precursor de una sociología del Derecho o sociología de la Legística con un propósito científico[2].

1. *Comte (1782-1837)*

Se le considera el padre de la Sociología del Derecho. «Traité de Legislation» es su principal obra. En ella, influido por Bentham y otros autores entiende que el Derecho es reducible a hechos observables y verificables. Hay que estudiar leyes y hechos correspondientes a esas leyes con la misma importancia. La Ley obedece a una multiplicidad de fuerzas que llevan a un gobierno a intentar un equilibrio de los intereses sociales en una u otra dirección. El Derecho es un sistema dependiente de la sociedad como idea central.

En cuanto a la relación con las ciencias de las leyes y las ciencias en general, Comte indica que aunque el Derecho ha avanzado menos que las otras, es necesario un método que observe los hechos y los clasifique de forma sistemática, tan sistemática que Comte es considerado como un gran positivista, por el procedimiento de reflexión sobre el Derecho.

---

2 Álvarez Gardiol, A. *Derecho y realidad, notas de teoría sociológica.* Rosario: editorial iuris, 2005, pp. 45 y ss. sobre Montesquiau y toda su repercusión sociológica.

2. *Claude de Saint-Simon (1760-1825)*

Considerado por algunos autores como el verdadero fundador de la sociología como ciencia partiendo del estudio de la historia. Divide la historia en épocas orgánicas aquellas en que la vida se despliega armónicamente sostenida por un sistema de ideas bien construidas y universalmente aceptadas que hacen referencia a una organización social (época feudal, medieval y teológica); las épocas críticas son las que las ideas indicadas resultan atacadas, contestadas y rechazadas, el orden social se tambalea y derrumba (representada por la Revolución francesa para este autor), para llegar a una sociedad industrial. La sociedad debe ser dirigida por los hombres productores, no por ociosos, ni metafísicos. El Derecho y toda su organización depende de esta concepción de la sociedad, ese contraste entre ociosos y productores, no se aviene con la ideología liberal de la era revolucionaria, la nueva jerarquía será industrial y no militar, donde la educación será el medio más potente de la sociedad y la legislación constituirá su complemento.

3. *Comte (Auguste) (1798-1857)*

Discípulo del autor anterior, pronto se separó de las doctrinas sustentadas por su maestro. El cambio de la sociedad industrial ha de venir precedido de un cambio revolucionario de la moral, «sólo se pueden cambiar las instituciones después de haber cambiado las opiniones, todo régimen social está fundado en un sistema filosófico». Su obra cumbre es el «Cours de philosophie positive» (seis tomos escritos entre 1830-1842). Cada conocimiento y sector pasa por tres etapas:

A) estadio teológico o ficticio dominado por las explicaciones sobrenaturales de las cosas.

B) estadio metafísico en el que los agentes sobrenaturales se sustituyen por fuerzas abstractas, verdaderas y propias. Inherentes a los diversos seres del mundo.

C) el estadio científico o positivo en el que el «espíritu humano» renuncia a las causas y se dedica a descubrir sus leyes de razonamiento y las relaciones de sucesión y de semejanza.

Comte es al estadio científico el que más importancia le concede. La física social la divide en la estática social, observando los hechos desde el Derecho, el problema del aseguramiento del orden de las relaciones sociales, para conseguir la armonía del todo; analiza las instituciones que componen el sistema social y, entre ellos, la familia que es la unidad básica fundada en el principio de subordinación de los sexos y la edad. En la parte dedicada a la dinámica social, Comte cree que se pasa por tres etapas diferenciadas:

A) La etapa teológica y militar, dominada por los teólogos y las leyes de la teología como explicación de los movimientos y acontecer social.

B) La etapa metafísica o jurídica, los teólogos son sustituidos por los hombres de leyes, se trabaja sobre abstracciones y teorías ficticias, pero estos hombres de leyes han justificado el despotismo y se han centrado en un equilibrio mecánico, pero en el fondo, inestable.

C) La edad positiva que debe seguir a la metafísica, deberá dar lugar a una reorganización industrial que no deberá ser de los hombres de leyes, sino de los científicos. La palabra «derecho» deberá ser eliminada por ser sustentadora de la ideología liberal e individualista. La moral del deber de cada ser humano ganará terreno y la política se pondrá al servicio de la humanidad y el individuo se confundirá en sus intereses en los de la colectividad. No es hostil al Derecho en sí, sino al Derecho de sus contemporáneos, basado en las garantías individuales; predica una moral, no sólo a los obreros, sino a los patronos para cuidar del cuerpo de trabajadores.

4. Spencer y el evolucionismo

Este autor inglés (1820-1903) pone las bases de la sociología evolucionista en este país europeo. Su compendio «First Principies» es extenso y el primero de los volúmenes se titula «A system of Synthetic Philosophy». Contactos con Comte tiene muchos en cuando a la concepción de una sociedad industrial, pero su orientación es individualista y liberal. Está influido por los estudios de Darwin, todo el mundo orgánico y superórganico (en éste incluye el mundo social) está sometido a las leyes de la evolución animal y de selección. Para Spencer el Derecho se desarrolla pasando del tipo de sociedad militar organizada al tipo de sociedad industrial en un régimen de contrato, en ese status (terminología de MAINE otro gran autor del evolucionismo en su obra «Ancient Law»). La figura del contrato se centra en la organización social. El Derecho acumula de formas cristalizadas de costumbres de los antepasados. Se ocupó de la evolución de la familia, de la condición jurídica de mujeres y de hijos, de la propiedad común a la individual, las organizaciones políticas, y trató de las profesiones jurídicas, el rol de los Abogados y de los jueces y sus orígenes sociales como grupos determinados[3].

---

3 Espina, A. Presentación: el darwinismo social: de Spencer a Bagehot, Madrid: revista española de investigaciones científicas, número 110, 2005, pp. 175-187.

5. *Tónnies*

Considerado (1855-1936) uno de los fundadores de la Sociología del Derecho alemana. Su obra más importante es «Gemeinschaft und Gesellschaft» (Comunidad y sociedad) publicad en 1887. El antagonismo principal de la historia es entre la sociedad de tipo individualista y de tipo socialista. La diferenciación importante es entre comunidad y sociedad. La comunidad parte del presupuesto de la unidad de los seres humanos como estado originario o natural que se ha conservado, el hombre y la mujer, padres e hijos…el consensus, la comprensión, es un modo de sentir esa unión como necesaria. Así habla de las diferentes casas (urbanas, rurales…)

La teoría de la sociedad se basa en la separación de los hombres y sus intereses. Las relaciones de cambio propician el unirse las voluntades en el contrato, pero sólo con ese fin. Plantea diversos temas, el comercio, el capital, el aspecto psicológico de los trabajadores y capitalistas

En su tercer libro llamado «Presupuestos sociológicos del Derecho natural» mantiene la diferenciación entre comunidad y sociedad. Esa distinción da lugar a diferentes conceptos jurídicos: el sujeto individual, la posesión inmobiliaria, el suelo, por otro, la persona, el patrimonio. Define dos tipos de Derecho natural:

El comunitario basado en la vida familiar y el patrimonio y su moral basad en la religión.

El societario tiene sus propios presupuestos naturales en el ordenamiento convencional del comercio y sus leyes y su moral producto de la opinión pública y de las relaciones contractuales.

La sociedad es un paso más avanzado que el de la comunidad, lo que le llevó a predicar una moral del movimiento obrero y que viera con simpatía al marxismo por su carácter societario.

6. *Durkheim (1858-1917)*

Su obra es «La división du travail social». Esrte profesor de Burdeos basa su idea sociológica en la observación de que el hombre cuanto más se individualiza más depende de la colectividad como fenómeno que tiene que explicar. Para este autor, el Derecho y la Sociedad se hallan unidos de forma indisoluble: todas las formas de comportamiento tiende a regularse y organizarse. El Derecho implica esa organización. Dos formas de Derecho se observan:

1. Reglas que conllevan sanciones y reprobación (Derecho represivo)
2. Reglas que conllevan sanciones restitutivas para restablecer las cosas originarias (derecho restitutivo).

A ello se une el doble carácter de la estructura social:

Solidaridad mecánica que implica semejanza entre los individuos y que es posible únicamente en la medida en que la personalidad individual resulta absorbida por la personalidad colectiva. (El Derecho penal es el que vela por este tipo de relaciones)

Solidaridad orgánica que implica diferencia entre los individuos que deriva de la división social, y es posible si cada uno tiene su campo de acción determinado y personalidad. (El Derecho de las personas con las cosas y de las personas con las personas, Derecho de propiedad, Derecho de familia, procesal, administrativo y constitucional)[4].

7. Gumplowicz (1838-1909)

Es el autor del Derecho concebido como conflicto. La Sociología es la ciencia que estudia la interacción de los grupos. Grupos que se intentan invadir; así el Estado surge del sometimiento de un grupo frente a otro, una minoría que ha invadido el poder. Al ser minoría, el dominio es inestable, para que no lo sea surge el Derecho, para remediar y regular el choque hostil entre grupos sociales. En esas concesiones diversas entre grupos, surge el contrato. Frente al Derecho contrasta la Moral, ésta se basa en la igualdad y en la validez del comportamiento interno de un grupo. Para este autor, el Derecho surge del Estado, no fuera o ante él, como sería el Derecho Natural. Es el padre de la teoría conflictiva o conflictualista del Derecho.

8. Erlich (1862-1922)

El autor del Derecho creado por la sociedad, del Derecho vivo. El Derecho nace en la sociedad. «Grundlegung der Soziologie des rechts» es su obra más importante. La Sociología no describe lo abstracto, sino los hechos, lo concreto. El «Derecho vivo» es el que interesa, el jurisprudencia!, el contratista, la observación directa de la vida social y de sus usos y de los grupos que pueden crear Derecho. Defiende el Derecho más allá o de espaldas al Derecho estatal; el derecho nace antes en la sociedad, familiar, matrimonial...el Derecho es organización de los grupos sociales, que nace en sí mismos. El dominio del hombre sobre el hombre y la cosa, la costumbre, la declaración de voluntad, son normas de organización que hacen nacer Derecho. El Derecho como normas de decisión, nace para llenar lagunas, resolver conflictos... y ambos se complementan. Es interesante

---

4 Durkheim, E. *Las reglas del método sociológico.* Madrid: Ed. Akal, 2001, pp. 40 y ss.

su concepción del Estado como un órgano más que crea Derecho, pero que no personifica el Derecho (así su obra genial «Juristiche Logik»). Las bases de la investigación libre del Derecho las establece este autor, que luego seguiría HECK.

Ataca dogmas del Derecho: la subordinación del juez a la ley, y concibe la Ley como resultante de un proceso de intereses preponderantes y de interpretación de esos intereses. Autor prolífico e influyente en la investigación de los hechos en el Derecho (Rechtstatachenforschung), que luego siguieron autores de prestigio NUSSBAUM, HIRSCH; REHBINDER... en el célebre Instituto de Sociología del Derecho, hoy en la Universidad de Bielefeld, desde la de Berlín...

III. NOTAS CARACTERÍSTICAS DE UNA CIENCIA

Cuando en el pensamiento jurídico se habla de Ciencia jurídica se hace referencia —dice el maestro LEGAZ— a un tipo de saber que recae sobre un objeto dado como presente, es una experiencia, objetos que pueden ser hechos de la naturaleza o creaciones humanas, pero en todo caso hechos que tienen la característica (sean de la naturaleza o creaciones humanas) de la temporalidad y que se trata de describir, explicar o comprender. Toda ciencia, se dice, se basa en la experiencia y el Derecho será objeto de ciencia en el sentido de susceptible de consideración «científica», en cuanto sea objeto de la experiencia, dice LEGAZ.

El Derecho es lo que es en su realidad y este su ser no puede ser alterado al constituirse en objeto de la ciencia jurídica; ahora bien, ésta no tiene como misión mostrar o patentizar ese qué en que objeto su objeto consiste, sino conocer y tratar de actuar sobre él. En todo caso, la Ciencia jurídica siempre puede contar con un objeto de «experiencia», puesto que la legislación positiva es un hecho real. Esta es la interpretación más obvia del fenómeno jurídico y es perfectamente posible conjugar esta posición con una contestación metafísica del Derecho, o sea, con la concepción de que el ser del Derecho no pertenece al mundo de la realidad sino al del valor; y cabe también que el jurista positivo lo crea así incluso si admite como necesario, primario y aun exclusivo objeto de su saber el conocimiento de la ley positiva. Real es todo aquello con lo que «hay que contar»; y hay que contar con todo aquello con lo que de un modo u otro se encuentra uno en la vida, y en la forma en que lo encuentra: delitos, fenómenos naturales... todo eso se da de algún modo en la vida, en nuestra vida. La Ontología moderna (la Ciencia jurídica que estudia los Valores en el Derecho) ha sustituido la antigua concepción de un ser unitario construido sobre un tipo único y particular de los datos de nuestra experiencia, por una concepción «pluralista» del ser, en armonía con la enorme multiplicación de datos y sectores de nuestra experiencia y vivencia.

La Ontología moderna es una parte de la Filosofía que, yendo tras la experiencia, se preocupa de determinar por vía inductiva la estructura real de todas las esferas, capas y regiones de lo real. Hay «categorías regionales» en el ser y en el pensamiento, en función unas de otras y con una raíz común en el seno de la realidad.

Las regiones fundamentales del ser son las del ser sensible y el ser no sensible: al primero pertenecen las regiones del mundo inorgánico, del mundo orgánico y del mundo psíquico, tradicionalmente interpretado como «naturaleza»; al no ser pertenecen los objetos y las leyes lógicas (objetos ideales) y los valores (éticos, estéticos, religiosos). Entre ese ser sensible y el no sensible está el Espíritu Objetivo (llamado por Hegel) a ese mundo a la realidad social pertenece el Derecho; se le arrojó al Derecho al mundo no-sensible, pero modernamente no ocurre esto, pues si lo ha hecho se construye una teoría pura del Derecho, como «geometría del fenómeno jurídico», y es que ha dado como indiscutible el concepto positivista de la ciencia, según el cual no hay más que de «hechos», o mejor, del enlace legal-causal de los hechos[5].

E. HUSSERL señala que la experiencia es algo necesario para ser Ciencia y ello implica la presencia de cuatro elementos:

- Signo: de una experiencia jurídica serán las palabras de la ley.
- Significación: el sentido del signo de lo que las palabras significan.
- Objeto: significación de la norma.
- Intuición: en una norma no es posible, pues es un objeto ideal.

Otra doctrina es la Egológica del Derecho, sustentada por COSSIO. Es una especie —dice LEGAZ— de Existencialismo jurídico que afirma que la libertad es lo fundamental en el ser del hombre, esa libertad se materializa en la conducta, que es el dato primero del Derecho. De ahí decir egología de «Ego», se hace referencia al yo como conducta viva. El signo son las palabras de la ley; la significación es el sentido de la norma jurídica; el objeto la conducta humana y la intuición es posible porque la conducta humana es real, existencial, temporal. El objeto de la ciencia no son las normas, sino la conducta humana. El Derecho no consiste en normas, sino en conductas. Las normas sólo son el instrumento conceptual del conocimiento jurídico. Se identifica la norma con el significante y el objeto regulado por la norma con el significado. Se dice que la norma es conocimiento, pero la conducta se convierte en el objeto de la ciencia[6].

---

5 Bech, J. M. De Husserl a Heidegger: la transformación del pensamiento fenomenológico, Barcelona: Universitat de Barcelona, 2001, pp. 35 y ss.

6 Morello, A. M. «La enseñanza del Derecho en el pensamiento de Carlos Cossio y su recepción por el Derecho procesal» en Revista de Derecho procesal, número 1, 2006, pp. 501-509.

La norma, se dice que no es Derecho, es un objeto de la Lógica del Derecho: la norma es lógica (proposición con entidad lógica formulada en una proposición normativa cuya estructura sólo puede ser estudiada con procedimientos lógicos). Para LEGAZ el Derecho pertenece al mundo cultural-espiritual histórico bajo el modo de ser de una forma de vida social. Ha de ubicarse el Derecho —establece LEGAZ— en el ámbito Ontológico de la conducta humana, de la vida humana en dimensión de Socialidad. A esta vida le pertenece no sólo ser conocida a través de normas, sino el tener ella misma un carácter normativo. La vida social entraña el Derecho como pautas del comportamiento, tiene la estructura normativa, aunque no sólo es igual a grupos normativos. El «ser norma» es cualidad esencial del Derecho. Ese Deber ser es un conjunto de significantes de Justicia su conocimiento pertenece a la Ciencia Jurídica que no sólo conoce, sino que valora las conductas efectivas[7].

Los sistemas Normativos son sólo un elemento de una realidad más amplia y compleja, en la que entran realidades socialmente estructuradas y sistemas ideológicos y valorativos.

Esa realidad es lo que se puede llamar Experiencia jurídica, que es el verdadero objeto de la Ciencia jurídica, desde dos puntos de vista: filosófica y dogmáticamente.

Es posible de esa experiencia la intuición sensible bajo una reflexión conceptual o con una reflexión filosófica.

Esta dimensión ontológica es formal, porque se trata de «cualquier» Derecho. Pero la Filosofía del Derecho no puede quedarse en ese terreno formal: su misión es señalar el punto de vista exacto sobre la justicia o establecer los criterios válidos para una valoración objetivamente preferible, por más progresiva, a otra. El objeto de la Ciencia jurídica implica acaloración, el Derecho —dice LEGAZ— es valoración, pero la Ciencia jurídica, la dogmática y la lógica no tendría que valorar esa valoración que el derecho es. La Lógica no es una disciplina valorante, pero también es parte de la Filosofía moderna. Su tarea es de índole meramente conceptual y no es estimativa, el derecho puede ser más objeto de la lógica del corazón que de la lógica del derecho; pero la lógica del derecho no es toda la Ciencia jurídica y el jurista tiene que crear Derecho. La Ciencia jurídica —dice BIONDI—es la Jurisprudencia. El método para esa creación debe existir, pero no puede confundir lo jurídico con lo moral y lo político, aunque esto interesa ale jurista, el jurista está obligando la legislación y la reforma del derecho positivo. GOLDSCHMIDT ha indicado que bajo el imperio del positivismo se ha olvidado la misión más noble del Jurista en la legislación, el jurista es alguien que partici-

7 Cossio, C. La teoría egológica del Derecho y el concepto de libertad. Madrid; ed. Losada, 1944, pp. 25…

pa de una cosmovisión que, sin duda, es Filosófica. La Filosofía persigue el ideal de la Justicia, la elaboración de la política del Derecho es la misión urgente que tienen los juristas. No existen opiniones pacíficas así GUASP, que indica que la Ciencia Jurídica debe renunciar a toda pretensión valorativa, consiste en una sistematización de las formas de lo jurídicamente posible. Esta posición no resulta posible ya desde una valoración general del Derecho.

RECASENS SICHES sostiene que el jurista también tiene la misión de orientar las futuras leyes o reglamentos nuevos, criticando las normas vigentes y las tiene que «conocer» como protagonista, no como espectador. De este modo se pierde la rigidez de la barrera divisoria entre la Ciencia y la Filosofía del Derecho y el vínculo entre el papel de la dogmática se fortalece. La Filosofía y la Ciencia versan sobre la misma realidad que llamamos Derecho, pero contemplado desde perspectivas diversas, pero el saber filosófico no puede reputarse como un saber previo a la Ciencia, así como el saber científico no puede vivir de espaldas al filosófico. La Filosofía retoma en los planos generales que le son propios los problemas que afloran de la descripción científica del derecho. El saber científico incorpora criterios de la Filosofía y, sobre todo, tiende a producir vibraciones filosóficas. Por tanto, hemos de concluir que el saber científico precisa del saber filosófico y el examen filosófico es necesario como podemos ver en temas de bioética y de Inteligencia Artificial.

Lección 3

DEBATE FILOSÓFICO EN EUROPA EN EL SIGLO XX

I. LA TEMÁTICA DE LA FILOSOFÍA POR LOS AUTORES ITALIANOS MODERNOS

1. Icilio Vanni (1855-1903)

Puede ser considerado como positivista, en el sentido del positivismo filosófico. Se califica más bien como un positivismo crítico. Entiende que la Filosofía tiene tres campos de investigación tras haber fijado los tres géneros de problemas de que se ocupa: problemas relativos al saber, al ser y al obrar[1].

Saber: el objeto de la Filosofía es la ciencia jurídica, a la que correspondería la «investigación crítica». Dirigida a determinar los conceptos utilizados por la ciencia jurídica.

- Ser: el objeto de la Filosofía es el Derecho en su evolución al que le correspondería una investigación sintética fenomenológica.
- Obrar: el objeto es el Derecho tal y como debiera ser idealmente, investigación deontológica.
- La investigación crítica se resuelve en una función metodológica.

La indagación fenomenológica resulta ser una investigación de carácter sociológico, la única de las tres a la que se atribuye esa condición.

- El Derecho es un fenómeno que se produce en la sociedad tras un dilatado proceso de formación histórica, asume en cada momento y lugar una modalidad; el conjunto de esas transformaciones constituye lo que se conoce como fenomenología del Derecho y es el objeto de las ciencias jurídicas particulares.
- Finalmente, la indagación deontológica o valorativa asumirá una tarea práctica, proponiéndose determinar cuáles son los fines de la acción humana en la sociedad, con lo que se le atribuye una significación política (ya que la determinación de los fines de la acción humana en la sociedad no deja de tener implicaciones políticas).

---

1 Rodríguez Pérez, M. A. «El tridimensionalismo jurídico y protección de datos personales a su tratamiento automatizado» en Revista Saberes, de estudios jurídicos, económicos y sociales, volumen I, año 2003.

- Es la investigación ética o deontológica, además de conocer la realidad, debe ser valorada. Se concibió como la Filosofía constructiva de un orden y Derecho racional; pero se ha superado ello, y se ha caído en la cuenta de que el Derecho es un dato de estudio y no un hecho que nos propongamos construir científicamente. La filosofía del Derecho es la ciencia que al mismo tiempo que integra las ciencias jurídicas en la unidad de sus principios más generales, incluye el Derecho en el orden universal, en relación con el cual explica su formación histórica en la sociedad humana e indaga, desde el punto de vista ético, sus exigencias racionales.

2. *Del Vecchio (1878-1970)*

Puede ser considerado como neokantiano. Dentro de las Filosofía del Derecho distingue tres formas de investigación: La investigación Lógica, la investigación fenomenológica, y la deontológica.

- Investigación Lógica: posibilidad o no de determinar el concepto del Derecho. Se pregunta si es posible definir el Derecho; y cómo se establecerá esa distinción. Considera que el concepto universal del Derecho es anterior lógicamente a los fenómenos jurídicos empíricos. El concepto de Derecho para este autor es la «forma» lógica a priori de la experiencia jurídica. El Derecho es la coordinación objetiva de las acciones posibles entre varios sujetos, según un principio ético que las determina excluyendo todo impedimento.
- Investigación fenomenológica: entiende que se configura entre la Historia del Derecho y la Sociología jurídica. Se basa en el desarrollo histórico del Derecho. El Derecho como fenómeno en todos los pueblos y tiempos; es un producto necesario de la naturaleza humana.
- Investigación deontológica: estudio de la Justicia. La justicia constituye la «idea del Derecho»; lo que el Derecho debiera ser, frente aquello que es; se contrapone una verdad ideal frente a una realidad empírica.

La Filosofía del Derecho comprende la disciplina que «define el Derecho en su universalidad lógica, investiga los orígenes y los caracteres generales de su desarrollo histórico y lo valora según el ideal de la justicia trazado por la pura razón»[2].

---

2 Moreno Cuñat, M. J. «La concepción de la Filosofía jurídica en la obra de Giorgio Del Vecchio» en el Anuario de la Facultad de Derecho. Universidad de Extremadura, número 5, 1987, pp. 557-579.

3. *Bobbio (+2004)*

Pretendió acercar a Kelsen al neoempirismo. Es difícil incardinar a Bobbio en un grupo de investigación (positivista? Neoempirista?) realmente un autor de los más importantes del siglo XXI. En sus primeros escritos se acercó a la fenomenología, «Scienza e técnica del dirittto» y «L'indirizzo fenomenológico nella filosofía sociale e giuridica».

La Filosofía queda dividida en tres partes:

- Teoría General del Derecho
- Teoría de la Justicia
- Teoría de la ciencia jurídica.

La Teoría del Derecho tiene como objeto fundamental la determinación del concepto, y debe ser una teoría del Derecho entendido como Ordenamiento, esto es un conjunto de normas. Cinco partes distingue:

1. Composición del Ordenamiento jurídico.
2. Formación del Ordenamiento jurídico.
3. Postulado de la plenitud del Ordenamiento jurídico.
4. Cohesión y coherencia del Ordenamiento jurídico.
5. Relaciones entre Ordenamiento jurídicos diferentes.

La Teoría general del Derecho niega el carácter filosófico a la teoría general del Derecho, a la que atribuye el carácter de ciencia. Bobbio la identifica con la teoría de la justicia. Se habla de una fenomenología de la justicia, dentro de la cual se entiende que el término justicia es conjunto de valores, bienes o intereses, para cuyo incremento o protección recurren los hombres a esa técnica de convivencia que convencionalmente se denomina Derecho. Hay una segunda comprensión analítica de los juicios de valor, metodología que asigna el Derecho Natural[3]. La teoría de la justicia cubre el área correspondiente al ámbito deontológico de la Filosofía del Derecho, destacándose tres momentos: El fenomenológico, el analítico, y el ideológico o deontológico en sentido estricto.

Para terminar, Bobbio analiza el papel de la teoría de la ciencia jurídica a la que atribuye el estudio de los esquemas intelectuales o procedimientos empleados por los juristas para depurar, interpretar, integrar, y conciliar entre sí las reglas de un sistema jurídico: Bobbio es un pensador más allá del Derecho, es un filósofo universal.

---

3 Bobbio, N. *Teoría general del Derecho.* Bogotá: Temis, 1994, pp. 185 y ss. Se debe citar la tesis doctoral de Silva Abbot, M. *El positivismo jurídico de Norberto Bobbio*, 2005.

En resumen, se dice que los ámbitos de la Filosofía del Derecho:

a) Teoría del Derecho (ámbito ontológico).

b) Teoría de la justicia (ámbito deontológico).

c) Teoría de la ciencia jurídica (ámbito metodológico), excluyéndose a la Sociología del Derecho.

II. LAS CONCEPCIONES A PROPÓSITO DE LA FILOSOFÍA GENERAL DE L. WITTGENSTEIN (1889-1951), M. SCHLICK (1882-1936) Y R. CARNAP (1891-1970)

1. *Wittgenstein*

Para este autor el objeto de la Filosofía jurídica es la aclaración lógica del pensamiento en su «Tractatus lógico-philosophicus» (1921). La Filosofía debe esclarecer y delimitar con precisión los pensamientos; toda la Filosofía del Derecho es crítica del Lenguaje. (Se ampliará en el neoempirismo)[4].

2. *Schlick*

La Filosofía es análisis lógico y no ciencia que produzca sus propias proposiciones, sino actividad mediante la cual se aclara o determina el sentido de los enunciados de las ciencias. Las ciencias consideran la verdad de los enunciados, la Filosofía se ocupa de lo que los enunciados significan. Su famoso artículo «El viraje de la Filosofía», 1930 es su aportación más original.

3. *Carnap*

En su obra «Sintaxis lógica del lenguaje» (1934), establece una doble distinción que impregna su obra:

- Problemas objetivos: los que se plantean con respecto a los objetos del campo en cuestión, a sus propiedades y relaciones.
- Problemas lógicos: se refieren a las proposiciones, términos y teorías que atañen a los objetos dados: sí en zoología serían las proposiciones de ese

---

4 Pattaro, E. «Neoempirismo y realismo: la escuela de Upsala» en Revista de la Facultad de Derecho de la Universidad Complutense, núm. 75, pp. 735-762.

saber como ciencia, conexiones entre las mismas, definiciones lógicas, teorías e hipótesis.

Por esta diferenciación, el autor obtiene una serie de conclusiones:

a) En muchas filosofías se encuentran problemas objetivos que hacen referencia a objetos ficticios, que resultan ser pseudoproposiciones, valores, metafísica, suscitan sentimientos y voliciones en quienes los escuchan.

b) En la Filosofía hallamos problemas objetivos que se refieren a objetos de otras ciencias empíricas: humanidad, lenguaje, el espacio, tiempo...

c) La filosofía puede y debe ocuparse sólo de problemas lógicos, la filosofía es Lógica de la ciencia, los problemas de la metafísica son pseudoproblemas, y es ilusorio contestar sobre los objetos desde la propia metafísica.

d) La filosofía conserva una función terapéutica, de liberación de dudas, adivinanzas, perplejidades, y confusiones lingüísticas que de la misma nacen; el instrumento de la liberación ya no sólo es la Lógica, sino una consideración del uso efectivo de las expresiones lingüísticas y de sus objetivos.

e) La deontología no es parte de la Filosofía del Derecho, pues porque trabaja con juicios de valor, ni ante juicios de hecho ni de ambos.

Por ello, para Carnap la Filosofía del Derecho comprende:

1. El estudio de la ciencia jurídica, conceptos por ella empleados, metodología, una lógica de la ciencia jurídica.

2. El estudio lógico-analítico de los juicios de valor, en una lógica de las concepciones de la justicia, y en su metodología[5].

III. LA APORTACIÓN DE LA CORRIENTE NEOEMPIRISTA

Resulta usual distinguir, dentro del empirismo, entre Neopositivismo lógico y Filosofía Analítica.

- El Neopositivismo lógico considera de la incumbencia de la filosofía del análisis del lenguaje científico, es decir, el lenguaje de cada una de las Ciencias, indica PATTARO. La filosofía se identificará con la lógica de las ciencias, y determina las condiciones generales y formales que hacen posible un lenguaje.

---

5 Carnap, R. Logial syntax of language, 1937, reprinted 2001, Park Square, Milton Park, Abingdon. Su obra ha inspirado muchos trabajos de investigación, hay que destacar la tesis doctoral de Zofío Ferrer, J. L. *Problemas en la construcción de una lógica inductiva en Rudolf Carnap*, 1990, Universidad Autónoma de Madrid.

- La Filosofía analítica, entiende que lo que está propiamente a cargo de la Filosofía es el análisis del lenguaje común. Se trata de analizar no el lenguaje ideal de la Lógica sino los diferentes «juegos» del lenguaje que encontramos en el lenguaje común.

El neopositivismo Lógico en sentido estricto, que se desarrolla entre 1920-40, encontró su expresión inicial en el «Círculo de Viena»(Schlick, Carnap...) extendiéndose hasta «grupo de Berlín» (Reinchenbach, Hempel, Von Mises...) y el grupo de Lwow Varsovia (Lukasiewicz, Tarski...)

El Neopositivismo lógico atribuye a la Filosofía la aclaración de los conceptos y métodos científicos mediante el análisis del lenguaje de la ciencia, excluyendo de su propia consideración a los discursos no verificables empíricamente o no tautológicos (no lógicos), pues los considera privados de significado.

Pero tropieza con dos obstáculos esta corriente:

1. Niega el carácter científico a los tratados de Derecho, Moral, a la Sociología del derecho, desde su posición científica.
2. No sólo se deben analizar los discursos significantes, sino los no significantes al menos a los efectos de aclaramos la falta de significación y para comprender su utilidad.

Pero el neoempirismo evolucionó de sus rígidos esquemas fundacionales. No siempre fue el mismo ni quedó preso de sus posicionamientos.

En EEUU, tras la diáspora de los autores tras el desastre de la segunda contienda mundial, entró en una cultura con el obrar práctico del hombre; y de las disciplinas que le afectan. Se enriqueció y se abrió el campo de los lenguajes no científicos como tema propio de su quehacer filosófico y la revisión de sus postulados originales, como el de que el significado empírico de las oraciones individuales aisladas pueda decidirse mediante el criterio de verificabilidad.

Tomó contacto con la filosofía pragmática que también analizaba el lenguaje, James, Dewey, Lewis, o del lenguaje conductista (como el estudio de Lewis, «Signs, Language and behaviour», 1946); o del lenguaje moral estudiado por Stevenson («Ethics and language», 1944). El neoempirismo se desarrolla en Inglaterra y con la evolución del pensamiento del último Wittgenstein, permaneciendo su interés por el lenguaje, en su obra «Las investigaciones filosóficas» se acentúa esta inquietud. La nueva filosofía analítica se asienta en tomo a la Universidad de Oxford, incluso surge el «grupo de Oxford» (Ryle, Austin, Urmson...) se les llama «lingüistas», esta corriente ha producido obras sobre la moral y el Derecho como «The language of morals», 1952, de Hare, o «The concept of love», 1961 de Hart. La obra de Wittgenstein tiene su sucesión en Von Wright y Wisdom. Wright es el iniciador de la lógica deóntica contemporánea, en la que se propone un estudio de lógico-formal de los conceptos normativos, en una lógica de las normas para aclarar los enigmas que produce la defectuosa utilización de la lógica; Wisdom se centra más el las proposiciones filosóficas y las complejidades del lenguaje. En este repaso somero habría que tratar de la «escuela escandinava» (Hagerstrom, Lundstedt, Olivecrona, Ross...) a los cuales sobre todo a Hagerstrom, se le puede calificar de «neoempirista» al hablar de los conceptos vacíos de la metafísica, en otros lenguajes, religioso, moral o jurídico, y la crítica a la que somete términos como «deber jurídico», «obligación», «facultad», demostrando la poca referencia de estos términos en el mundo empírico[6].

---

6 Ruiz García, M. A. «Contribuciones filosóficas de Wittgstein a la hermenéutica» en la revista Escritos, vol. 15, número 35, 2007, pp. 318-347, un repaso muy acertado sobre la influencia de este autor en todas las ramas del Derecho.

Lección 4

PUNTO DE VISTA FORMAL: EL MÉTODO DE LA TRIDIMENSIONALIDAD EN EL ESTUDIO DEL DERECHO

Son múltiples las teorías que ponen de relieve la naturaleza «tridimensional» de la experiencia jurídica, diferenciando en ella, tres elementos, «factores», «momentos» (la diversidad de los términos denota las diferencias de concepción), pero lo cierto es que esos tres elementos son el Hecho, la Norma, Valor, estudiada y algunos dicen que creada formalmente como teoría por el profesor Reale («Teoría tridimensional del Derecho». Madrid: Tecnos, 1997, trad. A. Mateos).

La experiencia jurídica posee una significación compleja y problemática que no consiente fáciles y artificiosas simplificaciones. El término «Derecho» —indica Pérez Luño— suele aludir a las conductas dirigidas a crear, aplicar, o cumplir esas normas; al resultado de esa actividad formalizada en un conjunto de normas o reglas sociales de comportamiento; así como unos valores para la convivencia que inspiran u orientan un Sistema jurídico. Se puede definir al Derecho como «conjunto de acciones sociales creadoras «de» o reguladas «por» normas, que deben establecer un orden justo en un determinado contexto histórico» (Pérez-Luño). Existe una cuarta dimensión que señalan varios autores cual es la dimensión cronológica o del tiempo[1].

El Derecho posee una incuestionable significación social, normativa y axiológica. Estas tres dimensiones están implicadas entre sí. Las tentativas doctrinales que quieren borrar esa índole social y axiológica y sólo potencian el factor sistemático y jurídico están llamadas al fracaso. En cualquier experiencia jurídica (la muerte de una persona atropellada por un automóvil, por ejemplo) tenemos reflejadas estas tres dimensiones. Por ello estamos ante una concepción clásica del Derecho. Contó con seguidores en todos los países de nuestro entorno. Así, en Alemania, fue fuerte el contraste entre los iusnaturalistas empeñados en la fundamentación de los valores, y los positivistas, defensores a ultranza de los valores desde la experiencia histórica.

LASK y RADBRUCH fueron seguidores de esta perspectiva del Derecho. En Italia tampoco pasó desapercibida esta teoría, así, desde VANNI y DEL VEC-

---

1 Otero Parga, M. *Valores constitucionales: introducción a la Filosofía del Derecho, axiología jurídica.* Santiago de Compostela: Universidad, Servicios de Publicaciones, 1999, pp. 90 y ss.

CHIO. BOBBIO a raíz de este «tridimensionalismo genérico» realizó una triple dimensión distinguiendo:

1. Filosofía del Derecho: estudiaría la Metodología y la Teoría de la Justicia.
2. Sociología del Derecho: indagaría los medios que han de ser empleados para alcanzar mejor los fines.
3. Teoría General del Derecho: estudiaría la forma a que deben atenerse los medios para alcanzar los fines.

BOBBIO enfoca la experiencia jurídica, según los prismas de fin, medio y forma.

PASINI cual distingue o actualiza de la siguiente forma:

a) Realidad jurídica en un momento condicionante (Hecho).

b) Momento teleológico o funcional (Valor).

c) Momento normativo o estructural (Norma).

En España, la teoría tridimensional tuvo gran acogida. Ese «perspectivismo tricotómico», que indica REALE, fue seguido por LEGAZ LACAMBRA, GARCÍA MÁYNEZ, COSSIO, RECASENS.

Así Recasens entiende que las tres dimensiones indicadas van indisolublemente unidas entre sí en las relaciones de implicación esencial. El Derecho no es un valor puro, ni es forma con ciertas características especiales, ni es simple hecho social; es Derecho «una obra humana social (hecho) de forma normativa destinada a la realización de valores».

En Portugal, es Cabral de MONCADA quien añade algo a la teoría indicando que:

a) La costumbre es el hecho de la conducta humana.

b) La norma legal es el pensamiento del deber ser definido por el Legislador.

c) La Jurisprudencia tiene como fin la realización de los valores[2].

---

[2] Sí ha tenido fuerte seguimiento y estudios, incluso tesis doctorales como la de Falcón y Tella, F. *Tridimensionalidad y Derecho*, UCM, 2003. Más reciente es el trabajo de Reale Júnior, M. «Situación actual de la teoría tridimensional del Derecho, en los Anales de la cátedra Francisco Súarez, número 50, 2006, pp. 201-219.

I. LA PERSPECTIVA DEL ORDENAMIENTO JURÍDICO

1. *Orden jurídico previo al concepto de Sistema jurídico*

Se habla —dice el profesor VERNENGO— de órdenes jurídicos positivos o globales, como de órdenes jurídicos parciales. Y también se habla de Orden jurídico internacional.

Un orden jurídico positivo es «un conjunto de Normas». En KELSEN el Derecho en su esencia es una técnica normativa, y un sistema de normas. Hacen falta para todo análisis, establecer los elementos del Sistema. Pero esta idea en sí misma es banal —al decir del profesor VERNENGO— pues un conjunto de normas puede ser formado con cualquier criterio (las que se refieren a la autoridad). Un Orden jurídico positivo podría ser un conjunto de normas dotadas de alguna característica común relevante: las normas del Sistema contarían con fundamentos de validez comunes, o relacionados entre sí, cree KELSEN. Cuál es el criterio seguido para saber si una norma pertenece a un cierto sistema jurídico positivo es la clave para despejar.

* Un criterio sencillo —dice VERNENGO— es que si aceptamos que un individuo cuenta con la autoridad suprema en el grupo, aceptaremos en consecuencia que todas las directivas que establezca son normas obligatorias para los demás miembros del grupo.
* Ciertas normas forman un conjunto delimitable en la medida en que han sido creadas por un mismo sujeto autorizado. La forma de la creación es el criterio de individualización de las normas.
* Una norma de Orden está bien regulada en su modo de creación, será válida, en el grupo, es la norma que ha sido creada y formulada por la persona a la que se ha otorgado autoridad suprema, y mediante los procedimientos que la comunidad se otorgue a sí misma.

Un Orden jurídico es un conjunto de enunciados (normas jurídicas) relacionados entre sí de alguna manera específica. Según TARSKY, el Sistema está formado por el conjunto formado por un número finito de enunciados y sus consecuencias[3].

---

[3] Gutiérrez Gutiérrez, I. «Un orden jurídico para Alemania y Europa» en la Revista Teoría y realidad constitucional, número 3, 1999, pp. 215-224. Vernego, R. «El discurso del Derecho y el lenguaje normativo» en la revista Isonomia: Revista de Filosofía del Derecho y Teoría, número 4, 1996, pp. 87-95.

II. ORDENAMIENTO JURÍDICO: CONCEPTO

El sistema normativo no está constituido por enunciados declarativos, verdaderos o falsos, sino por enunciados modales normativos, por normas. Estas, no son verdaderas o falsas. Son modalmente obligatorias, permitidas, prohibidas o facultativas. Se puede pensar que el sistema es un conjunto de normas que rigen las actividades de un grupo o de una sociedad constituya un orden normativo sistemático. En la tradición cultural, la Jurisprudencia, como conocimiento científico del Derecho, pretende ser asimilada en algunos aspectos a los conocimientos de una ciencia axiomatizada.

Es característico proceder dogmáticamente a partir de demostraciones, inferencias, etc... de ciertas premisas aceptadas como válidas sin necesidad de prueba: del material normativo creado por el legislador histórico. La Ciencia del Derecho encara las normas positivas dadas como axiomas o dogmas, intentando clasificarlas, sistematizarlas, ordenarlas conforme a criterios controlables. De ahí que pretenda eliminar las contradicciones en que pueda haber incurrido el legislador, y se sistematiza la elaboración de ese material normativo amorfo.

La Sistematicidad a que aspira el conocimiento jurídico permitía prever —dice VERNENGO— cuáles sean las futuras normas que los órganos de creación y aplicación puedan crear, en cuanto las mismas tendrán que ser derivaciones racionales de normas anteriores conocidas: en sus conceptos, instituciones, ramas del Derecho...elementos del Sistema.

Normalmente, se hace increíble que una autoridad, o el legislador histórico, puedan haber establecido normas incompatibles, puesto que ello significaría tanto como no regular es forma alguna la conducta del grupo.

La afirmación de que un Sistema está teñido de Coherencia rara vez es llamada en estos casos a demostración formal. Es vista la coherencia como requisito para que un sistema de prescripciones pueda cumplir su función motivadora.

No está dicho ni probado —dice VERNENGO— que un Sistema jurídico (o moral) necesita ser elaborado Sistemáticamente para cumplir una mayor función de "control social", como indicaba Pound[4].

El hecho de que una misma autoridad no puede dictar normas incoherentes entre sí, no es un hecho de carácter indiscutido (la idea se ha sostenido en sistemas de carácter religioso o basados en esas ideas).

Se puede considerar algo acerca de la completitud o Exhaustividad de los sistemas morales y jurídico positivos: entonces no existiría acción que no estuviera

---

4 Pound, R. Jurisprudence. New Jersey: The Lawbook Exchange, 2000, pp. Sociological Jurisprudence, pp. 289 y ss.

deónticamente prevista por el Derecho Positivo. En el fondo, late la idea metafísica de un poder supremo capaz de regular toda la vida humana, o si se quiere, todo el Orden del universo: si la divinidad es vista como autoridad todopoderosa, sería contradictorio con esa tesis que existan aspectos del comportamiento humano que escapen a la regulación divina.

Dicha ideología —dice VERNENGO— se refleja en el Derecho Positivo en políticas como la de la Codificación que pretende abarcar todo lo regulable en ciertos sectores sociales: el ideal utópico de la Exhaustividad.

Otra pretensión es que el sistema sea racional, sobre todo en el sistema occidental. Existe, por lo tanto, en el plano precientífico, la tendencia a postular una suerte de axiomatización de los sistemas de normas morales y jurídicas que obedezcan a una unidad sistemática.

III. LOS PRECURSORES DEL CONCEPTO DE SISTEMA JURÍDICO

1. *Kelsen*

Siempre ha existido en la Dogmática una idea de sistema, orden... desde Ihering, Windscheid, Savigny... pero hay que fijarse en los antecedentes más modernos. Entre ellos KELSEN, para este autor, el Sistema está exclusivamente compuesto por un conjunto de normas jurídicas y una supuesta norma fundamental que le asegura de su unidad y validez. Establece la identidad entre el Sistema jurídico y la colectividad jurídica en dicho orden (en el caso de Ordenamientos relativamente centralizados, el Estado), el Sistema jurídico puede asimismo ser presentado como un conjunto de órganos creadores del Derecho.

1.1. Las relaciones entre los elementos del Sistema jurídico

Se trata de garantizar la articulación de las normas, a este respecto, KELSEN va aquí a distinguir dos principios de unidad en su Sistema: un principio estático y uno dinámico. Por el primero las normas derivan las unas de las otras en virtud de un procedimiento deductivo: como lo particular se deduce de lo general, así de la norma superior se deduce el contenido de la norma inferior. En cambio, los sistemas jurídicos responden, generalmente, a un principio de estructuración dinámica: contentándose la norma fundamental con habilitar a la autoridad suprema del Sistema para crear derecho. Una consecuencia negativa de esto es que cualquier «contenido puede ser derecho» y la relación entre los elementos es de naturaleza puramente formal, y la positiva, que el derecho presenta la característica esencial de «regular su propia creación y aplicación»: en esto, precisamente, radica su carácter sistemático.

KELSEN posee un sistema en forma lineal y jerárquica: lo superior siempre fundamenta o habilita lo inferior. Las normas de un orden jurídico no forman un conjunto de normas en vigor apiladas unas junto a las otras, sino una pirámide o jerarquía de normas que se superponen o subordinan entre sí. En su sistema la articulación de las normas entre los órganos no descansa en alguna observación o empírica o comodidad práctica: responden verdaderamente a postulados de la teoría del conocimiento. Para el pensamiento kelseniano la norma fundamental es la que habilita a la autoridad suprema a crear el derecho, es la garante de la efectividad de estos postulados, en tanto en cuanto confiere al conjunto de normas a la par la unidad, la no contradicción y el fundamento de validez. Cada acto de aplicación de una norma superior es al tiempo, parcialmente, creación de derecho nuevo, ya que la norma inferior no es pura y simplemente «deducida» de la precedente. La norma superior es más bien como un marco abierto a diversas posibilidades de indeterminación, todas igualmente regulares desde la perspectiva del conocimiento jurídico, compitiendo al intérprete, en función de un acto de voluntad que se inspira en consideraciones extra-jurídicas, la elección de una de ellas. Por lo que el juez y el administrador no están, por lo que a esto concierne, en situación esencialmente diversa a la que tiene el legislador cuando en conformidad con la Constitución desarrolla una norma general. Respecto a las relaciones del Sistema jurídico y Moral, en este pensamiento, de una separación entre el derecho y la moral, que si bien no impide la evaluación desde una u otra moral del contenido del derecho, implica, al menos, el hecho de que la validez de los ordenamientos jurídicos positivos sea independiente de su conformidad con un sistema moral. Los sistemas jurídicos y los morales no derivan de la misma norma fundamental, por lo que en el caso de que se surjan conflictos entre las prescripciones de ambos órdenes se deberá optar por dar válido tan sólo la validez de uno de los dos órdenes normativos[5].

KELSEN en esa autonomía de los órdenes jurídicos sólo concibe más que dos clases de relaciones posibles entre los órdenes jurídicos: o de independencia e incluso indiferencia o de integración. KELSEN indica que todo orden jurídico, para ser tal, es soberano exclusivo y único, la relación con un orden internacional es dificultosa. Por lo que concierne a la problemática de la evolución de los sistemas jurídicos, hay que indicar que la concepción dinámica de la creación del sistema permite pensar en un proceso permanente de realización, mientras que, por otro, el principio de efectividad nos sirve para dar cuenta de las mutaciones radicales de origen revolucionario. La norma fundamental será modificada

---

5 Kelsen, H. Pure Theory of Law. University: University of California Press, Berkeley, los Angeles, London, 1967 (trad de Max Knight), pp. 30 y ss. Monereo Pérez, J. L. «Sociología crítica del Derecho y teoría Jurídica en Hans Kelsen» en la Revista de Estudios jurídico laborales y de Seguridad Social, número 6, 2023, pp. 327-349.

cuando triunfa una revolución y autoridades no habilitadas por la antigua constitución, esa modificación tiene en su origen en que la nueva constitución delegue en lo sucesivo en una autoridad jurídica en los órganos que son efectivamente obedecidos.

2. *Hart como precursor en el concepto de Sistema*

El concepto de Sistema jurídico ocupa un lugar central en su análisis jurídico. Las normas en sí mismas no son objeto único de estudio en su sistema jurídico. Por lo que concierne a los componentes, el concepto de regla, prima sobre el de institución, orden, principio o valor. Dice que las reglas primarias en un sistema imponen derechos y obligaciones, mientras que las secundarias conferirían poderes; las reglas primarias se refieren a la conducta, mientras que las secundarias lo harían a otras reglas; por último, las reglas primarias atenderían a acciones físicas en tanto que las secundarias lo harían a la creación de deberes y obligaciones, es decir, a los actos jurídicos. El primer criterio de distinción es el más débil, pues muchas reglas secundarias citadas por el propio HART no parece que confieran exclusivamente poderes, por cuanto también imponen obligaciones, e incluso, en ciertos no sólo no confieren poderes, sino que tampoco imponen obligaciones. En cambio, los otros dos criterios parecen ser conciliables y proporcionar un distingo más satisfactorio. En efecto, si se admite, con KELSEN, que los actos jurídicos, a diferencia de los actos materiales, constituyen un acto creador de normas jurídicas, es decir, de derechos y obligaciones, en el sentido en que los juristas los comprenderemos, de hecho, coincidir ampliamente a ambos criterios, pues la regla relativa a un acto jurídico concierne necesariamente verdadero, en la medida, particularmente en que podemos sostener que normas como la costumbre o el principio general del derecho, no tienen, necesariamente, en los actos jurídicos, su fuente, en el estricto sentido del término. Para que, por tanto, sea posible definir a la regla secundaria como aquella que se refiere a otras reglas, incluyendo al acto jurídico por el cual dicha regla ha sido eventualmente creada; por el contrario, regla primaria sería la referida a la conducta, sin entender por esta los actos materiales, es decir los actos no creadores de efectos jurídicos[6].

---

6 Hart, H. L. A. *The Concept of* Law. Oxford: University Press (third Edition), 1961, 1994, 2012… pp. 185-200 Laws and Morals…

2.1. Las relaciones entre elementos

Se dice, por parte de la doctrina, que la relación entre las normas primarias y secundarias sería la de normas-objeto frente a las meta-normas. HART distingue las clasificaciones de las normas secundarias, primero describe las condiciones sociales particulares que permiten concebir la existencia de una comunidad viviendo bajo el exclusivo imperio de normas primarias (vínculos de parentesco, creencias, sentimientos comunes, entorno estable) saca a la luz los defectos, que, en su opinión, sin duda alguna tendría un régimen semejante en condiciones sociales diferentes. La incertidumbre a la hora de identificar las reglas, el carácter estático de las mismas, y la ineficacia de la presión social difusa para garantizar el mantenimiento de las reglas; las reglas secundarias constituyen el resultado para resolver estos defectos. La complementariedad de esas tres perspectivas, es lo que constituye la noción sistema, la unión de las reglas primarias y secundarias constituye el núcleo de un sistema jurídico.

HART, rechaza la tesis iusnaturalista según la cual la validez de las normas jurídicas exigiría su conformidad con ciertos principios morales, lo que, en cierto modo, supondría la pérdida de toda autonomía del derecho frente a la moral. Pero, asimismo, recusa la tesis positivista según la cual, «cualquiera puede ser el contenido del derecho», lo que, por el contrario, supondría la autonomía total del derecho a la moral, y la total irrelevancia, por tanto, de la moral para el derecho. HART a medio camino de posiciones extremas, va a invocar dos tipos de estrecha relación entre los dos sistemas normativos. El primer vínculo consiste en una relación que él llama de «necesidad natural» de asignar a las reglas jurídicas un mínimo contenido moral y la realización del mínimo proyecto de conservación que atendiendo a lo que son y a su entorno forman los hombres al asociarse. Se llama esta primera zona de solapamiento entre el derecho y la moral, el contenido mínimo de derecho natural, una condición de eficaz funcionamiento de un sistema jurídico, pero no que sea esencial para su existencia. El segundo vínculo es la llamada auxiliariedad entre el derecho y la moral, la idea fundamental de que la estabilidad de un sistema jurídico no se funda únicamente en la estricta obediencia por parte de los ciudadanos de las reglas, sino que se exige igualmente que su aceptación sea voluntaria. Respecto a la evolución de los sistemas jurídicos, HART dice que se adscribe a la idea de la realización progresiva del sistema jurídico, introduciéndose reglas secundarias en cada momento evolutivo, HART concibe los sistemas jurídicos como sistemas plenamente dinámico, pues comprenden reglas de cambio que aseguran esa función social. Para que un sistema evolucione se deben cumplir dos requisitos: de una parte, que las reglas de conducta válidas según los criterios últimos de validez del sistema sean generalmente obedecidas, y de otra, que los agentes del sistema efectivamente admitan sus reglas secundarias, si falla alguno de ellos, se da una patología o inestabilidad específica, que, en caso de ser extremada, con emergencia debe obligar al legislador a definir las bases de un sistema jurídico[7].

IV. PROBLEMAS QUE RESUELVE LA CONSIDERACIÓN DEL DERECHO DESDE LA PERSPECTIVA DEL ORDENAMIENTO JURÍDICO

La noción de Ordenamiento es necesaria para el desarrollo de la disciplina de la Teoría del Derecho. El Derecho no es un simple agregado de normas colocadas unas al lado de las otras, sino que es un conjunto de normas colocadas frente o con otros elementos: principios, valores, ramas del Derecho, conceptos jurídicos…

Los primeros modernos en llamar la atención sobre esta realidad del Ordenamiento jurídico fueron los partidarios de la teoría del Derecho como institución, en particular, SANTI ROMANO en 1917, publicó su obra titulada «El Ordenamiento jurídico» que constituye un clásico sobre esta concepción del Derecho y sus bondades. Los partidarios de la teoría institucional tenían frente a sí a los partidarios de la teoría normativa del Derecho. HAURIOU en Francia fue otro gran creador de la teoría institucionalista del Ordenamiento. Para HAURIOU la institución es el grupo social que tiene una idea y la regula organizándose en el poder. SANTI-ROMANO cree que hay una perfecta unidad entre el concepto de institución y el del Ordenamiento jurídico[8].

Los elementos del Ordenamiento para este autor son:

a) La sociedad en la que se manifiesta el fenómeno jurídico y destinatario del Derecho.

b) El orden social, reguladas las relaciones intersubjetivas que sean el fin del Derecho.

c) La Organización, que sea el medio o instrumento del Derecho como Ordenamiento. El ordenamiento jurídico se identifica con la institución entendiendo por tal un ente o cuerpo social organizado; el Ordenamiento es

---

7 Hart, H, The Concept ob. cit. pp. 238-272, acerca The nature of Legal Theory, The Natural of Legal Positivism… hay que citar un trabajo de Díaz Romero; U. «Una aproximación a las fuentes: la regla de conocimiento en la teoría de Herbert. L. A. Hart» en la revista Estudios de Filosofía, número 67, pp. 127-147.

8 Fotia, M. «L'istituzionalizamismo in Santi Romano el diritto e política» en Diritto e societá, núm. 14, 2011, pp. 135-174. El trabajo de Rodríguez-Arias Bustamante, L. «La teoría de la institución y el positivismo sociológico» en la Revista de Derecho privado, número 65, 1981, pp. 586-594, sigue siendo un referente para comprender bien esta teoría jurídica.

la organización social y es anterior a las normas que surgirán con éxito. Se identifica el derecho como cuerpo social.

La concepción del Ordenamiento jurídico, indica LOMBARDI, tiene unos beneficios:

a) Conjunto de normas inspiradas en unas ideas directrices o principios.

b) Organiza el cuerpo social en cuanto a su función[9].

Desde tres perspectivas la noción sistemática de Ordenamiento puede cumplir la función metodológica de servir de instrumento de análisis jurídico, indica CONTE:

A) Mediante la idea del Ordenamiento jurídico como sistema se puede explicar a existencia del Derecho, por ejemplo, para el institucionalismo el derecho existe en tanto existe el Ordenamiento jurídico y el Ordenamiento en tanto que existen instituciones.

B) Mediante esta idea se puede comprender qué es el Derecho.

Para el normativismo el Derecho se define en términos no de ordenamiento, sino de normas; no es que un ordenamiento sea jurídico por el hecho de ser un conjunto de normas, sino que, al contrario, las normas son jurídicas por el hecho de formar parte del Ordenamiento jurídico.

C) Permite conocer lo que es Derecho.

Para el normativismo mediante esta idea se puede definir la idea de validez jurídica: la validez de una norma deriva, en el contexto del Ordenamiento jurídico al que pertenece, y conforme al principio de Legalidad, de la validez de otra superior y así hasta la fundamental[10].

---

9 García Amado, J. A. Teorías de la tópica jurídica. Madrid: Civitas, 1988, p. 302 sobre el voluntarismo y teorías de Lombari.

10 Iturrralde Vea, J. L. en la Obra colectiva *Para comprender la teoría sociológica: Auguste Comte,* (coord. Beriain, J; Iturralde, J. L.). Verbo divino, 2008, pp. 127-208, en donde trata los comienzos de la sociología Saint-Simon, Comte, Tocqueville, Spencer.

Lección 5

LA IDEA DE RELACIÓN DESDE LA PERSPECTIVA JURÍDICA

La relación es la vida del Derecho. El Derecho es forma de vida social y por eso, no sólo «regula» relaciones, sino que él mismo es un complejo de relaciones jurídicas y en este sentido el concepto de relación jurídica es uno de los conceptos «puros» que son dados con la misma idea de Derecho, indica LEGAZ LACAMBRA. Es un concepto prejurídico el de relación: hasta tal punto que, sin relación, como tal idea, no existiría el Derecho. Kelsen hace del Derecho una relación meramente jurídica, como realidad única, y elimina, como perteneciente a la sociología, lo que hace referencia a los contenidos. En el plano idealista —señala LEGAZ— también aparece como central la idea de relación. Desde Platón y en el interés teológico de la edad media por llegar a una concepción analógica de las personas divinas como relaciones subsistentes. Todos los seres están totalmente vinculados entre sí para formar un orden único, un orden ontológico que es una unidad relativa de participación en virtud de una relación de dependencia de Dios. La realidad no se resuelve en mera solución sin dimensiones entitativas consistentes, sino que la esencia de la realidad incluye la respectividad y no puede darse ni constituirse sin ella. Para Santo Tomás como ya para el estagirita (Aristóteles) la relación tiene un ser debilísimo e imperfectisimo y es, fundamentalmente un ser de razón radica en la inteligencia, pero no realidad extramental. AMOR RUIBAL ha señalado la transcendentalidad de la relación el considerar la relación como propiedad transcendental a todo ser, o sea, no como una mera conveniencia de notas abstractas, sino como conveniencia de elementos reales que viven en un sistema de correlación. Lo real no es un universo de sustancias a las que advienen extrínsecamente relaciones, sino una unidad de sistema y un sistema (o una estructura) es un conjunto de elementos que dependen recíprocamente unos de otros hasta formar un todo organizado —dice LEGAZ—[1]. Ese correlacionismo es lo que llama Amor Ruibal relatividad que es la base de las leyes de la física, en el orden zoológico, en el orden de las ideas... XAVIER ZUBIRI habla en la metafísica de la idea de «respectividad», toda cosa es constitutivamente, respectiva de las demás las notas de una cosa están vertidas «en las demás» el mundo es la respectividad estructural de las cosas y toda unidad sólo existe en sus notas en cuanto respectivas, y esa respectividad es lo único que

---

1 Villoro Toranzo, M. Las relaciones jurídicas. México: editorial de México, 1976, p. 74 y ss; Sánchez de la Torre, A. «la relación jurídica como concepto metodológico» en Revista de Ciencias Políticas y Sociales, número 11-12, 2010, pp. 31-53.

tiene prioridad sobre cada una de las notas respectivas. El devenir, el llegar algo a ser realidad: es llegando primero a la realidad ajena de los demás. Sólo Dios es por sí mismo, extramundano, por eso está allende del ser, es irrespectivo, o más modernamente solo la razón reside en sí misma, sin relación con ente alguno.

I. RELACIÓN Y DERECHO

En la relación se configura el Derecho como realidad, indica LEGAZ. La persona existe conviviendo con los demás y la relación de la vida de la persona, esta idea se completa y perfecciona la de que el derecho existe primordialmente como libertad. La idea de libertad no sólo define la Derecho sino a las otras formas de actividad espiritual... el Derecho es libertad para dar configuración concreta a las relaciones en que necesariamente transcurre la vida social de la persona y es libertad de la persona que transcurre en forma de relación. El Derecho es relación cuyas formas concretas son obra de la libertad cauces y posibilidades para la libertad. La realidad del Derecho consiste en la relación. De la multitud de relaciones jurídicas que se dan en la vida se pueden abstraer los elementos y las normas jurídicas que las regulan. El conjunto de normas jurídicas que regula un tipo de relación jurídica (p.e compraventa...) es la institución jurídica[2].

II. CONCEPTO Y ELEMENTOS DE LA RELACIÓN JURÍDICA

Se podría definir y así lo hace LEGAZ la relación jurídica: «Un vínculo entre sujetos de derecho, nacido de un determinado hecho definido por las normas jurídicas como condición de situaciones jurídicas correlativas o acumulativas de facultades y deberes, cuyo objeto son ciertas prestaciones garantizadas por la aplicación de una consecuencia o sanción».

Se dan los siguientes elementos:

- La norma
- La persona
- El hecho condicionante
- La correlatividad de situaciones jurídicas
- La prestación
- La sanción

---

2 Legaz Lacambra, L. Filosofía del ...ob. cit. pp. 680-692.

Es una relación entre sujetos que lo son de derecho, no existe relación jurídica en los vínculos entre las personas por razón de amor, amistad, pertenecen a la vida personal, ni tampoco es relación jurídica la que se establece entre el hombre y los seres inferiores, nunca existe esa relación con un ser «infrapersonal» el hombre está obligado a cumplir deberes morales con esos seres inferiores, pero no desde una perspectiva jurídica. Sólo es posible entre personas en sentido jurídico, entre sujetos de derecho, jamás entre persona y objeto, la relación —dice Legaz— requiere paridad y esta sólo puede darse entre seres que poseen la misma dignidad fundamental, no entre un ser con dignidad de persona u otro que sólo posee una utilidad o un precio. No quiere ello decir que una relación con un objeto no tenga consecuencias jurídicas y afectivas (un terreno, una mascota…) se da en una relación un hecho condicionante o supuesto de hecho también en ese supuesto. Surge con relación a algo, de un acaecimiento natural, o de un acto de la voluntad. El hecho condicionante, el supuesto de hecho, es, pues, o un verdadero Hecho o un acto jurídico, es decir, jurídicamente relevante. Un hecho jurídico engendra una relación jurídica cuando hay un cambio de situaciones jurídicas.

Otras veces la relación jurídica surge de un acto voluntario lícito o ilícito, pero jurídicamente relevante y el derecho concede al acto lícito una eficacia, unos efectos jurídicos que concuerdan con el sentido objetivo del acto, y producirá los efectos «queridos», el Derecho reconoce dicho acto como una condición a la cual se vinculan determinadas consecuencias consistentes en el nacimiento de nuevas situaciones que concuerdan con el sentido del acto.

Se da siempre en la relación jurídica —dice Sánchez de la Torre— como elemento de la misma una correlatividad de situaciones de facultad y deber. Se dice que se produce un incremento en las facultades de una persona o disminución en una relación jurídica. Ulpiano decía que todo derecho consiste o en adquirir o en conservar o en disminuir. Quien tiene a su favor un derecho o facultad es más rico jurídicamente hablando, que la parte contraria, la cual se desprende de una parte de su haber jurídico en beneficio ajeno. Son las situaciones jurídicas dadas por la correlatividad, en toda relación existe una interferencia la cual ha de consistir en ese peculiar vínculo que procede de un hecho y que es la condición de las concretas situaciones de derecho y deber: algo que se da en la relación crediticia, en la relación familiar, entre los pertenecientes de una organización en general.

Tiene lugar entre sujetos de derecho, y el hombre nunca es objeto, las cosas sólo entran como objeto de una relación a través de un hacer humano.

Como garantía de la prestación radica la sanción, al sujeto pasivo puede promover la parte contraria mediante una determinada manifestación de voluntad, reconocida como acto condicionante jurídico.

III. LA RELACIÓN JURÍDICA EN SAVIGNY

Cada relación, dice Savigny, de derecho nos aparece como relación de persona a persona, determinada por una regla jurídica, la cual asigna a cada individuo un rol, en donde su voluntad reina independientemente de toda voluntad extraña. En consecuencia tiene dos elementos: Primero, una materia dada, la relación misma (elemento material); segundo, la idea de derecho que regula esa relación elemento plástico que ennoblece el derecho y lo impone al Derecho —dice Legaz—.

Reconoce Savigny que no todas las relaciones de hombre a hombre entran, sin embargo, en el dominio del Derecho, ni pueden ser todas susceptibles de determinarse por reglas jurídicas, y así hay enteramente dominadas por normas del derecho, como la propiedad, otras que sólo lo están en parte, como el matrimonio, y otras que quedan por completo al margen de las mismas, como la amistad. No existe relación jurídica sin norma de derecho, otra parte de la Doctrina habla de «Principio de Derecho», así también el Derecho no tiene existencia en forma de norma escrita y particularmente de ley; pero naturalmente el Derecho existe siempre como norma, la cual puede revestir diversas formas técnicas. Las normas son creadoras de la relación jurídica, definen el ámbito de la subjetividad, la eficacia que se concede al hecho, el contenido de las prestaciones... La relación jurídica no es una relación meramente conceptual, como hace la posición normativista en su formulación extrema, la relación no es entre los individuos y las normas, sino una relación existencial entre individuos que, según las normas, sino una relación existencial entre individuos que, según las normas, son sujetos de derecho. Esta concepción se aparta de la concepción normativista que viene de la teoría de Kelsen y sobre todo de SCHREIER, que ajustó la teoría pura de KELSEN a la relación jurídica, eliminará de la relación jurídica toda «relación social» de la relación jurídica, tiene que moverse en el campo inmanente de la realidad jurídica, que está constituida pura y exclusivamente por normas de Derecho. SCHREIER formula la «ley de la causalidad Jurídica» expresada en que toda consecuencia jurídica implica un supuesto de hecho; toda variación en éste, implica una variación de las consecuencias jurídicas, lo que significa que la validez del derecho es condicionada y que la índole de la consecuencia depende de la condición. No es suficiente equiparar norma jurídica y relación jurídica, cada relación no está encerrada en los límites de una única norma.

En conclusión, para nuestro estudio actual diremos que la relación jurídica es una relación entre personas, tal como la entendió SAVIGNY, y en la Doctrina española también se sostiene Castro, Castán, Albaladejo, Lacruz, Diez-Picazo y Gullón, García Valdecasas... los sujetos de la relación jurídica son siempre personas, sujetos de derecho. La relación jurídica entre persona-cosa (constitutivas de los derechos reales) no significa que la relación sea persona-cosa, sino que la persona, único sujeto de la relación, tiene un poder sobre un objeto que es la cosa, pero en contra se manifestaron IHERING, ENNECCERUS, VON THUR Y DE BUEN sostuvieron que sí cabe una relación jurídica entre persona y cosa[3].

IV. ESTRUCTURA DE LA RELACIÓN JURÍDICA

Brevemente, se puede indicar que la relación jurídica tiene un esquema más simple distinguiendo entre sujetos: que son los sujetos de derecho, los sujetos activos los que tienen derecho y pasivos los que tienen deberes y han de cumplir determinada prestación. En cada sujeto de una relación jurídica confluyen derechos y deberes. Objeto de la relación jurídica: es la materia social sobre la que recae la relación jurídica (contrato, relación de derecho real, matrimonio…) y Contenido: es el conjunto de derechos y deberes único o múltiple que comprende la relación jurídica, simple que se da entre el titular del derecho y el titular del deber correlativo; la relación compleja se compone de una pluralidad de derechos y deberes que es tratada por la ley como una unidad.

V. PERSPECTIVA SOCIOLÓGICA DE LA RELACIÓN JURÍDICA

Para establecer una Teoría sociológica de la relación jurídica se debe dar cuenta estricta de todos los elementos que le sea posible abarcar y organizar internamente, así como de su posición recíproca, respecto a la cual se debe eliminar cualquier ambigüedad, indica SÁNCHEZ DE LA TORRE.

La posición formalista o dogmática supone una insuficiencia a la relación jurídica, la posición contractualista no explica los términos de una relación jurídica debida a hechos jurídicos no consistentes en declaraciones de voluntad.

Los elementos de cada relación jurídica, desde los más genéricos a los más específicos, son por ello, según SÁNCHEZ DE LA TORRE, en su «Sociología del Derecho»:

---

[3] Giorgi, R. Ciencia del Derecho. Ciencia del Derecho y Legitimación. México: Universidad Iberoamericana, 1998, p. 40. Habib, J. «El análisis de proporcionalidad y el derecho privado argentino» en la Revista Jurídica Austral, vol. 3, número 1, 2022, pp. 327-366, en este trabajo el autor recurre al pensamiento de Savigny en cuanto a la estructura y dinámica de las relaciones jurídicas para argumentar que la aplicación del análisis de proporcionalidad a casos de derecho privado argentino genera una mitigación de tres virtudes del sistema: la economía en la decisión, la seguridad jurídica y la justicia formal.

1. El ámbito de comunicación jurídica que es la colectividad en que una relación se produce, para cuya actualización es posibilidad general previa. Comunicación es a relación concreta, como posibilidad es a acto.
2. El Estado que formaliza la colectividad presidiendo su Ordenamiento jurídico, el cual puede tomar alguna particularización, bien al ser parte de una relación, bien al ser órgano ejecutor de algún poder concreto.
3. Los individuos, grupos individualizados, o sumas de individuos, bien directamente relacionados en un contrato, bien cuando son sujetos de meras expectativas de derechos en cuanto que están integrados en una colectividad común.
4. Las conexiones e intereses o de prestaciones entre los sujetos de relación, que han de reflejar cierta equivalencia o igualación en las relaciones de Derecho privado; y al menos reciprocidad, aunque no contengan aquella equivalencia, en las relaciones de Derecho Público.
5. Las conexiones de intereses de diversas expectativas pertenecientes a los diversos elementos relacionados, aunque no sean los directamente relacionados, pero sí los terceros que pueden ser afectados por esa relación jurídica.
6. Las conexiones de diversas funciones públicas que el Estado o alguno de sus poderes tiene para el control jurídico de que es responsable en la colectividad por él presidida[4].

1. El elemento causal de la relación jurídica

Para que se dé entrada a la relación jurídica, al menos bilateral, de dos sujetos o de uno, pero con transcendencia jurídica, es necesario que se pongan en marcha los elementos de las instituciones. Indica LARENZ que es elemento causal de la relación jurídica como nexo jurídico que une entre sí a sujetos de derecho. Este vínculo se presenta por parte de los sujetos de derecho, como «derecho» y, por parte del otro como un deber o una vinculación jurídica. Dice LARENZ que se designa a la relación jurídica como un nexo jurídico entre dos personas. El término nexo indica que toda relación jurídica significa una vinculación de uno o varios participantes o de todos los demás, en relación con el único titular la vinculación es primariamente de tipo normativo; fácticamente se traduce, por lo general, en que el vinculado (esto es el obligado) ha de contar con inconvenientes si actúa en contra de su vinculación. Dado que la relación jurídica es

---

4 Sierckman, J. «La Sociología del Derecho en la formación jurídica» en la Revista Academia, número 12, 2008, pp. 117-131.

un vínculo normativo y que pertenece al plano ontológico de lo jurídicamente válido, es inexacto designarla como una relación vital, determinada por el derecho. La relación jurídica es —como indica LARENZ— es el nexo jurídico entre personas en cuanto sujetos de Derecho, cuyos elementos esenciales son los derechos y obligaciones o vinculaciones jurídicas correspondientes a aquellos, tienen un principio y un fin, las relaciones jurídicas no existen, ciertamente, en el espacio, pero sí en el tiempo, para la existencia de una relación jurídica —dice LARENZ— esta con que pueda ser conocida en todo tiempo; es conocida como válida como determinante, ahora bien una relación jurídica de Derecho privado contiene siempre —indica LARENZ— como uno de sus elementos fundamentales, al menos un derecho subjetivo, puede contener una pluralidad de derechos, obligaciones y de vínculos jurídicos, que se hallan entre sí en una determinada conexión. Todas las relaciones jurídicas son análogas en su estructura a la RELACIÓN DE RESPETO MUTUO —que denomina LARENZ— la relación jurídica fundamental, es la relación de respeto mutuo que cada puede exigir uno a cualquier otra persona y que asimismo puede exigir de los demás. Es la base de toda convivencia en una comunidad jurídica y de toda relación jurídica en particular[5]. El origen del vínculo —indica O'Callaghan— es siempre un hecho jurídico, es decir, un hecho con efectos jurídicos, en el que interviene la voluntad del hombre (como un contrato, por ejemplo) o no en los hechos jurídicos naturales (los casos de accesión natural, por ejemplo).

2. *Los hechos jurídicos*

Se denomina hecho jurídico —indica ALBALADEJO— el suceso (o falta del mismo, es decir, que ese hecho no suceda, por ejemplo, que el Sr. X no muera si fue nombrado heredero) al que el Derecho atribuye efectos. ARIAS RAMOS Y ARIAS BONET hablan de hecho jurídico como «todo suceso que da lugar a que se produzcan consecuencias jurídicas». Nos gusta el análisis multidisciplinar del hecho jurídico, porque en la vida así se presenta también.

Son hechos jurídicos simples los formados por un elemento (suceso u omisión), como la muerte de una persona. Son hechos jurídicos complejos, los que contienen varios elementos que son considerados en su conexión (formando una unidad organizada), por ejemplo, el contrato que exige al menos dos elementos: las dos declaraciones de voluntad de una y otra parte.

* Por su contenido, distingue ALBALADEJO, los hechos jurídicos se diferencian en positivos y negativos: positivo el que consiste en un acontecimiento;

---

5 Larenz, K. Metodología de la ciencia del Derecho. Madrid: Ariel, 1994, pp. 45 y ss… un gran tratado de Teoría del Derecho, globalizado, y que está en conexión en todas sus ramas.

negativo, el que consiste en la falta de un determinado acontecimiento, en una omisión (así, no pagar).

* La más importante de las clasificaciones de los hechos jurídicos es la que los distingue en naturales (que dependen de acontecimientos extraños a la propia voluntad humana, como son la «avulsio» o «la insula in flumine nata», acontecimientos de fenómenos de carácter natural) y voluntarios a éstos los llama ALBALADEJO, hechos voluntarios o actos jurídicos en sentido estricto[6].

3. *Los actos jurídicos en sentido estricto*

Interesa sólo examinar la bipartición de los mismos en:

1) Actos lícitos o ilícitos;

2) Actos libres y debidos;

3) Actos jurídicos en sentido estricto

4) Actos de declaraciones de voluntad

El acto lícito, es el conforme a Derecho. Este lo consiente —o lo ordena si es un acto debido— y le atribuye efectos. El acto ilícito es contrario a Derecho y al Ordenamiento jurídico. Este, el Derecho, lo prohíbe, pero lo ha de soportar si de facto se produce y también le atribuye efectos, aunque en este caso punitivos y represivos y en otros casos preventivos. Ejemplos son una compraventa y un robo.

Los actos jurídicos son libres o debidos, los debidos se realizan en cumplimiento de un deber jurídico. P.e, pagar una deuda. Los libres, la ley no les obliga a realizarlos, como testar, realizar una donación o celebrar un contrato de compraventa.

Los hechos jurídicos voluntarios los divide ALBALADEJO en actos jurídicos en sentido estricto y declaraciones de la voluntad, según que el efecto jurídico se produzca ex lege o ex voluntate.

Es acto jurídico en sentido estricto, el que encerrando —corno todo acto jurídico— una conducta humana, produce los efectos jurídicos porque el Derecho se los atribuye aparte de que el agente los adquiera: se habla de efectos ex lege. P.e. si se descuida un depósito que se confía a una persona, tendrá el obligado

6 Por ser Teoría del Derecho o Filosofía del Derecho, se cita a los autores interdisciplinares Lasarte, C. *Principios de Derecho Civil.* Madrid: Trivium, 1992, pp. 87 y ss. Amado, J. D. «Las declaraciones de voluntad impropias en la teoría del acto jurídico» en la Revista Themis, número 10, 1988, pp. 75-80-

que indemnizar el perjuicio que se produzca, o en general, si culpablemente causas un daño a otro, debes reparar ese daño.

Es declaración de voluntad, el acto jurídico —dice ALBALADEJO— en el cual la conducta que el agente observa con la mira de que se produzca el efecto, o sea, persiguiendo éste, que es producido por la realización del acto, pero producido, precisamente por que el agente lo quiso. Se declara que se dé un efecto, y el Derecho hace que tenga lugar porque ha sido querido. Luego es relevante el propósito del agente, y la ley, al determinar las consecuencias del acto, le asigna éstas o aquéllas en cuanto, según se deduce la declaración, son queridas. Se habla entonces de efecto ex voluntate: p.e. si A instituye heredero a B-o sea, declara su voluntad de que B le herede b será llamado a la herencia. Son las ideas certeras de Albaladejo, para acercar esta teoría general del Derecho al Derecho real y no científico[7].

Corno resumen, se puede indicar, que los efectos de todo acto jurídico los produce el acto; pero en el acto jurídico en sentido estricto se basa en la realización de éste, y en el caso de la declaración de voluntad se basa en el propósito del agente. Allí hay efecto por que se hizo (el acto). Aquí porque se quiso (el efecto).

El querer de que se trata no tiene que ser un querer los efectos corno jurídicos; basta que el sujeto, aun lego en Derecho, persiga un fin práctico (así en el ej. A quiere que sus bienes sean para B cuando él muera). A ese querer, el Derecho lo reviste de eficacia jurídica. Los más importantes actos jurídicos son las declaraciones que, por sí solas o con otros elementos, forman los negocios jurídicos.

Dentro de esos actos jurídicos de declaración de voluntad, se encuentran los llamados constitutivos (= los que conforman un determinado negocio jurídico y crea ese efecto jurídico, corno es la dación del precio en la compraventa), los modificativos, que son las declaraciones de voluntad que introducen en un determinado negocio jurídico variaciones sobre uno (el negocio jurídico) ya realizado (p.e. la transformación de un testamento ya dictado). Y los llamados extintivos, actos jurídicos que ponen final a un determinado negocio jurídico a una relación Jurídica, como es la renuncia a un determinado derecho que se posee o los que implican una finalización de un determinado negocio jurídico, corno puede ser la rescisión de un contrato (poner fin a ese contrato porque no se cumple una determinada prestación, el pago del precio, por parte de alguno de los contratantes).

---

7 Albaladejo, M. El Hecho jurídico. Universidad de Oviedo: Servicio de Publicaciones, 1945, pp. 23 y ss.

Lección 6

LA PERSPECTIVA DE LA NORMA JURÍDICA EN EL ORDENAMIENTO

Siguiendo al profesor HERVADA, es necesario ver que la norma ha sido objeto del jurista, entendiendo por norma los preceptos que regulan la vida social y ese es el gran elemento del Ordenamiento, se quiera o no, sigue siendo el prepoderante. Sin entrar en lo que significa la norma en general, el tema ius-filosófico más importante se encuentra en ver el sentido de la relación entre la norma y Lo Justo. Históricamente, esta relación está clara. En Roma, las leyes recibían el nombre de Derecho, Derecho entendido corno Derecho Objetivo.

El origen de las leyes y su estudio se encuentra en el «arte de las leyes», arte es —según HERVADA— es un saber hacer, el arte en este caso, de saber hacer las leyes. El jurista tiene un papel a desempeñar en la redacción de las leyes que hacen los políticos, el jurista hace frecuentemente propuestas de «iure condendo», aunque su papel no pasa de ser auxiliar. El jurista interpreta las leyes para su correcta aplicación. La ley es una regla que significa lo mismo que la Norma. La ley es la medida de lo justo. La ley regula el Derecho y la correlativa deuda, señalan qué cosas pertenecen a cada uno, su derecho, y su deber, cuándo se debe pagar una deuda...etc...

La interpretación de la ley por el jurista es una parte importante de su arte, en cuanto lleva al conocimiento de lo justo legal, que es la adecuación de la vida social a sus reglas propias, o sea de las normas y de las leyes.

I. CONCEPTO DE NORMA JURÍDICA

Lo justo tiene una regla, esta regla el nombre de «Regla de Derecho» o «Norma jurídica». El jurista no es legislador. En caso de conflicto entre la Ley y la Justicia, el verdadero jurista se inclina por la Justicia y no por la ley. No se debe confundir la norma con el Derecho: la norma recibe el nombre de Derecho, es la «regla de Derecho»; jurídico hace referencia a lo justo, al ius. Donde no hay relación de justicia legal —distributiva o conmutativa— no hay norma jurídica. Las normas jurídicas se han estudiado de otras formas, como indica HERVADA, así en el orden social: normas que son ordenaciones de los comportamientos humanos hacia los fines de la sociedad, o corno delimitación de esferas de libertad, o corno «ingeniería social». Toda regulación de las relaciones sociales, toda resolución de conflictos, ha de estar presidida por un criterio supremo —el bien común— de la sociedad humana, decía Santo Tomás que la ley era «una ordenación racional de las conductas humanas en función del bien común». Esta perspectiva es propia de la Filosofía política es —como dice HERVADA— una contemplación de la convivencia humana en función de su desenvolvimiento correcto. No es la perspectiva jurídica (si por jurídica se entiende la del arte del Derecho del Derecho de lo justo) la norma es función del Ius o de Derecho. Las leyes pueden tener muy diversa índole: normas técnicas, de organización, de fomento de actividad, etc.... todas ellas son jurídicas, dan origen a un deber de justicia legal.

Dice HERVADA, que son «Normas jurídicas» las que se refieren a conductas justas, esto es, a conductas que son debidas —obligatorias— porque constituyen un deber de justicia conmutativa, de justicia distributiva o de justicia legal, una norma es jurídica, cuando la conducta que prescribe constituye una deuda justa. Toda norma jurídica es una «proposición obligatoria» prescribe conductas que constituyen un deber de justicia; vincula al destinatario de la norma, encauzando su conducta. No resulta lo mismo decir que es imperativa. Norma porque es regla de conducta; y jurídica porque obliga con deber de justicia. Son normas jurídicas las leyes que dimanan del poder Público, pero pueden ser también normas jurídicas las reglas o cláusulas derivadas de los pactos internacionales, de los negocios jurídicos y del consentimiento del pueblo (costumbre normativa). En consecuencia —dice HERVADA— «norma jurídica es toda regla de conducta cuyo cumplimiento sea una obligación de justicia, una deuda justa, tanto si procede de la autoridad social, como si proviene de la capacidad de compromiso de las personas, del consentimiento del pueblo o de la naturaleza humana». Independientemente de las teorías sobre su naturaleza (teoría imperativista, del juicio hipotético, de la proposición normativa y las eclécticas[1]...

Así que podemos definir la norma jurídica, como aquella proposición normativa que, dotada de un supuesto de hecho y de una consecuencia jurídica, que contendrá obligatoriedad o no, pero que, en todo caso, nace para ser aplicada por los órganos judiciales y administrativos en un sistema democrático.

---

1 Hervada, J. *Lecciones propedéuticas de Filosofía del Derecho.* Pamplona: Eunsa, 2000, pp. 30 y ss.

II. NOTAS CARACTERÍSTICAS DE LA NORMA JURÍDICA

Toda norma se caracteriza por unos caracteres: unas notas reales (validez, bilateralidad, protección institucionalizada) y una serie de notas ideales (eficacia y legitimidad), según SORIANO[2].

* Para que una norma posea validez —indica SORIANO— debe cumplir tres requisitos: a) que sea promulgada por los órganos que indique y los procedimientos que prevea la norma jurídica máxima; b) plena vigencia de que no haya sido derogada ni expresa ni tácitamente; c) ausencia de conflictos con otras normas superiores.
* Bilateralidad, la norma jurídica es, al menos, la relación de dos sujetos. La norma moral es autónoma, no depende de que exista más de un sujeto. La Norma jurídica es heterónoma, procede de una instancia extraña a la voluntad del sujeto; pero cuanto menos heterónoma sea, porque proceda de la voluntad popular, será más autónoma, cuanto más democrática sea, dice SORIANO.
* Protección institucionalizada, es el Estado el que garantiza su cumplimiento con una coercibilidad institucionalizada, y el Ordenamiento es el que prevé los órganos que la ejecutan y en una concepción plural de la norma, se debe entender que es la propia norma la que hará que esa coercibilidad sea más o menos acentuada.
* Legitimidad: en términos vulgares una norma es legítima, si se produce una coincidencia entre lo que quiere la norma y lo que quiere la sociedad. La legitimidad de la norma se refiere a la concordancia entre el contenido prescriptivo de la norma y los valores predominantes de la sociedad a la que se aplica.
* Eficacia: una norma es una pauta de conducta y se promulga para cumplir una finalidad social, indica SORIANO. No tiene sentido una norma que no sirva para nada. Las causas de que una norma no tenga eficacia es que caiga en el desuso: por ser arcaica, por no obedecer a las circunstancias sociales y económicas, cuando no es válida formal y materialmente.

---

2 Soriano, R. Compendio de Teoría General del Derecho. Madrid: Ariel, 1986, pp. 120 y ss; García Villegas, M. «Normal social-norma jurídica» en la Revista Eunomia: Revista general de la Legalidad, número 2, 2012, pp. 133-138.

III. TEORÍAS DE LA NORMA Y EL ORDENAMIENTO

1. *Teoría imperativa o imperativista de la norma*

En términos generales —dice LEGAZ— imperatividad del Derecho, significa la «condición de éste de que el contenido de sus disposiciones constituya algo impuesto a los hombres a quienes afecta, y con el que éstos tienen que contar independientemente del asentimiento que éstos puedan prestarle». Las normas constituyen una imposición de un poder de mando en una sociedad determinada. Se distingue entre imperativo, como sustantivo y adjetivo.

* Imperativo sustantivo: acto de una voluntad que en forma de orden o mandato patentiza la de otra voluntad.
* Imperativo adjetivo: el «sentido» de ciertos actos cuya consistencia está independizada de la voluntad.

Imperar es un efecto conocido desde antiguo en la historia jurídica (Modestino, Suárez) se habla de ley imperativa, pero también de «todo» el Derecho como imperativo.

La razón filosófica de la imperatividad es que hay un VALOR que «debe ser realizado en una conducta». La conducta humana tiene siempre un sentido «axiológico» (siempre tiene en sí un valor) como «un deber ser Imperativo» que no posee la norma moral. El Derecho estatal es el más importante sociológicamente y dentro de él, el que aparece fundado en la expresión directa de una voluntad en uso de su «imperium» (en Roma sólo la poseían ciertos funcionarios) o como poder de mando en general, así lo entendía el Derecho romano. Un imperativo es, por de pronto, un mandato: pero una autorización o una permisión, que no es un mandato, posee, sin embargo, «Imperatividad». Va unido el imperativismo del Derecho a la concepción «voluntarista», A. DE CASTRO dijo que sin voluntad de obligar no existe ley y ésta es la del legislador de un acto de la voluntad justa y recta[3].

En la Escuela del Derecho Natural Racionalista y en otros autores (HOBBES) representó un matiz diferente, PUFFENDORF consideró la ley como una «impositio» de un superior. El imperativismo moderno es la consecuencia del voluntarismo. La ley ahora no es obra de un superior, sino de toda la comunidad política y de los representantes que la deciden. La legislación, desde ROUSSEAU, es autolegislación, pues es la voluntad que crea el Derecho (la de la comunidad) la misma que está sometida a él. No existe una voluntad colectiva a nivel psicológico, y

3 Legaz Lacambra, L. Filosofía del …ob. cit. pp. 137 y ss.

se sustituye una «voluntad del Estado», es una construcción normativa[4]. KELSEN criticó con dureza la imperatividad. En su concepción, la norma se concibe como juicio hipotético que establece como «debida» una cierta conducta y vincula al hecho de producirse ésta una consecuencia «debida». KELSEN concibe el acto intelectual creador de la norma como reducción a una forma intelectual de lo que la voluntad ha determinado como exigible, pero no es la materia creada por la voluntad. KELSEN distinguió entre la norma/regla de Derecho[5].

* Normas jurídicas: son creadas en el cauce del proceso jurídico, por individuos constituidos en calidad de autoridad jurídica competente.
* Reglas de Derecho: es realizada por el jurista para captar el fenómeno jurídico intelectualmente.

Las Normas, reglamentan la conducta de los súbditos, imponiendo obligaciones y confiriendo derechos, pero un derecho conferido también se puede imponer imperativamente al tercero que no lo respeta, las normas son justas o injustas; las reglas de Derecho son sólo verdaderas o falsas. Las normas dependen de los actos de la voluntad. Las reglas de Derecho son juicios que describen su objeto (los de las normas). En toda norma —indica KELSEN— existe el «instar» y el «exigir» y ése es el carácter imperativo. La imperatividad es aquella característica del Derecho por la cual éste consta de preceptos y precisamente de preceptos que poseen características de lo social, o sea, la impersonalidad: valen para todos los hombres. Las normas jurídicas no son simples y puros mandatos en el Estado Democrático, pero el Derecho es una «forma de vida social», y ontológicamente, no está vinculado al Estado y su carácter no deriva de que proceda de una voluntad estatal. La raíz de la imperatividad de la norma está, pues, por de pronto, en la estructura de la misma vida social, esa peculiar dimensión impersonalizada y genérica de la intersubjetividad por la que la vida humana es susceptible y está necesitada de regirse por preceptos con la característica de lo social, tiene una raíz eminentemente sociológico-jurídica.

---

4 Laguna, R. «¿Permanencia de lo político-teológico en J. J. Rousseau?» En la revista Páginas de Filosofía, vol. 14, número 17, 2013, pp. 85-101.

5 Kelsen, H., & Vázquez, E. (1969). *Contribuciones a la teoría pura del derecho.* Centro Editor de América Latina. También sobre normas y reglas de Derecho Alexy, R. El concepto y la validez del Derecho. Barcelona: Gedisa, ed, 2013, pp. 159-174, sobre la distinción entre reglas y principios y su influencia en la razón práctica, para Alexy el Derecho trabaja con lo posible, lo práctico y lo más racional siempre; Herszenbaun, M. «Valores y Normas en Hans Kelsen Max Ernest Mayer» en la Revista Nuevo Itinerario, número 13, 2018, pp. 91-118.

IV. EL DERECHO DE LA PROPOSICIÓN NORMATIVA

Cabe distinguir entre la norma como precepto social y la estructura de la norma lógica de la proposición. La estructura es la misma —dice LEGAZ— cuando la norma «anticipa» conceptualmente la realidad de la norma dotada ya de validez jurídica, pero «aún no» plenamente incorporada a las formas del vivir social, o si simplemente, «reproduce», lo que ya posee efectividad en la vida social. Se distingue entre: las proposiciones proclamativas (= las formuladas por la vía legislativa) y las «declarativas» (= las proposiciones en que se expresaría el Derecho consuetudinario).

La distinción que se hace entre norma y proposición normativa está en la línea que la formulada por CASTRO coincide con la que GEIGER en norma «subsistente» y «proposición normativa».

Por el Derecho como proposición normativa conocemos con precisión y certeza el ámbito exacto de lo que se debe o puede jurídicamente hacer, sin incurrir en una consecuencia jurídica desfavorable, pues en ellas están perfectamente definidos los tipos de hechos condicionantes o supuestos de hecho o supuestos de hecho a la que se vinculan las consecuencias, y así sabemos a qué atenemos con precisión para asegurar, nuestros intereses sociales y, en definitiva, nuestra dignidad de personas, en términos de licitud o ilicitud jurídica.

Lo que se haga valdrá para bien o para mal jurídicamente.

El deber ser vincula el hecho y la consecuencia no puede ser sino un deber ser lógico. Pero la proposición normativa es axiológicamente aséptica, aún cuando representa la conceptualización de una realidad que está llena de valoraciones. La norma de por sí valora las conductas deseables y por eso, «insta», a la omisión de las que rechaza su castigo. La conducta objeto de la norma no es la conducta viviente en cuanto que por necesidad lógica ha caído bajo una valoración u otra, sino la conducta debida, es decir, un esquema de conducta al que debe ajustarse la conducta efectiva: conducta proyectada en futuro y no conducta actual en lo que tiene de actual.

La proposición normativa, como estructura, es concepto; pero la norma es un precepto. KELSEN de nuevo, representó la proposición normativa: «dado A debe ser B», la que formuló así:

- A —— B

El supuesto de hecho (A) puede ser un hecho (H) natural o de conducta (C) y libre (CL) u obligado (CO) la cual se configura como cumplidora de la prestación (P) o como no realizadora de ésta (no-P); la consecuencia jurídica (B) puede ser desfavorable, de convalidación o validación del Hecho (V) o una sanción por incumplimiento (s):

- A (H, CL, P)——B (V)
- A (NO-P)———B (S)

Es decir, un hecho jurídicamente relevante, una conducta jurídicamente permitida o la prestación de una conducta obligada, debe ser una consecuencia jurídica de convalidación de los efectos queridos del acto o implicados en el sentido jurídico del hecho; y, al contrario, dada la no prestación de una conducta obligatoria, debe ser una consecuencia jurídica desfavorable, esto es, sanción civil o penal[6].

COSSIO distingue en toda proposición normativa:

- la «perinorma»— parte de la norma que establece el deber de
- la «endonorma» — que contiene directamente el deber de realizar aquella conducta cuya omisión o contravención constituye el supuesto para la sanción.

Dice el profesor SÁNCHEZ DE LA TORRE que la estructura lógica de la proposición es una descripción: si acontece un hecho jurídico inicial, deberá cumplirse alguna prestación en presencia de la colectividad sancionante; y/o en caso de incumplimiento se producirán ciertos efectos subsidiarios a cargo de un órgano jurídico de la colectividad.

Se dice que dada la condición de un hecho jurídico inicial debe ser la prestación correspondiente a la validación de la conducta, según el asentimiento colectivo, pero en caso de incumplimiento se producirá un hecho jurídico renovadamente planteado a consecuencia del cual se producirá una prestación subsidiaria de cuya declaración e imposición se encargará un órgano jurídico del Estado en que se organiza la colectividad. Esta estructura patentiza y señala la existencia y señala la existencia de un triple precepto de cumplir:

- La Prestación debida en cierta situación (precepto dirigido al súbdito).
- De convalidar los efectos de la conducta lícita (y, eso ipso, de rechazar su impedimento o negación).
- De sancionar la conducta transgresora de la obligación (preceptos dirigidos a los órganos jurídicos).

---

6 Sánchez de la Torre, A. «La estructura lógica de la proposición normativa» en Revista de Derecho Privado, enero 1971, p. 5 y ss; Kucsko-Stadmayer, G. «El concepto de la norma y sus tipos» en la Revista de la Facultad de Derecho de México, vol 55, número 243, 2005, pp. 227-242.

V. CLASIFICACIÓN DE LAS NORMAS JURÍDICAS

1. Normas generales y normas particulares

El Derecho y sus normas regulan la conducta humana; Toda norma jurídica establece como debida una determinada conducta humana, y anuda una consecuencia jurídica también «debida». Cuando la norma contiene una regulación de tipo general, es decir, cuando vincula de un modo general e hipotético el hecho a las consecuencias jurídicas y establece de modo genérico también los respectivos derechos y deberes, entonces se llama general. Cuando por el contrario, la vinculación de hecho y consecuencia se ciñe a un caso individualizado y la atribución de derechos y deberes recíprocos se individualiza a un caso concreto, entonces se llama a esa norma particular o individual.

La existencia de la norma particular es discutida por la doctrina. Así SUÁREZ definía la norma como un «precepto común», y la generalidad para él era esencial en la norma. La justicia exige —según LEGAZ— el examen de lo individual. Las proposiciones normativas son el esquema que encuadra los distintos casos de la vida, y no es posible un esquema para cada caso, por lo que hay que reducir los grupos de casos afines a «tipos», a cada uno de los cuales —es decir, a cada serie típica o generalidad de las cosas— corresponde una norma específica. Además dice LEGAZ, contra la existencia de las normas individuales que la vida social representa una dimensión impersonal de la vida humana, y sólo en la norma general el hombre es abstracto impersonal y genérico[7].

A esa observación, añade LEGAZ que el Ordenamiento tiene respuestas: así una sentencia es un acto social, porque es obra de un hombre en cuanto que posee la dimensión social de «juez», el cual tiene ante sí la norma general e impersonal de la ley penal, civil o administrativa. La sentencia tiene un objeto individualizado: no hay que olvidar el sentido impersonalizado de toda norma social, la cual consiste en una disciplina de la vida personal, y, por consiguiente, afecta sus comportamientos más individualizados. Existe pues, la posibilidad de normas particulares o individuales. La norma individual es la individualización de la norma general.

Las normas generales, por excelencia, son en primer lugar, las normas constitucionales. En segundo lugar, las específicamente llamadas «leyes» y, por último, los Reglamentos y Decretos y las órdenes, en cuanto que contengan una regulación de carácter general: esta gradación de las normas generales corresponde a una gradación de la generalidad de su contenido.

---

7 Legaz Lacambra, L. Filosofía del...ob. cit. pp. 189 en adelante.

Normas individuales, en cambio, son las que se dictan para un caso concreto. Los particulares que celebran un contrato por el cual quedan recíprocamente obligados, la administración que resuelve, en uso de sus facultades, un caso singular, el juez que dicta una sentencia, son otros tantos creadores de normas individuales. El contrato es norma; de antiguo se afirma que el contrato es ley para las partes; lo cual significa que su contenido normativo posee un valor autárquico, que se eleva y se independiza de las voluntades que le han dado nacimiento; es pues, una auténtica norma individual, pues se ciñe a un caso singularísimo de la vida jurídica (igual ocurre en la sentencia judicial, la disposición administrativa) pero no hay que dejar de reconocer que son aplicación de normas generales a un caso individual, y poseen la estructura propia de toda norma. Puesto que existe una gradación en la generalidad de las normas respecto a su contenido, las normas más generales son primarias con respecto a las más individuales. Así, la norma constitucional, que es la fundamental y absolutamente primaria, es también la más general. La Jerarquía de las normas va, pues, de la norma primaria y generalísima a las individuales y secundarias, por debajo de las cuales no hay más que los simples actos de ejecución material, pasando por las distintas formas y grados de normas generales (leyes en sentido material). Esto es lo que se indicó acerca de la estructura escalonada del Orden jurídico de KELSEN, en la que se expresa una estructura formal del Estado de Derecho. La famosa pirámide normativa que tanta aplicación práctica ha tenido en todas las ramas del Derecho.

2. *Normas imperativas y dispositivas*

Se indicó que toda norma es imperativa y tiene un sentido imperativo. Hace acto de presencia en la norma en su formulación normativa de un modo ostensible, en otros casos su presencia aparece disimulada y aun aparentemente negada por los términos en que se expresa o por las circunstancias de hecho a que se vincula.

La norma, por ejemplo, dice en unos casos —señala LEGAZ— «si A es debe ser B». En otros, dice: «si A es, debe ser B, a no ser que las partes o el juez determinen que debe ser C». En el primer caso, el precepto es evidente: es derecho taxativo; en el segundo es derecho supletivo o dispositivo. Indica LEGAZ que la contradicción no es más que aparente, en el primer caso, la norma determina directamente el hecho y la consecuencia; en el segundo, admite la posibilidad de que varíe, bien el antecedente, bien el consiguiente; pero es claro que el precepto se transfunde a la respectiva norma individual.

Existen otro tipo de normas en que la norma dice «si A es, debe ser B», sino que establece cuándo debe entenderse que A es. Estas normas son las que se llaman interpretativas, declarativas o explicativas. Por su carácter puramente «indicativo» parecen carecer de preceptividad: pero una norma interpretativa no es completa por sí misma; ha de articularse lógicamente con la norma interpretada a la norma parcial interpretadora; la disposición de la norma interpretada sólo vale en el supuesto establecido o aclarado por la norma interpretadora, la cual se articula con la primera y resulta tan preceptiva como ésta.

El elemento lógico de la norma que expresa LEGAZ dice «si A es», puede tener las más variadas formulaciones, por ejemplo: «hágase a, b, c», o bien: «no se haga a, b, c...» o, por último: «puede hacerse a ó b ó c». Las primeras serían las normas preceptivas; las segundas, las prohibitivas; las últimas, las permisivas.

Ahora bien, toda norma es preceptiva. La norma impone un hacer o un no-hacer, una acción o una omisión. La mayor duda se presenta en las llamadas normas permisivas. DEL VECCHIO dice que en rigor, no hay normas permisivas; pues cabalmente el permiso jurídico está al margen de las normas; es la esfera de libertad que queda al individuo después de todas las regulaciones normativas que afectan a su conducta, en virtud del principio que considera que «está permitido todo aquello que no está jurídicamente prohibido» o impuesto; por lo cual, una norma que tuviese como única finalidad otorgar un permiso sería innecesaria, pues bastaría con no prohibir ni imponer como obligatoria aquella conducta[8].

Una norma permisiva no es posible «por sí misma» y sólo representa o una peculiar forma de expresión de un precepto, o bien un elemento de una norma preceptiva, es decir, la expresión en un artículo de una ley o cuerpo legal, del antecedente o supuesto de hecho de una norma —distribuida entre varios artículos—, pero nunca una norma autónoma o completa.

3. *Normas jurídicas completas e incompletas*

Una ley se compone, por regla general, de una pluralidad de normas, que no todas, sin embargo, son normas jurídicas completas. Algunas sirven sólo para determinar más concretamente el supuesto de hecho, un elemento del supuesto de hecho o la consecuencia jurídica de una norma jurídica completa; otras restringen una norma jurídicamente ampliamente concebida al exceptuar de su aplicación un determinado grupo de casos; otras, remiten en relación con el supuesto de hecho o en relación con la consecuencia jurídica, a otra norma jurídica. Todas las normas de esta clase son oraciones gramaticalmente completas, pero son incompletas como normas jurídicas. El ser incompletas como normas jurídicas, significa que participan del sentido de validez de la ley, que no son proposiciones enunciativas, sino partes de órdenes de validez, pero su fuerza constitutiva, fundamentadora de consecuencias jurídicas, la reciben sólo en conexión con otras

---

8 García San Miguel, L. El problema de la norma permisiva como presupuesto para el estudio del Derecho subjetivo en Anuario de Filosofía del Derecho, número 9, 1962, pp. 179-196.

normas jurídicas. La norma completa es aquella que no depende su supuesto de hecho ni su consecuencia jurídica de otra norma. El B.G.B. alemán dice: «cosas, en el sentido de esta ley, son sólo los objetos corporales» al referirse a cosas se debe establecer sólo en ese sentido, es una norma indicativa e incompleta para aplicar la ley. La norma cumple únicamente una función auxiliar para la comprensión, por ella prescrita, de otras normas jurídicas, completas e incompletas.

4. *Normas jurídicas restrictivas*

Con mucha frecuencia, el supuesto de hecho de una norma jurídica se concibe tan ampliamente en la ley que, según su sentido literal, abarca también hechos para los que no debe valer. Entonces esta norma —dice LARENZ— es a su vez, restringida por medio de una segunda norma jurídica.

Se expresan de la forma siguiente: Si al supuesto de hecho S (de la norma antes dada) se añade la nota distintiva especial N, la consecuencia jurídica ordenada C no vale para el supuesto de hecho S. Las normas jurídicas restrictivas contienen una orden negativa de validez («no vale»), que sólo es comprensible en conexión con una precedente orden positiva de validez. La razón es que el legislador recurre a ellas, para que no resulte una norma demasiado larga, y totalmente incomprensible, a veces, para establecer una «regla» general y después la «excepción». En estos casos, la norma jurídica sólo es completa en conexión con las que se remite y con las normas que la restringen. El legislador es libre para incluir restricciones, en la forma de notas distintivas negativas del supuesto de hecho, en el supuesto de hecho de la propia norma se expresa la consecuencia jurídica, como para añadírselas posteriormente en la forma de una orden negativa de validez. El parágrafo 398 del Ce alemán, dice que «un crédito puede ser transferido a otro acreedor por medio de un contrato». Esta norma es restringida por los parágrafos 399 y 400 según los cuales, no pueden cederse créditos bajo ciertas circunstancias, que luego va enumerándolas, por tanto, la norma completa es la regla general y esas restrictivas normas, las unas sin las otras, no tienen significación jurídica, las normas singulares no están aisladas unas de otras, sino que muchas veces son normas jurídicas incompletas que sólo al unirse producen la norma jurídica completa. Esto es plenamente claro cuando en el supuesto de hecho o en la designación de la consecuencia jurídica de una norma jurídica[9].

---

9 Rojas Calderón, C. «La formación del Sistema de Derecho» en la revista católica del Norte, Facultad de Derecho, 2015, pp. 12 y ss... vol. 11, número 1.

5. Normas jurídicas remisivas

En muchos casos, unas normas se remiten a otras, en su supuesto de hecho. Así, en el parágrafo 249 del Ce alemán, remite, con las palabras «el que está obligado a la indemnización por daños» se alude a todas aquellas normas jurídicas de las que resulta un deber de resarcimiento de daños para ciertos supuestos de hecho; este parágrafo completa la consecuencia jurídica dispuesta, y sólo vagamente delimitada, en esas normas jurídicas: «la Obligación de indemnización de daños». No raras veces la consecuencia jurídica de un supuesto de hecho se determina mediante la remisión a otra norma. Esto ocurre, las más de las veces, por medio de giros lo mismo vale. Las normas remitivas son un medio legal para evitar repeticiones incómodas. La ley puede conseguir, por medio de una ficción, el mismo resultado que mediante la remisión. Puede existir una remisión general, así, en el artículo 1152 del Código civil español, cuando dice: «Sólo podrá hacerse efectiva la cláusula penal cuando ésta fuere exigible conforme a las disposiciones de este Código», la remisión puede conllevar una serie de aplicaciones no taxativamente enumeradas. Otras veces, la remisión es especial a unos determinados preceptos del Código, así el artículo 1492 del CC se remite al artículo anterior, cuando dice: «lo dispuesto en el artículo anterior respecto de la venta de animales se entiende igualmente aplicable a la venta de cosas» (el artículo 1491 trata de la venta de animales conjuntamente donde el vicio redhibitorio de uno de ellos sólo afecta a ese en concreto y no al conjunto...)

6. Normas jurídicas aclaratorias

Son aquellas que, o bien delimitan más concretamente un concepto o tipo empleados en otras normas jurídicas (normas jurídicas delimitadoras), o bien especifican o completan el contenido de un término utilizado en su significado general con respecto a distintas configuraciones del caso (normas jurídicas complementadoras), como indica LARENZ.

Mientras que las normas jurídicas delimitadoras se refieren, las más de las veces, a elementos del supuesto de hecho, las normas jurídicas complementadoras aclaran las consecuencias jurídicas. Así, el ejemplo del parágrafo 462 del B.G.B. alemán que dispone: «A causa de un defecto, por el que el vendedor ha de responder según los preceptos de los 459, y del 460, el comprador puede exigir la anulación de la compra (redhibición) o la reducción del precio de compra (aminoración)». El supuesto de hecho de esta norma jurídica está determinado, en lo esencial, mediante la remisión a los preceptos citados; sólo en conexión con ellos se trata de una norma jurídica completa. Las consecuencias jurídicas «redhibición y aminoración» serán determinadas más concretamente por las normas jurídicas complementadoras de los &.465 y ss.

VI. LA ESTRUCTURA LÓGICA DE LA NORMA JURÍDICA

En toda norma jurídica, se relacionan dos elementos: la condición y los efectos derivados del cumplimiento y/o incumplimiento de dicha condición. Estos elementos reciben los nombres de supuesto de hecho y la consecuencia jurídica. Ahora bien, en no todas aparecen claramente, así en las normas remisivas el supuesto de hecho lo contiene la norma remitida.

VII. SUPUESTO DE HECHO: DEFINICIÓN

Siguiendo a SORIANO, se denomina supuesto de hecho a la hipótesis o condición cuya actualización desencadena las consecuencias jurídicas previstas en la norma. Es la hipótesis contemplada en la norma, no su materialización en la vida social. Se puede dar el caso de un supuesto de hecho meramente teórico, pero es excepcional, mas sí puede existir un supuesto de hecho anacrónico desfasado por la realidad social en que toda norma debe y puede ser interpretada. Son múltiples las formas que puede adoptar el supuesto de hecho: puede ser un hecho jurídico natural o voluntario, o un acto jurídico, tanto acto jurídico libre (el que se desarrolla o ejercita en virtud de un derecho subjetivo, un propietario, un prestamista,...) o un acto jurídico obligado (= es la prestación impuesta por un deber jurídico contraído en virtud de una norma): por ejemplo, las obligaciones que afectan a las dos partes contratantes en los negocio jurídicos. Cualquier situación jurídica origina un supuesto de hecho, pero situación relevante para el Derecho. Describe un comportamiento humano el supuesto de hecho y debe se presentado por el lenguaje vulgar, a fin de facilitar la comprensión de los destinatarios; es el llamado principio de la publicidad, sólo cuando sea necesario el legislador en sectores especializados (Derecho Financiero o Mercantil) el legislador recurre al lenguaje especializado.

VIII. CLASES DE SUPUESTO DE HECHO

* Por su composición pueden ser simples o complejos según que contengan una o varias hipótesis en su enunciado. Raramente el supuesto de hecho se reduce a un enunciado, y que siempre o casi siempre recurre a la pre-

existencia de otros requisitos legales (requisitos de mayoría de edad, de capacidad…)

* Por la relación de interdependencia entre ellos, pueden ser dependientes o independientes, según que produzcan consecuencias por sí mismas o con el concurso de otras, para que produzcan al efecto jurídico[10].
* Por razón de la eficacia, cuando el supuesto de hecho se aplica inmediatamente desde el mismo momento de la actualización de su hipótesis, o mediata cuando su eficacia jurídica está condicionada a un evento futuro (ese evento futuro puede ser cierto o seguro, o a condición, si tal evento es inseguro o incierto). El supuesto de hecho puede estar sometido a término (suspensivo, cuando la eficacia jurídica comienza cuando se produce ese evento futuro; o final, si la eficacia se extingue al acontecer tal suceso.
* En virtud de las influencias recíprocas de los supuestos de hechos, estos pueden estar en una situación de incompatibilidad (cuando el efecto de uno anula al otro) o de compatibilidad cuando los supuestos de hecho se complementan entre sí (adquisición de una nueva nacionalidad).

IX. LA CONSECUENCIA JURÍDICA: CONCEPTO

La consecuencia jurídica —según toda la doctrina— es el efecto derivado de la actualización del supuesto de hecho de la norma; tal efecto se produce desde el mismo momento de actualización del supuesto, salvo en el caso de los supuestos de hecho de eficacia jurídica derivada. Es necesario —a juicio de Ramón Soriano— distinguir entre la constitución de la consecuencia jurídica y su actualización; cometido el homicidio surge la punibilidad para el delincuente, aun cuando éste resulte toda la vida indemne durante toda su vida. Para el Derecho, las consecuencias jurídicas nacen desde el momento de la realización en la vida social del supuesto de hecho con una necesidad semejante a la producción de los efectos jurídicos naturales. La actualización tanto del supuesto de hecho como de la consecuencia jurídica es contingente: puede acontecer o no realmente. Por razón de este nivel de contingencia existen de modo excepcional normas en desuso o faltas de eficacia jurídica, ya que no se aplican, o, al aplicarse, no producen consecuencias jurídicas.

---

10 Alexy, R. Sistema jurídico, principios jurídicos, y razón práctica, ponencia de las Jornadas de Lógica e informática jurídicas, celebradas en septiembre de 1988, sobre la claridad de las normas jurídicas en la interpretación.

Se toma como ejemplo más paradigmático la norma penal que prohíbe el homicidio y establece una sanción para el homicida, existe un proceso de interpretación/aplicación del Derecho de las normas:

A) Desde la creación del supuesto de hecho a su materialización social: principio de contingencia.

B) Desde la materialización del supuesto de hecho a la constitución necesaria de sus consecuencias jurídicas: principio de la causalidad necesaria.

C) Desde la constitución de las consecuencias a su materialización social: principio de contingencia necesaria.

Así, siguiendo a SORIANO, tenemos que siguiendo a A) resulta que de la incorporación al Ordenamiento jurídico de una nueva figura delictiva no se infiere necesariamente que tal tipo sea realizado con la comisión de un delito; en B) una vez cometido el delito deriva necesariamente la constitución de unas consecuencias jurídicas, como la obligación de que el ministerio fiscal de perseguir al delincuente; en C) una vez constituidas las consecuencias jurídicas de dicho acto delictivo, no se materializan éstas necesariamente en la vida social, pudiendo quedar impune el delincuente.

La Doctrina jurídica italiana (LUMIA, BOBBIO; GAVAZZI...) suele denominar sanción jurídica a la consecuencia o efecto de la norma, distinguiendo entre sanciones positivas y negativas, cuando las consecuencias son favorables y sanciones negativas, en caso contrario. Es una acepción amplia del concepto de sanción, que también sirve para designar un momento del proceso de elaboración de las normas (la sanción de las leyes, por ejemplo) o, más estrictamente, la consecuencia desfavorable que comporta el incumplimiento de las normas[11].

X. CLASES DE CONSECUENCIAS JURÍDICAS

Son tan variadas como los supuestos de hecho.

A) Según la naturaleza del supuesto de hecho, cuando éste es una prohibición la consecuencia es la sanción. Cuando es una obligación de hacer, las consecuencias se diversifican en directas, derivadas de un normal cumplimiento de la norma, e indirectas o subsidiarias, que contienen alternativas (frecuentemente) al incumplimiento de la norma (por ejemplo, en la perfección de un contrato las consecuencias son muy variadas, frente a la norma penal, cuya consecuencia única es la sanción).

---

11 Lumia, G. *Principios de Teoría e ideología del Derecho.* Madrid: Debate, 1982, pp. 35 y ss.

B) Atendiendo a las repercusiones que tienen las consecuencias en los destinatarios, pueden ser éstas favorables o desfavorables. Las normas promocionales ofrecen en Derecho Público, un premio al destinatario (una exención fiscal, por Las normas penales implican una sanción para quien las incumple. Las consecuencias favorables son variadas: exención de un gravamen fiscal, la concesión de un derecho o bien jurídico, la convalidación de ciertos efectos jurídicos... la aplicación de una causa de justificación (la legítima defensa en un homicidio...) las consecuencias desfavorables también son variadas, la aplicación de un recargo tributario, la nulidad de un acto jurídico, la indemnización que se debe a otro, la imposición de una pena...

C) En virtud del grado de concreción, las consecuencias jurídicas pueden ser determinadas o indeterminadas. Las normas pueden conferir unas consecuencias concretas o algunas entre varias posibles, o ser graduadas según la voluntad de los jueces o de las partes, en otras ocasiones.

Lección 7

RELACIONES ENTRE DERECHO Y MORAL

Siguiendo a LEGAZ, sabemos que el Derecho es un orden normativo de la conducta humana. Pero no es objeto exclusivo de estudio del Derecho, sino que existen otros complejos o sistemas de normas, uno de esos órdenes es el de la MORALIDAD.

I. DIFERENCIAS ENTRE DERECHO Y MORAL

Existen hechos jurídicos en sí mismos que luego pueden tener otras valoraciones morales (los intereses de una deuda pueden existir, pero pueden ser abusivos), entonces existe una valoración distinta sobre un mismo hecho jurídico. La cuestión está —como indica LEGAZ— en encontrar propiamente la ordenación moral, y su diferencia con la jurídica. En un contrato —como mínimo bilateral— cada uno de los sujetos intervinientes realiza una acción jurídica. Siempre en el Derecho se da o existe una Bilateralidad o Alteridad que pertenece a la esencia fundamental del Derecho. El Derecho valora corno jurídicamente correcto el pago efectuado, si se verifica con arreglo a unas formalidades (tiempo, lugar, especie, etc...) previstas en el contrato o en el Código civil. En cambio, la Moral versa el motivo interior del acto. Todos los tratados hablan de una regulación de los actos externos (el Derecho) y de los actos internos (la Moral). esa división en acciones internas y externas —desde TOMASIO— según LEGAZ, esta distinción no tiene sentido. Desde SUÁREZ se ha indicado que el Derecho también se refiere al factor interno, puesto que ordena «actos humanos y libres» y no existe acto libre y humano que no sea interior. Existen actos humanos puramente externos, aunque existen actos puramente interiores. La diferencia principal es entre Actos interiorizados y exteriorizados (y que el Derecho sólo se refiere a estos últimos). Estos factores internos que toma en cuenta el Derecho dolo, premeditación, animus, etc... han de haberse exteriorizado[1].

TOMASIO indicaba

- Actos internos: los referentes al pensamiento y conciencia
- Actos exteriores: los referentes a la relación.

---

1 Legaz lacambra, L. Filosofía del...ob. cit. pp. 431-444, un repaso histórico de las épocas doradas de la Moral y el Derecho desde la Edad media...; López Fuentes, J. L. «El problema de la relación entre Derecho y Moral» en Enfoques jurídicos, número 3, 2021, pp. 65-80.

TOMASIO, razona así:

- vida de relación: objeto del Derecho (coactivo)
- vida del pensamiento: conciencia, objeto de la Moral: escapa a la coacción jurídica.

II. OBJETO DE LA VALORACIÓN MORAL

El Derecho —dice Del Vecchio— establece una coordinación objetiva o intersubjetiva. La Moral, en cambio, establece una coordinación subjetiva. El acto jurídico es lícito «no impedible» por los demás. En la Moral, se pone en conexión el acto realizado con los demás actos del sujeto, y surge así la idea del acto «debido». Todo lo que «debe» hacer, puede «hacer» puede también hacerlo, es decir, puede recabar el respeto, el no ser impedido por los demás, no todo lo que uno puede hacer debe también hacerlo.

- Valoración jurídica: a——b
  acción acción
- Valoración moral: a——— sujeto puede
  a, b, c, d,

El carácter no-coactivo de la Moral:

- El Derecho implica la relación con otro, la no impedibilidad de aquello que puede hacerse, su carácter coactivo es indiscutible.
- La Moral no posee esta cualidad del mismo modo que el Derecho, no es que la Moral carezca de coacción, pero ni la sanción ni la coacción están implicadas en la estructura misma de la norma moral. La norma moral no establece sanciones ni amenaza con ellas dice sólo «debes hacer esto»... lo que no quiere decir que la moral carezca de sanción, ésta no va implicada en la norma, sino que viene superpuesta a la misma como una especie de añadido. Una norma es más moral cuanto más se aleja de la estructura de la sanción al Derecho le basta con le acatamiento «externo».

III. CARACTERÍSTICAS ESPECÍFICAS DEL DERECHO Y LA MORAL

Se dice que el Derecho posee valor AUTÁRQUICO y la Moral valor AUTÓNOMO.

La Autonomía de la Moral significa que no es producto de ninguna voluntad trascendente a la voluntad del sujeto —como es el caso del Derecho— sino que la voluntad misma del derecho dicta la ley. El origen está en Kant (moral es la voluntad que se dista su propia ley, pero a condición de que pueda convertirla EN UNIVERSAL). Tiene esta opinión unos puntos criticables. KANT rechaza toda ética utilitaria o eudemonista toda ética que se justifique por los bienes o los fines. Se puede afirmar el carácter autárquico del Derecho y en la Moral la autonomía[2].

- La ignorancia del Derecho no excusa de su cumplimiento,
- La ignorancia La situación es la inversa que en el derecho: éste pierde su validez si nadie o la mayor parte no lo aceptan, pero en cambio, se impone frente a la minoría rebelde.
- La Moral, en cambio, valdría lo mismo aun cuando todos la ignorasen o la negasen, pero capitula ante la ignorancia individual. La MORAL ha de ser aceptada para ser válida.
- El Derecho, además aun cuando no contiene un imperativo categórico, sino condicional o Hipotético, establece autárquicamente el supuesto de hecho a que se vincula, y en modo alguno corresponde su apreciación al individuo.
- La Norma jurídica es HIPOTÉTICA, ella misma establece de un modo autárquico los supuestos a los cuales se vinculará su aplicación, y además es un medio la n.j. para conseguir un fin que está fuera de ella.
- La norma moral es categórica porque es en sí misma un valor último y porque no se auto condiciona: el sujeto posee autonomía para considerarla.
- EL Derecho sólo se interesa por la exteriorización del acto no posee a al final ultimidad ni superioridad la norma jurídica, la norma moral sí lo pretende. El Derecho se preocupa del fin temporal del hombre; la moral del fin último del hombre.

Cuando existe un criterio moral unánimemente aceptado se sabe hasta dónde debe llegar el Derecho, esa común aceptación lo convierte en moral social.

- El Derecho debe tener en cuenta el cambio social y la objetividad de ciertos valores.
- Se puede manejar la idea de Moral en un sentido formal (ontología del hecho moral y su criterio lógico) y moral en sentido material como «contenido».

Derecho:

1) Afecta al acto exteriorizado.

---

2 Aramayo, R. Inmanuel Kant. La utopia moral como emancipación del azar. Madrid: Edaf, 2001, pp. 161-165 sobre las falacias del eudiemonismo.

2) Acto en cuanto lo pone en relación a otros.

3) En su estructura normativa conlleva la aplicación de sanciones.

4) Se ocupa de fin temporal del hombre.

5) Se subordina a la Moral en cierta medida la moral es categoría constitutiva, los actos jurídicos son actos humanos valorados por la Moral.

6) Los contenidos jurídicos han de supeditarse a la Moral como esenciales

7) El fin que es propio de la moral es superior al fin temporal que realiza el Derecho.

8) El hombre no puede escindirse en horno juridicus y horno moralis debe adoptar una conducta moral en su actuación y permitir la libertad moral de todos.

La moral:

1) Afecta al elemento interno del acto jurídico.

2) Se refiere a la unidad del sujeto.

3) La Coacción es un añadido externo.

4) Se encamina hacia la santificación del hombre.

IV. DERECHO Y NORMAS SOCIALES O DE TRATO SOCIAL: CONCEPTO

El hombre en la vida social realiza una serie de actos de la más variada índole, indica el maestro LEGAZ (a quien seguimos en este punto), si se piensa sobre el carácter de esos usos o costumbres del hombre, hallaremos que algunos de ellos difieren de los demás en algo que, aun cuando no siempre lo podamos precisar de un modo conceptual, lo advertimos intuitivamente. Algunos usos o normas de trato social, carecen de relevancia social, ya que ni siquiera jurídica. Unos son los llamados «hábitos» en los que no se da una obligatoriedad para cumplirlos; otros usos sí poseen una obligatoriedad, si no se realizan, son más que simples «hábitos», son costumbres no de una persona, sino de la sociedad, que uno se siente realmente obligado a acatar, poseen una normatividad propia, que no es estrictamente moral ni jurídica, las reglas de trato social. Debe preguntarse —indica LEGAZ— si existe una normatividad distinta de la moral o la jurídica. RADBRUCH se opone a la consideración autónoma de la normatividad de los usos sociales; son un producto degradado de la valoración jurídica y moral, son normas sin consecuencia, pero sin eso, no son normas. STAMMLER distingue las normas jurídicas de las reglas de trato social, los usos sociales carecen de «autarquia», lejos de ser una exigencia incondicionada, sólo contienen una «invitación», la cual puede ser rechazada o aceptada, con la consecuencia de la descalificación del individuo simplemente y su eliminación de determinado círculo social en el que estaba. Una norma que sólo constituye una invitación, no es una norma; pues la norma es, por esencia, exigencia. El profesor RECASENS SICHES ha defendido la normatividad especifica de los usos sociales. Las normas jurídicas no penetran en conceptos morales ni sociales en sí considerados, las normas de trato social tienen de común con la moral la falta de una organización para vencer la resistencia el individuo refractario; pero no coinciden con la moral, se dirigen a la conducta externa, no afectan a la esencia y la intimidad del individuo, no tienden a su valoración moral. La sanción de un uso social —cree RECASENS— que puede estar en la propia norma jurídica. LEGAZ opina que si no contienen una obligación esos usos sociales, es difícil fundamentar su carácter jurídico. AMBROSETTI indica que los usos sociales se fundamentan en que poseen lo que él llamó el «tercer valor» distinto de los valores morales y del valor social de la justicia, ese tercer valor está en «lo oportuno», en «lo conveniente»[3]. Está presente un criterio particular móvil y fluido, dependiente de las relaciones que se entre cruzan en la sociedad, privadas y sociales, es un criterio vivido y espontáneo, de medida de relaciones oportunas (que estén vigentes así, el reto a un duelo) y convenientes. Depende de la que se entienda por normatividad, si se entiende conjunto de normas sí existe (una serie de usos sociales), el problema es cuando se identifica ello con obligatoriedad, eso no se da en las sociedades occidentales. Las nuevas tecnologías, las nuevas formas de contratación.

Diferencias entre normas jurídicas y reglas de trato social: No existe diferencia —dice LEGAZ— entre la norma jurídica y la norma de la vida social no jurídica, por su estructura (supuesto de hecho, consecuencia jurídica, desde la lógica) ni por la imposición de una sanción. Sí por su contenido, representan, a menudo, los usos sociales, un valor moral; son moral social, indica LEGAZ, y entonces son normas sociales que no cuentan con el aparato coercitivo del Estado, pero sí con la estructura de las normas del Estado. El Derecho es forma de vida social, que puede consistir en usos, que es un sector de los usos sociales, dotado de normatividad jurídica. Todo lo social puede ser juridificado, es derecho en potencia, y depende del azar de que un legislador convierta en norma jurídica lo que todavía no lo es. La relación del Derecho y los Usos sociales se proyecta en una doble dirección: por una parte, la proximidad del derecho a los usos existentes es la más eficaz garantía de este; pero por otra, un derecho sin arraigo alguno en los usos existentes e incapaz de imponer usos nuevos, es un Derecho condenado al fracaso, un Derecho que no llegará nunca a ser Derecho. lo cierto es que es

---

3 Ambrosetti, G. Contributi a una Filosofía del costume. Bologna, 1958, pp. 17 y ss.; 90 y ss., 205 y ss...es una obra que razona sobre esta normatividad de tipo social, que quiere o puede ser jurídica.

inescindible tratar el Derecho en su contexto social, más allá de ser una guía de interpretación del mismo[4].

---

[4] Paci, J. J. *La Inescindibilidad del Derecho en el contexto social,* tesis doctoral, Universidad Castilla la Mancha, 2015.

Lección 8

CONSIDERACIÓN ANALÍTICO-LINGÜÍSTICA DE LA NORMA JURÍDICA

I. ANTECEDENTES DE ESTE PROCEDIMIENTO DE ANÁLISIS

Lo que se plantea es un nuevo método de estudio de la norma jurídica. El problema es saber si nos acogemos a una filosofía del Derecho estricta (tal cual plantea CARNAP, para quien la filosofía del Derecho es una lógica de la ciencia) o amplia. Si se encuentra una concepción amplia, desde la escolástica se plantearon problemas con el análisis del lenguaje, avanzados por Platón (esencialistas) y Occam (nominalistas), acentuados por Santo Tomás. Han sido los neoempiristas quienes han considerado que la Filosofía entendida como análisis del lenguaje ha de ser estudiada por la Metafísica. Parece razonable, dice PATTARO, que si se admite que la Metafísica pueda ser objeto de la Filosofía, no existe razón alguna para sostener que no pueda ser igualmente objeto de la Filosofía el análisis del lenguaje. La filosofía neoempirista ha propuesto considerar una nueva diferenciación en este análisis. Cualquier unidad de lenguaje, una palabra, una frase, una composición, es una unidad lingüística todo aquello que no está constituido por signos lingüísticos es una entidad estralingüística. La palabra «sol» es una entidad lingüística, pero la estrella sol es una entidad extralingüística. Los discursos que versan sobre entidades lingüísticas son de primer grado, los otros son de segundo grado. A juicio del neoempirismo, la filosofía no es un discurso de primer grado, no versa nunca sobre entidades extralingüíticas (cosas, personas, comportamientos), sino que versa sobre entidades lingüísticas (frases, palabras, discursos...) toda la Filosofía está constituida de Metalenguaje, discursos sobre discurso, si se acepta lo que propone WITTGENSTEIN en su Tratactus Lógico-philosophicus, «toda filosofía es crítica del lenguaje». Se sustituye la distinción propuesta por CARNAP entre problemas objetivos y problemas lógicos por otra entre problemas que se tratan con discursos de primer grado y problemas con discursos de segundo grado. Se entenderá que la Filosofía del Derecho como tal no deberá ocuparse directamente de cosas, hechos, personas, comportamientos...deberá ocuparse exclusivamente de discursos, de entidades lingüísticas que son Derecho o tienen que ver con el Derecho. Si se acepta esta forma de pensar, indica PATTARO, podremos considerar filosofía del derecho, tanto a la ciencia del Derecho como a las diversas deontologías (ideologías, concepciones de la justicia), puesto que ambas son entidades lingüísticas. Por la misma razón se considera objeto de la Filosofía del Derecho a la Teoría General del Derecho, a la Sociología jurídica y a la Sociología de la Justicia. Ahora bien, se le reconoce una amplitud tal de conocimiento que se plantean sólo dos límites:

1. El objeto del que se ocupa la Filosofía del Derecho debe ser constituido por entidades lingüísticas, de manera que la Filosofía jurídica sea al menos un Metalenguaje, un lenguaje de segundo grado.
2. El lenguaje objeto del que se ocupa la Filosofía del Derecho debe ser Derecho o tener que ver con el Derecho[1].

II. LENGUAJE DEL DERECHO Y METALENGUAJE

Las normas son entidades lingüísticas, bien sean enunciados prescriptivos o «deónticos» (situados en un plano sintáctico), proposiciones prescriptivas o deónticas (situadas en un plano semántico) o enunciaciones prescriptivas o deónticas de enunciados (en el plano pragmático), entonces debemos asimismo considerar que el Derecho, como conjunto sistematizado de entidades lingüísticas, es un lenguaje.

Si el Derecho es, en sí mismo, un lenguaje entonces el lenguaje que usa quien habla o escribe sobre el Derecho es un lenguaje-objeto, es un metalenguaje. Le lenguaje legal es el del texto jurídico con que el legislador da a conocer las normas jurídicas, dice Pérez Luño. Al lenguaje que versa sobre el lenguaje legal, lenguaje de los juristas, se le llama metalenguaje, al comentar, analizar o interpretar las normas jurídicas. La ciencia del Derecho analiza el Derecho como lenguaje, y, respecto a lenguaje que «es el Derecho», surge un metalenguaje científico que debe definir las reglas de uso de los términos[2].

Bobbio ha distinguido tres fases de desarrollo de la Ciencia Jurídica:

A) El científico del Derecho debe compensar la carencia de rigor del lenguaje legal, debe combatir sus ambigüedades y vaguedades de los términos legales, determinando la gramática del lenguaje que emplea el legislador.

B) El científico debe compensar la carencia de plenitud del lenguaje legal, debe deducir el lenguaje de las normas.

---

1 Granda, U. El árbol del conocimiento. *Origen de la irracionalidad actual.* Madrid: ed. Flavia, 2010, pp. 522 y ss. sobre la metodología y función del lenguaje; Moreso, J. J. «Positivismo jurídico y filosofía analítica» en Teoría y Derecho: revista de pensamiento jurídico, número 22, 2017, pp. 118-136.

2 Schiavello, A. «Algunos argumentos a favor de una ciencia jurídica interpretativa» en Doxa: Cuadernos de Filosofía del Derecho, número 37, 2014, pp. 193.217.

C) El científico debe compensar la carencia de orden del lenguaje legal, sistematizarlo y armonizarlo con el contexto sociológico de cada momento histórico.

Para OPPENHEIM deben diferenciarse dos puntos de vista:

A) El Derecho desde el punto de vista empírico, se estudian las relaciones entre los enunciados jurídicos y las personas que las crean, interpretan y aplican.

B) El punto de vista lógico, la ciencia del Derecho construye un lenguaje modelo simplificado de un derecho positivo determinado espacial y temporalmente.

III. LAS FUNCIONES DEL LENGUAJE

Un modo de plantearse el problema de las normas es el de remitirse en su estudio a las teorías del Lenguaje. BOBBIO y SCARPELLI en Italia han profundizado en esta vía de estudio. BÜHLER propone tres funciones del lenguaje: expresiva o sintomática, estimuladora, y descriptiva. El punto de partida es el lenguaje, concebido como signos utilizados para la comunicación. El discurso descriptivo tiene la función de informar (comunicar a otros) conocimientos lógicos o fácticos. Por el contrario, el discurso preceptivo al tener la función de guiar la conducta propia o ajena (de influir en ella) se propone hacer, por lo que no se presta a ser considerado verdadero o falso. Descubrir el tipo de lenguaje que constituyen las normas es el problema fundamental para esta corriente.

Las normas son enunciados no descriptivos, ni expresivos, sino preceptivos, se suele decir. Se puede decir que suelen ser preceptos para hacer-hacer, es decir, enunciados preceptivos, puesto que tratan de provocar comportamientos en los sujetos a los que se dirigen. Parece que ello no es indiscutido, por ello, PATTARO reflexiona así:

Dada la variedad de normas que existen, puede hacerse una nueva clasificación.

Cuatro funciones Primarias y directas del lenguaje:

1. La función semántica-representativa que actúa sobre la fantasía y suscita imágenes y/o conceptos (hacer saber)
2. La función preceptiva, la más común de las normas, que actúa sobre la voluntad y suscita impulsos de actuar (hacer-hacer). Opera sobre la voluntad del receptor determinado en él un impulso volitivo de actuar en uno u otro sentido.

3. La función emotiva, que suscita sentimientos, estados de ánimo, y conceptos generales (hacer sentir), actuando sobre el sentimiento del receptor.
4. Función sintomática, ejercida por medio del lenguaje descriptivo o expresivo y que actúa sobre el intelecto suscitándole creencias (hacer creer)[3].

IV. LA NORMA JURÍDICA COMO PROPOSICIÓN PRESCRIPTIVA

El lenguaje en función preceptiva está constituido por aquellas expresiones lingüísticas que, dados unos contextos psíquicos y sociales determinados, suscitan en el destinatario de modo primario y directo impulsos volitivos de actuar. Con esta función lo que se pretende es obrar en la mente de las personas, orientándolas a hacer esto o abstenerse de aquello; las expresiones imperativas, como indica Olivecrona, no tienen que presentar de forma exclusivamente preceptiva. Las expresiones lingüísticas típicamente preceptivas cumplen una función de orientación. A veces, las expresiones lingüísticas son afirmativas sin ser preceptivas: «la bandera del Estado está formada por...»

Tres momentos cumple el lenguaje preceptivo:

a) Función preceptiva que antes se mencionó como la primordial entre las funciones.
b) El de reacción-respuesta del receptor individual que no coincide necesariamente con la función idónea del lenguaje.
c) El de expresión lingüística preceptiva-tipo que se puede incluir en el hipotético catálogo de las expresiones preceptivas de una lengua determinada.

Y hay que añadir dos momentos más:

a) El de la intención preceptiva del emisor, la intención de hacer-hacer.
b) El de la función preceptiva indirecta a través de mediaciones que intervienen entre la primera recepción del lenguaje y el momento final en el que el receptor se ve impulsado efectivamente a actuar de la manera representada por la expresión lingüística recibida.

Los preceptos tienen sus características:

a) La orden o mandato: es una expresión lingüística producida por uno o varios emisores que se dirige a uno o varios destinatarios concerniendo a

---

3 Pattaro, E. «Il realismo giuridico come alternativa al positivismo giuridico» en Rivista Internazionale di Filosoia del Diritto, 1971, p. 61 y ss...la fuerza de la norma que también reside para el realismo en la función emotiva de la misma, una nueva concepción frente al positivismo.

uno o varios comportamientos y que suscita en el receptor/ores un impulso inmotivado a observar cierto comportamiento.

b) Se dice que es apodíctico por entenderse que vale de un modo necesario e incondicional, al no estar fundado en presupuestos o justificado, ni por el emisor ni por el receptor.

c) Se le presenta desconectado de referencias previas, se admite por provenir de autoridad determinada.

d) Se ejercita un poder de sugestión inmediato del emisor sobre el receptor.

e) La eficiencia del mandato es originaria en el sentido de que no contiene condiciones para ser cumplido.

f) Es episódico pues es provisional u limitado en el tiempo, aunque hay mandatos permanentes: no matarás

h) La tesis de Olivecrona: distinción entre mandatos y normas como imperativos independientes OLIVECRONA es uno de los mayores críticos de la teoría imperativa del Derecho e indica que su método de explicar lo que él admite ser el elemento imperativo en el Derecho es descrito con la expresión «imperativos independientes». Es el término que utiliza para describir las normas jurídicas. Un mandato en el sentido verdadero implica una relación personal, pero las palabras características de los mandatos pueden ser utilizadas también en situaciones que no envuelvan tal relación, y pueden tener un efecto similar, si no idéntico, a su efecto al que se da en aquella relación. Tales imperativos dice Olivecrona que funcionan de una manera que es independiente de cualquier persona particular que emita los mandatos[4]. Pudiera parecer que los imperativos independientes de Olivecrona expresan solamente el mismo tipo de idea de Kelsen en los «imperativos despsicologizados», que designa el significado de los actos físicos de cara al sistema jurídico. La relación personal es pues, sustancial al mandato; la norma jurídica tiene virtualidad independiente de la persona que manda. Un deber aparece vinculado a la idea de acción no directamente referida a una persona. Las normas suelen expresar en abstracto que una acción «debe ser realizada». Mientras que un mandato se expresa de forma categórica sin aludir a valores, una norma siempre implica la referencia a valores que forman la conciencia del receptor. De donde se deriva que mientras carece

---

4 Olivecrona, K. Der imperativ des Gesetzez, Copenhague, 1942, pp. 24-28; en este sentido el trabajo de Legaz Lacambra, L. «La lógica como posibilidad del pensamiento jurídico». Anuario de Filosofía del Derecho: 1959, VI, pp. 33 y ss. sobre la crítica a la concepción meramente imperativista de la norma; Vergara Lacalle, O. «El Derecho como fenómeno psicológico-social y la posibilidad de una ciencia jurídica avalorativa» tesis doctoral, Univerdidade da Coruña, 2002.

de sentido lógico la conversión de un mandato en un juicio (en esa línea resultaría absurdo convertir el mandato ¡suénate la nariz¡en el juicio «es tu deber sonarte la nariz», no lo carece la convención de una norma en juicio (y en esta línea parece absurda la expresión «¡es tu deber no matar!»). Dice Olivecrona que en nuestras mentes, la expresión imperativa está conectada con la idea de acción, y esa a causa de este efecto puramente psicológico de la forma imperativa del derecho por lo que sentimos que tenemos una obligación, por lo que nos sentimos vinculados, esa es la fuera vinculante del Derecho.

Lección 9

LA FORMACIÓN DEL ORDENAMIENTO: TEORÍA DE LAS FUENTES DEL DERECHO

I. LAS FUENTES DEL DERECHO: CONCEPTO

La palabra fuente posee diversos significados, como sucede en Derecho frecuentemente:

a) Fuente de conocimiento de lo que es o ha sido Derecho.

b) Fuerza creadora del Derecho como hecho de la vida social (naturaleza humana, el sentimiento jurídico, la economía, etc...)

c) Autoridad creadora del Derecho histórico o actualmente vigente (Estado, pueblo...)

d) Acto creador del Derecho (ley, costumbre, decisión judicial, etc...).

e) Fundamento de la validez jurídica de una norma concreta del Derecho.

f) Forma de manifestarse la norma jurídica.

e) Fundamento de un derecho subjetivo.

II. CLASIFICACIÓN DE LAS FUENTES DEL DERECHO

Una primera clasificación es la de que se distingue entre:

- Fuentes internas: factores de los que proceden las normas jurídicas (autoridad que los crea y materias de las normas).
- Fuentes externas: formas en que aparecen las normas (formas de manifestarse y normas manifestadas).
  - LEGAZ LACAMBRA hace una clasificación tripartita: la clasificación más completa
- Fuente como «fundamento» (Dios, Razón, Voluntad)
- Fuente como grupos sociales en los que se origina el Derecho (Estado, Sociedad, Comunidad Intemacional, etc...) fuentes materiales.
- Fuente en su concepto técnico-jurídico alude al origen de la norma en una autoridad o fuerza social reconocida por el Derecho Positivo, que mediante un procedimiento concibe la norma de una forma concreta (fuentes formales).

III. TEORÍA GENERAL DE LA FUENTE DEL DERECHO COMO LA MÁS ADMITIDA

Hay que clarificar lo que es fuente de lo que no lo es; convendría no llamar fuente de Derecho a lo que sólo es un «modo de expresión» del Derecho (ley, costumbre, etc…) sería fuente no la norma, sino el acto legislativo, la costumbre en cuanto al uso social, etc…

El acto creador de la norma sería obra de un órgano o fuerza social reconocida por el Derecho Positivo todo válido, pero hasta llegar a una Norma Superior. La Escuela de Viena (representada por Kelsen aun cuando el propio jurista no tuviera conciencia) sostiene que la Constitución es la fuente formal suprema y no cabe plantearse la fuente de la Constitución (es un problema de naturaleza metajurídica). El Sistema jurídico consta de Norma suprema fundamental y normas relativamente fundamentales que son la norma última de una materia jurídica determinada. En cada subsistema jurídico parcial (Derecho del Trabajo) se puede plantear el problema de su fuente no en sentido técnico o formal, sino material.

Existen realidades con valor jurídico porque su estructura misma es un reflejo de la estructura de la relación de alteridad que significa el Derecho (Coordinación, Subordinación, e integración). Un grupo social no posee valor jurídico por su propia existencia, sí lo es si los hombres se rigen según la Justicia.

Las fuentes materiales son aquellas realidades sociales cuya estructura es la Subordinación. La integración o la Coordinación y cuya existencia es una condición de realización de la Justicia en un determinado círculo social, a través de normas o sistemas creadas por ellas[1].

Serán fuentes materiales los grupos sociales donde se den condiciones para crear Derecho el problema —dice LEGAZ— es de criterio jerárquico, ya que el de las fuentes formales lo resuelve el Derecho Positivo.

En las fuentes materiales hay que contar con la cambiante realidad histórica, se produce por razón de esta un desplazamiento de la primacía de las fuentes formales del Derecho. La más alta fuente jurídica material es el Estado, éste no excluye la existencia de fuentes jurídicas autónomas existentes en su seno.

El Estado agrupa diversos grupos sociales (estos gozan de autonomía normativa, la Sociedad…), hay fuentes materiales que transcienden al Estado: La Comu-

---

1 Legaz Lacambra, L. Filosofía del Derecho, ob. cit. pp. 509-526. Sobre la estructura social y las relaciones sociales Levi-Strauss, C. Antropologie structurelle. Paris: Plon, 1958, ed española Eudeba, 1969, pp. 249-255.

nidad Internacional, La Iglesia es igual a la fuente material del mismo rango que el Estado, la sociedad civil institucionalizada...

La fuente material por excelencia es el Estado.

Las fuente formales son los actos legislativos (norma legal) las prácticas (norma consuetudinaria) el «usus fori», precedente judicial.

Grupos sociales que crean Derecho:

a) grupos políticos no integrados en el Estado (Nación en período revolucionario con su declaración programática) ése es su Derecho, pero necesita refrendo del Estado para ser Derecho.

b) Corporaciones económicas y profesionales, sindicatos, etc... no integradas del Derecho crean Derecho por actos de tipo legislativo (Estatuto) consuetudinario (práctica corporativa), si crean Derecho como órganos del Estado crean Derecho válido para el Estado.

c) La Sociedad crea Derecho por la Costumbre.

Se defiende por LEGAZ una pluralidad de las fuentes del Derecho. Los grupos naturales sociales integrados o no en el Estado no pueden crear Derecho a su albedrío, no lo pueden hacer si no tienen potestad legislativa.

La función de la fuente formal en relación con las fuentes materiales: realizan una función de selección en el ámbito de lo que ontológicamente ya es Derecho para insertarlo en el «Sistema de Legalidad» de un Ordenamiento jurídico.

IV. EL CONCEPTO DE LEY

La palabra Ley tiene diversos significados extrajurídicos (leyes morales, leyes económicas, leyes físicas, leyes de naturaleza, etc...) que aquí no interesan.

Pero incluso tiene también diversos significados jurídicos: así, se le atribuye el sentido de toda norma jurídica a todas las fuentes formales del Derecho (es el artículo 9 y ss. del Código Civil) o el amplio concepto de toda norma emanada DEL Estado, que incluye la potestad reglamentaria del poder ejecutivo —Decretos y Ordenes— que es el sentido que le dan los artículos 1 y 2 del Código y en varios casos concretos también la Jurisprudencia.

Dice lacruz que cuando hablamos de ley como fuente del Derecho, regla expresa, generalmente escrita, enunciada por quien tiene autoridad para darlas, en alguna de las formas predispuestas por el Ordenamiento para tener vigor e imponerse a todos autoridades, tribunales y particulares en calidad de norma vinculante: Constitución, Ley órganica, decreto, orden ministerial, etc... por tanto, hablamos de ley como fuente formal del Derecho, es decir, una forma —la principal— de establecer la norma jurídica.

Aunque tal fuente está sometida a la Constitución, por debajo del derecho Comunitario y de los Tratados. Es clásica la definición de Santo Tomás de Aquino en su «Summa Theologica»:

rationalis ordinatio ad bonum commune ab eo qui curam communitatis habet, solemniter promulgata. Adaptándola al sistema legislativo y judicial se puede decir: norma jurídica del Poder legislativo del Estado, de obligatoriedad general, debidamente promulgada.

V. CARACTERES DE LA LEY

1. *Legalidad*

El artículo 9,3 de la Constitución que declara que «la Constitución garantiza el principio de legalidad». Además, esta característica es un principio general estructural y de fondo de todo el Sistema jurídico.

La legalidad consiste esencialmente en que la Ley emane del Poder Legislativo del Estado, el cual lo detentan las Cortes Generales, integradas por el Congreso y el Senado (art. 66,2, de la Constitución: Las Cortes Generales ejercen la potestad legislativa).

La iniciativa legislativa la tienen: El Gobierno, el Congreso, el Senado, las Asambleas de las Comunidades Autónomas y la iniciativa popular (art. 87 de la CE). Una vez aprobada la ley por las Cortes generales, el Rey las sancionará, promulgará y ordenará su inmediata publicación (art. 91 de la Constitución).

Las Leyes llamadas Reglamentos de la UE, cumplen la legalidad en la forma que establecen los tratados que equivalen a la Constitución de la comunidad, el llamado Derecho originario.

2. *Generalidad*

Significa que la Ley tiene obligatoriedad general, para todos, la ley tiene aplicación y obligatoriedad general, puede ocurrir una ley sea impropia, con carácter particular no válida para todos.

3. *Publicidad*

La ley debe ser publicada para que de ella se tenga general conocimiento, además de ser coactiva general.

El código civil en su artículo 2.1 subordina o condiciona su entrada en vigor a la publicación: «Las leyes entrarán en vigor a los veinte días de su completa publicación en el Boletín Oficial del Estado, si en ellas no se dispone otra cosa».

Los Reglamentos de la UE se publican en diario (Journal) oficial de las Comunidades Europeas. Las Leyes de las CCAA en el Boletín de la Comunidad Autónoma y posteriormente en el del Estado.

VI. CLASES DE LEYES EN EL SISTEMA CONSTITUCIONAL

1. *La Constitución*

Es la ley de leyes, la fundamental, es la Constitución a la que han de ajustarse y respetar todas las demás clases de leyes. En su artículo 9 la CE «los ciudadanos y los poderes públicos están sujetos a la Constitución y al resto del Ordenamiento jurídico».

2. *Leyes de referéndum*

Las cuestiones de especial trascendencia pueden ser sometidas a referéndum, las prevé el artículo 92 de la CE que no las enumera. Las aprueba el Congreso, la propone el presidente del Congreso y el rey lo convoca.

3. *Leyes orgánicas*

Según el artículo 81 de la CE son las relativas al desarrollo de los derechos fundamentales y de las libertades públicas, las que aprueban los Estatutos de Autonomía y el régimen electoral general y las demás previstas en la Constitución.

Para su aprobación, modificación o derogación de las leyes orgánicas exigirá mayoría absoluta del Congreso, en una votación final sobre el conjunto del Proyecto.

4. *Leyes ordinarias*

Son las demás leyes, normales o típicas, que no necesitan requisitos especiales para su elaboración.

5. *Legislación delegada*

Una ley de bases autoriza —delega— en el gobierno, es decir el poder legislativo delega en el ejecutivo de forma expresa para materia concreta y con un plazo para su ejercicio el que dicte una norma con rango de ley, que se llama decreto legislativo (art. 82 de la CE) la ley de bases delimitará con precisión el objeto y alcance de la delegación. La autorización para refundir textos legales determinará el ámbito normativo a que se refiere el contenido de la delegación, especificando si se circunscribe a la mera formulación de un texto único o si se incluye la de regularizar, aclarar y armonizar los textos legales que han de ser refundidos. Las Leyes de bases art. 83 CE no podrán en ningún caso: Autorizar para la modificación de la propia ley de bases y facultar para dictar normas con carácter retroactivo.

6. *Legislación de urgencia*

En caso de extraordinaria y urgente necesidad, el Gobierno podrá dictar disposiciones legislativas provisionales que tomarán la forma de Decretos-Leyes y que no podrán afectar al Ordenamiento de las instituciones básicas del Estado, a los derechos, deberes y libertades de los ciudadanos regulados en el título I, al régimen de las CCAA ni al Derecho electoral general.

Los Decretos-Leyes deberán ser inmediatamente sometidos a debate y votación de totalidad al Congreso de los Diputados convocado al efecto si no estuviere reunido, en el plazo de 30 días siguientes a su promulgación. El Congreso habrá de pronunciarse expresamente dentro de dicho plazo sobre su convalidación o derogación, para lo cual el reglamento establecerá un procedimiento espacial y sumario. Durante el plazo establecido antes las Cortes podrán tramitarlos como proyectos por el procedimiento de urgencia.

7. *Iniciativa legislativa popular*

Una ley orgánica regulará las formas de ejercicio y requisitos de la iniciativa popular para la presentación de proposiciones de ley. Se exigirán en todo caso, 500.000 firmas acreditadas, además dicha iniciativa legislativa no procederá en materias propias de ley orgánica, tributarias o de carácter internacional ni en lo relativo a la prerrogativa de gracia (art. 87.3 de la CE)[2].

---

[2] Legaz Lacambra, L. Filosofía del…ob. cit. pp. 404-408 sobre el concepto escolástico de la palabra ley.

VII. LA COSTUMBRE JURÍDICA

1. *Concepto*

El artículo 1º del Código Civil sitúa a la costumbre en segundo lugar, tras la ley, entre las fuentes del Derecho. «La costumbre sólo regirá en defecto de ley aplicable, siempre que no sea contraria a la moral o al orden público y que resulte probada» añade que «los usos jurídicos que no sean meramente interpretativos de una declaración de voluntad tendrán la consideración de costumbre». El Código de las Partidas distingue entre uso y costumbre. El uso es «cosa que nace de aquellas cosas que el hombre dice y sigue continuadamente y sin ninguna traba»; la costumbre dice ese Código es «derecho o fuero que no es escrito, que han usado los hombres durante largo tiempo ayudándose de él en las cosas y en las razones por las que lo usaron».

DIEZ-PICAZO y GULLÓN indican la primera vía que se ha intentado para definir el Derecho consuetudinario es considerado como un derecho no escrito. Esta vía es insuficiente, pues la escritura es una simple forma de fijación y posee el carácter formal de una manifestación hacia el exterior de las normas, pero nada impide que esas costumbres se recopilen o se fijen por escrito (por ejemplo, el Llibre del Consolat del Mar, siglos XIV y XV de las costumbres de los usos comerciales del Mediterráneo que rigió en Barcelona, Valencia, Mallorca)[3].

La segunda vía de caracterización de la costumbre en cuanto fuente del Derecho, puede ser la consideración del Derecho consuetudinario como un Derecho de origen extraestatal. Las normas consuetudinarias nacen sin la intervención del Estado, sin el poder legislativo reunido, con una efectiva vigencia social. Partiendo de esa idea deberían incluirse dentro del concepto del Derecho consuetudinario los precedentes judiciales, las opiniones doctrinales, las convicciones generales de los grupos sociales y las prácticas reales de los mismos en orden a la vida jurídica. Se trata de un Derecho nacido en los grupos sociales, por la forma de exteriorización también se caracteriza pues se manifiesta a través del uso, de una efectiva acomodación, continuada y uniforme, de la conducta a tales reglas. Los usos sociales de la realidad ciudadana pueden ser meras normas de cortesía o de educación que no entrañan la posibilidad de aplicar una sanción normativa que sí se puede dar cuando se incumple una costumbre jurídica.

---

3 Canale, D. "Paradojas de la costumbre jurídica" en la Revista jurídica Doxa, número 32, 2009, pp. 205-228.

2. *Notas características de la costumbre*

a) Son auténticas normas jurídicas, lo que permite diferenciarlas frente a los meros usos sociales, normas de cortesía, etc…

b) Su origen es siempre extraestatal. Se trata de normas jurídicas creadas por grupos sociales no incluidos en el mecanismo estatal.

c) Se caracteriza por su forma de producción y de expresión o manifestación.

d) La costumbre es una fuente independiente del Derecho. Nace y se desarrolla con absoluta independencia de la ley.

e) La costumbre es una fuente subsidiaria. Cumple una función supletoria de la ley, pues regirá, de acuerdo con el artículo 1° del Código Civil, en defecto de ley, lo que implica la invalidez de las costumbres contrarias a la ley y la admisibilidad exclusivamente de aquellas que se producen en materias no reguladas por ley o en materias en las cuales se remite de una manera especial a la costumbre.

f) Es fuente secundaria, quien alegue ante los Tribunales la aplicabilidad de las normas consuetudinarias deberá probar la existencia, el contenido y el alcance de las mismas.

3. *Elementos de la costumbre*

Toda la Doctrina de la Teoría General del Derecho, indica que la Costumbre, en cuanto fuente del Derecho, debe poseer dos elementos para su formación[4]:

a) Elemento material: Repetición de un acto (mercantil, civil…) de manera reiterada por una comunidad jurídica determinada.

b) Elemento espiritual: Convicción psicológica de realizar un acto que obliga a las partes y que está admitido jurídicamente por la Comunidad jurídica en la que se desarrolla el acto, elemento llamado opinio iuris sive necesitatis, adquiriendo gran relevancia esa creencia, pero hoy casi siempre documentada[5].

---

4 Jiménez París, T. Materiales didácticos en abierto de la UCM, las fuentes supletorias de la ley y la aplicación de las normas jurídicas, documento pdf, 2011.

5 Márquez, J. F.; Calderón, M. R. «La costumbre como fuente del Derecho: su relevancia jurídica y su recepción en el Derecho privado argentino» en la Revista crítica de Derecho Privado, número 17, 2020, pp. 449-474.

4. *La relación entre la Ley y la costumbre*

En los Ordenamientos estatales modernos la ley ha superado definitivamente a la costumbre como fuente primaria del Derecho, mientras que la segunda ha quedado reducida al rango de fuente subsidiaria cuya validez está condicionada al expreso reenvío que a ella haga la ley, existen excepciones como el Código Civil Suizo que permite en ocasiones, que la costumbre si así lo aprecia el juez, pueda ser superior a la Ley. Al derivar así su validez de la ley, la costumbre no puede derogar la ley ni abrogarla. Pero no tiene un papel tan residual como pensamos en Derecho constitucional, internacional o incluso en los Derechos mercantiles transnacionles.

Por la forma de relación entre la ley y la costumbre, ésta puede ser de tres clases[6]: contra legem, secumdum legem, y praeter legem.

1. La costumbre contra legem, es la contraria a la ley y no es admitida por el artículo 1° del Código Civil, ya que la costumbre sólo regirá en defecto de ley aplicable.
2. La costumbre secundum legem es la costumbre que se ajusta a la ley, se distingue difícilmente de la simple observancia de la ley misma, y, fundamentalmente, sirve para interpretar de un modo específico el sentir de una costumbre o de una disposición legal. El Código Civil la silencia, pero no la admite, a juicio de DIEZ-PICAZO, porque el hecho de que una determinada manera de interpretar la ley venga favorecida por la costumbre no puede entenderse como vinculante, sino que los Jueces y Tribunales conservan su libertad para aplicar e interpretar las leyes con arreglo a los criterios hermenéuticos generales, como lo demuestra el que la interpretación usual no parezca mencionada en el artículo 3 del Ce.
3. La costumbre praeter legem es aquella que regula situaciones o materias respecto de las cuales no existe ninguna disposición legal. Se encuentra admitida de modo general en el Código Civil en su artículo 1°, ni siquiera admitiría una aplicación analógica de la ley para poder aplicarla.

---

6 Rodríguez Zapata, J. *Teoría y Práctica del Derecho constitucional.* Madrid: tecnos, 2014, pp. 187 y ss. Sobre las fuentes atípicas del Derecho, la costumbre bien puede ser una de ellas, desde luego, no es la más numerosa en nuestro Sistema, pero juega un papel importante en el mismo, cumpliendo funciones de prueba y hermenéuticas, por supuesto, su papel de fuente supletoria, cuando la norma no es clara o no existe y hay un acuerdo que se ajusta a Derecho por no hablar del papel en el Derecho Internacional o en las prácticas mercantiles.

VIII. LOS PRINCIPIOS GENERALES DEL DERECHO

1. *Concepto*

El artículo 1º del CC en su apartado 4º dice que «los Principios Generales del Derecho se aplicarán en defecto de ley o costumbre, sin perjuicio de su carácter informador del Ordenamiento jurídico». La Doctrina los define como «los que derivan de la Justicia tal como derivan tal como la concibe nuestro Ordenamiento jurídico y los acogidos por el mismo que se deducen de él» dice Albaladejo[7].

Con su inclusión en el sistema de fuentes denota el legislador de procurar la plenitud del Orden jurídico, no dejando huecos o lagunas de la ley sin rellenar. Los juristas han buscado afanosamente el significado de esta expresión —dice LEGAZ—.

Se los identificó los PGD con los del derecho romano y esto tiene un valor meramente histórico, existen dos interpretaciones de los PGD la interpretación Histórica cree o afirma que son aquellos que inspiran una determinada legislación positiva. Para la interpretación filosófica dice que se tratan de verdades jurídicas universales, de principios filosóficos que expresan el elemento constante y permanente del Derecho el fundamento de toda legislación positiva. Los principios clásicos los tria iuris praecepta: honeste vivere, neminen laedere y el suum cuique tribuere, como principios axiológicos de las normas jurídicas y como estructuras formalizadoras de las posibilidades de relación interhumana potencialmente jurídicas, como principio de Derecho natural que están en la base de todo Derecho. Ahora bien, ningún Principio filosófico del Derecho puede ser contemplado en su pura desnudez formal, sino siempre integrado en una concepción filosófica y política en la cual recibe su sentido concreto. La altura del Principio general y su universalidad está en conexión con la altura de la materia a que se refiere, por ejemplo, la igualdad de derechos, pero recurrir a los PGD puede conllevar a la Inseguridad jurídica aplicado por los jueces, en exclusiva. Este peligro se evita —dice LEGAZ— si se pide que los PGD no sólo tengan validez filosófica ideal, sino que sean los de aquella filosofía que ha servido precisamente de base a la legislación de que en concreto se trate[8].

---

7 El tema es moderno porque con los nuevos entes o situaciones los principios también cambian, así Barrio Andrés, M. «Los principios generales del Derecho de los robots» en Derecho Digital e Innovación, Digital Law and Innovation Review, número 1, 2019.

8 La tesis doctoral de Rodríguez Boente, S. Los principios generales del Derecho. Santiago de Compostela: Universidad, Servicio de publicaciones (prólogo de Manuel Segura Ortega), 2008. Pp. 123 para las clases de principios, 135 para las funciones de esos principios del Derecho.

2. *Misión polifuncional de los principios generales del Derecho*

La Doctrina de los PGD ha tenido mayor influencia en el orden civil, los Códigos civiles suelen tener una alusión expresa a ellos. Es preciso reconocer la eficiencia de los PGD como fuente jurídica, se aplican en defecto de ley o de costumbre como fuente subsidiaria; informan a todas las fuentes del derecho, son inspiradores de todo el Ordenamiento jurídico, delimitan las condiciones de validez de las normas legales y de las normas consuetudinarias y señalan el método y la fórmula para la interpretación de la norma nos indica De CASTRO. La Filosofía del Derecho ha trabajado sobre su origen, su situación jerárquica, su función, y en realidad, basa en el de Justicia toda la visión de su disciplina.

Dice LACRUZ que, en última instancia, se admite al juez la necesidad de autorizarle para encontrar la solución del caso, a falta de ley, en vista de las circunstancias y las orientaciones legales generales, con arreglo a la razón. Son comunes (los PGD) a todas las ramas del Derecho así el principio de que el hombre es sujeto de Derecho, persona jurídica, de que las limitaciones de la libertad sólo pueden establecerse con arreglo a las normas jurídicas…constituyen principios de validez igual para el Derecho público que para el Privado —indica LEGAZ—. En el estatuto del Tribunal permanente de la Haya se alude en su artículo 38 que el Tribunal aplicará las Convenciones Internacionales primero, después la costumbre internacional y «los PGD reconocidos por las naciones civilizadas». La Jurisprudencia del Tribunal Supremo reafirma a la Doctrina, indica primero: aplicación directa de los PGD en defecto de ley y costumbre; segundo: aplicación indirecta a través de las demás fuentes, por su carácter informador; tercero: debe probarse su vigencia citando la norma o normas de las que se infiere… lo cierto es que —dice LACRUZ— los PGD no se manifestaran con independencia de la ley o costumbre, sino que se hallan y serán descubiertos dentro de ellas, informándolas y dando cuenta de las líneas esenciales del conjunto. Se puede incluso hablar de una Jurisprudencia de los Principios como basamento de toda la explicación de los temas de Filosofía del Derecho.

3. *Concepción iusnaturalista y positivista. Principios expresos e inexpresos*

A) Según el profesor GORDILLO CAÑAS, deben precisarse algunos temas filosóficos de los Principios Generales del Derecho. Respecto a su Naturaleza se han dado diversas denominaciones principios objetivos de Derecho Natural, Valoraciones y convicciones con arraigo social, criterios inducidos del Ordenamiento legal en vigor, etc… Posiblemente —indica GORDILLO— de todo un poco suponen los principios, pues la ley es para Cicerón la naturaleza recta y para Santo Tomás, es propio del hombre actuar con razón, la norma legal además presupone cierto criterio inspirador, al cual da circunstanciado desarrollo. Pero lo cierto es que se han especializado estos principios técnicamente algunos sólo pertenecen ya a una determinada disciplina jurídica más que a la generalidad, otros, por el contrario, se han generalizado desde la Jurisprudencia, como el de proporcionalidad, a todas las disciplinas académicas.

B) Respecto de su fuerza obligatoria, se discute si es la pura objetividad de su fundamento natural, otros piensan que es el cuerpo de social que los procesa, etc…, aquí se impone una distinción: hay principios que traen su fuerza obligatoria del valor intrínseco que se les reconoce en la conciencia social, en este sentido no dependen ni de la autoridad del Estado ni de los usos o prácticas de determinados grupos o fuerzas sociales, son los llamados por SANTI-ROMANO valores propugnados por la Constitución y que en ella misma comienzan a recibir consagración principal como fundamentadores del orden de la convivencia. Junto a éstos existen otros cuya honda fuerza de obligar es perfectamente distinguible otra: la que se inspira en la Ley que descansa la eficacia normativa de los Principios sistemáticos e institucionales, los que se obtienen de la trabazón del Ordenamiento y de las figuras en el mismo conformadas[9]. Modernamente lo que está claro es que los principios constitucionales tienen fuerza expansiva por encima de otros[10].

C) Respecto al alcance de su eficacia, hay que distinguir entre Principios enraizados en la naturaleza misma y profesados como normativos en la conciencia social, que, recogidos en la Constitución se imponen al Poder legislativo (función informadora de los PGD indicaba De Castro), sin esta eficacia existen otros principios que quedan inscritos a la aplicación de la ley, cuando ésta es insuficiente. De Castro en su estudio de los Principios indica que no son homogéneamente encuadrables en la enumeración-jerarquización de las fuentes, ni su eficacia puede limitarse a la mera suplencia de la ley y de la Costumbre; los Principios, simultáneos de la ley, anteriores a la misma, y, finalmente, subsidiarios en caso de laguna legal, están llamados a cumplir una triple y peculiar función: informadora o fundamentadora, interpretadora, y supletoria de la ley y la Costumbre.

---

9 Gordillo Cañas, A. Ley, *Principios generales y Constitución. Apuntes para una relectura, desde la Constitución, de las fuentes del Derecho.* Madrid: Centro de estudios Ramón Areces, 1990, pp. 35 y ss. Carretero Sánchez, S. *La practicidad de los principios generales del Derecho.* Valencia: Tirant lo Blanch, 2022.

10 Castellá Andreu, J. M. «los principios constitucionales» en la obra colectiva *Derecho constitucional básico.* Huygens, 2021, pp. 75-92.

IX. LA JURISPRUDENCIA

Es clásica la definición de ULPIANO: divinarum atque humanarum rerum notitia, iusti atque iniusti scientia.

Se dan dos sentidos de la Jurisprudencia: en sentido material, es el conjunto de sentencias del Tribunal Supremo por las que se revela el modo uniforme de aplicar el Derecho. En sentido formal, es el criterio constante y uniforme de aplicar el Derecho mostrado en las sentencias del Tribunal Supremo.

El Código Civil en su artículo 1°.6 indica ser «la doctrina que, de modo reiterado, establezca el Tribunal Supremo al interpretar y aplicar la ley, la costumbre y los PGD».

El punto de vista que ilustra decisivamente en la concepción tradicional este problema, es el de la división y separación de poderes, especie de dogma que se complementa con el de la independencia judicial. El juez no está más que sometido a la ley, algo que refrenda nuestra Carta magna (art. 117 CE).

Aplicar la ley según la Doctrina tradicional no es otra cosa que subsumir el caso concreto bajo el precepto legal, y, silogísticamente, aplicarle la solución prevista en él. Dejando a un lado los postulados de la Escuela del Derecho libre, la cual pretende para el juez actividades legislativas, parece a LEGAZ que la doctrina de KELSEN es la en la que hay que buscar los progresos decisivos sobre la concepción tradicional en lo atinente a este punto. Los tres poderes son para KELSEN tres «momentos» del proceso de creación jurídica, pues para aplicar una norma, individualizar una norma, es crear una norma individual, esto chocaba con la concepción tradicional, mas el juez no es una máquina se subsunción ni tampoco un legislador, ni un creador de normas generales; la ley, por muy concreta que se le deja un margen de libertad, pues siempre posee una dosis de indeterminación, el juez —según LEGAZ— al aplicar la norma general, crea un norma nueva, no general, sino individual, la sentencia judicial corno norma individual no es sólo una operación lógica de individualización, sino un acto de creación que implica un punto de vista sobre la justicia. La sentencia es fuente de Derecho por su misma esencia; el juez, no puede dejar de crear Derecho al juzgar, porque toda aplicación normativa es una creación. Es la Jurisprudencia sólo, la que establezca el Tribunal Supremo, no lo es la proveniente de otros tribunales o juzgados no lo son la Resoluciones que emite la Dirección General de los Registros y del Notariado, esa jurisprudencia tiene que ser reiterada para lo que bastan dos sentencias con la misma doctrina, lo que exige el Tribunal Supremo y es necesario —corno indica ALBADALEJO— que haya sido el fundamento del fallo. A ella hay que añadir la Jurisprudencia del Tribunal Constitucional como máximo intérprete de la Constitución. Tal es así, de que incluso existe el temor de que, en su interpretación, pueda ir más allá de la competencia kelseniana originaria[11].

X. VALOR NORMATIVO

Era claro que no era fuente del derecho, aunque tenga una importancia decisiva, pero esa aseveración ya no se puede mantener de manera taxativa. DE CASTRO estudió su valor y ya negó esa influencia. SÁNCHEZ ROMAN da por sentado que antes de la CE la Jurisprudencia era fuente del Derecho y lo sigue manteniendo tras el Código civil. CLEMENTE DE DIEGO le da el valor de fuente indirecta. La Jurisprudencia puede cambiar de criterio, y complementará el Ordenamiento jurídico, no crea las leyes, pero las aplica, las fija, las aclara, y las interpreta. Se concreta en la unidad de criterio, es la más alta misión de la Jurisprudencia y así se produce la evolución unitaria de las normas y su adaptación a las realidades que van cambiando, esta unidad de criterio no se impone de forma vinculante, sino que es orientativa para los juristas en general y los órganos jurisdiccionales en particular. Se pude interponer recurso de Casación ante el Tribunal Supremo para pedir esa unificación por parte del más alto tribunal de la justicia ordinaria, pero no podemos olvidar ahora la justicia de la constitucionalidad, si bien el Tribunal Supremo vigila de ella, la interpretación última la tiene el Tribunal Constitucional. DE LA VEGA habla así, de la Jurisprudencia como fuente complementaria real y destaca que en ella el Derecho se realiza con plena eficacia, diciendo que el Derecho vivo para los interesados es el determinado en la sentencia, este autor habla de «creación judicial del Derecho» por la vía jurisprudencia y en la línea que antes dijimos. Hay realizar una digresión sobre las Sentencias del Tribunal Constitucional, pues su función es el Control de la Constitucionalidad de las leyes es el juez de la Constitución (art. 159 de la CE) …función que desempeña por tres medios siguiendo el esquema de O›CALLAGHAN:

- Recurso de Constitucionalidad.
- Cuestión de Constitucionalidad.
- Recurso de Amparo.

---

11 Vergara Sandoval, R. *Un «tribunal constitucional» al margen de la «Constitución»* tesis doctoral leída en la Universidad de Alicante, 2022. Si bien el trabajo se refiere al papel del Tribunal Constitucional de Bolivia, su primera parte nos centra el tema del papel europeo de los Tribunales constitucionales, y el modelo americano, el modelo europeo, y el que surge ahora en los países latinoamericanos, si bien en algunos países el control constitucional es difuso, México, Argentina, Brasil, frente al control constitucional concentrado del resto de los países con matices.

Se publican en el BOE esas sentencias y tienen valor de cosa juzgada (art. 164 de la CE).

Respecto al caso concreto, produce los efectos de toda sentencia firme, con valor de cosa juzgada material y formal «erga omnes». En el Recurso de amparo se limita a la estimación subjetiva de un derecho y a la nulidad del acto o resolución que atentó a este derecho constitucional. Si se declara la Inconstitucionalidad de una ley, se declara igualmente la nulidad de esta. En sus sentencias también interpreta las leyes y ello vincula en general y al órgano jurisdiccional en concreto, pues la CE le impone la obligación de aplicar e interpretar la Constitución, algo que establece en su artículo 5.1 de la Ley Orgánica del Poder Judicial: «Los Jueces y Tribunales interpretarán y aplicarán las Leyes y los Reglamentos según los preceptos y principios constitucionales, conforme a la interpretación de los mismos que resulte de las resoluciones dictadas por el Tribunal Constitucional en todo tipo de procesos».

El valor vinculante, por tanto, se concreta a la nulidad de la norma inconstitucional que alcanza a todo ciudadano, sujeto de derecho: la norma ha dejado de estar vigente, es la función del «legislador negativo» y afecta también a la interpretación de la norma, ya que debe ser interpretada bajo el imperio de la CE, norma suprema. Indica DE OTTO, que las sentencias del TC tienen el valor jerárquico igual al de la CE, excepto en aquellos Tratados que superen a la Propia Constitución dice RUBIO LLORENTE.

Lección 10

LA INTERPRETACIÓN DEL ORDENAMIENTO

I. INTERCONEXIÓN ENTRE LOS PROCESOS DE APLICACIÓN E INTERPRETACIÓN DEL DERECHO

Dice LARENZ que las normas jurídicas se interpretan para aplicarlas a hechos concretos. La norma se coloca plegada sobre el hecho enjuiciable y éste se mide por aquélla. Pero ello haría imposible la interpretación si siempre estuviera la norma estuviera clara, algo que los romanos tenían claro en su aforismo in claris non fit interpretatio. La mayor parte de los hechos jurídicos son complejos. Toda norma —dice LARENZ— simplifica porque quiere abarcar muchos hechos, aprehende de cada hecho particular sólo algunos aspectos o elementos. Todos los demás los desatiende, algún elemento puede ser relevante y, sin embargo, para el caso concreto, puede no serlo. Ello pone de manifiesto la existencia de una laguna en la estructura normativa que pueda ser colmada de acuerdo con las ideas fundamentales de una regulación o con un juicio principio jurídico general. Así la «aplicación de la norma» se transforma para el jurista de alguna manera en la ulterior determinación de su contenido y complemento. No es tan claro dogmáticamente que sea posible distinguir ya la aplicación de la interpretación, pues la una y la otra se complementan.

Así se funden la interpretación y la aplicación de la norma, en principio está el texto de la ley (que puede ser o no claro) y alrededor de ese texto, una serie de interpretaciones, restricciones y complementos, la cual regula su aplicación en particular. GADAMER indica que la actividad de la aplicación es un momento inherente a todo «comprender». En este comprender tiene lugar siempre algo así como una aplicación del texto que se ha de comprender a la situación presente del intérprete. La aplicación es un elemento inherente de la hermenéutica jurídica como el comprender e interpretar. En ese proceso, el intérprete debe ver si aplica una ley ya algo antigua, si la situación para la que ésta fue creada todavía —como dice LARENZ— o si quizá «un cambio de la situación normativa» exige una interpretación modificada.

El problema no es la distancia temporal entre el hecho y la ley, sino la distancia —dice LARENZ— (o si quizá un cambio de la «situación normativa» exige una interpretación modificada), que existe entre la generalidad de la norma y la singularidad de cada caso concreto. Una regla existe para ser aplicada del mismo modo a todos los casos que han de ser medidos por ella, ello no puede ser posible si para la interpretación jurídica ha de ser una regla entendida de nuevo, y de otro modo en cada situación concreta, para cada caso particular. Ya se sabe que ningún caso es igual a otro bajo todos los aspectos. La idea de la «igual medida», un elemento fundamental para la justicia sería una ilusión. Toda concretización (lograda) de una regla sienta una medida, en relación con otros puntos de vista valorativos, para el enjuiciamiento de otros caos similares. El hecho de que estas reglas solamente en el desarrollo de su aplicación consigan aquel grado de determinación de contenido que hace posible su aplicación igual a casos iguales sólo puede sorprender a quien no logra desembarazarse de la imagen de la regla plegable, o dicho más modernamente, que considera íntegramente programable la aplicación de las normas[1]. Pero no olvidemos que el proceso siempre es práctico destinado a un resultado, y modernamente, constitucional que puede no implicar ser justo[2].

El proceso interpretativo aplicativo requiere la función regulativa de la norma se concrete y la interpretación mediante un proceso dialéctico en su estructura.

II. CONCEPTO DE INTERPRETACIÓN

El fin de interpretar una norma es la averiguación del sentido y alcance de la norma; el objeto es el texto de la norma; los medios son los elementos o datos que conducen a tal fin, todas las definiciones de la interpretación llegan a lo mismo: La indagación del significado de la norma empleando criterios literarios y conceptuales. (R. SORIANO). Interpretar es determinar el sentido de la norma que se aplica (LEGAZ). No se podrían incluir todas las voces de «interpretación jurídica» en un texto que trate más temas jurídicos, con el solo, se podrían confeccionar una tesis doctoral acerca de las definiciones y funciones de la interpretación.

III. CLASES DE INTERPRETACIÓN

Existen muchas clasificaciones, pero es clarificadora la que se realiza tradicionalmente:

- Por su origen: Puede ser auténtica, usual y doctrinal.
  - Auténtica: es la dada por el mismo legislador: 1) en el propio texto de la norma (interpretación contextual); 2) en una norma posterior (ley

---

1 Balaguer Callejón, M. L. *Interpretación de la Constitución y Ordenamiento jurídico.* Madrid: Tecnos, 1997, pp. 100 y ss.

2 Massini Correas, C. «La interpretación jurídica como interpretación práctica» en la Revista Ars Iuris, número 31, 2004, pp. 205-233.

interpretativa) que deberá tener el mismo rango en el orden de la prelación de fuentes para imponer la interpretación que ordena de la ley anterior; 3) en la Exposición de motivos, aunque ésta no es fuente del Derecho, carece de la categoría de norma y, por tanto, de obligatoriedad.

- Usual: es la realizada por los tribunales y jueces y de ellas la más importante la del Tribunal Supremo.
- Doctrinal: es la realizada por los autores que forman la doctrina científica del Derecho, y que no tiene más fuerza de la que posea su autor en la categoría de su autor.

• Por su resultado:

- Declarativa: cuando el sentido de la norma coincide con el texto de la ley; el sentido claro y su letra se tiene como reproductora de su contenido.
- Interpretación correctiva: cuando es necesario rectificar la letra de la ley para que concuerde con su sentido; Extensiva, cuando el sentido es más amplio que la letra, porque la ley dijo menos de lo que debía decir; restrictiva: cuando el sentido es más restringido que la letra, porque la ley dijo más de lo que debiera[3]. Se ha estudiado la interpretación modernamente incluso desde el aspecto de la lógica y las reglas de la deferencia o de los desacuerdos que ha discutido siempre el positivismo[4].

IV. LOS CRITERIOS DE INTERPRETACIÓN

El conjunto de los criterios aportados por la Escuela Histórica y la dogmática alemana del siglo XIX conservan su validez, pero sin la solidez e incontestabilidad que ostentaban en el siglo pasado, dice SORIANO. Los criterios que se anuncian están indicados en el artículo 3.1 del Código Civil, pero no son los únicos, pues la Jurisprudencia va creando nuevos métodos impuesta por la realidad mutable social, así por ejemplo, el moderno criterio conforme a la Constitución, es un postulado hermenéutico admitido por todo el Derecho continental.

---

3 Leena, K. «Sobre la ambigüedad semántica en la interpretación jurídica» en la Revista Doxa, 1987, pp. 109 y ss… que analiza Aarnio, A.

4 Ramírez Ludeña, L. *Diferencias y deferencia: una aproximación a la interpretación jurídica desde las nuevas teorías de la referencia,* tesis doctoral leída en la Universidad Pompeu i Fabra, 2012.

V. CRITERIO LITERAL O FILOLÓGICO

Representa el primer criterio aplicado por el intérprete, puesto que es indispensable fijar el texto de la norma para discurrir sobre él: la norma es una expresión lingüística, y el intérprete tiene que examinar el significado de los términos de la expresión.

Eliminar, en lo posible, la ambigüedad de las palabras, para indicar la elección del significado correcto. Aunque el legislador debe evitar esos términos ambiguos sin utilizar ningún vocablo literario, pero el Legislador debe recurrir a esas palabras con contenido polémico, para que se acomoden a los posibles gobiernos y sus ideologías respectivas.

Se debe elegir el significado más acorde cuando la palabra es ambigua; es el problema que se plantea con las palabras vagas e imprecisas, plantean el problema de la dificultad de identificar la totalidad de los objetos incluibles en la palabra. Las palabras no se presentan con la debida claridad; existe en ellas una zona indeterminada u oscura. Así no ya la propia palabra, sino la carga emotiva de las palabras dice SANTIAGO NINO, que perjudica su significado cognoscitivo favoreciendo su vaguedad, de este modo, las definiciones que se suelen dar de las palabras con carga emotiva son «persuasivas», puesto que están motivadas por el propósito de orientar las emociones, favorables o desfavorables, que provoca en los oyentes el empleo de ciertas palabras, hacia objetos que se quiere encomiar o desprestigiar.

La propia relación sintáctica es también elemento distorsionante, la colocación de una coma puede cambiar el sentido de la norma, una vocal «o» puede confundirse con una partícula conjuntiva «y».

VI. CRITERIO LÓGICO-CONCEPTUAL

El conceptualismo jurídico, denominado por otros, positivismo formalista, para distinguirlo del positivismo sociológico, se preocupó del estudio de la norma y del Ordenamiento jurídico como puras formas expresas que recogían la voluntad del legislador, a los que tenían que reducir a un sistema coherente. La norma era objeto de análisis en sí misma, y en sus partes componentes, porque la comprensión se alcanzaba cuando se conocía de qué manera todos sus elementos constitutivos formaban una unidad conceptual. WINDSCHEID fue el creador del método analítico desde los conceptos generales a los más simples, en un proceso. El criterio lógico, supone la aplicación de las leyes de la LÓGICA al ámbito del Derecho. KALINOWSKI sostiene que el Derecho es el ámbito de aplicación conjunta y complementaria de reglas jurídicas y lógicas, advirtiendo que son muchos los Códigos que aplican la regla lógica de la inferencia deductiva y la lógica en el Derecho[5]. Distingue Kalinowski entre una lógica (=es una parte de la lógica jurídica que estudia los razonamientos jurídicos) y una filosofía de la interpretación jurídica (= justifica racionalmente la validez objetiva de la interpretación jurídicas).

Las reglas lógicas son de considerable dificultad y jurídicamente no son de aplicación tan mecánica como podría ser:

- Argumento «a pari»: cuando el legislador al regular un caso determinado quiso regular otros de la misma especie.
- Argumento «a contrario»: cuando el legislador al regular un caso determinado excluyó otro de esa regulación.
- Argumento a fortiori: cuando se regulan los supuestos de hecho de manera distinta para acentuar sus diferencias esenciales.
- Argumento a generali sensu: supone una interpretación extensiva normativa.
- Argumento strita lege: que supone una interpretación restrictiva de la ley.
- Argumento ad absurdum: cuando el legislador elige un sentido de la norma que de no obedecer a esos cauces lógicos sus consecuencias serían irracionales[6].

VII. CRITERIO SISTEMÁTICO

Este criterio estando conectado con el anterior, obedece a poner la norma en relación con otras normas en el marco de un sistema jurídico. Se trata de buscar una sede materiae de la norma que su función queda definida por el lugar de la norma en el Ordenamiento.

VIII. CRITERIO HISTÓRICO

Las normas jurídicas para su elaboración sufren un proceso de creación. Una interpretación de carácter subjetivo (la que indaga la idea del legislador al legis-

---

5 Tiene un trabajo Elena Macías Otón, «Los problemas conceptuales y socioculturales de la traducción jurídica, inglés, francés, español» en Revista de Llengua i dret, 2015, p. 49-62, que analiza los factores lingüísticos y extra, para los traductores que había analizado al autor en cuestión.

6 Navarro, P. «Lógica y Derecho» en la obra colectiva Filosofía: una introducción para juristas (coord. Lariguet, G.; González Lagier, D. Madrid: trotta, 2022, pp. 139-170.

lar una materia) utiliza el dato histórico como el más significativo. En cambio, para una interpretación sociológica ese dato no es de demasiada relevancia. Los materiales prenormativos más utilizados como indica Iturmendi son los precedentes remotos, el Derecho romano y el Derecho Canónico en el Derecho occidental. Los precedentes legislativos inmediatos formados por las normas y sistemas anteriores de las actuales, y la legislación de los países que influyeron en esas leyes nuestras (Código de Napoleón y B.G.B. alemán para nuestro Código Civil). Los materiales preparativos de las normas en su elaboración, anteproyectos, informes técnicos de la comisiones, actas de los debates, discursos públicos... y las Exposiciones de Motivos de las leyes que resumen su elaboración y los principios y directrices de su regulación[7].

IX. CRITERIO TELEOLÓGICO

Intenta explicar el fin de la norma como la función principal de la interpretación. En un contexto dinámico, intenta seguir la evolución de la norma. Se liga con el criterio objetivo de la interpretación de la norma, estudia los fines que la norma persigue: de orden formal: los fines de las normas superiores del sistema normativo y de los valores constitucionales; y de orden material: atender a los elementos de la realidad social regulada por la norma y que la interpretación no desvirtúe esa norma; de orden pragmático: para llegar a una aplicación correcta en el contexto social[8]. Algunos principios aplicables conducen la interpretación tanto en el momento de confeccionar las leyes como la su propia interpretación[9].

X. CRITERIO SOCIOLÓGICO

Supone confrontar la norma jurídica con la realidad social e intenta saber la efectividad en la realidad social de la norma. Trata de realizar una aplicación de la norma acorde con la realidad social, de no aplicar una norma que no es efectiva, que está derogada o interpretada de forma distinta por la sociedad, que ese supuesto de hecho lo ha denegado corno relevante de la norma jurídica o

---

7 Iturmendi Morales, J. «Acerca de Rudolf Von Ihering y el sistema de los juristas romanos» en Anuario de la Facultad de Derecho, número 11, 1993, pp. 415-480.

8 Con respecto a la teleología en los actos administrativos y sus normas, Real, A. R. «La fundamentación del acto administrativo» en la Revista de Derecho Público, número 27, 2016, pp. 111-132.

9 Amaya Arias, A. A. *El principio de no regresión en el Derecho ambiental*, tesis doctoral leída en la Universidad de Zaragoza, 2015.

aplicándole alguna exención a un hecho anteriormente declarado delictivo. Se trata de comprobar la interrelación de la norma con la sociedad: el Derecho realmente aplicado dice E. DIÍZ, y saber si su aplicación concuerda con el sustrato sociológico a que el supuesto de hecho hace referencia en la norma. Se trata de aplicar el método sociológico del Derecho al estudio e interpretación de la norma jurídica, indica TREVES que se no se considera el documento jurídico (la norma) a la luz del Derecho Positivo a que se refiere, sino respecto del contexto social en el que se sitúa el fenómeno jurídico contenido en dicho documento. En la interpretación sociológica distingue TREVES el método clásico, el análisis interno de la norma jurídica que trata de identificar las líneas esenciales y los aspectos secundarios de su contenido, y el método cuantitativo que corrige los defectos del clásico, que utiliza la descomposición de la norma para calcular los potenciales supuestos de hecho a los que esa norma se puede aplicar de forma acorde con la realidad social, pero el juzgador en España está poco auxiliado por los instrumentos de la Sociología del Derecho empírica (encuestas, estudios de opinión, memorias de los tribunales, índices de aplicabilidad de una determinada norma jurídica[10]...

XI. LA INTERPRETACIÓN Y LAS DIRECTRICES INTERPRETATIVAS DEL CÓDIGO CIVIL

Los Sistemas jurídicos suelen dotarse de disposiciones sobre la interpretación (así en el artículo 3.1 del Ce). El profesor Igartúa distingue el objeto de la norma que se va a interpretar. Instrumentos legislativos que ayudan a esa interpretación, son:

- Las definiciones legislativas, son aquellas que aparecen en el texto de una ley, o más genéricamente, de un documento normativo. Dotan —este tipo de definiciones legislativas que ayudan a la interpretación— de un nuevo significado a una palabra ya existente o bien a introducen una palabra nueva, con un sentido nuevo, las llamadas de las definiciones estipulativas.
- Las leyes Interpretativas, son aquellas que establecen qué significado debe atribuirse a un enunciado de otra ley precedente que no lo había dejado claro[11].

---

10 Carvajal, J. «La sociología jurídica y el Derecho» en la revista Prolegómenos, Derechos y Valores, Colombia, volumen XIV, núm. 27, 2011, pp. 109 y ss.

11 Igartua Salaverria, J Teoría analítica del Derecho (interpretación de la ley). Oñati: Instituto vasco de la Administración Pública, 1994, pp. 47 y ss; Igartua Salaverría, J. «La despistada función epistémica de la «motivación reforzada» en el Diario la Ley, número 10139, 2022.

En los Títulos preliminares de los Códigos es donde encontramos un método interpretativo genérico que no se refiere a una norma determinada ni impone un resultado específico, así el artículo 3.1 del Ce, indica:

> 3.1. «Las normas se interpretarán según el sentido propio de sus palabras, en relación con el contexto, los antecedentes históricos y legislativos, y la realidad social del tiempo en que han de ser aplicadas, atendiendo fundamentalmente al espíritu y finalidad de aquéllas».

Estas directivas interpretativas deben ser analizadas:

- El sentido de las palabras. Hay identificar el vocablo de la lengua a que pertenece con propiedad, indicando las peculiaridades lingüísticas y semánticas, ya que éste tiene contenidos técnicos, tecnificado aun cuando nacieran vulgares, pero que acaban engrosando el lenguaje ordinario. El problema de la ambigüedad de las palabras del lenguaje ordinario ha de entrar en la propia esencia de la interpretación, y se ha de examinar si un vocablo era de uso ordinario cuando se tecnificó en una ley.
- En relación con el contexto. El criterio sistemático —que analiza la norma en relación con el conjunto normativo— pone la norma en relación con otras en el marco del Sistema jurídico entero o en el marco de un sistema circunscrito. Existe una tipología que realiza el profesor IGARTUA, de los sistemas regionales que se observan:
  - Sistema como identidad de fuentes de producción (tener las mismas fuentes y la misma jerarquía de las fuentes).
  - Sistema como común derivación material: todas las normas derivables del contenido de una norma.
  - Sistema como derivación formal: según que una norma se produzca de un poder del que emanen.
  - Sistema como común proyección institucional: sistema en el que todas las normas regulan una misma institución.
  - Sistema como comunidad de usuarios: normas usadas por un sujeto u órgano.

1. *Los antecedentes históricos y legislativos*

Respecto de este punto, se puede discutir si en ese contexto se incluyen las ideas políticas, económicas...que explican la génesis de cualquier ley o norma. Se deben tratar de los antecedentes históricos que son relevantes: Los antecedentes estrictamente jurídicos (las instituciones, a veces, no se han regulado de una forma lineal que ni siquiera respetó al núcleo de la regulación anterior, sobre todo en las épocas revolucionarias que se plasman en grandes cambios legislativos), ahora bien, hay que preguntarse hasta dónde se han de remontar los antecedentes normativos en la interpretación de una norma:

- Los precedentes legislativos remotos, pero relevantes.
- Los precedentes legislativos inmediatos, y los errores que se cometieron en esas reformas.
- Materiales normativos preparatorios de toda ley (discusión parlamentaria y enmiendas).
- La Exposición de Motivos y Preámbulos de las leyes.

Pero una norma puede poseer varios antecedentes o los cambios de los Sistemas jurídicos que se dan en las revoluciones, habrá que observar cuáles de aquellos son los que interesan a los efectos de la interpretación. En los Antecedentes de la Exposición de motivos se debe preguntar si prevalecen las voces parlamentarias mayoritarias o si se han de tomar en cuenta las discusiones y propuestas de los grupos minoritarios.

Así también, se debe caer en la cuenta de la técnica de los propios legisladores.

2. *La realidad social*

Se convierte en un método de interpretación, pero se requieren tres condiciones en su empleabilidad:

1. Que se determine el grado de concreción que deben tener las referencias a los fenómenos sociales.
2. Que se establezcan los procedimientos de prueba para verificar la existencia de los fenómenos sociales referidos.
3. Que se constituya un sistema de valores que permita otorgar relevancia o quitársela a lo que se tiene por realidad social en una materia concreta.

3. *El espíritu y la finalidad*

Significa el argumento teleológico al ahondar en el espíritu de la norma se trata de algo metafórico. Con este nombre se designa todo argumento que justifique, por razones axiológicas, preferentemente, el distanciamiento de la literalidad de la norma interpretada: otras veces se llama voluntad del legislador, voluntad de la ley, teleología de la ley, etc…

La finalidad parece algo más identificable, pero de dónde nace es el problema, destaca IGARTUA. Unas veces, son los autores de la ley, otras veces está ínsita esa finalidad en el contenido de la propia norma, otros dicen que es el fin concreto del precepto interpretativo, otra teoría indica que es el fin del Derecho concebido como conjunto. De todas estas directivas interpretativas no existe un orden de prevalencia ni un método que se pueda utilizar sobre los otros, pues todos los intentos de conseguir eso han resultado fallidos.

XII. LA INTERPRETACIÓN JUDICIAL Y LA DISCRECIONALIDAD DEL JUEZ

Se sabe —dice IGARTUA— que existe la interpretación de los aplicadores de las normas (jueces). Los límites a la discrecionalidad son, normativos, factuales, ideológicos[12].

Según el profesor lgartua los define:

- Límites normativos: son normas jurídicas que dirigen o disciplinan la interpretación y/o solución de controversias interpretativas, prescriben la manera de argumentos o motivar las opciones realizadas.
- Límites factuales: los cánones de racionalidad que de hecho se aceptan en un ambiente cultural dado y el peso que suele conferirse a interpretaciones de normas ya acreditadas y consolidadas.
- Límites ideológicos: conjuntos de ideas que señalan los valores o fines que la decisión judicial debe alcanzar.

Las normas jurídicas (definiciones legislativas, leyes interpretativas, títulos preliminares) limitan la discrecionalidad a través de las directivas obligatorias de interpretación, pero, no lo eliminan del todo. Las limitaciones factuales inciden en la interpretación del juez: la cultura jurídica pone en juego unas actitudes epistémicas y axiológicas comúnmente aceptadas, pero con un contenido que no siempre se sustrae al influjo de diferentes ambientes e ideologías.

El papel del precedente y de la Doctrina dependerá del valor que se asignen a tales o cuales decisiones judiciales previas y a éstas o aquellas opciones de la Doctrina. La reducción del margen merced a la acción de una ideológica de la aplicación judicial del Derecho —la más propagada— la ideología de la decisión legal y racional tampoco es definitiva, porque los valores propugnados determinan sólo la dirección que ha de seguirse en las decisiones judiciales, pero no el contenido de una decisión concreta, y porque los valores son diferentes, esto no ocurre sólo en el Derecho.

---

12 Igartua, J. *Discrecionalidad técnica, motivación y control jurisdiccional.* Madrid: Cívitas, 1998, pp. 85 y ss; Igartua Salaverria, J. «Control judicial de las discrecionalidad técnica: error manifiesto, inmediación, sana crítica» en la Revisa de la Administración Pública, 2017, pp. 11-39.

Interpretación y poder: los criterios de interpretación de las normas están sometidos a los jurídicos y a otros que han sido interiorizados por la comunidad jurídica, sino básicamente porque el Derecho es un medio autorizado de poder social, y los resultados de la interpretación determinan el ejercicio del poder en una sociedad dada. Derecho, poder e interpretación constituyen una unión, por ello, el control de los resultados de la aplicación de la ley es esencial en el campo del Derecho.

XIII. MÁRGENES PROTEGIDOS Y NO PROTEGIDOS DE LAS DISCRECIONALIDAD EN LA INTERPRETACIÓN DE LOS JUECES

Se trataría de un «control» que no menosprecie —dice Igartua— la independencia; independencia respecto de todo lo que no sea derecho válido y como dependencia únicamente de la ley y sus designios. Es necesario algún control, se hace necesario para cuidar que el juez aplique la ley y preserve los valores inherentes al Derecho. Hallar los «márgenes jurídicamente protegidos» y los «no protegidos». La decisión de evidencia (admitir que un hecho ha sido probado) es un margen protegido jurídicamente por el Derecho, cuando obedece a la íntima convicción del juez. En la decisión de interpretación podemos encontrarnos con márgenes jurídicamente protegidos, porque el Derecho dispone de directivas de interpretación legalmente vinculantes. WROBLEWSKI no ve esta decisión tan clara, en la decisión de evidencia, la convicción del juez funciona como base para decidir que un hecho ha sido o no probado. La protección jurídica a esa decisión de evidencia supone:

- Decisión de evidencia significa que el juez no está vinculado, pues no existen directivas para la íntima convicción del juez.
- Si su convicción está debidamente justificada, ésta no puede ser alterada en una instancia superior a no ser que ésta pueda tener derecho a conocer el caso «ex novo»; aquí hay mayores problemas jurídicos, deben indicarse los hechos que el Tribunal considera probados, las pruebas cuya veracidad es dudosa, etc....

Las directivas interpretativas vinculantes no pueden —dice el profesor Igartua— eliminar los márgenes de maniobra que obedezcan a criterios legales. No obstante, en la cultura jurídica existe una convicción muy enraizada que indica que toda norma jurídica tiene un significado «verdadero» y que, por consiguiente, para cada caso hay una interpretación única[13].

---

13 Igartua Salaverria, J. «¿Es preciso probar la inocencia en la revisión penal?» en Diario La Ley, 2010, pp. 2 y ss. del trabajo.

XIV. LAS DIRECTIVAS INTERPRETATIVAS EN LA TEORÍA DE LA SUBSUNCIÓN

Para afrontar el contingente de dudas al que acompaña la teoría de la subsunción utilizada por los jueces (incluir el supuesto de hecho y aplicarle una norma jurídica), la tradición jurídica ha ido fraguando azarosamente un compendio de directivas para neutralizar los efectos de los límites mencionados anteriormente. WROBLEWSKI clasifica las directivas en lingüísticas, sistemáticas, y funcionales, analizadas por el profesor Igartua.

1. Directivas lingüísticas

1. Si no hay razones suficientes en contra, los términos legislativos mantienen el significado que tienen en el lenguaje común.
2. Sin razones en contra, a los términos idénticos se le aplican significados idénticos.
3. A términos suficientes se le aplican términos diferentes.
4. Las reglas sintácticas del lenguaje ordinario son las mismas que del lenguaje legal.

2. Directivas sistemáticas

1. A una regla no debe atribuírsele un significado que se le haga contradictoria con otra regla perteneciente al sistema.
2. A una regla no debe atribuírsele un significado incoherente con el significado que tienen otras reglas del sistema.
3. A una regla debe atribuírsele el significado que sea el más consistente posible y coherente con un principio del derecho.

3. Directivas funcionales

1. A una regla debe atribuírsele el significado que se deduce de la finalidad que persigue la institución a la que pertenece la regla.
2. A una regla jurídica debe atribuírsele un significado acorde con la voluntad del legislador histórico.
3. A una regla se le atribuirá un significado concordante con la intención del legislador contemporáneo.

4. A una regla jurídica debe atribuírsele un significado que se ajuste a los objetivos que debe alcanzar en estimación del intérprete.

Se llaman directivas de primer grado a las lingüísticas, sistemáticas, y funcionales y directivas de segundo grado a las que se indican cómo proceder (directivas de procedimiento) y directivas que se deben preferir (directiva de competencia).

XV. LAS DECISIONES INTERPRETATIVA SOBRE LOS HECHOS PROBADOS

Es fundamental incidir en un examen —dice el profesor IGARTUA a quien se sigue— sobre la especificidad de las pruebas de los hechos en Derecho. Con frecuencia, suele parangonarse el trabajo de un juez con el de un historiador. El juez intenta reconstruir un hecho ya acontecido con relevancia jurídica.

La verdad judicial y la verdad del historiador poseen sus diferencias:

- En el Derecho hay hechos que no deben ser probados, sí lo deben ser para un historiador (p.e. la presunción de inocencia).
- El Derecho excluye pruebas que, en principio, pueden ser idóneas para el conocimiento de la verdad.
- La valoración de las pruebas admitidas depende no de una sino de dos clases de reglas de evidencia («formal» y de la «libre valoración» respectivamente).
- Las querellas judiciales, a diferencia de los problemas históricos o científicos, tienen necesariamente un término: el litigio acaba obligatoriamente en una solución y ésta llega ser definitiva (el instituto de la cosa juzgada).

Dice WROBLEWSKI, que, en el ámbito del Derecho, la evidencia de un hecho está sujeta a una específica regulación de las pruebas.

- Se exigen demostrarse todos los hechos esencialmente importantes para la solución del caso sometido al Tribunal. Es la ley la que establece los hechos que deben ser probados y los medios para ello, así como la valoración de los medios de prueba para el juez.
- El Derecho se encarga de separar las pruebas admisibles de las inadmisibles. La admisibilidad de las pruebas es regla general en aquellos procedimientos que apuntan a la consecución de la verdad material. Sólo se descartan las pruebas que con alta probabilidad inducen a informaciones falsas (p.e. el testimonio de un deficiente mental) y otros valores (no a las

pruebas obtenidas mediante la tortura)[14]. Lo cierto es que al no analizar pruebas el Tribunal Supremo, ni querer ser otra instancia probatoria, el recurso de casación pasa a ser una opción cada vez menos razonable cuando se llega a este punto procesal, teniendo el problema en la Apelación que, en nuestros sistema no es plena, sino sólo subsidiaria, esto es, sólo celebra las pruebas que no se pudieron celebrar en la primera instancia, demasiados filtros para la parte procesal más importante de este derecho fundamental.

1. *Criterios para la determinación del hecho interpretable*

Diversos criterios se señalan —dice IGARTUA— para la determinación de la prueba obtenida legalmente:

2. *Interés público o privado*

Cuando haya que optar entre el interés privado que supone la defensa de un derecho particular (violado con la obtención ilícita de una prueba) y el interés público por la averiguación de la verdad, la seguridad, etc… que debe cumplir el proceso, habrá de reconocerse la superioridad de este último. Se trata de salvar las pruebas de origen ilícito: o bien en base a que se debe optar por el mal menor (o por el mayor de los bienes) en cada caso concreto, o bien decantarse, por vía de regla general, a favor del valor jurídico superior.

- El criterio de la «inevitable discovery» establece que la prohibición de aprovechamiento de las pruebas ilícitamente obtenidas no debe pesar sobre aquellos datos que habrían sido inevitablemente conocidos por otras vías en el curso de la investigación, pese a ser razonable, es de extremada complejidad en su aplicación.
- La doctrina de la «fruit of the poisonuos tree doctrine» (doctrina de los frutos del árbol venenoso) se para a analizar otro problema, qué ocurre con las pruebas lícitas, que proceden de una prueba ilícita, que ya hemos indicado como no admisible en Derecho. P.e. un detenido revela en un interrogatorio, en el que media la violación de derechos fundamentales, dónde se encuentra el arma y el botín. La policía con esa información consigue el mandamiento judicial para entrar en una casa y registrar esa misma. Se han obtenido pruebas lícitamente, con orden de registro judicial, basadas en una transgresión de los derechos fundamentales. La mayor

14 Zarzalejos Nieto, J. «Hechos probados y recurso de casación» en Indret: Revista para el análisis del Derecho, número 4, 2022, pp. 230 y ss…

o menor independencia del hecho obtenido es lo que hará que esa prueba sea aceptada, analizando la relación causa-efecto[15].

3. *Teorías sobre la aceptación de las pruebas*[16]

El Derecho establece las pautas para la aceptación de las pruebas, que debe decidir el juez o Tribunal. Dos Teorías dominan en el tema.

1. La Teoría Legal, corresponde a las disposiciones procesales que prescriben las reglas legales de la prueba. Se consignan esas pruebas en los textos legislativos. Entre esas reglas jurídicas de evidencia existen, las hay para empíricas, y son aquellas que se basan en irregularidades empíricas; p.e. la presunción de paternidad del marido de la madre si el niño nace dentro de un determinado período de tiempo.

   Hay también reglas no empíricas, y son aquellas que no se basan en regularidades empíricas, pero exigen tratar corno existentes ciertos hechos cuando se demuestra lo contrario, por ejemplo, la presunción de la muerte de una persona cuando está desaparecida. Por último, ha habido reglas de otras épocas contra empíricas, evidencias por hechos de la brujería en la época medieval.

2. La Teoría de la libre valoración de la prueba, que domina en los sistemas contemporáneos. El Tribunal aprecia la veracidad y la fuerza de las pruebas según su convicción íntima que se funda, sobre todo, en las reglas de la ciencia y en la experiencia común. Es libre no porque el juez la valore corno quiera o le venga en gana, sino porque los criterios de aceptación de las pruebas no aparecen estipulados en reglas legales. El juez acepta los datos científicos y luego los valora conforme a su experiencia común.

XVI. INTERPRETACIÓN COMO ACTIVIDAD RACIONAL

El Método jurídico-racional de la interpretación de la norma es formulado, entre otros autores, por KRIELE («Theorie der Rechtsgewinnung», 1967) fundamentalmente. No entiende el Derecho «racional» corno un sistema jurídico natural o jurídico-racional de normas jurídicas o Principios intemporalmente válidos, más bien opina que todas las decisiones jurídicas, tanto del legislador cor-

---

15 Pardeza Nieto, M. D. «Causas de nulidad de auto: teorías del árbol envenenado y del descubrimiento inevitable» Economist &Jurist, vol. 31, número 267, 2023, pp. 80-83.

16 Asencio Mellado, J. M. «Prueba ilícita» en Revista General del Derecho Procesal, núm. 26, 2012, pp. 10.

no la del juez, precisan justificación (interna) mediante fundamentos racionales. Un texto jurídico sólo puede ser rectamente interpretado cuando se le supone la intención de «racionalidad» e «imparcialidad» (con o sin razón) y sólo en este sentido se supone la interpretación extensiva, restrictiva o modificativa.

Las leyes raras veces son claras y su ámbito de aplicación está tan limitado que «existen más lagunas que disposiciones legales». Hay que recurrir a la consideración jurídico racional de «hipótesis normativas», quedando con ellas solucionados todos los problemas en la medida en que el legislador ordinario y el constituyente las leyes ha resuelto. Esto es a lo que se alude modernamente cuando se habla de la «ponderación» o de la ponderación racional y motivada.

Son diversos los pasos que en la interpretación se deben dar:

1. Cada caso jurídico comienza con el establecimiento de una «hipótesis normativa» que sean apta para contestar a la cuestión por él suscitada.
2. La Hipótesis normativa se compensa con las normas jurídicas positivas. Se debe preguntar acerca de la «capacidad justificante» de la hipótesis normativa a dónde habría que conducir tal hipótesis si fuera reconocida o no reconocida corno norma jurídica, presuponiendo que todas las decisiones vinculantes.

La interpretación del texto sólo puede ser recta si soluciona rectamente los problemas concretos, es decir, de un modo justificado[17].

Para ello, STARCK y otros formulan las máximas de la interpretación (maxirnes d'interpretation) en tres grupos y se distinguen: restrictivas, plenificantes, privilegiantes.

Primer grupo (restrictivas):

- La excepción es de estricta interpretación.
- Las penas son de estricta interpretación.
- Ningún privilegio sin ley.
- La razón de la ley cesa con la ley misma.

Segundo grupo (plenificantes):

- No deben distinguirse donde la ley no existe.
- No se debe juzgar sin contemplar la ley entera.
- Lo superfluo no daña.

---

17 Alexy, R. *El concepto y la validez del Derecho*. Madrid: Gedida, 2013 (reimpresión digital), pp. 141 y ss. al hablar del discurso jurídico justificante en las decisiones y el argumento pragmático y transcendental.

Tercer grupo (privilegiantes):

- En la duda a favor del reo.
- En la duda se debe reglar, resolver sobre mínimos.
- La ley posterior deroga a la anterior.
- Las normas especiales derogan a las generales.

XVII. EL PRECEPTO DE INTERPRETACIÓN «CONFORME» O «DESDE» LA CONSTITUCIÓN

Dice el maestro LARENZ que, entre los principios éticos-jurídicos, corresponde una importancia considerable a los principios elevados a rango constitucional. Sobre todo, en el apartado de los derechos fundamentales y dar la preeminencia en la interpretación a la dignidad de la persona (art. 10 de la Ley Fundamental de Bonn, así como el principio de la igualdad y la idea de Estado de Derecho). Está reconocido que estos Principios han de tenerse en cuenta incluso en la interpretación del simple Derecho legal y en la concretización de «cláusulas generales».

Sólo el Tribunal Constitucional en un Estado de Derecho (en Alemania el Tribunal Federal y en España el Tribunal Constitucional) puede decidir si una disposición del Derecho postconstitucional contradice a la Constitución. En muchas resoluciones han declarado que una disposición sólo es anticonstitucional y, por tanto, inválida cuando no se puede interpretar II conforme a la Constitución 11, indica LARENZ. La conformidad con la Constitución es un criterio de interpretación fundamental. El Tribunal Constitucional Federal ha dicho reiteradamente que una interpretación conforme a la Constitución no es posible ante el tenor claro y literal de la disposición. La interpretación conforme a la Constitución, si quiere seguir siendo interpretación, no debe traspasar los límites que resultan del posible sentido literal y de la conexión de significado de la ley[18]. Sin embargo, si el Legislador había intentado un efecto más amplio de lo que es permitido según la Constitución, la ley puede ser interpretada «restrictivamente» conforme a la Constitución. La interpretación restrictiva se mantiene aún en el marco del posible sentido literal, pues, en otro caso, ya no sería interpretación,

18 Ello ya desde Kelsen, *Teoría pura del Derecho*, 1933 (edición impresa de Buenos Aires, 1941), pp. 126 y ss... toda la interpretación conlleva el seguimiento de la pirámide normativa, en cuya cúspide está la Constitución, dado que para él el proceso de interpretación es un cauce intelectual que acompaña toda la creación jurídica en su desenvolvimiento desde el grado superior a los grados inferiores.

sino que, sin duda, existiría una corrección de la ley. Los «principios» constitucionales son pautas que precisan ser llenadas de contenido, a cuya concretización están llamados tanto el simple legislador como la Jurisprudencia de los Tribunales. A este respecto rige, según la Constitución, un principio de concretización de los Tribunales.

Sólo existe margen para la concretización inmediata de un Principio constitucional por los Tribunales cuando, o bien una laguna legal no puede ser colmada de otra manera que por esta vía, o la ley misma, en especial mediante el empleo de conceptos que precisan ser llenados de contenido, como el de «buenas costumbres», concede al juez un margen de libre concretización. El Tribunal Constitucional ha hablado de un orden jerárquico de los valores constitucionales, pero es expresión equívoca pues los valores son difícilmente jerarquizables. El criterio de interpretación se basa en el respeto a los derechos fundamentales, que se encuentran unidos ellos a los Principios constitucionales, como un «todo con sentido» en el Sistema Jurídico[19].

El Tribunal Constitucional en un enfrentamiento de bienes jurídicos y de bienes protegidos, resuelve con el método de ponderación de bienes en el caso particular. Se indica por LARENZ —en la traducción que hace Rodríguez Molinero— que la ley general que restringe el derecho fundamental tiene que ser, interpretada también a la luz de este derecho fundamental, de tal manera que el derecho fundamental sigue manteniendo un cierto rango preeminente.

El Tribunal Federal habla de una «acción irradiadora» del derecho fundamental en el simple Derecho legal que le restringe. Es claro que el Tribunal Constitucional tampoco quiere considerar al respecto el posible sentido literal de la «Ley General» como límite de una interpretación que la restringe; más bien la ley será corregida siempre que lo exija el mantenimiento de la preeminencia valorativa del derecho fundamental en el caso particular. Entonces ya no se trata sólo de una simple interpretación (conforme a la Constitución), sino de una corrección de la ley ordinaria por las normas constitucionales y por la preeminencia valorativa de determinados bienes jurídicos que de ellas se deducen. Ahora bien, este criterio tiene que ser acompasado con los otros, pero, sobre todo, con el Principio de Legalidad que le rodea de forma constante.

---

19 Tenemos la referencia de Balaguer Callejón, M. L. *Interpretación de la Constitución y Ordenamiento jurídico.* Madrid: Centro de Estudios Políticos y Constitucionales, 2022, pp. 179-182, sobre la interpretación «conforme a» como criterio de final en las resoluciones constitucionales, a lo que vendría a ser un mandato de estas.

Lección 11

LA APLICACIÓN DEL ORDENAMIENTO JURÍDICO Y EL PROBLEMA DE LOS VACÍOS NORMATIVOS

I. LA ANALOGÍA: CONCEPTO

Es un instrumento técnico que sirve para llenar las lagunas de las normas utilizando la expansión lógica del Derecho. En una concepción más estricta se puede decir que es la aplicación de la norma a un caso no previsto por ella, pero que presenta una semejanza relevante con el caso que la norma contempla. Aun cuando se habla genéricamente de la analogía del Derecho, este procedimiento de integración jurídica se predica normalmente de la ley, la fuente formal del Derecho por excelencia. No debe confundirse la analogía con la interpretación extensiva de las normas; esta última comporta la extensión de la norma a supuestos no comprendidos primariamente en su texto, pero sí susceptibles de entrar en su significado. Aunque no parece ser una diferencia sencilla, se puede decir que:

a) La analogía supone la creación de una nueva norma que se aplica al caso no regulado; la interpretación extensiva es sólo la aplicación de una misma norma, que incorpora un nuevo supuesto.

b) En la analogía hay un acto de creación jurídica, la de esa segunda norma que se aplica al caso no regulado; en la interpretación extensiva tiene lugar una interpretación objetiva de una norma mediante la adaptación de la norma al contexto social y[1] de sus circunstancias.

Hay quien indica que, en determinados momentos, crisis como la sanitaria vivida y otros, la analogía sería el principal instrumento de integración de los vacíos normativos, y su extremada racionalidad en las leyes especiales, que, aunque prohibida su utilización puede servir de guía para supuestos de hecho complicados y no proceder tanto de un mandato autoritario como de su razonabilidad para utilizar dicho instrumento, pues no es ilimitado[2].

---

1 Hay autores como Radbruch, en la cita que hace Legaz, L. Filosofía del Derecho, ob. cit. pp. 534-535 que indican que todo el conocimiento jurídico se basa en las analogías. Radburch, G. Analogie und Natur der Sache, en «Rechtsphilosophie im Wasndel», pp. 287 y ss.

2 De Rosa, E. «Analogía e intengibilidad del Derecho: límites de la propuesta metodológica de John Finnis para la conceptualización del fenómeno jurídico» en Dikaion: Revista de actualidad jurídica, vol. 31, número 1, 2022, pp. 93-119.

II. CLASES DE ANALOGÍA

La principal división es la de Analogía de la ley o la Analogía de Derecho, según el punto de partida sea la ley concreta, que se aplica a un caso que presenta cierta afinidad con el contemplado por ella, o un conjunto de normas del que se extrae por vía de inducción un principio jurídico que se aplica analógicamente a un caso no previsto por tales normas, pero semejante a los que éstas regulan, que no es un principio general del Derecho. Así nuestro Código Civil indica en su artículo 4°: «Procederá la aplicación analógica de las normas cuando éstas no contemplen un supuesto específico, pero regulen otro semejante entre los que se aprecie identidad de razón». Ahora bien, esta regla posee unas excepciones, es decir, prohíbe el uso de la Analogía en cualquiera de sus variantes, a la hora de utilizar este instrumento jurídico para intentar eliminar las lagunas jurídicas, así ese artículo 4.2 de nuestro Código Civil dice: «Las leyes penales, las excepcionales y las de ámbito temporal no se aplicarán a supuestos ni en momentos distintos de los comprendidos expresamente en ellas».

III. MÉTODO ANALÓGICO

El juez cuando tiene que aplicar la analogía debe pasar por diversos momentos jurídico-racionales:

a) El juez encuentra que no existe norma expresa que regule el supuesto de hecho. (Búsqueda del Derecho aplicable).

b) El juez estudia el supuesto de hecho y recoge las diversas normas aplicables. (Subsunción de las normas).

c) De entre ellas, excluye unas y otras las encuentra aplicables. (Exclusión de las normas).

d) Aprecia identidad de razón y aplica la norma que, jurídicamente más se ajusta al caso concreto que se examina. (Aplicación concreta).

El razonamiento analógico —indica Legaz— debe reunir diversos criterios por parte del aplicador del Derecho, que en su gran mayoría es el juez, pero vale igualmente para la aplicación administrativa de las normas:

a) Un principio normativo, consistente en que el principio de la regulación del caso de la norma sea aplicable al caso por regular.

b) La motivación o causa (que parece ser lo que indica la expresión del Derecho español: identidad de razón), importando la coincidencia en la motivación de las normas.

c) La finalidad, que destaca la semejanza del fin de las mismas.

IV. LA EQUIDAD

Históricamente, la Revolución francesa suprimió el arbitrismo judicial e instauró el principio de legalidad con la finalidad de evitar la aplicación de las normas del régimen absolutista anterior por obra de los jueces conservadores, empleando la equidad sin sujeción a la norma legal, la equidad como la justicia al caso concreto.

En ARISTÓTELES se hace presente en su teoría del Derecho, la epieikeia como forma de adaptar la norma al caso concreto, para Aristóteles la equidad no es algo distinto de la justicia, sino que es una misma cosa con ella. En su «Ética a Nicómano» se formula como una forma de corrección de la generalidad de la ley, es la misma justicia que corrige la injusticia de la aplicación de la ley general. De ahí la clásica comparación de la equidad con la regla de Lesbos, flexible y acomodable a la forma de los objetos que media, y la diferencia con el lecho de Procusto que torturaba o mutilaba a las víctimas para que éstas lo cubriesen en toda su longitud. En su «Retórica» posee otro concepto, como el de resolver las lagunas de la ley escrita, es una fuente creadora del Derecho para aquellos casos en que no se ha manifestado o ha omitido el legislador. En Roma fue la «aequitas» Gustitia dulcore misericordiae temperata) era un procedimiento hermenéutico básico del pretor romano para la interpretación y adaptación del ius civile. El ius civile se tomó viejo y el pretor se vio obligado a resolver conforme a la aequitas integradora. En el medievo el principio de autoridad está representado por la Filosofía aristotélica cristianizada por SANTO TOMÁS DE AQUINO en su «Summa Theologiae» que contempla la equidad como aplicación normativa y como método integrador, añadiendo la concepción cristiana, la «benignitas» cristiana[3].

SAN AGUSTÍN había visto muy bien la relación dialéctica entre la justicia y la equidad al afirmar que justicia es equidad y la equidad implica cierta igualdad (aequitas, aequalitas); pero la equidad es dar a cada cual lo suyo, y dar a cada uno lo suyo implica cierta distinción de las cosas: como esta distinción no es posible sin una cierta imparidad y desmejanza en las cosas entre las que se guarda.

Luis VIVES entendía, basándose en el concepto tomista, que la equidad era la verdadera justicia: no la ley escrita o vigente, sino una corrección e interpretación es el verdadero Derecho; la equidad exige en el juez, acomodarse a la naturaleza, conforme a la cual han sido hechas, dirigidas y formuladas todas las leyes:

---

3 Habla Legaz de la eliminación de la arbitrariedad en el Estado Moderno, como una lucha histórica, gradual, Filosofía del... ob. Cit. pp. 639 y ss... una juridización de todas las esferas de la actividad estatal, incluso, la posibilidad de que la aplicación de la norma no devenga en mayor injusticia, hablaríamos de los desahucios en la época de la crisis como el gran supuesto de hecho.

insiste en la dimensión vital de las leyes, llega a decir, en su apasionamiento por este concepto filosófico que es la verdadera alma de una nación.

1. Concepto

Es un instrumento de integración jurídica para impedir la laguna jurídica. Para el profano en Derecho se identifica la Equidad con un concepto flexible de la justicia, contemplada desde el sentido común o como una determinación más justa de la idea del Derecho, la justicia del caso concreto. Es un instrumento que viene a subsanar la generalidad y el carácter abstracto de las normas jurídicas, adaptándolas a los casos concretos, cuya regulación en detalles no podía ser prevista por el Derecho[4]. Es falsa la idea de que implica una atenuación del rigor de la justicia, pues no siempre actúa con un sentido de benevolencia y pone el Derecho en conexión particularizada con la realidad. El artículo 3.2 del Código Civil ya indica su carácter de instrumento integrador del Derecho excepcional:

> «La Equidad habrá de ponderarse en la aplicación de las normas, si bien las resoluciones de los Tribunales sólo podrán descansar de manera exclusiva en ella cuando la ley expresamente lo permita».

2. Funciones de la Equidad

A. Como concepto extrajurídico supone una corrección de las normas en virtud de criterios religiosos (cristianos) o morales. Aparece esta función en las teorías filosófico teológico-jurídicas, representando una moderación de la rigidez de la justicia divina o humana (ejemplos: en la edad media cristiana, idea de benignitas y aequitas del Derecho Canónico, en el protestantismo antiguo, en el Derecho musulmán...)

B. Como principio general del Derecho con valor informador del Ordenamiento jurídico. Es un principio guía de la labor de los legisladores y de los intérpretes del Derecho y excepcional en cuanto al uso que de ella pueden hacer los jueces.

C. Como fuente subsidiaria que se aplica cuando faltan otras normas como ley o costumbre, pero con ese carácter excepcional, como ocurre en nuestro sistema romanista, pues siempre le afecta el Principio de legalidad y la Constitución.

---

4 El problema nos dice Legaz es quién debe individualizar esa justicia, la ley lo hace en límites muy restringidos, y necesita la obra del Juez, pero no se es unánime en dejar al juez ese arbitrio en exclusiva, salvo para los partidarios del Derecho Libre. Filosofía del... ob. cit. pp. 644 y ss.

D. Como recurso de aplicación hermenéutica del Derecho y de su aplicación adaptando la generalidad de la norma a las peculiaridades de los casos concretos.

E. Como fuente autónoma del Derecho, función incompatible con nuestro Derecho, que sólo admite la resolución equitativa de los litigiosos, pero no una fuente autónoma; sí existe en el sistema inglés la equity con la que los jueces de la Jurisdicción de la Corona resolvían los casos sin tener en cuenta las normas, a diferencia de los jueces de la jurisdicción ordinaria, que aplicaban en sus sentencias las normas de Derecho común, el Common Law.

3. *La «Equity» angloamericana: otra concepción de la Equidad*

Fue durante bastante tiempo una fuente del Derecho equiparable al common law, con el mantuvo una lucha sin cuartel con el objeto de ganar el mayor ámbito de vigencia material. La equity comportaba esquemáticamente la resolución de los problemas jurídicos conforme criterios de conciencia de los Tribunales de la Chancillería de la Corona, que de esta guisa se veían libres de la vinculación en el acto aplicador del Derecho de las normas —usos, costumbres, precedentes judiciales— del common law, cuya observancia era obligatoria para los tribunales ordinarios.

Con el tiempo, las decisiones en conciencia de los jueces de la Corona constituyeron un núcleo de líneas básicas y repetitivas de resoluciones posteriores. Con ello, la equity perdió fuerza creativa al tiempo que uniformaba los criterios de decisión judicial: de ser una fuente creadora del Derecho en el contexto de la legislación privilegiada de la Corona pasó a convertirse en un procedimiento hermenéutico de adaptación de los precedentes judiciales a los nuevos casos controvertidos.

Pasó por diversas etapas en su evolución histórica:

Una etapa de resurgimiento (XIV-XV) y otra de consolidación (XVI-XVII).

- La primera etapa es la de una lenta implantación en lucha con el prevalente common law, que se había ido extendiendo y generalizando quitándoles competencias a los viejos y tradicionales tribunales locales que se basaban en pruebas irracionales; el Common law fue aplicado primeramente por tribunales ambulantes obligados a visitar los condados, que después se residencian en Westminster; poco a poco se va sistematizándose este derecho con la experiencia compartida de los jueces de Westminster. Durante esta etapa, la Chancillería, en un segundo plano, adquiere competencias residuales en los casos en los que no puede acudirse a los tribunales ordinarios o cuando las resoluciones de éstos son manifiestamente injustas.

– La segunda etapa es la de un constante enfrentamiento con los tribunales del Common Law, una vez adquirido el status de jurisdicción en pie de igualdad, hecho presente en polémicas importantes como la de Coke-Bacon. En el XVI, primera mitad, los grandes cancilleres Wolsey y Moro dan un empuje a la Court of Chancery hasta convertirla en un tribunal independiente e importante. El tribunal de la Chancillería se caracterizaba por aplicar el Derecho romano, derecho extranjero aunque influyente en el continente, en contraste con el Derecho inglés propio, el Common law, formado por normas consuetudinarias y precedentes judiciales del Derecho histórico inglés. Las resoluciones de los jueces de la chancillería fueron recibiendo una sistematización, perdiendo el sentido de fuente originaria, la propia conciencia del juzgador, se convirtieron en rules of equity. En el siglo XVII, la oposición equity-Common law, adquirió un trasfondo político; al ser la primera exponente y valedora de las prerrogativas de la Corona, y el segundo de las aspiraciones del Parlamento. El enfrentamiento de ambas instituciones se hace acusado en el tiempo del reinado de Carlos I (1625-1649) y termina con la supresión de los tribunales especiales de la Corona y la consolidación del Common law sobre cualquier otra fuente.

Lección 12

LA PLENITUD DEL ORDENAMIENTO JURÍDICO. LAS LAGUNAS JURÍDICAS

Cuando en la vida jurídica se presenta un caso por resolver, ha de encontrarse una norma aplicable. Una parcela de la vida real puede quedar no regulada por norma alguna o serlo de forma deficiente: es la llamada Laguna jurídica. La idea de un ordenamiento jurídico autosuficiente sigue viva en los juristas, si bien no como antaño, pues la realidad social se complica tremendamente. Se han presentado diversas teorías al respecto que se enumeran. De hecho, modernamente, tanto desde el ámbito nacional como internacional el vacío legal ha sido el gran problema sistémico (sucesión del Jefe del Estado, normas de la pandemia, Ley europea y mundial sobre la Inteligencia artificial…) que se ha tenido que solventar con un uso polivalente de las diversas fuentes del Derecho. Se ha indicado y es cierto que la importancia de las lagunas del Derecho es crucial en Teoría del Derecho entre otras razones porque la posición que se adopte respecto de este problema incide decisivamente en la propia concepción del orden jurídico[1].

I. TEORÍA DEL ESPACIO JURÍDICO VACÍO

Esta teoría distingue dos zonas dentro de la actividad humana, una reglada por normas jurídicas, y otra libre de esta regulación. Esta zona segunda es la del no-Derecho, que cubre un espacio jurídico, vacío; en ella no tiene sentido hablar de falta e plenitud del ordenamiento jurídico, porque en este espacio social no existe el Derecho. Esta teoría supone la solución de negar juridicidad donde falte una norma jurídica, con lo que parece que resuelve el problema. La primera formulación de esta teoría es la de BERBOHM en su «Jurisprudencia y Filosofía del Derecho», 1892), que indicó que el Derecho siempre se llena con forma, que si existen las lagunas, se dan en las proyecciones institucionales (como es el que no se halle varón que suceda al rey, laguna de la Constitución)[2].

La teoría del espacio es débil por dos razones, a juicio de SORIANO:

---

1 Zitelmann, E; Segura Ortega, M. *Las lagunas del Derecho.* Olejnik: Universidad Católica de Colombia, 2019.

2 Algún autor como Kelsen, ha defendido que el espacio jurídico carece de lagunas, no distinguiendo entre lagunas de la ley y lagunas del orden jurídico. Kelsen, H. Reine Rechtslehre, 1934, pp. 100 y ss. (pp. 65 y ss. de la edición española de 1933).

a) Es cómplice de la falta de protección de intereses que quedan fuera del Derecho, permite la falta de protección de los sectores de la vida social que están en el no Derecho.

b) La teoría supone una zona peligrosa de permiso no jurídico, esto es, lo lícito que no coincide con una norma permisiva, la licitud no jurídica[3].

II. TEORÍA DE LA NORMA GENERAL EXCLUSIVA

Defiende que todo el campo de la actividad humana es susceptible de regulación jurídica, bien por una norma particular que lo intuye, bien por una norma general que lo excluye. Todos los espacios están cubiertos por el Derecho, directa o presuntamente. Todo lo controla el Derecho, no como la teoría anterior, las lagunas no existen, porque cualquier supuesto entra en una de las dos zonas, la de la inclusión y la de la exclusión, siempre reguladas por el Derecho.

Dos versiones: ZITELMANN, el cual indica que una norma particular positiva (estableciendo un efecto jurídico para un acto o situación) presupone una norma general negativa, que excluye de tales efectos o consecuencias a los actos y situaciones no incluidos.

La segunda versión es la de DONATI según la cual una norma particular inclusiva —limitando o prohibiendo un acto— presupone una norma general exclusiva que deja fuera de la limitación, y por lo tanto permite los actos no comprendidos en la misma[4]. La doctrina ha criticado esta teoría: no sólo hay normas generales exclusivas, sino también normas generales inclusivas, como la norma de la analogía, la cual prescribe la inclusión de un supuesto no regulado en la norma que regula otro semejante. Esta teoría no es aplicable a toda clase de normas, dice BOBBIO[5]. Entiende Soriano que la norma general inclusiva puede ser complementaria de la norma general exclusiva, y ambas se refuerzan mutuamente para impedir las lagunas. A efectos de lagunas, da igual que se solucione excluyendo o incluyendo determinados actos no previstos por la norma.

---

3 Pérez García, C. «Lagunas jurídicas y voluntad del Derecho» en la Revista Diálogos jurídicos: Anuario de la Facultad de Derecho de la Universidad de Oviedo, número 7, 2022, pp. 293-312. En el presente trabajo se intenta superar estas teorías del espacio jurídico vacío y la norma general exclusiva abogando por una tercera vía, más creativa y razonada, combinación de ambas.

4 Donati. *Il problema delle lacune dell'ordinamento giuridico*. Milán, 1910.

5 Bobbio, N. «Completezza dell'ordinamento giuridico» en RIFD, 1940, pp. 4-5 que cita Legaz en su Filosofía del... ob. cit. pp. 526 y que se puede consultar digitalizada también, donde también se cita a Ziltelman.

La elección de una norma u otra general dependerá de la naturaleza de la norma particular, restrictiva, facultativa, permisiva…

III. TEORÍA DEL NON LIQUET

Esta jurídicamente permitido todo aquello que no está jurídicamente prohibido. Para Donati esta norma es jurídica positiva, no pertenece al deber ser. Santi Romano corrigió su teoría indicando que lo no jurídicamente prohibido estaría permitido de hecho, pero no jurídicamente, esa zona de libertad no sería ni lícita ni ilícita. Para Cossío es una norma que significa un supuesto gnoseológico del Derecho, hay acciones que no están prohibidas y el Derecho no las prohíbe por no tener sentido jurídico esa prohibición (no considerarlo relevante). El orden jurídico no es pleno porque su plenitud resulte de la suma de las partes, incluso de las normas de libertad como un sumando más, su plenitud es una necesidad apriorística basada en la misma naturaleza del Derecho, la cual exige la actividad integradora del juez.

A juicio de Legaz, esta norma es un a priori lógico, una necesidad de la razón jurídica teórica, como un postulado de la razón práctica: un deber ser. Es una norma amplia, un límite objetivo, por lo demás, y en eso consiste su peligro. Imaginemos la aplicación de esta norma al plano constitucional, de Inteligencia Artificial, sanitario, medioambiental…

IV. PRINCIPALES MEDIOS PARA INTEGRAR LAS LAGUNAS: AUTOINTEGRACIÓN Y HETEROINTEGRACIÓN

Respecto al problema de la integración de las lagunas, indica Bobbio —para quien el Ordenamiento jurídico no es completo en el sentido de que todos los casos posibles estén expresamente regulados en él y más concretamente en la ley— debe recurrirse, además a la norma general excluyente a dos métodos distintos, a los que denomina, siguiendo a CARNELUTTI, de autointegración y heterointegración[6].

Autointegración consistiría en la suplencia por el Ordenamiento mismo y en ámbito de la propia ley como fuente dominante, sin recurrir a otros Ordenamientos y con el mínimo recurso a fuentes distintas de la fuente dominante. Se-

---

6 García Miranda, C. «El principio de unidad en el Ordenamiento jurídico de Norberto Bobbio» en Cuadernos electrónicos de Filosofía del Derecho, número 1, 1998.

rían procedimientos de autointegración la Analogía y el recurso a Los Principios Generales del Derecho.

Por otra parte, el procedimiento de heterointegración consiste en la suplencia de esa laguna a través del recurso a fuentes distintas de la fuente dominante, pero del mismo Ordenamiento (principalmente, la costumbre, la equidad, la jurisprudencia, y la doctrina científica) o bien mediante el recurso a otros Ordenamientos distintos (por ejemplo, al Derecho romano, así lo hace la Compilación del Derecho civil foral de Navarra, ley 1 in fine o al Derecho natural). No olvidemos que tenemos que estar ante una laguna normativa como tal, porque muchas veces nos encontramos con casos irrelevantes que el Derecho suple por sus fuentes desde una lectura meramente racional y creativa[7].

7 Como nos propone en su trabajo Navarro López, P. E. «Lagunas del Derecho y casos irrelevantes» en la revista Doxa: cuadernos de Filosofía del Derecho, número 43, 2020, pp. 159-187.

Lección 13

LA COHERENCIA DEL ORDENAMIENTO. LAS ANTINOMIAS JURÍDICAS

I. CONCEPTO DE ANTINOMIA

La existencia de contradicción entre dos o más normas del mismo Ordenamiento es lo que se llama Antinomia jurídica, señala De Lucas. Cuando dos normas (o más) son antinómicas, esto es, incompatible, no pueden aplicarse las dos al mismo caso, sino que es preciso elegir una entre ellas y para ello es necesario previamente recurrir a un criterio de elección[1].

Los elementos para que se dé esta situación son:

a) Las normas en cuestión han de ser incompatible, en general, una obligación y una prohibición que recaen en el mismo objeto, pero no existe regla fija en teoría.

b) Las normas se han de referir al mismo caso, a las mismas circunstancias o condiciones fácticas y coincidir en todos los ámbitos de validez de estas, esto es, temporal, espacial, personal y material. Si no coinciden en todos ellos, estamos ante lo que llama la doctrina una «falsa antinomia» (Bobbio)[2].

c) Que la norma pertenezca al mismo Ordenamiento, pues si ello no fuera así, sería un conflicto entre sistemas de normas, como puede acontecer en un conflicto entre norma estatal y autonómica.

II. CLASES DE ANTINOMIAS

ROSS distinguió tres tipos de Antinomias o de «inconsistencias».

1) La total-total al que se denomina inconsistencia absoluta, los campos de aplicación de ambas normas coinciden absolutamente.

---

1 También el trabajo de Boaventura, B. «Antinomia e a sistematicidade jurídica: una aporética da lógica deóntica corrigível» en Raízes jurídicas, 2015, vol. 5, núm. 2.

2 En la revista de Derecho de la Universidad de Montevideo, publica un trabajo núm. 7, 2015, pp. 65 y ss., Guarilia, C. E., titulado «Derecho Público Derecho Privado, dicotomía o falsa antinomia». Muy interesante desde el punto de vista docente, desde el punto de vista sociológico jurídico en esta división actualmente, que, si bien técnicamente no es su sitio actual, como enfoque es muy procedente.

2) La total-parcial o inconsistencia entre regla general y regla particular, se da cuando el ámbito de aplicación de una norma está incluido totalmente en el de la otra, pero esta última comprende, además, casos, adicionales.

3) La inconsistencia parcial-parcial o inconsistencia parcial, seda cuando cada una de las normas tuviera un campo de aplicación en el cual entra en conflicto con la otra, pero también un campo de adicional de aplicación en el cual no se producirían conflictos normativos[3].

ENGISCH, distingue cinco tipos de contradicciones que pueden darse en el Derecho:

1) Contradicciones técnico-legales: consisten en la falta de unidad terminológica en un ordenamiento jurídico. Se dan cuando varía el sentido o significado de la misma expresión, al ser usada en contextos diferentes.

2) Contradicciones normativas: una conducta aparece como debida y no debida, prohibida y no prohibida o permitida y prohibida en normas diferentes.

3) Contradicciones axiológicas o de valoración: se trata de regulaciones jurídicas no satisfactorias, se castiga con una pena más grave un delito menos importante.

4) Contradicciones teleológicas: aparecen cuando la relación entre medios y fines no se da en la práctica en el sentido de que existan normas que impidan la consecución o dificultad para lo que quiso conseguir el legislador, o que éste prevea medidas que no sean desarrolladas normativamente después.

5) Contradicciones de principio: suponen desarmonías que aparecen cuando se dan diversos principios que chocan entre sí, seguridad y principio no acusatorio, por ejemplo, se cita de forma tradicional.

III. CRITERIOS DE RESOLUCIÓN DE LAS ANTINOMIAS ENTRE NORMAS

Tres son tradicionalmente los criterios propuestos:

---

3 Espuny, C. La aplicación del Derecho, A parte rei, 2003, pp. 1 y ss…www.aparterei.com, donde estudia el problema de las antinomias desde Ross y Kelsen.

1. *Criterio cronológico*

Se aplica la norma promulgada con posterioridad. Lex posterior derogat anteriori. Cuando se da entre normas expresas, la verificación es fácil, pues pronto se sabe la norma anterior; el problema es más complejo en las normas tácitas —costumbres— es decir, cuándo esa norma obtuvo la opinio iuris necesaria para ser norma jurídica.

2. *Criterio jerárquico*

La norma más alta del orden de prelación es la que antes se aplica, la que esté dotada de mayor validez en el Ordenamiento. Es el criterio de más fácil aplicación en los Derechos formalizados como son los que pertenecen al sistema romanista europeo, pero presenta más problemas en los Derechos en formación —como el Internacional— o en los sistemas no formalizados, como el Derecho anglosajón, en los que predominan las normas no escritas. Hay problemas ante leyes del mismo rango jerárquico, y aunque hay manifestaciones de esa superioridad jerárquica (órgano que superior que crea la norma, mayor capacidad normativa, efectos anulatorios...) ha de complementarse en los sistemas complejos donde el órgano que elabora leyes no es el único, con el criterio de la competencia.

3. *Criterio de la especialidad*

Supone la aplicación de la norma que regula de modo específico una determinada materia, y consecuentemente la prevalencia de la norma particular y concreta sobre la general y típica. La norma es especial cuando presenta unas peculiaridades en orden a su validez personal o material. Así, una norma autonómica en su materia es prevalente sobre la norma del Estado. Históricamente, la especialidad, unida al criterio de la justicia, ha sido un tema discutido en las normas de privilegio. Se alude al criterio de competencia hasta tal punto que muchos autores lo identifican, y por ello, también se le llama criterio de materia reservada, por ejemplo, la legislación militar.

IV. CRITERIOS DE RESOLUCIÓN DE ANTINOMIAS ENTRE CRITERIOS

También pueden darse conflictos entre los criterios de solución de las normas antinómicas. Se da cuando la antinomia puede resolverse por dos criterios, por ejemplo. Hay que elegir entre uno u otro según se quiera una norma u otra, ambas válidas. Es necesario para estos casos establecer un orden de prelación por razón de certeza y seguridad jurídicas[4].

A) Incompatibilidad entre el criterio cronológico y el jerárquico: en cualquier caso, predomina el criterio jerárquico sobre el cronológico. Acontece cuando hay un contrate entre una norma superior y anterior y una norma inferior y posterior. Vale para el caso la incompatibilidad entre una ley anterior y un reglamento de la Administración promulgado posteriormente. Según el criterio cronológico se aplicaría el reglamento, según el jerárquico la ley.

B) Incompatibilidad entre el cronológico y el de la especialidad: tiene lugar cuando es antinómica una norma anterior y especial y una norma posterior y general. Las normas excepcionales en contraste con las normas generales, que regulan el tratamiento general dispensable a ciertas clases de personas o bienes, así Soriano indica los Acuerdos entre Iglesia-estado de 1979 en relación con la LOLR de 1980 de aplicación general a todas las confesiones acreditadas en España. Prevalece en principio, la legislación especial, pero si la norma posterior es jerárquicamente superior, su aplicación puede ser preferente a la de aquélla (por razón del criterio de jerarquía, no de cronología).

C) Incompatibilidad ente el criterio jerárquico y el de la especialidad: tiene lugar cuando entran en colisión una norma superior y general con una norma inferior y especial. Abundan ejemplos históricos en nuestro Derecho, en el proceso de aplicación del derecho castellano sobre los otros Derechos en el territorio de España. Así, la resistencia de los reinos nórdicos a la penetración de las normas generales del Ordenamiento de Alcalá de 1314, según el criterio de la jerarquía se aplicaría el ordenamiento castellano; conforme al de la especialidad, la costumbre local de los reinos del norte. No cabe generalización. El problema debe ser contemplado de forma histórica con tendencia a que prevalezca el criterio de la jerarquía, pero la norma especial ha ganado terreno, aunque ello ha sido así porque el Estado lo ha consentido y permitido una transferencia de competencias.

---

4 Jarillo Gómez, J. L. «Aplicación e Interpretación del Ordenamiento jurídico: lagunas del Derecho. Antinomias y los criterios de resolución» en la obra colectiva *Problemas y cuestiones filosófico-jurídicas* (dir. Martínez-Sicluna, C). Madrid: Dykinson, 2022, pp. 101-110.

Lección 14

LA UNIDAD DEL ORDENAMIENTO JURÍDICO. LA VALIDEZ DEL DERECHO

I. CONCEPTO DE VALIDEZ. CONVENIENCIA DEL ENFOQUE TRIDIMENSIONAL

Validez significa obligatoriedad y exigibilidad de este. Sería un contrasentido hablar de un Derecho ni obligatorio ni exigible, podría decirse que la validez jurídica significa la existencia del Derecho en cuanto tal, el modo de existir el Derecho es su validez.

Obligatoriedad significa:

A) Que es exigible y obligatorio desde un punto de vista ético.

B) Por ser el Derecho un fenómeno social, ejerce una presión social o coacción externa que aplica una sanción a quien lo incumple.

C) Los hombres «deben» realizar cierta conducta, que los jueces deben considerar obligatoria y exigible y por eso «deben» aplicar consecuencias desfavorables previstas en las normas.

Refleja así la triple dimensión del Derecho, como Hecho, Norma y Valor.

1. Por ello, se habla de diferentes concepciones de la validez. De una validez filosófica del Derecho (RADBRUCH) que depende sobre todo de la conciencia personal y de la decisión libre y responsable, por ello se dice validez «moral» también.

2. Bajo un segundo aspecto, se habla de la «validez sociológica» que equivale a «eficacia» de un determinado sistema normativo, ya porque sea impuesto eficazmente por la autoridad, ya porque se adapte a las costumbres, al tiempo y lugar y responde al sistema de convicciones y de puntos de vista valorativos de la sociedad que se trate.

3. El tercer sentido corresponde al término de «vigencia». No es un Derecho vigente el que se hace en la vida social de una comunidad si está en oposición con la Legalidad. La vigencia, en cuanto expresión de validez jurídica en sentido estricto, tiene que ver fundamentalmente con el Derecho en cuanto Legalidad. En la Legalidad, está vigente una norma, ello quiere decir que reúne los requisitos establecidos en el sistema a que pertenece, es obligatoria y exigible la conducta que regula, o sea, que deben atenerse a ella tanto los súbditos a los que se dirige como los órganos jurídicos, que también deben realizar determinados actos prescritos para el caso de una

infracción u omisión de la conducta de los particulares. Si una ley establece una conducta y los órganos del Poder Judicial no aplican la consecuencia jurídica desfavorable prevista, ese Derecho no se halla vigente.

Si bien la validez del Derecho no se confunde con la eficacia del mismo, es evidente —dice Legaz— que un mínimo de eficacia es una condición necesaria para que pueda hablarse de un orden jurídicamente válido, es decir, de un orden jurídico vigente[1].

II. LA EXISTENCIA DEL DERECHO: LA LEGALIDAD

Siguiendo al profesor LEGAZ LACAMBRA se dice que Legalidad, en sentido amplio, es la existencia de leyes y sometimiento a las mismas de los actos de quienes les están sometidos. La legalidad es una manifestación del Derecho, la forma por la cual se le manifiesta al jurista. La legalidad representa uno de los conceptos puros del pensamiento jurídico, aunque modernamente se habla de constitucionalidad. Este concepto es poco moderno y no capta todo el sentido al estudioso del Derecho. Se halla unida al nacimiento del Estado liberal burgués, pero ahora surgen nuevas estructuras jurídico-políticas. La noción de Legalidad es la aplicación al orden político y jurídico de una concepción deísta del universo, el cosmos constituye un orden natural, y también existe un orden social natural y un Derecho natural que no pueden ni deben ser afectados por la intervención del Legislador. Es una idea de legalidad de la naturaleza y de la sociedad, y con arreglo a su modelo se construye la idea de legalidad en el ámbito positivo del estado y su Derecho. Se da una correlación entre las ideas religiosas y las concepciones político-jurídicas, que han visto Donoso Cortés y Kelsen. El Derecho se configura —dice LEGAZ— como un sistema de legalidad porque la unidad de un Ordenamiento se basa en una norma fundamental de la que derivan todas las demás, el Ordenamiento jurídico es un sistema de «delegaciones de procedimientos», un sistema de regulación de los procedimientos que asegura la regularidad de la creación de las normas. Las normas creadas irregularmente, en este análisis kelseniano, son jurídicamente inexistentes, una norma que no es válida es no existente, constituye la nada jurídica. Por tanto, la fe en la legalidad es una forma de aquella en la racionalidad inmanente del Ordenamiento jurídico, de la que antes dijimos que constituía el supuesto legitimador del Positivismo. Sin embargo, por el fenómeno de la motorización legislativa se ha ido perdiendo

---

[1] Estudia muy bien la postura de Legaz, Delgado Pinto, J. «Sobre la vigencia y la validez de las normas jurídicas» en la Revista Doxa, 1990, núm. 7, pp. 101-167; Franco Castellanos, C, Sandoval Salazar, R. T. «La validez de la normas y su control» en la Revista Derecho y Cambio Socia, número 64, 2021, pp. 74-105.

un legalismo formalista, «una actitud de atenerse sólo a la legalidad formal», dice Carl SCHMITT que los juristas rechazan toda idea metafísica y metajurídica para fundar ese sistema y orden. La legalidad nace de la Constitución o de la voluntad del Estado, de dónde nace esta es el problema. Todo el Sistema se basa de la burocracia estatal y en su forma de actuar se identifica con la legalidad[2]. Es un concepto tan usado a menudo por el poder político que modernamente se quiere recuperar esta esencia de la racionalidad[3].

III. VALIDEZ MATERIAL O LEGITIMIDAD: LA JUSTICIA DEL DERECHO

Frente a la idea de legalidad, se alza la de Legitimidad, nacida en la Francia monárquica de la Restauración a partir de 1815, en la que se manifiesta —al decir de LEGAZ— de modo agudo la oposición entre la legitimidad histórica de la dinastía restaurada y la legalidad del todavía vigente Código Napoleónico años más tarde dijo Luis Napoleón que «se imponía salir de la legalidad para volver al Derecho». La Legitimidad pertenece al sector de los conceptos fundamentales del Derecho, y a los principios justificativos del mismo.

Dice GIL ROBLES que la Legitimidad de cualquier institución es su conformidad con la ley en toda la extensión de la palabra con la ley divina, natural y positiva, y con la humana, escrita y consuetudinaria. No se trata de realizar un cronología del concepto como tal históricamente ha evolucionado hasta los regímenes democráticos[4].

Modernamente se dice que la legitimidad se cifra en la pura legalidad, es decir, en la obediencia a los preceptos jurídicos positivos correctamente procesales y de sustancia. Max Weber lo explica en el plano sociológico atendiendo a la «autojustificación»: la subsistencia de toda dominación se manifiesta del modo más preciso en la autojustificación que apela a principios de legalidad. La legalidad necesita, pues, legitimarse imponiendo la primacía de la norma general de la ley sobre el profuso y complejo sistema de disposiciones y medidas que usurpan su tradicional y esencial función de ser la definidora de la Libertad y el derecho de cada uno, instaurando un orden «seguro y estable» que permita a todos saber a

---

2 Legaz Lacambra, L. «Legalidad y Legitimidad» en Revista de estudios políticos, 1958, pp. 5-21 según dialnet.unirioja.com.

3 Medeiros de Andrade Bilcalho, L. «El principio de legalidad administrativa en Brasil: la recuperación de un concepto fundamental para la democracia» tesis doctoral leída en la Universidad de Granada, 2023.

4 López Hernández, J. «El concepto de legalidad en perspectiva histórica» en los cuadernos electrónicos de Filosofía del Derecho» número 18, 2009, pp. 153-166.

qué atenerse y que delimite con precisión las esferas de lo lícito y lo obligatorio en el obrar humano-social, y «justo» en cuanto que dé a la Comunidad y la Individuo lo suyo, los derechos que a una y otro competen por naturaleza y la esfera de libertad de libertad conveniente y necesaria a la dignidad del hombre[5]. Hoy la legitimidad es el apoyo democrático al nacimiento de una norma y su alcance social satisfactorio como la característica que define las medidas constitucionales.

IV. LA JUSTICIA DEL DERECHO COMO FIN Y COMO VALOR

Como señala RECASENS SICHES, en la segunda mitad del siglo XIX la invasión por el positivismo de todos los campos científicos (con el consiguiente veto a la metafísica especulación, por considerar la positividad la única esfera practicable a la ciencia) desvalorizaba y desplazaba todo enfoque o aproximación filosóficos en favor del consistente en la teorización del Derecho Positivo. La escuela del Historicismo jurídico (SAVIGNY, PUCHTA, WINDSCHEID) supuso un rebrote de la metafísica que pronto sucumbió a la positividad; el empirismo y el realismo jurídicos (IHERING, JELLINEK; GIERKE...) impera en el estudio del Derecho. El estudio filosófico-jurídico del Derecho cambia a partir de STAMMLER, que inicia la corriente calificable como «idealismo jurídico»[6]. Concibe el Derecho como un «a priori», lógico de la misma sociedad y economía, pues éstas pueden ser objeto de un reconocimiento específico gracias a su regulación jurídica. El Derecho debe concebirse autónomo de las restantes ciencias, el Derecho justo y su idea misma encuentran así un punto de referencia de cualquier actuación social. Y el Derecho constituye el objeto de una ciencia propia, la ciencia de los fines (en la que los contenidos de la conciencia se enlazan entre sí y se ordenan no mediante la categoría de causa y efecto —que es lo propio de la ciencia de la naturaleza— sino a través de los de «medio» y «fin»). STAMMLER indica que la investigación del jurista debe pasar por dos momentos: 1. Un primero que la interpretación y estudio del derecho aplicado, del Derecho vigente. 2. Un segundo momento, se interroga acerca de la justificación del Derecho, y de la corrección y justicia de su contenido[7]. El derecho no comprende toda la realidad de intereses colectivos y particulares, es imposible. La idea de armonía plena expresa el pensamiento de la rectitud y justicia, dice PAREJO. Para STAMMLER el pensamiento del Derecho se ofrece a la reflexión crítica doble: como método

---

5 Legaz Lacambra, L. Legalidad y... ob. cit. pp. 5-21.

6 Recasens Siches, L. *Nueva filosofía de la interpretación del Derecho.* México: Fondo de Cultura económica, 1956, pp. 73 y ss.

7 Nieto Arteta, L. E. «Kant, Stammler y Kelsen, vida y pasión del formalismo jurídico» en la Revista Derecho, Medellín, 2016, vol. 5, pp. 704 y ss., versión facsímil escaneada.

puro de comprensión y conocimiento mediante la clasificación y delimitación conceptuales y como método aplicado, mediante el cual se procede a la ordenación conceptual. El Derecho justo o injusto, según este fundamental autor, no es atemporal, sino que está condicionado a la situación histórica social. Es Derecho Positivo, construido con normas concretas. Se trata de un derecho cambiante y evolutivo, válido sólo en términos relativos, pero cuya validez no sólo es subjetiva. Posee también validez o corrección (rectitud) objetiva, en tanto que orienta las particularidades de su contenido por la idea del Derecho y asume la armonía incondicionada de los acontecimientos y las experiencias concretas como criterio superior. Para saber si el Derecho es justo, se dan dos posibilidades: o el Ordenamiento proporciona reglas previas, entre las que el operador ha de elegir, o el ordenamiento no ha establecido regla alguna concreta, remitiendo al buen saber del operador, es decir, al Derecho recto, correcto o justo. Esta segunda posibilidad es la que proporciona los razonamientos que deben desembocar en la elección final de una regla como determinante de la resolución a adoptar. RECASENS indica que el mérito de STAMMLER es el de haber recuperado definitivamente las objeciones del positivismo y del historicismo jurídicos. La teoría de STAMMLER tuvo repercusiones posteriores: como primera consecuencia la dirección logicista, en la reflexión filosófica que culmina en la escuela de Viena representada por KELSEN, teoría que defiende la pureza en el método científico acerca del estudio del Derecho, existe una radical distinción entre Derecho y Moral, pero descansa en la heteronomía de la norma jurídica (la norma jurídica es válida por que la dicta el Estado). Segunda consecuencia: Filosofía jurídica de los valores: la escuela sudoccidental alemana (WINDELBAND y RICKERT) establece las bases para la superación por la superación por la filosofía jurídica[8]. Los valores no son ni están en la realidad, pero se encuentran conectados a la misma de tal modo que le otorgan significación o sentido. LASK cree que son dos bloques son el núcleo del estudio del Derecho: iusnaturalismo contra historicismo, por un lado. Por otro, la concepción de lo social como destilado de los valores individuales y la que lo entiende como categoría independiente.

Dos concepciones del Derecho se describen:

- El Derecho no es más que un medio para los valores de la personalidad del individuo (Derecho concebido como instrumento de los valores).
- Orden constitucional colectivo tiene razón de su propia esencia y no precisa para tener valor traer causa de los correspondientes a la esfera individual (el Derecho concebido como valores sociales).

---

8 Álvarez Turienzo, S. «El problema del hombre» en las Memorias del XIII Congreso Internacional de Filosofía, 1963, pp. 17.

E. MAYER el Derecho es cultura dotada de valor, algo real. La cultura es la humanidad misma, el hombre es miembro de una comunidad ética. Los ideales o valores culturales generales se plasman en normas culturales que generan normas jurídicas. MUNCH indica que la cultura reposa en valores supra-individuales, en ideas: la razón se concretiza a través de los sujetos racionales. La razón es o se identifica con un sistema de los valores básicos que fundamentan toda conexión de sentido. Sobre todo en RADBRUCH el valor llega a su culmen, desde una perspectiva relativista. Cultura es igual a valores, el Derecho es parte de la cultura (referida al valor jurídico). Asume la filosofía dualista que provenía de la ciencia anterior: el estudio de la realidad por una parte, por otra, análisis del deber ser (del valor). El Derecho es un a «priori» lógico respecto de los concretos fenómenos jurídicos. El Derecho es fundamental para conocimiento de tales fenómenos, Derecho no pertenece en la experiencia, no se funda en la realidad; no se le puede catalogar en los fines o valores absolutos. El conocimiento de la cultura comprende los valores. El Derecho es un producto cultural, supone una tendencia intencionada de realización del valor supremo de la Justicia. Es esa intención la que le otorga sentido al Derecho, la que confiere carácter jurídico a los fenómenos que engloba. Las acciones que suponen una pretensión de Justicia, el Derecho justo el que persigue la justicia, aunque no lo sea. Jurídico es intento, ensayo de ser justo. Los valores existen, en una doble perspectiva:

- El personalismo: en el cual el centro del Ordenamiento es la persona y los valores de la personalidad.
- El transpersonalismo: los valores personales son medios para los valores sociales o de la comunidad[9].

RADBRUCH distingue en la vida social tres clases de Valores:

1. Personalidad (que se encuentra en la moral).
2. Obras realizadas (valores de belleza y verdad).
3. Sociedad (que se traduce en el valor justicia).

En todo momento histórico debe existir una primacía de alguno de ellos:

1. Primar la personalidad individual (en este régimen Derecho y Estado mantienen relaciones interindividuales, el valor supremo es el de la Libertad).

[9] Son interesantes los estudios iberoamericanos sobre derechos colectivos, de los intereses difusos, sociales, en este sentido Valenzuela Sánchez, M. «Reformas de amparo y derechos colectivos» en Biolex: Revista Jurídica del Departamento de Derecho, vol. 9, número 17, 2017, pp. 85-90.

2. Supremacía de la sociedad o comunidad, el entendimiento de Derecho y Estado como un todo supra ordenado a los individuos (valor supremo será el poder)[10].

3. Superioridad de las obras, ideas de Derecho y el Estado como productos de trabajo (el valor supremo será la cultura). Se elige algún sistema según la creencia personal de los que legislan, de los que aplican e interpretan el conjunto normativo. En el sistema personalista se puede reflejar el individualismo, el socialismo, el valor superior es el de la persona, es el sistema democrático. La adscripción de la valoración comunitaria concibe la Estado como organismo, las partes valen sólo para el todo. La adscripción a la primacía cultural es la supremacía de lo transpersonal, lo que llevaría a un Estado corporativista. Radbruch introduce el valor seguridad jurídica, al que considera al final el básico, por encima de la Justicia.

V. LA VALIDEZ SOCIOLÓGICA O EFICACIA: LA OBEDIENCIA AL DERECHO

Las normas obligan, a su cumplimiento porque ponen al hombre en la especial situación jurídica de sujeto obligado y porque a esta situación, que es del hombre, pero no de «todo» hombre, se superpone una obligación de conciencia que afecta al hombre entero en cuanto a tal, indica LEGAZ. Surge el problema de si toda norma obliga en conciencia a cumplir lo que en ella se prescribe. Algunos teólogos, en efecto, admiten la existencia de normas puramente penales (leges mere poenales). Leyes meramente penales son aquellas normas que, por su materia, no obligan en conciencia a acatar su contenido sino a aceptar que imponen (la ley que impone un impuesto...) una obligación; basta con que se acepte externamente esa norma, al Derecho le basta con ese acatamiento externo, pero éste debe ir acompañado del acatamiento interior que supone la convicción de su obligatoriedad, la obediencia o desobediencia a las normas se reduce a una cuestión de cálculo sobre la utilidad que respectivamente produce una u otra, lo cual significa pura y simplemente negar el valor autárquico del Derecho. Aquellas normas cuyo cumplimiento repugna a la conciencia, pero que poseen vigencia jurídica, son «meramente penales». Ahora bien, surge la duda de si ha de obedecerse antes a Dios que a los hombres: no puede, pues, prestarse acatamiento a una norma positiva del Derecho que imponga una conducta contraria

---

10 Radbruch, G. Rechtsphilosophie, 3 ed. Leipzig, 1933, pp. 117 y ss. (ed. Española, Madrid: Revista de Derecho Privado, 1935, cita que hace Legaz lacambra, L. Filosofía del... ob. Cit. pp. 64, las concepciones previas a la construcción jurídica.

a la ley divina o a la ley moral. No se puede decir lo mismo —dice LEGAZ— de aquellas otras normas que, aun cuando representan una ideología contraria a los principios y al sistema total en el que esa ley divina o moral, no imponen una conducta contraria a la misma y sólo permiten ciertos actos no conformes a ella, no son Derecho propiamente dicho, sólo afectan a la vida moral. Distingue HERRFAHRDT que existen las normas jurídicas y normas de orden, que son aquellos preceptos que no poseen la dignidad de las normas de derecho, pero que, sin embargo, son obligatorios. Las normas de orden —dice Legaz— no son pues, una categoría autónoma de normas distintas de las jurídicas, sino normas jurídicas in fieri que por su escaso sentido de justicia sólo obligan exteriormente y ad poenam; y si injusticia fuese tal que sólo pudiera considerárselas como dictados de la arbitrariedad, entonces no serían «normas» en sentido propio y a nada obligarían.

En general, el problema de la obligatoriedad de las leyes injustas está muy condicionado en su planteamiento tanto por cuestiones ideológicas como por el régimen político existente[11]. Puede darse una concepción religiosa que trae otro tipo de problemas morales, o una opción laicista del poder democrático, en la que la ley es expresión de la voluntad del pueblo o del Estado —la cuestión en estos regímenes queda planteada de otra forma—, hay que buscar razones específicas de obediencia, que den razón de por qué la ley democráticamente establecida obliga incluso con obligación de conciencia y en qué casos, en un régimen democrático, se justifica la de obediencia.

RAWLS plantea el principio del «juego limpio» para fundar la obediencia moral a una ley vigente, en un Estado de Derecho: a) por cuanto la ley garantiza la posibilidad general de beneficios mutuos que la Constitución establece al cumplir las leyes[12]. b) por que no hay cooperación sin cierto sacrificio personal que contiene en último análisis cierta restricción de libertades en cada individuo. Se debe cumplir una ley que es aceptada por la mayoría pues los beneficios de una justa aplicación son iguales para todos y no arbitrarios. Sin embargo, hay casos en los que se impone el deber de desobediencia; son casos de leyes que permitan actos intrínsecamente malos, como crímenes, violencias o crueldades, cuando estos casos son condenados con independencia de su inclusión en un sistema jurídico que produce beneficios o que hemos adoptado voluntariamente. El otro caso en que desaparece el deber aceptar leyes que se reputan injustas, es cuando tal calificación de injusta rebasa ciertos límites, no sujetos a definición, pero comprendidos en el concepto de que la ley o la constitución injusta establece unas

---

11 Así lo ha trabajado mucho Fernández García, E. «La obediencia al Derecho» en la revista Eunomía: Revista en Cultura de la legalidad, número 1, 2011, pp. 114-118.

12 Rawls, J. Legal obligation and duty of fair play en el Symposium, celebrado en 1964, pp. 5 y ss.

condiciones en que el juego limpio está rechazado por la mayoría o imposibilitado prácticamente. La no aceptación de tal situación puede llegar hasta a obligar al deber de desobediencia civil. LEGAZ llega a la conclusión de que toda desobediencia a las normas jurídicas emanadas del Estado se justifica en la medida en que tal desobediencia venga guiada por principios y valores superiores, siempre que éstos nos aparezcan con una claridad y evidencia dotados de la mayor seguridad que nos sea asequible, pero modernamente este derecho, el de objeción de conciencia, sólo está reconocido si una norma positiva lo permite. En algunos casos, el deber más fuerte consistirá en procurar el mejor funcionamiento del sistema estatal, obedeciéndolo, pero hay en ciertos casos un derecho a la desobediencia a leyes malas, cuando tal maldad venga contrastada por la comparación con los valores postergados por ellas, cuando estos valores debieron ser desarrollados o promovidos por un Estado · organizado adecuadamente. Entiende Fernández Galiano, que la afirmación de que el Derecho ha de tener siempre en cuenta el orden Moral, de tal manera que no puede prohibir nada que sea moralmente obligatorio ni puede ordenar ninguna conducta vedada por la Moral. Hallamos normas jurídicas que parecen ser ajenas por completo a la Moral, como las que regulan la circulación de vehículos o las que establecen los plazos de los bienes por prescripción; a tales preceptos se les conoce como leges mere penales para expresar que el incumplimiento de esas leyes no tiene más trascendencia que hacerse acreedor el infractor a las penas que las mismas señalen, pero sin que su incumplimiento acarree la menor consecuencia en el orden moral, si bien se puede hacer una valoración moral de un delito de conducción desde ese punto de vista. Toda Ley independientemente de la conducta que prescriba, impone al súbdito el deber moral de su cumplimiento, aparte de las sanciones que la misma prevea. Es posible, por supuesto, que la materia de dichas leyes sea indiferente a la Moral, pero desde el momento en que la misma adquiere forma jurídica, se transforma en precepto, nace sólo por este hecho el deber moral de obediencia, de modo que la infracción de tales normas constituye una falta moral, además de la falta jurídica que entrañe. No podríamos entender que un acto inmoral que tiene exteriorización no tuviera reflejo normativo.

Lección 15

FUNDAMENTO IUSNATURALISTA DE LA VALIDEZ

I. LA INFLUENCIA DE LA RELIGIÓN SOBRE EL CONCEPTO DEL DERECHO

Analizada que fue la relación del Derecho y la Moral, ahora se indica —como hace Legaz—, que la moral se abre a la religión, la cual constituye la forma más alta de la vida personal. En cuanto que la religión representa también un orden normativo de la conducta humana, es posible plantearse su relación con el Derecho. Esto cabe hacerlo, continúa diciendo Legaz, desde varios puntos de vista. Así, en cuanto representan estructuras de dos experiencias fundamentales de la vida humana, la religiosa y la jurídica. La experiencia religiosa tiene como sujeto al hombre en cuanto tal, en su total y concreta individualidad, pero el sujeto de la experiencia jurídica es el hombre en su dimensión social, el hombre visto bajo la especie de la alteración, el hombre en cuanto «gente». El hombre está en situaciones jurídicas, en cuanto que está en tales situaciones, es homo juridicus. La experiencia jurídica implica un factor de seguridad. Quien está en el Derecho aspira a una seguridad en el Derecho; hay una clara delimitación de las situaciones que, al ser definidas por las normas, alcanzan una precisión de contornos que intenta eliminar toda vaguedad y duda; el hombre en cuanto a Derecho, sabe a lo que atenerse, y lo que «puede», «debe» y «tiene» que hacer.

Desde la óptica de la religión, el hombre es «animal insecuro», surge esa experiencia del hecho de la interpretación de la limitada existencia humana, corno algo inseguro, no predecible, la religión nace de ese factor angustia para la existencia, y nace para intentar paliar esa angustia, tocada siempre por la idea de la muerte y la interpretación de ésta.

Ante el hecho religioso, la experiencia jurídica del hombre se toma parcial y subordinada. El Derecho en una vida religiosa es trascendido, despojado de su carácter esencial. Pues sólo es esencial, indica Legaz, desde el punto de vista de una dimensión de la existencia humana, pero no de su más alta dimensión. El problema mismo de la justicia pierde sentido y al Derecho le bastará conseguir un orden que funcione, con la finalidad única de hacer posible el mantenimiento de la vida.

El vínculo de lo jurídico y lo religioso suele establecerse en unas direcciones:

A) Lo religioso que forma parte de la vida personal, posee también una dimensión social. Los contenidos religiosos se pueden convertir en una regla impersonal de obrar, la gente «cumple» con los contenidos jurídicoreligiosos que establece la autoridad eclesiástica, pero en los regímenes modernos esto es sólo ejercicio de u libertad religiosa, si bien conocemos culturas donde la confusión entre credo religioso y Derecho es total.

B) Siendo así la Iglesia, es una fuente material del Derecho y tiene sentido, por tanto, hablar de un «Derecho canónico» o «Eclesiástico»; no lo comparte esto el protestantismo para quien la Iglesia es una comunidad de vida personal, siendo menores los resultados como institución reconocida por el Derecho. El cristiano no puede vivir de espaldas a la vida social en tanto cristiano y se incardina en el Ordenamiento.

C) En cuanto a Derecho, el Derecho de la Iglesia posee la misma estructura que todo Derecho en general y cabe, en este sentido, la misma diferenciación entre experiencia jurídica y religiosa[1].

Hoy la experiencia jurídica reconoce el Derecho a la libertad religiosa, como derecho fundamental personal y también reconoce efectos jurídicos a las organizaciones religiosas, pero como haría con otras personas jurídicas e instituciones, si bien no se puede negar que la Organización religiosa cristiana, con todas sus variantes goza de un amplio reconocimiento administrativo y jurídico en cuanto fuente de su propio Derecho y como influencia social entre sus feligreses y posicionamientos generales ante la sociedad[2] .

II. EL IUSNATURALISMO DE SUÁREZ Y EL TOMISMO COMO INFLUENCIA

Francisco SUÁREZ (1548-1617), autor de marcado signo tomista, pero con aportaciones propias y valiosas. El Derecho es Ius, la ius es la Lex; además el Derecho también es id quod iustum est. Su obra culminante es «De Legibus». En su obra aparece el voluntarismo, ya que exigió como ingredientes de la ley «dirección» y «moción», es decir, juicio recto de mover a lo que se debe hacer y voluntad eficaz de mover a ello. Además, el carácter de permanencia de la Ley es otro punto importante de su obra. La Ley obliga a su observancia, y por tanto, a su aceptación: luego no puede ser la aceptación una condición necesaria de la obligación legal.

---

1 El contexto en el que se desarrolla el texto de Legaz deja claro que la religión ha tenido un peso esencial en la concepción del Derecho español, sin duda, desde la escolástica ha sido el promotor de todo el aparato doctrinal posterior, Legaz Lacambra, L. Filosofía del… ob. cit. pp. 444-448.

2 Ver la obra *Derecho y Religión* (coord. García García, R.). Valencia: Edisifer, Universidad Católica de Valencia «San Vicente Mártir», 2020.

Con sus «Disputaciones metafísicas» se llega a decir que es el primer ensayo que se propone hacer de la metafísica un cuerpo de doctrina filosófica independiente.

Distingue en su iusnaturalismo entre lo justo «objetivo» y «subjetivo» (facultad, poder).

El Derecho como lo justo en sentido propio, objeto de la Justicia propiamente dicha se clasifica en tres especies:

1. El Derecho en sentido propio en cuanto se refiere a lo justo objeto de la Justicia conmutativa y equivale al dominio privado de una persona.
2. El Derecho en sentido propio, pero menos estricto, en relación con el anterior, en tanto es lo justo objeto de la Justicia distributiva.
3. El Derecho también propio, pero no estricto, sino lato, como lo justo objeto de la Justicia Legal, que equivale a dominio de jurisdicción.

El Derecho en sentido propio y estricto es el objeto de la justicia conmutativa y es un efecto moral de la ley consistiendo en una facultad o poder moral de una persona de hacer o no algo respecto de lo que es suyo y sobre lo que otra persona tiene necesidad moral, o deber, de adoptar una determinada conducta, indica Maciá Manso.

SUÁREZ ofrece (a través del Derecho-Ley) una concepción objetivista del Derecho al igual que toda la escuela española, lo justo está determinado por la ley racional y no depende de una voluntad arbitraria de un legislador.

El aspecto subjetivo de lo justo determinado objetivamente: para Suárez el Derecho es facultad o poder moral de la persona que recae sobre «la cosa objetivamente», pero esto no es formalmente el Derecho, sino sólo el objeto material sobre el que se da la facultad. La acepción primaria del Derecho es ius-lex no el ius-facultas. Es primaria porque es el sentido de «lo justo constituyente» y el derecho facultad es un efecto moral «lo justo constituido». En SUÁREZ se pude apreciar una modernidad:

1) En el Derecho-ley el papel importante que desempeña la voluntad.
2) Señala como acepciones fundamentales del Derecho, el IUS-LEX y IUS FACULTAS.

El Derecho en sentido propio, pero no estricto, objeto de la justicia distributiva consiste en la facultad moral de ejercer algún cargo o función pública necesaria para el bien común[3] y atribuida a una persona privada, atendiendo simplemente las exigencias de estar capacitada para desempeñarlo.

---

3 Con respecto al derecho subjetivo es evidente que la escolástica fue el momento jurídico histórico que desarrolló toda la doctrina al respecto, por ello, de nuevo, es muy exhaustivo el recorrido que hace Legaz Lacambra, L. Filosofía del… ob. cit. pp. 731 y ss… y en su trabajo

El Derecho en sentido propio, pero no estricto objeto de la Justicia Legal es el dominio de jurisdicción o poder político es la facultad moral de mandar, que pertenece a la comunidad política. Todos los actos que sean breves y necesarios para el bien común de tal comunidad y es potestad de mando respecto de los súbditos que tienen el deber de la obediencia.

Respecto al carácter de la Ley se han distinguido:

- Facultades morales puras: las que tratan de la Ley moral.
- Políticas: las que tratan de la persona.
- Jurídicas: Tratan de la comunidad y leyes jurídicas.

III. LA TEORÍA JURÍDICA EN SANTO TOMÁS DE AQUINO

Santo Tomás (1225-1275) representa la culminación del pensamiento cristiano medieval, y la mayor autoridad de la Iglesia Católica. Su Teoría del Derecho se halla principalmente en la «Suma de Teología» en la que se tardó ocho años (1265-1273), estructurada en I-II. Tratado de la Ley; y en II y ss. el Tratado de la Justicia. Su influencia posterior ha transcendido de su época como ha ocurrido en una decena de casos en la Filosofía del Derecho.

Otra de sus obras en la «Suma contra gentiles» (1259-64), «Comentarios a las sentencias de Pedro Lombrado» (1254-56); «Comentarios a la Ética y a la Política de Aristóteles» y los opúsculos «De regimine Principum» y «De Regimine Judaeorum».

Su teoría de la Ley está inspirada en Aristóteles y en la división que hace San Agustín de los tres tipos de leyes: Ley eterna, Ley natural, Ley humana. Se trata de un cosmos gobernado, sostenido, por la razón divina, cuya expresión es la ley eterna: «razón de la divina sabiduría en cuanto dirige toda acción, todo movimiento, igual que San Agustín, aunque hace referencia sólo a la ratio divina». La ley en general es definida como «ordenación de la razón dirigida al bien común promulgada por quien tiene a su cargo el cuidado de la comunidad»: el fundamento de la ley radica en la razón, y no en la voluntad.

Legaz, L. «La noción jurídica de la persona humana y los derechos del hombre» en Revista de estudios políticos, 1955, número 55, pp. 107 y ss. Se sigue modernamente estudiando a Suárez y su influencia Fastiggi, R. «Francisco Suárez and the non believers» en la revista Pensamiento: Revista de investigación e información filosófica, vol. 74, extra 279, 2018, pp. 263-270. Un repaso también al pensamiento de la expansión religiosa del contexto.

La promulgación de la Ley eterna se realiza ya como instinto o tendencia intrínseca, ya como participación intelectual. La participación intelectual del hombre en ley eterna, se llama Ley natural.

La ley natural es el fundamento de las leyes humanas, que se derivan de ella mediante la utilización del razonamiento práctico (destinado a la configuración de un comportamiento, y no a la especulación sobre algo ya dado)[4].

IV. CARACTERES DE LA LEY NATURAL

1. La ley natural es universal e inmutable como la ley eterna, pues deriva de ella. Pero esta inmutabilidad y universalidad es compatible con la regulación adecuada de situaciones históricas variables. Se trata de una tesis que desarrolla los atisbos que sobre este tema hiciera san Agustín, y otros precursores menores como Guillerno de Auxerre (1231 ¿) que distinguía en el Derecho natural entre preceptos necesarios de validez absoluta, y los secundariamente necesarios, que sin tener carácter ineludible son de gran utilidad para Santo Tomás.
2. El principio supremo de la Ley natural es hacer el bien y evitar el mal (lo que llama sinderesis), se trata de un principio de «razón práctica», equivalente al principio de no contradicción en la razón especulativa. Los principios de la ley moral se deducen de una análisis de cada caso, y se obtienen mediante razonamientos prácticos.
3. Las conclusiones de los principios prácticos están mediatizadas por la razón práctica que está sometida a la contingencia de la vida cotidiana. Lo que hace necesarias las leyes humanas, pero defectibles; en el razonamiento práctico se trata de ajustar una norma a una conducta, y en este proceso de aproximación entre la norma y la conducta hay que tener en cuenta no sólo la norma, sino las exigencias de cada situación. No se puede obtener un código ético completo y absoluto, pues entonces se niega la misma historia en sentido fuerte; ello sirve a Santo Tomás para explicar la diversidad de ethos históricamente dados en el espacio y en el tiempo. La universalidad y la inmutabilidad sólo se extiende a los principios de la ley natural, por ser más evidentes y generales.
4. Cuando se refiere a la mudanza del Derecho Natural, se refiere a la adición o sustracción en los principios secundarios: por sustracción se ha de en-

---

4 La tesis doctoral de Peris Cancio, J. A. *La recepción del tomismo en la filosofía del siglo XX.* Leída en Universitat de Valencia, 1997, es un trabajo donde esta influencia es analizada de forma más exhaustiva.

tender una mutación excepcional en la materia a la que se aplican dichos principios (la norma que exige respetar la vida ajena no rige en el caso de la legítima defensa) y mutación por adición puesto que necesidades nuevas hacen que aparezcan nuevas exigencias hasta entonces desconocidas por no ser amenazadas (p. el derecho a la propia imagen).

5. La Ley natural es cognoscible por todos los hombres, en sus principios universalísimos, que sólo se pueden menospreciar en la práctica bajo el influjo de las pasiones y de la concupiscencia. Los secundarios pueden llegar a borrarse del entendimiento humano por la perversión de los hábitos y de las disposiciones naturales, que se suyo, tiende la bien.

V. LEY HUMANA Y BIEN COMÚN EN SANTO TOMÁS

1. La referencia al bien común señala el ámbito propio de la Ley humana; siguiendo a San Agustín considera que no incumbe al legislador regular todo lo que la ley natural regula; su objeto se limita a aquellos actos cuyo alcance social es mayor, y que, por ello, afectan al bien común[5].
2. La ley humana ha de respetar la ley Natural, como principio.
3. Debe poseer alcance general y proceder de una instancia pública que obre en representación del cuerpo social.
4. Debe obedecerse por la coactividad para poseer el alcance de general.

Respecto a la derivación de ley humana de la ley natural, ésta puede producirse por dos vías: por vía de conclusión o por vía de determinación. Por vía de conclusión como cualquier premisa deriva de sus principios. Por vía de determinación, como lo particular deriva de lo genérico y común o abstracto. Ejemplo de lo primero es la ilicitud del homicidio, que procede del principio más general de que a nadie se debe hacer daño; ejemplo de lo segundo es la pena determinada para un delito cualquiera, pues la ley natural sólo prescribe que todo delito sea castigado; las leyes producidas por el primer modo dan lugar al derecho de gentes, las otras al derecho civil.

---

5 Grande Yáñez, M. «La mutabilidad del Derecho Natural» en Bajo Palabra. Revista de Filosofía, número 27, 2021, pp. 252-272.

VI. TEORÍA DEL DERECHO

1. Santo Tomás empleaba indistintamente los términos lex y ius, pero en ocasiones, utiliza el término ius para referirse sólo a la deuda, a lo justo, y entonces concibe el ius como objeto de la justicia.
2. Distingue entre ley y derecho naturales: la ley natural abarca todo el comportamiento del ser humano libre; en cambio, el Derecho natural abarca su comportamiento en la medida en que tiene trascendencia social; dicho de otro modo, el Derecho natural es aquella parte de la ley natural que atañe directamente a la vida del hombre en sociedad[6].

VII. EL VOLUNTARISMO O SUBJETIVISMO JURÍDICO

La doctrina imperativista del Derecho va unida a una concepción «voluntarista». Las doctrinas intelectualistas, que en la edad Media alcanzaron su culminación con la famosa definición de ley dada por Santo Tomás como «ordenación de la razón», fueron cediendo terreno al paso de conceptos voluntaristas, que se polarizaron en la doctrina de la ley humana positiva, mientras que la ley natural siguió siendo concebida en el sentido de un radical objetivismo axiológico, como juicio de la mente divina antecedente a todo acto de voluntad. Pero no faltaron autores que, interpretando la ley humana positiva con un criterio intelectualista, estimaron preciso hablar de «mandato», aunque emanado no de la voluntad, sino de la razón[7].

El voluntarismo aparece formulado en la definición de ley de Alfonso De CASTRO, y Suárez, exigió como elementos de la ley, «dirección» y «moción», es decir, juicio recto de mover a lo que se debe hacer y voluntad eficaz de mover a ello; pero sin voluntad de obligar no hay ley y ésta es, por tanto, ya en el legislador, un acto de la voluntad justa y recta, por el cual aquél puede obligar al inferior a hacer esto o aquello.

En La escuela de racionalista del Derecho Natural, el voluntarismo está representado por HOBBES, para quien lo esencial de la ley es la auctoritas, no su veritas; por PUFENDORF, que considera toda ley —también la ley natural— como impositio de un superior, y por TOMASIO, que niega el carácter jurídico de

---

[6] Serrano Villafañe, E. «Realismo filosófico en Santo Tomás» en la Revista de estudios políticos, núm. 197, pp. 28-46, donde se analiza la proyección jurídica posterior que tiene la obra de Santo Tomás en nuestros autores de la doctrina. Vigo, R. L. «Del voluntarismo jurídico a la razón práctica en el Derecho» en la Revista General de Derecho Romano, número 35, 2020.

[7] Guerrero, E. «Sobre el voluntarismo jurídico de Suárez» en Pensamiento: Revista de investigación e información filosófica, vol. 1, núm. 4, 1945, pp. 447-470.

la ley natural porque no consiste en impositio, como toda ley propiamente dicha (iussus imperantis). A partir de ROUSSEAU, el voluntarismo quedó implantado como forma fundamental del pensamiento jurídico moderno; se opuso, a la doctrina hobbesiana de la omnipotencia del Estado, y afirmó que el puro poder y la pura fuerza no podían, ni aún por prescripción, constituir Derecho: la ley es, desde entonces, expresión de la voluntad general, al cual es considerara por principio, racional y justa. Se profundiza en su obra y se analiza la teoría del Contrato social.

VIII. LOS TEÓRICOS DEL CONTRATO SOCIAL COMO FUNDAMENTO SOCIAL Y JURÍDICO DEL ESTADO

1. Hobbes

En este autor la idea de Derecho Natural se desvanece y aunque sobre ella reflexiona, no es central en su teoría. En el estado de naturaleza previo al estado social no llega a haber derecho y en el estado social pasaría a convertirse en derecho positivo. Para Hobbes, en contra de Aristóteles, el hombre no tiende a la sociedad. He aquí el cometido del contrato en Hobbes. No refleja el doble juego del unión y sumisión a un gobernante. Para Hobbes sólo hay un contrato de unión o de sociedad por el cual se designa la que va a ser gobernante. Ésta es la raíz del Absolutismo. La fuerza indiscriminada de todos es reemplazada por el poder absoluto del soberano que rige el Estado, dentro del cual queda la sociedad civil. El Estado es una construcción de los hombres, que representa a toda la sociedad civil, pero dirige la voluntad de todos hacia la paz interior y hacia la ayuda mutua frente a los enemigos del exterior. Es una mezcla diabólica de Estado poderoso y benefactor. Para Hobbes, el derecho, como todas las expresiones de la vida social, queda dentro del Estado y en poder del soberano, dueño de la ley, expresión de esa voluntad rectora, habrá de establecer lo necesario para el bien del pueblo[8].

Hobbes queda más cerca del positivismo que de la doctrina del Derecho Natural:

1. Para Hobbes el hombre en su estado primario está ausente de todo sentido del Derecho.

---

8 Existe una tesis reciente de 2015 de Antón Amiano, J. A. *Lenguaje, cultura y política en Rousseau: de la teoría de la música al contrato social.* Universidad de Granada, que analiza todos los aspectos que han llevado a la crítica de la doctrina del contrato social.

2. Aun cuando hable de algunas leyes naturales, insiste en que el derecho no tiene más versión posible que la ley positiva, esas leyes naturales serán meramente indicativas.
3. La comparación con el voluntarismo de Occam sólo puede ser formal, no acepta la intervención de la voluntad divina, pues su voluntarismo está secularizado y equivale al positivismo.

2. *Locke*

Opuesto a Hobbes, llega a conclusiones diferentes. En sus «Ensayos sobre el Derecho Natural» se aprecia un modo de concebir éste diferente al viejo Locke. La Ley natural consideró que era la «ordenación de la voluntad divina cognoscible por la naturaleza». Mientras que Hobbes cree que el estado de naturaleza está configurado a imagen de la violencia, en el de Locke paz y bienestar predominan[9]. Los hombres son libre e iguales, independientes y dueños de los bienes que necesitan. Su teoría del contrato es la siguiente: Los hombres en el estado de naturaleza poseen valores inherentes siempre a ellos. Pero es necesario ir a un estado social, organizado y seguro, para mejor administrar el bien público. He aquí el profundo significado —dice Hernández Gil— que atribuye la contrato y al derecho natural. El hombre no recobra, sino que, en el estado social, garantiza sus derechos (libertad, igualdad, la independencia): proceden de la naturaleza y del Derecho Natural. Lo que se consigue es su perfeccionamiento y su respeto. Esto es lo que consienten los hombres y lo que consienten. Pero siempre habrá la evocación de lo que está en ellos desde el principio y no por obra de la sociedad ni del Estado. El Estado no libera de la naturaleza. Racionaliza la organización de lo espontáneamente dado por ella. Naturaleza, sociedad civil y Estado no son etapas que vayan distanciándose; concurren y se necesitan mutuamente[10].

En este autor se encuentra la versión liberal del poder político y una versión del Derecho Natural, desde el Liberalismo y que justifica a éste como pilar de la convivencia. El Estado es una reafirmación de la libertad que acompaña al hombre antes del contrato social, le lleva a éste y al Estado.

---

9 De hecho, muchos estudios de ese estado de la naturaleza existen, así Martín Barinaga-Rementería, J. «Diferencias entre las concepciones del «estado de la naturaleza» en Hobbes y Locke» en Paideia: Revista de filosofía y didáctica filosófica, volumen 25, número 69, 2004, pp. 445-470.

10 Goldwin, R. en Historia de la filosofía política (coord. por L. Strauss y Cropsey, J). México: fondo de cultura económica, 1993, pp. 451-485.

La teoría de Locke cree que existen unos derechos naturales inalienables anteriores al Estado y a la Ley. Antes de Locke, el Derecho natural se había sistematizado, racionalizado y secularizado, con él se lleva la política y a la práctica.

IX. J. J. ROUSSEAU (1712-1778): EL MAESTRO DEL CONTRATO SOCIAL

Obras: «Discours sur les sciencies et les arts» (1750); «Discours sur l'origine et les fondaments de l'inegalite panni des hornmes» (1755); «La nouvelle Helo'ise» (1761); sus dos obras más conocidas son «Du contrat social ou Principes du droit politique» (1762), y «Émile ou de l'education» (1762), entre sus obras mayores.

En su pensamiento, centrado en el contrato social, se opone al absolutismo de Hobbes y la monarquía constitucional estilo inglés, tal como la defiende Montesquieau[11]. Aboga por una radical democracia y soberanía del pueblo. El pueblo actúa directamente dará su voto y será su voluntad el patrón de gobierno. El Estado debe ser el pueblo mismo. No hay en él más que una libre agrupación social (contrat social), sustentada por la voluntad de los ciudadanos, en la propia Revolución francesa juega su ideario un papel decisivo.

1. En el Contrato social postula un modelo de comunidad en el que cada individuo obedece, no a una voluntad particular extraña, sino la «voluntad general» o colectiva, orgánica (no de la mayoría, no la suma de voluntades) que presupone recta, que no equivoca y que nos hace libres; cada uno, al obedecer a la voluntad general, se obedece a sí mismo.
2. Es la voluntad general como la razón pura práctica; un postulado de comportamiento que hay que respetar siempre y en todo lugar, porque garantiza el bien.
3. Ese contrato debe constituir la sociedad; cada ciudadano enajena todos sus derechos a favor de la comunidad, recibiendo a cambio, la cualidad de miembro de un organismo, parte indivisible del todo. Se trata de un cuerpo moral colectivo, con voluntad propia, que se identifica con el querer de sus miembros.
4. El hombre sustituye sus instintos: moraliza sus acciones, busca principios comunes y escucha a la razón antes que sus pasiones.
5. Se trata de un postulado optimista de la nueva comunidad política, porque el estado civil continuaría y perfeccionaría el estado de la naturaleza.

11 García, R. «Rousseau y la sociedad como sentir colectivo» en Ciencia Política, vol. 16, número 32, 2021, pp. 23-44.

6. Paradójicamente, esa sumisión al contrato social nos hace más libres, nos hace querer lo que debemos querer, lo que nos conviene y que no lo sabemos.
7. El contenido de la voluntad general se manifiesta en la legislación, que tiene validez para todos, todos iguales ante la ley.
8. Respecto al contenido de las leyes, Rousseau no establece limitación material alguna a los decretos de la voluntad general: voluntarismo radical, que significa el absolutismo de la mayoría. El carácter absoluto del poder de la totalidad del pueblo sobre los individuos es tanto más manifiesto cuanto ROUSSEAU no reconoce, como hicieran LOCKE o MONTESQUIEU (o BODINO), la existencia de una ley fundamental, borrando toda distinción entre las leyes.
9. La Soberanía rusoniana es indivisible. Es inalienable e intransferible. Rechaza la división de poderes[12].
10. La unidad del poder no significa que ROUSSEAU rechace la necesidad de un órgano ejecutor de las leyes, realizador de actos particulares. Así, junto al poder legislativo, reconoce un poder ejecutivo, pero no con la mera función de aplicar las leyes, como un simple delegado del pueblo soberano, revocable en todo momento[13].

X. OTRAS CONCEPCIONES

1. La Teoría psicológica de la validez de Leon Petrazycki

Este autor, pertenece a lo que llama el profesor Hernández Marín, «Realismo interno o psicológico». El autor (1867-1931) entiende que el Derecho es un fenómeno psíquico, de una conciencia social que se posee desde el ámbito individual. En su análisis sociológico del Derecho, entiende que el Derecho nace de la sociedad antes de institucionalizarse de forma espontánea e irracional en el psiquismo colectivo afirmando la existencia de un «Derecho intuitivo»[14]. Es un

---

[12] Vallejo García-Hevia, J. M. «Poder y Libertad en Montesquieu y Rousseau» en Revista de Libros, número 43.44, 2000, pp. 20-22.

[13] La bibliografía sobre Rousseau es enorme, particularmente nos gusta el estudio de Suárez-Íñiguez, E. «Consideraciones sobre el contrato social de Rousseau» en la Revista Mexicana de ciencias políticas y sociales, vol. 38, núm. 152, 1993. También la obra de García San Miguel, L. Filosofía Política, grandes obras: El contrato social. Madrid: dikinson, 2006.

[14] Haskin, E. «Leo Von Petrazycki: su vida y obra» en Revista General de Legislación y jurisprudencia, vol. 83, núm. 164, 1934. pp. 299-329.

autor que basó la teoría normativa en las emociones jurídicas aproximándose al realismo jurídico. Hay autores, como Finnis, que creen que esa emoción jurídica se basa en la autoridad de la verdad[15].

2. *Radbruch y el binomio seguridad-justicia*

El mérito de RADBRUCH consistió en haber hecho posible el estudio científico de la cultura por referencia a los valores. El Derecho es cultural. De esa cultura resultan valores y disvalores. La idea de justicia e, en este autor, la que configura ciertas realidades humano-sociales, o sea, que les da forma y figura jurídica. El Derecho es una realidad cultural que no puede definirse más que en función del valor que esa realidad aspira a realizar, y que es la justicia. El derecho es un ensayo de la realización de la justicia, aunque un ensayo fracasado. Derecho injusto, es, pues, el Derecho fracasado en su ensayo de realizar la justicia y no un Derecho sin ninguna conexión con la justicia. La validez del Derecho es la que depende de la conciencia personal y de la decisión libre y responsable de un Derecho que está garantizado por la seguridad como máximo principio. Autor prolífico, es referencia inexcusable en temas de la Teoría de la Justicia y de lo valores en el mundo jurídico[16].

3. *La teoría antipositivista de Ronald Dworkin*

Sucesor de Hart al frente de la cátedra de la Universidad de Oxford, su obra adquiere importancia cada vez mayor. Es un autor que rechaza explícitamente las doctrinas positivistas y realistas que han dominado el pensamiento jurídico modernamente. Rechaza el positivismo desde la perspectiva metodológica, única vía que permitía unificar a las teorías del positivismo. Una concepción del Derecho que niegue la separación absoluta entre el Derecho y la Moral, y que no acuda a principios de justicia material preestablecidos —como hacía el viejo iusnaturalismo— es una doctrina peligrosa. En la práctica demuestra que en los tribunales la distinción entre el Derecho y la Moral no es tan clara como sostienen los positivistas. Acudir al Derecho que se aplica y obedece para demostrar que la moral interviene en el derecho, es muy peligroso para la doctrina positivista porque pone de manifiesto la debilidad de su enfoque. Dworkin toma como punto de referencia la teoría de Hart porque considera que es la versión más depurada

---

15 Stanek, J. «The autority of legal emotions: mysticism or truth? Leon Petrazycki`s legal realism vs.natural law» en la revista Ratio Iuris, vol. 17, número 35, 2022, pp. 495-522.

16 García Manrique, R. «Radbruch y el valor de la seguridad jurídica» en el Anuario de Filosofía del Derecho, núm. 21, 2004, pp. 261-286. Martínez Bretones, V. «Gustav Radbruch» en Rostros y personajes de las ciencias penales. (coord. Laveaga, G). 2020, pp. 349-358.

del positivismo jurídico. Normas, directrices y principios: el ataque al positivismo se basa en una distinción lógica entre normas, directrices y principios. El modelo positivista sólo aplica normas, y deja fuera principios y directrices. El concepto de una norma clave —la regla de conocimiento de HART— permite identificar las normas mediante un test que llama de origen. La prueba es adecuada si se afirma que el Derecho es un conjunto de normas. Pero precisamente pretende demostrar que esa concepción del Derecho es unilateral. Junto a las normas existen principios y directrices que no se pueden identificar por su origen, sino por su fuerza argumentativa y por su contenido.

1. El criterio de identificación de los principios y las directrices no puede ser el test de origen. Las directrices hacen referencia a objetivos que se deben alcanzar y que son beneficiosos. Los principios hacen referencia a la justicia y la equidad. Los principios dan razones para decidir, en tanto que las normas se aplican o no. El contenido material de principio —su fuerza argumentativa— es el que determina cuándo se debe aplicar en una situación determinada[17].

2. La Regla de conocimiento, la distinción entre normas y principios es el instrumento que se utiliza para rechazar la regla de conocimiento como criterio de identificación del Derecho. Esta idea ha sido criticada por Carrió, Raz… y otros.

3. Neoiusnaturalismo de Dworkin: El razonamiento jurídico invoca y utiliza principios que los tribunales desarrollan lentamente mediante un lento proceso; estos principios son morales. El razonamiento jurídico depende del razonamiento moral, en el sentido de que los principios morales juegan un papel muy importante en el razonamiento jurídico, especialmente en los «casos difíciles». Pero no es un autor iusnaturalista porque no cree en la existencia de un Derecho Natural que está constituido por un conjunto de principios unitarios, universales e inmutables. Su teoría rechaza el modelo del naturalismo, que pretende descubrir una moral objetiva en el hombre, su teoría es una tercera vía, ni positivista in ius-fundamentada en el modelo reconstructivo de RALWS. Se parte de que el razonamiento moral se caracteriza por la construcción de un conjunto consistente de principios que justifican y dan sentido a nuestras intuiciones. Las intuiciones de nuestros juicios son los datos básicos, pero esos datos y esos juicios deben acomodarse el conjunto de principios. La idea es conjuntar razonamiento moral y jurídico que desde BENTHAM y AUSTIN había quedado separado radicalmente. En resumen, indica Calsamiglia, la crítica al presupuesto de

[17] Casalmiglia, A. ¿Por qué es importante Dworkin? En la Revista Doxa, núm. 2, 1985, pp. 159-166.

la separación absoluta entre el Derecho y la Moral le conduce a la construcción de una teoría del Derecho en la cual la moral y la política juegan un papel relevante. Su modelo, su tercera vía, es la reconstrucción racional aplicada al conocimiento —y a la crítica— del Derecho. Tuvo también una influencia enorme en su obra Wittgenstein[18].

---

18 No sólo en Dworkin, véase el trabajo de Solón Rudá, A. «Reflejos de la influencia de la filosofía del Lenguaje de Ludwig Wittgenstein en las teorías del Derecho de Kelsen, Ross, Hart y Dworkin» en la Revista Misión Jurídica: Revista de Derecho y Ciencias Sociales, vol. 13, número 19, 2020.

Lección 16

FUNDAMENTO POSITIVISTA DE LA VALIDEZ

La validez en el Derecho Internacional y en el Derecho Interno: Monismo y Pluralismo jurídicos. A lo largo de la historia del pensamiento jurídico —indican OST y VAN DER KERCHOVE— se ha insistido en este tema. Por concepción Monista, del Derecho entenderemos la idea de que el Derecho únicamente existe en la forma de un sistema único y universal (tesis sostenida por KELSEN, DABIN...)

Por concepción Pluralista no se entenderá ni el hecho de que las mismas personas estén sometidas a más de un orden jurídico independiente ni el hecho de que en el seno de una determinada sociedad se apliquen diferentes mecanismos jurídicos a situaciones idénticas, simplemente se entenderá el simple hecho de que, en un mismo momento, coexistan varios sistemas jurídicos.

Con esta concepción se admite la coexistencia de una pluralidad de sistemas jurídicos de la misma naturaleza, y en particular, una pluralidad de sistemas jurídicos estatales (unitarios, federales y federados). Una concepción pluralista del Derecho, puede igualmente admitir la coexistencia de una pluralidad de sistemas jurídicos de naturaleza diferentes, como los sistemas jurídicos supraestatales (orden jurídico internacional) los órdenes jurídicos supranacionales (el Orden de las Comunidades europeas), los sistemas jurídicos infra-estatales (órdenes jurídicos corporativos) o los sistemas jurídicos transnacionales o desterritorializados (orden perteneciente a un grupo de sociedades transnacionales, orden eclesiástico)[1].

Es lo que llama BOBBIO un «Pluralismo institucional» queriendo aludir a la coexistencia de sistemas jurídicos de diferentes tipos.

A la pregunta de si el Derecho Internacional existe como fundamento de la validez de los sistemas jurídicos nacionales o si la relación es a la inversa y si se trata de sistemas jurídicos independientes, KELSEN distingue tres posibilidades para dar respuesta:

1. Monismo internacional: sostiene que los derechos nacionales forman parte del Derecho Internacional, pues éste da validez a cada uno de ellos.
2. Monismo nacional: el Derecho Internacional recibe su validez de los derechos nacionales, y, por tanto, forma parte de ellos.

---

1 Ost, F. Discusión sobre el carácter anticientífico del Derecho: (de Kirchman a la discusión a la discusión epistemológica actual). Madrid: Grijey, 1999, pp. 237-252.

3. Pluralismo: sostiene que el Derecho Internacional es independiente de los derechos nacionales[2].

Aunque puede elegirse cualquiera de las respuestas, se afirma en la primera. Se apoya en que la norma fundamental que, según él, se presupone otorgando validez a cada derecho nacional aparece reproducida, con su mismo contenido, como una norma positiva, de carácter consuetudinario, del Derecho Internacional. En efecto, indica NINO, las costumbres internacionales incluyen una norma que se suele llamar «principio de efectividad», la cual prescribe que se reconozca todo régimen que durante un tiempo prudencial ejerza el control coactivo en un cierto territorio. Esta norma cumple la misma función que KELSEN asigna a la norma fundamental de los derechos nacionales, o sea que da competencia para dictar normas al grupo de personas que, sin estar autorizadas por ninguna norma positiva del sistema, tiene éxito en establecer normas originarias eficaces. Si se ha encontrado una norma positiva (el principio de efectividad que da validez a las normas originarias de los derechos nacionales, parece que no habría necesidad de la norma fundamental presupuesta que da validez a los derechos nacionales, ya que se puede continuar con las cadenas de validez de normas positivas hasta la norma fundamental presupuesta de Derecho Internacional. De este modo todos los derechos del mundo formarían un solo sistema como partes del Derecho Internacional; pero no convence una teoría que considera independientes a los derechos nacionales entre sí y con respecto al Derecho Internacional.

I. ¿COMO UN SISTEMA ES INDEPENDIENTE DE LOS DEMÁS?

KELSEN entiende que la característica esencial del Derecho es la posibilidad de «regular su propia creación y aplicación». El Sistema ha de poseer una norma fundamental propia, que a la vez que constituye el fundamento de la validez, garantiza la unidad del conjunto de normas que le pertenecen. KELSEN hace que todas las normas jurídicas tengan que remontarse necesariamente a su única norma fundamental, bien sea nacional o de Derecho Internacional. La concepción autoorganizadora del Derecho en Kelsen, aboca por tanto, a la reducción del problema de la identidad del sistema jurídico a su unicidad. HART parte de un supuesto cercano, pues subraya el carácter autoreferencial de las reglas jurídicas, que él denomina «secundarias» precisando que «se refieren todas ellas a las propias reglas primarias» y «determinan la manera en que las reglas primarias pueden ser definitivamente identificadas, promulgadas o abrogadas». Entre las

[2] Suárez Campos, J. M. «Una reflexión sobre Kelsen» en Anuario jurídico y económico escurialense, núm. 30, 1997, pp. 951-970.

categorías de reglas secundarias hay una privilegiada: la regla de conocimiento, que, al igual que KELSEN, «determina los criterios a cuya luz se aprecia en última instancia la validez de las reglas de Derecho», y por esa razón, se puede considerar que constituye el fundamento de un sistema jurídico. La condición mínima para considerar a un sistema dotado de identidad reposa en el hecho de que no está únicamente compuesto por reglas de conducta ya que posee una regla de conocimiento que le permite identificar las reglas como propias. Por ello, HART, no llega a reducir el conjunto de sistemas jurídicos a la unicidad, expresa sus serias dudas de que las reglas del Derecho Internacional formen un sistema, por faltar una verdadera regla de conocimiento. HART no duda en admitir explícitamente la existencia de una pluralidad de sistemas jurídicos estatales, dotados de su propia regla de conocimiento[3]. A modo de resumen, indica OST que todavía es posible afirmar que una concepción pluralista del Derecho disuelve la ecuación monista entre espacio jurídico y espacio territorial, que querría, a la vez, que aun territorio determinado le corresponda tan sólo un único sistema jurídico y que a todo sistema jurídico le corresponda un territorio determinado. Esta ecuación es doblemente inexacta. Por un lado, porque varios espacios jurídicos pueden superponerse en el mismo lugar, lo que significa que ninguno de los sistemas presentes tiene un territorio que le sea propio. Por otro lado, porque se puede constatar la existencia de órdenes jurídicos no territoriales (el Derecho zíngaro, por ejemplo), el Derecho canónico, o el derecho propio de un grupo económico transnacional, que ponen en práctica los poderes deslocalizados. El que dicha ecuación hay sido puesta en tela de juicio muestra la relatividad fundamental de la noción de espacio jurídico: disociándolo de sus sustrato material y geográfico, lo convierte, en ocasiones, en una ficción.

II. LA RELACIÓN ENTRE EL PLANO DEL «SER» Y EL DEL «DEBER SER»

La fenomenología, la influencia de las corrientes sociológicas modernas y la filosofía de la existencia o existencialismo, han llevado a la Filosofía del Derecho a hacerse cargo del problema del «ser» del Derecho, inicialmente suscitado por aquellas direcciones neokantianas que contraponen Ser y Deber Ser, e insertan el Derecho en el ámbito puramente ideal de lo normativo, entendido como normatividad lógica. Este es el problema ontológico del Derecho, dice LEGAZ.

---

3 Guastini, R. «Releyendo a Hart» en revista Doxa: Cuadernos Filosofía del Derecho, núm. 37, pp. 99-110.

Puede aludir esa distinción a tres clases de conceptos entre Ser-deber ser, indica Hernández Marín:

a) La distinción entre entidades proposicionales asertivas y las directivas o prescriptivas.
b) La distinción entre entidades factuales y entidades ideales.
c) La distinción entre entidades jurídicas o ético-positivas y entidades jurídicas o ético naturales (KELSEN).

KELSEN distingue dos tipos de juicios:

- Los juicios del SER: son enunciados descriptivos, susceptibles de verdad o falsedad.
- Los juicios del DEBER-SER: que son directivos y respecto de los cuales no tiene sentido explicar la verdad o falsedad.

Siguiendo a HUME, Kelsen sostiene la existencia de un «Abismo lógico» entre el ser y el deber ser, en el sentido de que ningún juicio del deber ser puede derivarse lógicamente de premisas que sean sólo juicios del ser, valiendo también la inversa.

Los juicios del deber ser sirven para interpretar, pues constituyen su sentido, los actos de voluntad, o sea los actos cuya intención se dirige a la acción de otra persona.

Se niega a ver detrás de los juicios del deber ser, que llama «normas» una voluntad real, en sentido psicológico, y por eso rechaza la identificación que hacía Austin entre normas y mandatos.

La reflexión sobre lo que el Derecho es (realidad normativa) y lo que «debe ser» (valores que propugna el Derecho) ha quedado disminuida por la filosofía moderna, por el cientifismo que la invade y por la influencia del pensamiento de WITTGENSTEIN, reduciendo la Filosofía a una actividad y una terapéutica, ha determinado el análisis del lenguaje como prioritario y la lógica jurídica. El tema se plantea según el hombre que se es, dijo FICHTE: Allí donde se dé una orientación dentista de la filosofía se encamina hacia la teoría de la ciencia, de temas gnoseológicos, lógicos y logísticos. Así, el neokantismo ha orientado la Filosofía del Derecho hacia el problema del concepto universal del Derecho y hacia los problemas de la teoría de la ciencia jurídica, la fenomenología hacia la búsqueda de las esencias invariables, el positivismo lógico hacia problemas de sintaxis lógica del lenguaje jurídico...

Donde existe una concepción metafísica los problemas más acuciantes son los de la vida, existencia, los temas éticos, los temas iusnaturalistas, del deber ser. La filosofía es siempre concepción del mundo, el iusnaturalismo se hallará siempre presente de una u otra forma en los valores.

Pertenece a la Ontología pues responde a la pregunta de la naturaleza del Derecho, o sea, de la existencia de in orden de la conducta humana, cuyos fundamentos son ajenos al capricho de los hombres. Lo que hay que resolver es lo que el Derecho es en la realidad. A este problema se puede tomar frente desde diversos planos.

Plano normativo: el Derecho considerado como norma; desde un aspecto subjetivo (noción personalista del Derecho) o desde un plano axiológico (el Derecho como lo justo, id quod iustum est).

III. TRES ENFOQUES DE LO JURÍDICO CADA UNO CON SU CARGA HISTÓRICA

A) Enfoque normativista que es un punto de vista objetivo, y que históricamente a estrechamente vinculado a la concepción axiológica de lo jurídico, se halla hoy ligado con la noción comúnmente aceptada de la ciencia jurídica la cual ha incurrido en el convencionalismo de considerar Derecho sólo al sistema de normas vigentes que rige en una comunidad determinada.

B) Noción personalista que responde a históricamente a la concepción de los pueblos germanos, HEGEL, al afirmar que el Derecho «es existencia de la voluntad libre» de ROSMINI el Derecho de la persona es «derecho humano subsistente».

C) El punto de vista axiológico ha tenido una larga tradición que se remonta a Platón y Aristóteles pasa por Santo Tomás y llega a la conciencia jurídica del hombre de la calle, quien, entre Derecho y Ley identifica el primero con lo justo y recto.

El problema ontológico es fundamental y fundante, condiciona el planteamiento de los otros problemas de filosofía y la ciencia del Derecho. En efecto, los Valores jurídicos Gusticia) son valores del «ser Jurídico», y el modo de ser del Derecho determina su concepto y el sistema de categorías conceptuales.

IV. PRINCIPALES TEORÍAS POSITIVISTAS: LA TEORÍA DE HANS KELSEN (1881-1973)

Sus obras más importantes son: «Teoría del Estado» (1925); «Teoría pura del Derecho» con sus versiones en español, Legaz (1933), La alemana de 1934, la inglesa (1945), la francesa (1953) la 2ª alemana (1960) sin hablar de todos sus comentaristas.

1. *Teoría de la norma*

La teoría pura del Derecho pretende ser un estudio «aséptico» del Derecho y de la función del jurista, sin consideraciones morales o sociológicas. De ahí el término «puro». Debe estudiar el Derecho tal y como es. Sólo se debe estudiar los hechos y las realidades sociales sólo desde el aspecto jurídico. Una norma quiere decir que «algo deber ser o que va a suceder», un hombre debe comportarse de determinada manera, este deber ser de uno o muchos actos de la voluntad humana, se transforman en norma objetiva, y no en mera voluntad subjetiva que se agota cuando cesa esa volición que lo sustenta. Resulta notoria en la concepción kelseniana del derecho ante todo un Ordenamiento del comportamiento humano, que como tal, constituye un conjunto sistemático de reglas. Se conoce como validez de un Ordenamiento a la conexión que presentan sus reglas. La norma que constituye el fundamento de validez es otra norma, la norma superior; una norma es válida cuando existe y cuando es dictada legalmente. El concepto de validez queda reducido a la Legalidad de la edicción de la norma. KELSEN propone distinguir entre dos ordenamientos de reglas: el Ordenamiento estático y el dinámico. Toda la validez descansa en una última norma, la norma fundamental. En los Ordenamientos jurídicos estáticos las reglas de conocimiento se encuentran relacionadas en el sentido de que las disposiciones que los integran derivan las unas de las otras, y todas a su vez de la suprema, de la misma forma en que lo particular es derivable de lo general. El Ordenamiento estático es típico, según el criterio de Kelsen, de los ordenamientos morales; mientras que los ordenamientos jurídicos tienen el carácter de dinámicos.

Lo que sí es definitivo es cómo se encuentran entrelazados los preceptos en los ordenamientos dinámicos, aquí no lo están en virtud de su contenido, sino porque han sido creados de una manera peculiar, es decir, según determinadas reglas, y de acuerdo con un método para la autoridad que puede emanarlas. Una prescripción es válida «en cuanto ha sido creada de acuerdo con determinada regla y sólo por ello». En el ámbito de los Ordenamientos jurídicos es posible distinguir, atendiendo a su contenido inmediato, entre «prescripciones de conducta (o de comportamiento)» y «prescripciones de competencia (de estructura, de organización, o dinámico instrumentales...)», esta distinción no es posible plantearla en el ámbito de los ordenamientos estáticos. KELSEN entiende que la validez de las normas ha de remontarse de prescripción en prescripción hasta la «Constitución». Es la concepción gradual o escalonada del Ordenamiento (Stufenbau), que adoptó de MERKL. Ahora bien, la búsqueda del fundamento de la validez de una prescripción no puede prolongarse hasta el infinito, debiendo terminar en una prescripción que se presupone última y suprema y que será el fundamento común de la validez del conjunto de prescripciones que pertenecen al mismo Ordenamiento. Esa norma puede existir, pero si no es así, siempre habrá una Constitución que históricamente nos permita remontamos a ella. La norma fundamental (Grundnorm) es el fundamento de la validez del Ordenamiento positivo en la concepción kelseniana, ya que atribuye validez a la Constitución positiva, o más bien, sugiere que se presuponga sobre la Constitución positiva una ulterior norma, la Grudnorm, en cuya virtud se entiende que quienes detectaron el poder constituyente y redactaron la primera Constitución habían sido investidos de un poder legítimo para hacerlo[4]. La atribución de validez a la Constitución positiva por esa norma fundamental hipotética inviste de validez al conjunto del Ordenamiento jurídico. Por ello validez y existencia son la misma cosa, la validez es el modo de «existencia especifica de una prescripción»[5].

El problema de la validez para Kelsen es, por tanto, el problema de la existencia del Derecho. El Derecho no es más que un conjunto de normas que indican un «deber ser» (sollen), o mejor, estatuyen un «deber ser» en forma de juicio hipotético.

El Derecho es un sistema de juicios hipotéticos, no un imperativo. Para poder hablar del Derecho en términos de «deber ser» habrá que suponer o presuponer la norma fundamental, que se nos presentará como uno de los supuestos que hacen posible la ciencia jurídica.

V. LA TEORÍA DE H. HART Y LA «RULE OF RECOGNITION»

Por su parte, HART recurre para explicar la unidad del Ordenamiento jurídico a lo que llama la «regla de conocimiento»; su obra más importante es «El concepto del Derecho».

Una regla es válida, pertenece al sistema jurídico de que se trate, cuando satisface los criterios establecidos en la regla de conocimiento. Con este criterio basado en la regla de conocimiento, Hart evita algunas de las objeciones que suscitaba la tesis de Kelsen de la norma fundamental. La regla de conocimiento no es, a diferencia de la norma fundamental, una norma propuesta, una hipótesis del pensamiento jurídico (que es la gran crítica que se le ha hecho a Kelsen), sino que es una regla social, una norma positiva. La regla de conocimiento existe como una práctica generalmente concordante por parte de los órganos de aplicación (jueces) de identificar el Derecho por referencia al criterio o criterios establecidos en la regla de conocimiento.

Para la existencia de ésta, es preciso, además, que los jueces en su conjunto acepten como vinculantes esos criterios. La regla de conocimiento abre la posibi-

---

4 Ramírez Cleves, G. *Ecos de Kelsen: vida, obra y controversias.* Universidad de Colombia: 2012.

5 Garcez Callil, M. L.; Malta Leite, C. «Notas sobre la norma fundamental en Hans Kelsen» en la Revista de ciencias jurídicas e sociais de Unipar, vol. 21, número 2, 2018, pp. 247-262.

lidad de un discurso jurídico interno ya que es el presupuesto para poder emitir enunciados internos.

Un jurista adopta un punto de vista interno si acepta la regla de conocimiento, frente a aquel sujeto u observador que hace afirmaciones externas, o desde fuera del Ordenamiento, indica De Lucas. La regla de conocimiento es el elemento que dota de unidad al sistema, pero no deja de suscitar problemas. Entre ellos destacan el problema de la circularidad entre la regla de conocimiento y las reglas de adjudicación, el de la unidad o pluralidad de reglas de conocimiento, y el de la capacidad o no para identificación de los principios como elementos, junto con las reglas, del sistema jurídico. El problema de la circularidad, indica que la existencia de la regla de reconocimiento consiste en que los jueces y tribunales en su conjunto aceptan como vinculantes unos mismos criterios de validez jurídica. Para saber quiénes son jueces y tribunales hemos de acudir a reglas de adjudicación que son las que confieren potestad jurisdiccional, para saber si son válidas, hemos de acudir a los criterios de validez de la regla de reconocimiento, algo circular. El problema es sobre la unidad o pluralidad de la regla de reconocimiento. Hart habla en plural a veces. La tesis de la unidad es una de las centrales de su teoría. Cada sistema sólo posee una regla de reconocimiento, el que la regla sea una no implica que establezca un único criterio de validez jurídica. En los sistemas jurídicos desarrollados la regla de reconocimiento suele tener un carácter complejo y establecer varios criterios de validez jurídica, pero clasificados en un orden de subordinación y primacía relativas. Los distintos criterios están unificados por su disposición jerárquica razón por la que Hart habla de «una regla».

El resto del pensamiento de HART, se resume según el profesor Hernández Marín:

1. Las normas jurídicas son imperativos.
2. La separación entre el Derecho y la moral entre el Derecho que es y el Derecho que debe ser.
3. El análisis de los conceptos jurídicos es diferente del análisis sociológico y de la crítica o valoración del Derecho.
4. El Derecho es un sistema lógico cerrado.
5. Las entidades (proposicionales, valores...) éticas naturales no pueden ser conocidas. Weinberger es uno de los autores que afirman que esta tesis es característica del positivismo jurídico[6].

---

[6] Saapk, T. «Kelsen and Hart on the Normativity of Law» en Scandinavian studies in Law, núm. 48, pp. 397-414. Mora Sifuentes, F. M. «Hart y el problema del positivismo jurídico. Una reconstrucción en tres actos» en la Revista Universitas: Revista de Filosofía, Derecho y Política, número 31, 2020, pp. 2-32.

VI. VON WRIGHT Y LAS NORMAS SOBERANAS

No todas las normas son prescripciones (el caso siempre polémico de las normas permisivas). Es de interés la clasificación de las normas que propone el teórico de la Lógica finlandés Von Wright en su libro «Norma y acción». La palabra norma para este autor es ambigua y vaga; se usa en muchos sentidos y a menudo en un significado poco claro. En todos los sentidos se dan unos elementos comunes y ello le lleva a realizar una nueva clasificación. Distingue entre Normas que llama reglas, las directrices o normas técnicas y las prescripciones.

Las reglas, son aquellas que definen una actividad humana. Son las reglas del juego, que ha indicado el profesor Nino. Determinan lo permitido, definen el juego y la actividad de los jugadores (las reglas de la Lógica y de la Matemática, las reglas de la gramática de cualquier idioma.

Las directrices o normas técnicas hacen referencia a algo que hay que hacer si se quiere alcanzar un determinado fin. Las normas técnicas de las instrucciones de uso.

Las prescripciones sus características son:

1. Tienen su origen en una autoridad normativa.
2. Van dirigidas a un agente o agentes, llamados sujetos normativos.
3. La autoridad que dicta la norma quiere que los sujetos adopten cierta conducta.
4. Para que ellos conozcan su voluntad, la autoridad promulga la norma en cuestión.
5. Para dar efectividad a tal norma se establece una sanción, la amenaza de un castigo por desobedecer la norma.

Las prescripciones son los mandatos, los permisos y las prohibiciones dado por alguien que se encuentra en una posición de autoridad —autoridad normativa— y que se dirigen a los agentes —sujetos normativos— en relación con su conducta. Las leyes del Estado, las órdenes militares, los permisos de padres a hijos.

Junto a estas tres especies o tipos principales, señala otros tres tipos de normas que son las costumbres, los principios morales y las reglas ideales, estableciendo un esquema más plural de las normas y su clasificación.

VII. GEORG JELLINEK Y EL «PODER» SOBERANO

Pertenece este autor a la escuela más formalista del Derecho. Autor centrado en temas de poder y creador de la teoría de la «autolimitación del poder del

Estado». La limitación del Estado en cuanto tal por el Derecho en los regímenes constitucionales modernos. Se plantea el problema respecto del Estado (como persona jurídica, no en la persona individual del Príncipe) la persona en la que reside la soberanía de ese poder, persona cuya voluntad es la fuente del Derecho y que, sin embargo, se limita por el Derecho. Tanto el padre como el hijo trataron del Derecho político y Walter Jellinek fue el gran teórico, tal vez sin pretenderlo —señala Lucas Verdú— de las mutaciones constitucionales[7].

VIII. EL SOBERANO COMO SUJETO: TEORÍAS DE BENTHAM Y AUSTIN

Jeremy BENTHAM (1748-1832) rechaza el Iusnaturalismo, como consecuencia de su crítica a una de las consecuencias de la tesis iusnaturalista: La tesis del objetivismo jurídico, para él el Derecho natural no existe, es un fantasma. Critica los postulados básicos del Derecho Natural: vivir honestamente...a los famosos tria iuris praecepta. El Derecho lo crean los jueces el Judge made Law, desde este autor es verdad del Sistema judicial inglés. Puede ser considerado fundador del positivismo jurídico moderno, cree en la posibilidad de un principio moral universalmente válido del cual derivan todos los juicio valorativos: es el llamado «principio de utilidad», el cual sostiene, en sustancia que una conducta es moralmente correcta cuando contribuye a incrementar la felicidad del mayor número de gente. Es la ideología creada por este autor y Austin (con diferencias) del Utilitarismo (Introduction to the principies of Morals and Legislation, 1789). Creyó fervientemente en la capacidad del Derecho para transformar las sociedades y redactó códigos para distintos países latinoamericanos y Rusia. El Parlamento es un cuerpo activo que por medio de la legislación puede efectuar cambios sociales. El egoísmo humano basa toda una filosofía hedonista. «La naturaleza ha puesto a la humanidad bajo el gobierno de dos señores soberanos, el placer y el dolor, son ellos los que señalan lo que debemos hacer». «La finalidad del Derecho es aumentar la felicidad, el objeto general que todas las leyes tienen es común, incrementar la felicidad general de la comunidad», de ahí viene toda una teoría de la pena del Derecho penitenciario[8].

---

7 López García, J. A. «George Jellinek: apuntes biográficos e intelectuales» en Estudios en Homenaje a Gregorio Peces-Barba. Madrid: Dykinson, vol. 1, 2008, pp. 762-810.

8 La tesis de Cruz Ortíz de Landázuri, L. M. *Derecho y expectativa. Una interpretación de la teoría Jurídica de Jeremy Bentham* leída en la Universidad de Navarra, 2000.

1. *John Austin (1790-1859)*

Representante del Idealismo jurídico, para este autor una ley es un mandato general, y distingue entre Legislación propiamente dicha y legislación judicial. La Leyes que forman la Legislación permanente son establecidas de forma directa; mientras que las leyes que integran la Legislación judicial son establecidas de forma indirecta u oblicua con ocasión de las decisiones judiciales. Austin sostiene la tesis del objetivismo jurídico, es decir: admite la existencia de una Ley divina. Escribe que la Ley divina y la ley positiva como leyes propiamente dichas, sólo la Ley positiva es ley en sentido estricto, sólo el Derecho positivo es Derecho en sentido estricto. Para Austin todo el Derecho es el positivo, no existe el Derecho Natural. «El Derecho positivo está formado por las leyes (mandatos generales) del soberano de una sociedad política independiente». Define las normas (The providence of Jurisprudence determinated) como datos generales formulados por el soberano a sus súbditos. Toda norma es un mandatos u orden, o sea una expresión del deseo de que alguien se comporte de determinada manera y de la intención de causarle daño si no se conduce de conformidad con el deseo. Las normas especifican siempre un sujeto, destinatario de la orden, el acto que debe realizar y la ocasión en que tal acto debe realizarse. Además, las normas presentan un operador imperativo que es el que ordena a los sujetos realizar el acto en cuestión en la ocasión especificada. Los mandatos que son jurídicos tienen su origen en la voluntad del soberano. Su definición de Soberano es la siguiente: «Si un hombre determinado es destinatario de un hábito de obediencia de la mayor parte de una sociedad sin que él, a su vez, tenga el hábito de obedecer a un superior, ese hombre es soberano en esa sociedad, y la sociedad (incluido el soberano, veremos sus disquisiciones sobre quién es el soberano, la realidad o la norma) es un sociedad política e independiente»[9].

Austin expresa su conformidad con BLACKSTONE, célebre iusnaturalista, en el sentido de que el Derecho positivo «debe ser» conforme a la Ley divina, pero la fuente del Derecho puede no ser Dios, sino el soberano o el Parlamento. Pero no está claro qué tipo de iusnaturalismo sostiene si es La ley divina o «lo racional» en el Derecho, esto es, los principios y nociones comunes a todos los Ordenamientos jurídicos. Más bien hay que sostener que es un pensador iuspositivista, de dudoso carácter en el pensamiento del Derecho como Sistema, pues habla del Derecho como un «todo orgánico», pero no es algo muy repetido en su obra.

El concepto de «autoridad soberana» se liga a la concepción de que. Como mandato, las normas jurídicas «proceden de superiores» y vinculan a inferiores. Superior es quien posee «poder» y lo puede imponer a través de amenazas: Dios

9 Turégano Mansilla, I. «John Stuart Mill y John Austin: una mirada comparativa» en Anuario filosofía del Derecho, núm. 23, 2006, pp. 157-186.

es enfáticamente el superior del hombre, a quien fuerza a seguir su voluntad; el señor es el superior del esclavo; y análogamente, el «soberano» es el superior del ciudadano. «Superioridad» y «mandato» también se implican recíprocamente.

La soberanía es una forma más de superioridad, posee dos rasgos específicos:

a. Los miembros de la comunidad bajo soberanía tienen un hábito de obediencia o sumisión respecto a un superior común y determinado.

b. El superior común no tiene hábito de obediencia o sumisión respecto a ningún «superior humano»; sólo así es el soberano de la comunidad, y la sociedad es políticamente independiente.

El término «norma jurídica» denota objetos que no son mandatos. Una norma no imperativa no es realmente una norma, en tal caso será el fragmento de otra norma, y cita los casos de normas declarativas y de normas permisivas, a las que llama «normas impropias».

AUSTIN se refiere a las normas consuetudinarias y a las normas que confieren derechos como normas, son asimilables a la idea de mandato:

A) Una norma que confiere derechos es un mandato porque impone implícita o explícitamente deberes paralelos.

B) Una norma consuetudinaria es un mandato, porque, a pesar de supuesta espontaneidad, para considerarse tal norma debe haber sido incorporada por el soberano legislativo a través de sus «delegados judiciales»; antes de la adopción jurídica las costumbres son sólo reglas morales, después ya son mandatos y su contravención conlleva consecuencias jurídicas, ya que han sido directamente sancionadas por el soberano mediante la intervención de los tribunales.

2. *Raz, J. (1939)*

Entiende este autor que la tesis que perfecciona a cualquier Derecho es que tiene que hacer justicia en dos sentidos: el factual y el normativo. Es autor que pretende y cree en la noción de Sistema («The concept of a legal system, Oxford», 1970). Se muestra crítico con la teoría del profesor Hart y su división de reglas primarias y secundarias. Su teoría se basa en lo que se ha dado en llamar el sistema de delegaciones o «cadena de validez» de las proposiciones jurídicas por parte de quien posee el poder básico de regulación jurídica, lo que conlleva a indicar que existe otra parte del poder social, que se escapa a la autoridad normativa. La única normatividad que existe, al igual que Kelsen, es una normatividad justificada. Las normas no pertenecen al mundo de los hechos, sino al mundo de lo que «debe ser». Para conocer la norma jurídica como verdadera y no como una secuencia de hechos, hay que asumir que las prescripciones de ciertas autoridades deben ser observadas[10]. No predica exactamente una neutralidad valorativa de la teoría del Derecho, pero si un acercamiento a la Filosofía hermenéutica sin ser objeto de estudio exclusivo tampoco[11].

IX. LA TEORÍA JURÍDICA DE FRANÇOIS OST

1. *Las diferentes formas de sistematización tras KELSEN*

Indica OST que, en esta ocasión, se trata de observar la teoría general de la sistematicidad jurídica y la línea de estudio de los sistemas jurídicos. La diferencia entre sistematicidad dinámica y estática es una de las centrales. Fue KELSEN el creador de esta línea de estudio de los sistemas jurídicos. KELSEN define el sistema estático como aquel en el que «las normas son válidas en virtud de su fondo o contenido», pues su validez depende de una relación de subsunción entre su fondo y el de otra norma análogo al que puedan realizarse entre lo particular y lo general. Define el sistema dinámico, como aquel en el cual una norma dada pertenece porque ha sido creada de la forma determinada en la norma fundamental y no por que tenga un contenido determinado. Esta diferenciación es más teórica que práctica y ha planteado problemas para conjugarla con el propio pensamiento kelseniano. Es dificultoso imaginarse en un sistema estático, que el contenido de la norma inferior pueda ser deducido del contenido de la norma superior y por otra, que una norma no puede ser deducida de otra. KELSEN entiende que un sistema se basa en el órgano competente para adoptar las normas, que una norma esté o sea habilitada, que posee competencia. WROBLEWSKI, indica que KELSEN reduce el sistema a un «decisionismo», el derecho sería un conjunto de decisiones sin ningún tipo de coherencia[12].

Los autores, indica OST, han interpretado la diferenciación de la sistematicidad kelseniana y así, WROBLEWSKI, dice que un sistema normativo es dinámico, como aquel que posee un carácter meramente formal, en el sentido en que se caracteriza por la ausencia de toda relación de contenido entre las normas pertenecientes a este sistema, mientras que un sistema normativo estático, se

10 Ruiz Manero, J, «El positivismo excluyente de Raz» en Boletín mexicano de Derecho comparado, núm. 110, 2004, pp. 709-739.

11 Ramírez Vargas, L. E. «La neutralidad valorativa en la teoría del Derecho. Las posturas de John Finnis y Joseph Raz» en Revista de Derecho, vol 21, 2000, pp. 71-99.

12 Feito Torrez, M. V. «El juez Hermes y el logos de lo razonable: Por qué la aplicación silogística del Derecho no es suficiente» en la Revista de Derecho y Ciencias Sociales, número 23, 2020, pp. 111-114. Analiza el papel de Recasens Siches y Ost como dos juristas que han demostrado nuevas vía de aplicación e interpretación del Derecho, tras la respuesta insuficiente que dieron los juicios de Nuremberg y el positivismo en la aplicación de las normas.

caracteriza por el hecho de que comporta una norma de validez vinculada a un contenido determinado de tal manera que todas las normas que pertenecen a este sistema pueden ser deducidas según reglas admitidas de inferencia.

También TROPER ha intentado presentar una formulación nueva de la tipología kelseniana. Según este autor, un sistema exclusivamente dinámico, sería un sistema de delegación en el que el contenido de las decisiones no está prescrito y los funcionarios disponen a este respecto de un poder totalmente discrecional. No obstante, este sistema no excluye la prescripción de un «procedimiento» determinado para la adopción de tales decisiones. Considera que un sistema exclusivamente estático, sería un sistema como la moral o el derecho natural, en el cual un enunciado tendría el significado de norma únicamente porque una sociedad determinada admite que se deriva de otro enunciado.

BOBBIO aclara que los sistemas pueden ser simples y complejos, si son compuestos por normas primarias y por la norma o las normas para la identificación del sistema (simples), o conteniendo además de las normas primarias, normas de sanción y de producción jurídicas (complejos), pero poco añade acerca de la diferenciación de KELSEN.

Es TROPER de nuevo, el que ha introducido la distinción más acorde con el pensamiento kelseniano, diferencia entre un sistema «no jerarquizado» u «horizontal», en el que todas las normas estarán situadas al mismo nivel y en el que los enunciados no se justifican entre sí; y un sistema «jerarquizado» o «vertical», en el que existe una jerarquía entre las normas y en el que un enunciado se presenta como una norma, si su autor lo justifica invocando que lo enunciado en dicha norma debe aplicarse por emanar de otra; la distinción entre sistema dinámico no concierne a los sistemas horizontales, sino a los verticales.

PERELMAN establece una diferencia entre dos sistemas normativos presupone la elaboración de reglas que permiten evitar todo tipo de poder de decisión —sistema de legislación sin jueces, y la «Política»: en la que el poder de decisión sería ilimitado y arbitrario y se ejercería sin reglas previas— la primera correspondería a un sistema estático y la segunda con un sistema puramente dinámico. Más interpretaciones se harán, pero la base kelseniana ha resultado provechosa y mutable a los cambios normativos y sociales.

2. *Sistematicidad lineal y circular*

Para OST, si alguna representación parece dominar tradicionalmente el pensamiento jurídico, es sin duda, la idea de que el Derecho es un sistema fundamentalmente jerárquico, pero aun reconociendo esta visión como general parece estar superada. La sistematicidad lineal: parte de esa concepción del pensamiento ya tradicional de KELSEN, según el cual, la norma superior constituye el: fundamento de validez de la norma inferior, especialmente en su presentación piramidal del sistema, su mejor ilustración. Se advierte, hoy en día,

el amplio poder creativo y normativo que de hecho se ejerce en cortes y tribunales numerosos, pertenecientes a las corrientes de la Sociological Jurisprudence y del realismo norteamericano, que es la teoría del Derecho que sostiene que el Derecho es lo que decidan los tribunales que sea (HOLMES). Ha sido una inversión de la idea kelseniana, quizá demasiado exagerada y difícilmente encajable en los sistemas occidentales donde el juez decide según la norma pre-descrita, siempre. La PERSPECTIVA NORMATIVISTA clásica (KELSEN) contempla una pirámide sobre su base que culmina en una regla superior única; en cambio, LA PERSPECTIVA REALISTA, en compensación, nos propone una pirámide invertida, las múltiples fuentes lejanas de derecho desembocando en la decisión singular del juez. Si el movimiento realista —no sorprendente en el sistema de judge-made-law— tiende a considerar la autoridad del juez como suprema en relación con la del legislador, en verdad se refiere a la del constituyente. Pero tampoco pone en duda el carácter jerárquico del sistema y la linealidad de su lógica, sino que lo sitúa en otro punto esa pirámide. La sistematicidad circular, se presenta en otras corrientes que dudan de que el carácter jerárquico sea la base de toda norma. Dice VIRALLY que no podríamos afirmar a priori que una norma no puede en ningún caso modificar aquella de la que obtiene su validez; igual opina AMSELEK quien ve claro que la reglamentación jurídica de las competencias normativas es mucho más compleja, más encabalgada que el esquema kelseniano nos muestra; los sociólogos del Derecho son los que se han adentrado en estas ideas, así, N. LUHMANN que intenta abandonar totalmente el modelo jerárquico en provecho del de la circularidad. En los fenómenos jurídicos contemporáneos, para su análisis, es preciso concluir que los sistemas están desprovistos de centro y de cima para muchos conflictos, en cuyo seno la circulación no se realiza en un sentido único en la medida en que las múltiples estructuras que los componen mantienen relaciones de interacción, contribuyendo los elementos «inferiores» a determinar los elementos superiores. En cuanto a N. LUHMANN presenta los sistemas jurídicos como concatenaciones de elementos que no se acomodan a ningún «principio fundador» o metanorma. De manera que las relaciones —incluso de validación— que sostienen las diversas normas jurídicas son relaciones circulares o recursivas, ajenas a la idea de jerarquía y a los mecanismos de causalidad y de deducción.

3. *Sistematización formal y material*

La oposición entre sistematicidad material y formal que se traza es la más compleja. El primero de estos conceptos consistiría es una articulación meramente formal, es decir, en una relación lógica caracterizable con independencia del contenido de sentido de las proposiciones que religa y que permite calificar el sistema en el que las proposiciones se unen por una relación propia de «sistema formal». En el segundo caso, por el contrario, se puede tender hacia una articulación material o sustancial, es decir, una relación orgánica o teleológica que no podemos caracterizar de forma satisfactoria haciendo caso omiso del contenido de los elementos que se articulan. En este sentido, podemos hablar de una sistematicidad material. La propia distinción es atinente a una lógica de todo sistema, es un concepto eminentemente lógico (dice KLUG). Ahora bien, estos dos tipos de sistematicidad no son excluyentes necesariamente, son más bien complementarios, porque el Derecho tiene muchos factores y funciones[13].

X. SISTEMATICIDAD FORMAL

Se habla de sistema axiomático, de sistema lógico, de sistema deductivo, de sistema deductivo-axiomático, o de sistema-cálculo... para diferenciar esta sistematización, se destacan una serie de caracteres:

1. *Carácter deductivo*

Un sistema deductivo es un conjunto de proposiciones que contienen sus consecuencias, es decir, como un conjunto de proposiciones que también comprende a las que de ellas derivan de las reglas de inferencia admitidas por el propio sistema, dice TARSKI. Los sistemas racionalistas del Derecho natural (siglo XVII y XVIII) elaboraron sus leyes atendiendo al criterio de la deductividad, indica ARNAUD. En este sentido, la codificación del siglo XIX francesa (sobre todo) representa la consagración del modelo deductivo. DUPORT afuma que el juicio de un proceso no es otra cosa que un silogismo en el que la mayor es el hecho, la menor es la ley, y el juicio es la consecuencia. GARANT l'AINE se conforma con rectificar esta presentación invirtiendo el contenido de las premisas y enunciando que un silogismo para ser correcto, debe: 1) describir, en la mayor, una verdad general evidente para todo el mundo; 2) determinar en la menor la relación singular del tema contencioso con la verdad general y, en consecuencia, en el juicio silogismo, la relación de este tema, pues no hay más verdad que la que dice la ley; 3) declarar lo que la ley ordena sobre el tema contencioso, pues tanto en la mayor como en la menor la ley es la verdad suprema que regula todo. La escuela de la Exégesis tenía un método en esencia deductivo, deduciendo lógicamente

---

[13] Ost, F. «¿Para qué sirve el Derecho?: para contar hasta tres» en Doxa, Cuadernos de Filosofía del Derecho, número 40, 2017, pp. 15-48.

todas las consecuencias lógicas de las premisas, ahora bien, existen autores que a un sistema deductivo ven como necesario la inclusión de unas reglas extra lógicas. Pues bien, siguen los estudios de esta influencia de esta Escuela como concepción del Derecho en toda Latinoamérica en muchos años de sus sistemas jurídicos como concepción y metodología de trabajo[14].

2. *Carácter formalizado*

Un sistema es formalizado cuando las operaciones de su construcción se determinan «únicamente» con la indicación de la forma gráfica de los signos linguisticos empleados y su disposición en el espacio, dice KALINOWSKI. El Derecho en este sentido, es difícilmente de la representación de los datos jurídicos, aunque ahora menos por la informática jurídica, el Derecho sólo deja formalizar «algunos» de sus aspectos.

3. *Carácter axiomatizado*

Un sistema deductivo es axiomatizado en la medida en que al principio, a título de axiomas, son enunciadas de forma explicita las proposiciones. La axiomatización se compone de dos propiedades: 1) la decibilidad del sistema y 2) la independencia de los axiomas.

1) La decibilidad de los sistemas jurídicos significa la posibilidad de decidir sobre reglas jurídicas ciertas, aunque dice HART, que la mayoría de las veces en los sistemas la regla de conocimiento no se encuentra enunciada, pero su existencia es manifiesta. Las reglas de conocimiento propias de la mayoría de los sistemas concretos son vagas. La regla de conocimiento es de «textura abierta», en ocasiones. La decibilidad de un sistema jurídico está lejos de ser perfecta.
2) La independencia es la propiedad de que no existe la redundancia normativa, pero se explica que ésta exista pues la imposibilidad de determinar a priori de forma segura, el campo de aplicación de las normas, muchas disposiciones particulares pueden, a priori, formar parte de una interpretación tanto analógica como a contrario, al igual que un principio general puede ser considerado a priori como aplicable al conjunto de casos particulares que origina, como puede ser considerado perteneciente al grupo de derogaciones justificadas por la especificidad de algunos de los mismos.

---

14 Painkov, J. (et. at.) «La escuela de la exégesis y la investigación científica libre: reflejos hermenéutico jurídicos en Brasil (1873 a 1887)» en la revista Quaestio Iuris, vol. 16, número 1, pp. 281-312.

Existirá la redundancia entre una norma particular y un principio general y no siempre será inútil.

XI. COHERENCIA

Es una idea que está ínsita en la propia concepción del sistema, es decir, en el plano de la definición más específica de la noción misma de sistema jurídico. No existe coherencia cuando se dan «dos directivas incompatibles», pues pueden imponer dos obligaciones opuestas o dos soluciones diferentes a un mismo litigio, que producen las antinomias jurídicas. Con este objeto de poder evitar antinomias, se indican una serie de criterios: el jerárquico, lex superior derogat inferiori; el cronólogico (lex posterior derogat priori, la norma posterior prevalece sobre la norma anterior); y el de especialidad (lex specialis derogat generali). Estas reglas, ante la falta de coherencia originaria del sistema jurídico, le dan seguridad; las antinomias son inevitables en todo sistema, ahy que evitar que sean numerosas. La antinomia jurídica no es puramente formal, el juez debe resolverla obligatoriamente, apoyada, a veces, dicha solución en un orden no exclusivamente formal. Otras corrientes basan esa coherencia en una lógica al estilo kantiano[15].

XII. COMPLETUD

Es un postulado-idea que sugiere que un sistema no contiene ninguna laguna y, con ayuda del conjunto de sus elementos, pueda determinar el status jurídico de cualquier derecho, algo que indicó como prioritario la codificación, pero que está demostrado sociológicamente, ha quedado desfasado. Dos teorías se manifiestan:

1. La teoría del «espacio jurídico vacío», según la cual todo lo que no está jurídicamente reglado es jurídicamente irrelevante y
2. La de «la norma general exclusiva», según la cual todo lo que no está jurídicamente reglado está jurídicamente permitido[16].

---

[15] Navarro, P. E. «Coherencia normativa y lógica deóntica. Comentario a Juan José Moreso, lo normativo: variedades y variaciones» en la revista Eunomia: Revista en Cultura de la legalidad, número 22, 2022, pp. 497-512.

[16] Pérez García, C. «Lagunas jurídicas y voluntad del Derecho» en Diálogos jurídicos: Anuario de la Faculta de Derecho de Oviedo, número 7, 2022, pp. 293-312.

XIII. SISTEMATICIDAD MATERIAL

Las consideraciones precedentes que las relaciones entre los elementos de un sistema jurídico se entablan no son exclusivamente de tipo lógico, sino también de naturaleza material o sustancia, esta sistematicidad se le ha denominado sistema-organismo, orden axiológico o teleológico, todas estas expresiones significan que las reglas forman conjuntos por causa de su contenido. La sistematicidad formal podría ser calificada de «mecánica», la sistematicidad material es considerada como «orgánica». La sistematicidad formal puede ser también calificada de mecánica en el sentido de que excluiría toda: finalidad interna o inmanente, lo que se traduciría por el rechazo de toda consideración teleológica en el funcionamiento del sistema jurídico. Una sistematicidad orgánica plantea otra concepción: es un sistema de órganos diferentes de los cuales cada uno tiene un papel especial, y que se han formado ellos mismos de partes diferenciadas. Santi-Romano dice que el orden jurídico es un «todo vivo» u organismo; otros autores consideran que todo organismo posee una «estructura» y unas «funciones» y que la disposición lógica de los miembros del derecho, por completa que pueda ser, no es más que una cosa secundaria, un producto del objetivo al cual debe servir.

Otro rasgo de la sistematicidad orgánica parece radicar en que entre sus elementos existe una idea de equilibrio, cuando caracteriza el condicionamiento mutuo de las soluciones jurídicas, entendiéndolo como un vínculo de carácter orgánico, y la idea de armonía del sistema jurídico, que expresa la existencia de los principios generales del derecho, que deriva de un espíritu general, que anima el sistema y se manifiesta por la concordancia de las soluciones elegidas. Otro rasgo es el del carácter «teleológico»: la consideración de los «fines» u objetivos o de las metas, es decir, presentar a un sistema como un conjunto de reglas consideradas como medios destinados a realizar fines, que pueden expresarse a sí mismas en términos de intereses, de valores o de compromisos sociales. Existen en los sistemas las «contradicciones teleológicas»: cuando se adoptan normas que no son aptas para alcanzar objetivos buscados; así como en casos de desarmonía o inconsecuencia axiológica (consistentes en la adopción de que situaciones «iguales» respecto a los objetivos buscados son tratadas de forma desigual, lo que, de nuevo, nos lleva a dejar por insuficiente la sistematicidad formal.

XIV. LAS FUNCIONES DEL DERECHO

El Sistema jurídico es, evidentemente, un subconjunto del sistema social: si bien toda norma jurídica es una norma social, lo contrario no es necesario (CHEVALLIER) Entre el orden jurídico y el orden social se establecen innumerables relaciones, de ahí que lo jurídico no pueda pretender, la autogeneración absoluta y, a la vez, ambicionar disciplinar lo social. Cumple el derecho distintas funciones, en la sociedad. Algunos autores reducen la función del Derecho en el sentido de su papel de registro único de lo prescriptivo, como si el derecho se limitara a regular los comportamientos so pena de sanción, como si redujera a la regla de conducta a la regla de derecho. SUMMERS y HOWARD dedican muchas páginas en su obra «Law, its nature: functions and limits», a presentar el papel que realiza:

1. El derecho como instrumento de expansión y realización del individuo: promueve la salud pública y la calidad del entorno, protege la vida privada y ordena la familia, mantiene el orden en el grupo y garantiza libertades públicas, reduce las desigualdades de oportunidades... para ello el Derecho prevé los dispositivos de compensación de los daños, otras aplica penas represivas o medidas equivalentes, otras enmarca las actividades recurriendo a la regulación administrativa...hay algo de idealismo al presentar el conjunto de funciones asumidas por el derecho como si estuviesen guiadas por el único propósito de favorecer la expansión individual, los límites de esta perspectiva individualista también se plantean: dice ORIANNE que lo que se pone de relieve es la gran diversidad de funciones a las que, los sistemas jurídicos, en nuestras sociedades modernas, eminentemente complejas, están llamados a ejercitar.
2. La ley es un instrumento para conseguir un estado de cosas y alcanzar, ya para modificar un estado de cosas o para crear uno nuevo.
3. Realizar la estructuración e integración sociales.
4. El Derecho escoge y difunde el lenguaje común.

Por otro lado, el sistema jurídico

5. Garantiza el registro y la difusión de las informaciones para los destinatarios, permitiendo así, desarrollarse en la continuidad de una memoria común cuyos datos son permanentemente accesibles a todos.
6. El derecho estratifica una serie de vocablos y los orienta a unos significados determinados, excluyendo otros de antemano.
7. Una serie de valores quedan afirmados por el derecho y es el Derecho el que garantiza o es fundamento de la vida colectiva: así las declaraciones constitucionales que expresan esos valores de una forma solemne y las prescripciones penales les garantizan una sanción reforzada[17].

---

[17] Se habla claramente de las funciones sociales del Derecho por la doctrina moderna, en el sentido de conseguir unos objetivos que siempre respeten los derechos fundamentales, *Las funciones sociales del Derecho* (coord. Sonales Corella, A.; Añón Roig, M. J.; Dalli, M.) Universitat de Valencia, 2021, pp. 833-52.

Al margen ya de la estructuración de la vida social, el sistema concurre a su regulación. A este título y de forma general, el garantiza la previsibilidad económica, social y política, que de ella deriva.

8. La regulación de las conductas y la gestión de los conflictos. Lo más frecuente es que el recurso al aparato judicial se deje a la iniciativa de las partes, mientras que la regla se presenta como modelo a los individuos, organizándoles nuevas e inéditas posibilidades de actuación acompañadas de un conjunto de límites y constricciones.

9. Fuerza obligatoria, pese a ello, no es un convencido de que la coactividad sea una condición necesaria de un sistema jurídico.

XV. APORTACIONES DE LA TEORÍA DIALÉCTICA DE FRANÇOIS OST

Recientemente, es la aportación más importante y original que del tema del Sistema jurídico se ha visto. El autor considera a HART y KELSEN como los precursores modernos del concepto de Sistema. Entiende que el Sistema jurídico posee una serie de elementos (Normas, por supuesto, conceptos, valores, principios, las instituciones...) que le hacen poseedor al concepto de un carácter heterogéneo de todos esos elementos que lo componen. Entiende que todas las sistematizaciones son válidas: estática y dinámica, lineal y circular... pero que el Legislador se sitúa en la necesidad de equilibrar (homeostasis del sistema) los cambios sociales y jurídicos sin que se resienta el sistema su obra «El Sistema jurídico entre orden y desorden» analiza esa estructura que concibe dialéctica del sistema, no por opinión científica, a su juicio, por descripción de la misma. El trabajo de los agentes del Sistema (codificación, judicatura...) está inoculado de sistematización. El sistema ante esos cambios sociales pretende ser autopoiético, es decir, autónomo para en un proceso de ajuste constante afirmar sus bases conceptuales y su absorción del cambio social, pues secunda la idea de CARBONNIER de que existe una zona de «infraderecho» no institucionalizada oficialmente, pero que trata con normas válidas y reconocidas. Los paradigmas de la codificación (legalidad, tratamiento lineal, monismo político, monismo jurídico) ya no se mantienen es por ello que el sistema se enfrenta a momentos racionales (orden) y a momentos irracionales (desorden, según su frecuencia) que tiene que absorber.

Por ello defiende una «sistematicidad circular» o «dialéctica» y no «jerárquica», «horizontal» o «matemática» o «axiomática» (simbolizada por KELSEN), entre los diferentes elementos del Sistema jurídico, esa absorción de los elementos irracionales le lleva a defender esa circularidad de los elementos del sistema y el orden y el desorden en el que se desenvuelve la Jurisprudencia, la Legislación, y los jueces con sus respectivos modelos[18].

[18] Ost, F; Van de Kerchove, M. *El sistema jurídico entre orden y desorden.* Madrid: Dykinson, 1997 (trad. Hoyo, I.), pp. 134 y ss... toda la teoría de estos autores gira entre el papel complementario de la sistematicidad formal y material. No son excluyentes ninguna de estas dos versiones del sistema jurídico.

Lección 17

EL REALISMO JURÍDICO Y SUS IDEAS

I. EL REALISMO JURÍDICO NORTEAMERICANO

A partir de 1930 —por poner una fecha—, surge un movimiento, un grupo de autores jurídicos que superan el Positivismo, normativismo imperante de Kelsen, la concepción de HART después, y el Iusnaturalismo. El movimiento es el realista. Su idea es que la teoría de la norma como tal no existe y el Derecho sólo se compone de decisiones judiciales particulares que son las verdaderamente interesantes para el estudio de los juristas (Entre ellos, MOORE, OLIPHANT, COOK, LLEWELLYN, CLARK, FRANK...)[1]

Los rasgos del Realismo norteamericano son destacados por LEGAZ:

1. Creación judicial del Derecho.
2. Consideración del Derecho no como fin sino como medio para el logro de determinados fines sociales.
3. Estudio de la influencia emanada de los cambios sociales, siempre más rápidos que la evolución jurídica.
4. Estudio del comportamiento efectivo de los tribunales y de su discrecionalidad entre ese comportamiento y las normas recibidas, las cuales son una guía, pero no el fundamento de las resoluciones judiciales.
5. Interesan los fundamentos jurídicos reales más que los oficiales.
6. De la Jurisprudencia conceptual se pasa a los hechos jurídicos y los intereses sociales.

El famoso magistrado HOLMES (1841-1935) es el que se considera, por personalizar, el gran precursor de este movimiento. En sus reflexiones se puede advertir su ataque hacia la teoría del «silogismo» y su defensa de las soluciones particulares en cada conflicto (The Common Law, 1882). La Lógica no es la única fuerza operante en el desenvolvimiento del Derecho. El desarrollo del Derecho —dice Recasens— (Nueva filosofía de la interpretación del Derecho, 1980) y sobre todo su individualización posee razones que no encajan en la «lógica tradicional», que no son razones de lógica matemática, sino razones de otro tipo, las que llama «del buen sentido». Por algunos, ha sido llamado el «padre

---

1 Quizás el pragmatismo de Pierce, de James, de Dewey ...tuvo que ser el contexto de una concepción del Derecho práctico y, sobre todo, vivido por jueces y público.

del realismo». «Derecho es profetizar sobre lo que harán los jueces y Tribunales en un caso dado»[2].

1. *Benjamín Cardozo (1870-1938)*

Saca sus conclusiones de su cargo de juez. «Qué hago yo cuando fallo un litigio» es su verdadera pregunta. El Derecho (The Nature of the judicial Process, 1921) no era sólo lo que los tribunales hacen, sino las reglas sobre las que basa su actividad. Vio en el Derecho un orden determinado en última instancia por ciertos factores éticos; a esto llamó el «método sociológico», que venía a significar la decisión de los casos jurídicos con referencia al bien común la equidad y la justicia social. El método lógico tiene tan sólo una función limitada y relativa. Mejor acudir al método histórico y evolutivo, pero éste puede quedar también obsoleto. Si ni el método lógico ni el histórico resuelven el problema se puede acudir al punto de vista de justicia y de bienestar social, engranados en un concienzudo estudio psicológico de los intereses que se contraponen en el pleito, que además viene de nuevo a estar de moda en la doctrina norteamericana acudiendo al postliberalismo y el bien común en su jurisprudencia[3].

2. *Austin (1790-1859)*

Las ideas de la «escuela analítica» inglesa fundada por este autor sembraron el precedente del movimiento realista. La teoría analítica de Austin refiere el Derecho positivo al mandato del soberano. Queda el problema de saber si el soberano es una realidad o, por el contrario, es un concepto mediante el cual ordenamos los datos jurídicos. Varios autores secundaron esta idea: si la realidad efectiva sobre la que se apoya y sale el Derecho vigente, es el verdadero «soberano». Las normas serán una guía sobre todo en los casos complicados, pero no suministran una respuesta absolutamente segura, porque el Derecho real y efectivo va a ser lo que «sobre lo que el caso planteado resuelva el órgano jurisdiccional».

---

2 Legaz estudia con profundidad las figuras más destacadas del realismo, Filosofía del ...ob. cit. pp. 225 y ss.

3 Muñoz, G. «La Jurisprudencia norteamericana postliberal: orden y gobierno del bien común» en la revista Pensamiento al Margen: digital sobre ideas políticas, número 16 (dedicado a las guerras identitarias de las derechas contemporáneas), 2022, pp. 8-19.

3. K. Llewellyn

Considerado como el autor más importante de este movimiento jurídico. Distingue entre lo que él llama («Sorne Realism about Realism», 1930) «reglas de papel» y «reglas efectivas»[4]. Las primeras son las formuladas en leyes y reglamentos, pero también las normas que los tribunales declaran en sus sentencias, como fundamentos de sus fallos. Las reglas efectivas son aquellas, declaradas o no, según las cuales los jueces deciden «realmente el litigio». Derecho es lo que hacen efectivamente jueces, abogados, policías, secretarios, etc..., en caso de litigio: what these officials do about dispute, is to my mind, the law itself. La función del derecho en la sociedad es la de decidir los casos litigiosos, delimitar los intereses, establecer un poder gubernamental e integrar la sociedad. Hay un Derecho natural para «uso de los juristas» basado en el bien común y en la justicia social. También analizó la apreciación de los hechos y la calificación jurídica de los mismos. La idea de observancia social como parámetro de la validez de una ley es lo que domina en pensamiento de este autor, con los problemas que se pueden plantear para ello interdisciplinares[5].

4. J. Frank

Ha dedicado atención preferente a analizar la conducta efectiva del juez y los problemas relacionados con la apreciación de la prueba. Considera («If Men were Angels», 1942, «Law and teh modern Mind», 1949) que la ciencia jurídica se basa en un mito y no en una teoría científica; el Derecho no es regla, ni es seguro, ni es previsible. El Derecho es lo que realmente hacen los tribunales; decisiones reales, concretas en el pasado y conjeturas con respecto a decisiones concretas en el futuro; las normas con constataciones generales sobre los que han hecho los tribunales y predicciones sobre lo que harán en el futuro. No hay normas de validez permanente, porque la sociedad está en continuo cambio. Las normas no son el fundamento de la decisión judicial; ésta no es un silogismo, sino que es emocional e irracional; ésta no es un silogismo, se basa en una intuición. Decisiva es la personalidad del juez, sus prejuicios, su modo de reaccionar. La seguridad jurídica, pretendida por RADBRUCH, es una ilusión: una actitud científica tiene que tomar en serio la inseguridad de la existencia, pues es una actitud espiritual

---

4 Llewellyn, K, Some Realism about Realism, en la Harward Law Review, 1930, núm. 44. pp. 122-164.

5 Malalogi, L. «A Phrase which rest upon confusion. Llewelyn y el problema de la «Observancia del Derecho» en Iuris dictio, número 25, 2020, pp. 1-15.

alegre y aventurera, que acepta los riesgos. Al menos reconoce al Derecho Natural, sino como seguro, como el que proporciona una fuerza ética sobre el juez[6].

II. REALISMO JURÍDICO ESCANDINAVO

Se debe citar a un grupo de autores que constituyen la llamada «escuela de Upsala» cuyo inspirador es el filósofo sueco HÄGERSTROM, al que le siguen autores como WILHELM, LUNDSTEDT; HEDENIUS, OLIVECRONA; ROSS[7]. Los dos más estudiados y seguidos por la doctrina han sido ROSS Y OLIVECRONA.

1. *Alf Ross*

Autor que empezó siendo kelsesiano, y que se fue separando de las teorías del austríaco. Distingue la ciencia del Derecho en aserciones que conciernen a las normas jurídicas y directivas, de tal manera que los enunciados de la ciencia del Derecho aseguran que una determinada regla jurídica es válida. Pretende conseguir una «teoría empírica del Derecho». El estudio del Derecho debe ajustarse a los cánones de observación y «verificación» que animan a toda ciencia moderna empírica, y en el principio analítico de interpretar las nociones jurídicas fundamentales como concepciones de realidad social, como conducta del hombre en la sociedad y no otra cosa, de donde se deduce la necesidad de rechazar la «validez» a priori que sitúa al Derecho por encima de los hechos, siendo así que éste tiene que ser considerado purely as a fact, y su validez tiene que ser interpretada conforme a «hechos sociales»[8].

No admite como guía un principio «a priori» de justicia para la legislación, por lo que la política jurídica tiene que ser concebid con un espíritu relativista, en relación con las ideas de los grupos influyentes de la sociedad; Las proposiciones de la ciencia jurídica en la medida en que son aserciones, deben ser consideradas en base al «principio de la verificación». «El procedimiento de la

---

6 Reyes Molina, S. «Jerome Frank: realismo jurídico estadounidense y los hechos en el Derecho» en la Revista Eunomía: Revista en Cultura de la legalidad, número 10, 2016, pp. 265-293.

7 Olivecrona, K. *The Law as fact.* Londres. Copenhage, 1939, existen múltiples traducciones de esta obrera, que observan la peculiar manera de concebir el Derecho de este autor; Mindus, P. «La legislación en Hägerstrom» en la revista Iuris dictio, número 25, 2020. Pp. 1-23.

8 Si hay que quedarse con una de las obras de Ross sin duda es On Law and Justice. London: 1958 (edición española escaneada, Sobre el Derecho y la Justicia, 1970, www.dialnetunirioja.com); también es importante su trabajo Ross, A. «El concepto de la validez y el conflicto entre el positivismo y el Derecho natural» en Academia: revista sobre la enseñanza del Derecho en Buenos Aires, año 6, número 12, 2008, pp. 199-220.

verificación las proposiciones de la ciencia jurídica estarán constituidas por el comportamiento de los tribunales que deciden las controversias jurídicas».

Admite la posibilidad de considerar Derecho válido al todavía no aplicado, ya que entiende qué la aplicación de la norma por los tribunales de justicia no es un requisito de validez, sino sólo un criterio de verificación positiva de la proposición doctrinal (aserción) que nos ha indicado que esa norma es válida. Esa verificación es el momento psicológico en la relación a las resoluciones de los tribunales para su aplicación, en esa «ideología de los jueces». El intérprete, si quiere mantenerse en un plano científico riguroso que obsesiona a ROSS, sólo podrá aventurar juicios de probabilidad con respecto a las proposiciones; una serie de factores que conforman esa incertidumbre: el imprevisible comportamiento de los testigos, el efecto que sus declaraciones puedan producir en el juez, y las interpretaciones de un mismo texto, y finalmente, las ideas del juez acerca de lo que entiende que es Derecho vigente. La afirmación de que una «regla es Derecho válido es una afirmación altamente relativa».

2. *Crítica de la Teoría de Ross*

Parece que la conclusión de la relatividad de la validez de las reglas de Derecho quiere decir que una regla puede ser Derecho válido en mayor o menor medida según sea mayor o menor el grado de certeza con que podamos predecir su aplicación[9]. Es engañoso tratar las diversas fuentes del Derecho concediéndoles el mismo status, un examen cuidadoso impone una gradación de aquellas áreas en las que se puede expresar con gran probabilidad una opinión acerca de los que es Derecho válido de aquellas en las que nuestro punto de vista es casi una conjetura. Si el principio de verificación sólo toma en cuenta lo empírico, la validez del Derecho es un hecho empírico (una objetiva y permanente actitud psicológica de los jueces y magistrados) éste sería o no, pero nunca podría serlo en modo relativo. Ross estaba animado por un propósito sincrético que permitiera armonizar y cohonestar las posiciones del Realismo psicológico y el Realismo conductista. El Realismo psicológico encuentra la realidad del Derecho en el hecho psicológico, por lo que entiende que una norma es válida si es aceptada por la conciencia jurídica popular. Ross no es partidario de lo que entiende disolvería el derecho en el plano individual de la Moral. El realismo conductista estima que la realidad del Derecho se encuentra en las actividades de los tribunales de justicia, una norma sería válida si cuenta con argumentos que le hagan ser aplica-

---

9 Montoro Ballesteros, A. «Sobre la revisión crítica del derecho subjetivo desde los supuestos del positivismo (notas sobre el pensamiento de Olivecrona y Alf Ross)» en Anales de Derecho, número 4, 1983, pp. 19-98.

da y merecedora de fundamento por parte de los Tribunales. Mientras que para la teoría psicológica la validez del Derecho se define de una forma tal que nos vemos obligados a resumir en el dictum de que el Derecho es «aplicado porque es válido», para la teoría conductista la definición de este concepto nos conduce inevitablemente a decir que el Derecho «es válido porque es aplicado». Así que para compaginar estos dos puntos de vista dice ROSS que la ciencia del Derecho es el «conjunto de proposiciones verificables empíricamente que para ser tomadas en cuenta requieren ser avaladas por las decisiones de jueces y magistrados».

3. K. Olivecrona

Autor del Realismo, para él no hay más que una forma de saber científico, el «conocer», conocer lo que es como realidad, como hecho («Law as a fact»). Concepto fundamental en su teoría es el de «imperativo independiente»: independiente de la voluntad de quien lo crea y que, al respetar ciertas formalidades, si inserta en la estructura del Ordenamiento jurídico. El autor no confunde validez y eficacia, no admite que aquélla dependa de ésta, sino justamente al revés, la eficacia depende de la validez. Pues al ser válidas, es decir, creadas del modo previsto en la Constitución e integrarse, por tanto, en el sistema del Derecho, las normas son «operativas». Con todo, el realista OLIVECRONA no hablará, como es lógico, de «fuerza vinculante» de las normas o de obligatoriedad de las mismas, sino sólo de su idoneidad o capacidad causal para influir sobre el comportamiento de los jueces y de la gente. Es una versión empirista del Derecho que, aun cuando tuvo éxito, hoy está quizás muy discutida por exclusiva[10].

LAS TEORÍAS DEL DERECHO EN EL ROMANTICISMO: LA CONCEPCIÓN DE LA ESCUELA HISTÓRICA DEL DERECHO DEL "VOLKGEIST" Y SUS DETRACTORES. LA CODIFICACIÓN COMO ÉPOCA MODERNA, LA NUEVA JURISPRUDENCIA CONCEPTUAL.

La Ciencia jurídica moderna nace con el siglo XIX. Los supuestos para mantener esta afirmación son, según LEGAZ:

a) La Laicización del ámbito científico-jurídico.

b) La separación de los conceptos Moral y Derecho.

c) La lucha de la escuela Histórica contra el Derecho Natural y por la ontologización del Derecho Positivo.

La Escuela Histórica nace en conexión con otro proceso que apasiona a los juristas de entonces: La codificación. Napoleón ha dado un Código a Francia y

[10] Vergara Lacalle, O. «Empirismo y derechos humanos. Unas reflexiones a partir de la Filosofía del Derecho de K. Olivecrona» en la Revista Persona y Derecho, número 76, 2017, pp. 7-29.

lo que impera es el espíritu racionalista de la época. Todo está en la Ley que es plena como el Sistema, nace la Escuela de la Exégesis (BUGUET; LAURENT; BLONDIEAU).

1. Nada se debe dejar al arbitrio del intérprete (Laurent). El Derecho está hecho y sólo hay que interpretarlo.
2. Toda innovación que tienda a sustituir la «voluntad del legislador» por una extraña, debe ser rechazada.
3. La escuela de la Exégesis posee un carácter estatista, reconoce la omnipotencia jurídica del legislador estatal.
4. Se ha tratado de hacer compatible el positivismo legalista con su creencia en un concepto metafísico del Derecho o en ideas del Derecho Natural.
5. Culto desmedido al precedente y a la autoridad (POTHIER, TOULLIER, AUBRY, DU CARROY)[11].

Se comprende que una doctrina edificada en estos cimientos ideológicos conduciría al inmovilismo del Derecho.

En Alemania, la moderna ciencia del Derecho nace con la Escuela Histórica.

Es una manifestación del espíritu romántico que domina universalmente a principios del Siglo XIX. El romanticismo tiñe todos los saberes científicos. Era la oposición al racionalismo y la exaltación de lo singular frente a lo genérico. Cada pueblo es una individualidad portadora de un espíritu singular, que es la fuente de todo lo que constituye la cultura de ese pueblo: el lenguaje, el arte las costumbres, el Derecho. Se ha discutido mucho sobre el verdadero origen de la idea de «espíritu popular» (Volskgeist) de SAVIGNY, padre de esta escuela. La interpretación más usual es la de su origen romántico (WOLF). Afirma la existencia de un pueblo como un ser orgánico viviente, con vida propia histórico-espiritual, entre esas manifestaciones, el Derecho y entre las fuentes del Derecho, la más directa, la Costumbre jurídica. Una innovación es su doctrina con respecto al Derecho Natural.

La Edad Media cristiana había legado la idea de Derecho en su concepción metafísica. Un orden de relaciones cuyo fundamento era Dios; el hombre conoce ese orden en sus premisas evidentes y de las que deduce aquellas consecuencias cuyo desarrollo al detalle compete a las leyes humanas. La escolástica se escindió en dos direcciones: La intelectualista (SANTO TOMÁS) y la voluntarista (DUNS SCOTO y OCCAM). Pero, a partir de GROCIO, cualquier opinión contraria es racionalizar el Derecho Natural.

---

11 Pérez Luño, E. «Aproximación a la Escuela Histórica del Derecho» en el Boletín de la Facultad de Derecho Uned, núm. 14, 1999, pp. 15-44.

La escuela del Derecho Natural había sido la máxima expresión del espíritu racionalista (Grocio, Pufendorf) y es en contra esto contra lo que fundamentalmente reaccionó la Escuela Histórica, el racionalismo · quizá ya había cumplido su misión en esos siglos[12]. El único dato de la construcción intelectual es el histórico, no hay Derecho natural de base. Era muy grande la doctrina del Derecho Natural en el propio Savigny, que cree en la existencia de una ley natural. La oposición era más aparente que real (KOSCHAKER) el Derecho Natural racional y el de la escuela Histórica eran «derechos de profesores», así como su independencia del Derecho Romano. De esa actitud nace la oposición a la codificación: presuponía ésta primar al dato racional e intelectual, descubrir lo que es de razón y sistematizarla. Pero ello va en contra de la convicción de un Derecho real, y del respeto a las formas consuetudinarias. La escuela Histórica cayó en una paradoja: tras afirmar lo importante del Derecho propio, se lanzan a explicar el Derecho Romano vigente en Alemania, después de la «recepción» (del XVI), no lo vieron como Derecho extraño y propulsaron su uso, el del Corpus luris, y no el Pandectas, por ser obra de corrupción del verdadero Derecho romano. HUGO; SAVIGNY, PUCHTA, no fueron grandes historiadores, sin embargo. El origen romano de los derechos e instituciones era la idea de actuación: el Derecho romano no era un fin en sí mismo, sino un medio de conocimiento científico y dogmático del Derecho.

Por ello, Savigny trasciende su propia escuela. Implicó una gnoseología del racionalismo iusnaturalista, la escuela llegó a la construcción de una ciencia del Derecho como sistema conceptual de la realidad histórica de un Derecho concreto. La Jurisprudencia conceptualista fue el producto póstumo del racionalismo iusnaturalista, que convirtió el Derecho en un mero cálculo de conceptos, en un proceso abstracto de naturaleza lógico formal. Pronto surgió la oposición a la escuela histórica (EICHHORN, REYSCHER, BESELER; MITTERMAIER...), defensores del Derecho germánico y muchos de ellos, colaboradores del propio SAVIGNY[13]. Esa oposición no hizo sino engrandecer su figura y sus aportaciones científicas sobre todo respecto al desarrollo legislativo del Derecho y el dato histórico en la legislación, así como su falso ataque visceral al Derecho Natural, doctrina en la que se había formado. Esto que se ve lejano es el origen de la po-

---

12 Martín López, A. «La doctrina del Derecho natural y Hugo Grocio» en Anales cátedra Francisco Suárez, número 2, vol. 2, pp. 203-234.

13 Morineau, M. «Un acercamiento a Savigny» en Anuario mexicano de Historia del Derecho, núm. 16, 2004, pp. 187-200. Para comprender el Derecho anterior a la escuela Histórica y el contexto.

sible legitimación historicista en el plano jurídico de algunos territorios como se ha estudiado[14].

III. LAS TEORÍAS DE LA INSTITUCIÓN O INSTITUCIONALISTAS

El estilo sociológico de pensar jurídicamente se ha manifestado en la «teoría de la institución». En Italia esta teoría la introduce SANTI-ROMANO, que introduce en el pensamiento jurídico una fecunda teoría del pluralismo de los ordenamientos jurídicos. Ha sido en Francia, donde aparecieron otros autores igualmente importantes.

HAURIOU («La Theorie de l'institution et de la fondation», 1925) procedente del Derecho público cultivó esta teoría. La pretensión de este autor era coordinar y conciliar la idea con la realidad, la norma con el ser, tratando de hacer compatibles ideas contradictorias como las de BERGSON, PLATÓN y PROUDHON. La conciliación entre idea y realidad se efectúa en el concepto «institución». Una institución es una idea de obra o de empresa que se realiza y dura jurídicamente en un medio social. Para la organización del poder se crean unos órganos. Dentro del género institución hay dos especies: institución-grupo y la institución-cosa. La idea común de ambas es que penetran en la sociedad, la duración del medio social y un poder objetivo que mantiene el equilibrio de fuerzas dentro de la institución. En la institución grupo la idea es el elemento más importante (el elemento emocional que cala en la sociedad); en tanto en la institución-cosa se constituye a base de relaciones interindividuales y de este modo se aproxima al tipo de sociedad individualista, y el sustrato sociológico de lo creado por el individualismo. Pero interesa más la institución grupo para la estructura sociológica del Derecho.

RENARD (Théorie de l'institution: Essai d'ontologie juridique, 1930), es el autor que más ha popularizado la teoría de la institución. Esta teoría supone para él una renovación total de la ciencia del Derecho. La teoría aparece referida a la teoría tomista. Quiere crear no tanto una teoría de la institución como una «filosofía de la institución»[15]. Renard ha profesado la idea de un «Derecho natural de contenido progresivo», la justicia encarna en la realidad multiforme, impregna el Derecho Positivo, y su conocimiento es progresivo por el hombre. Alcanzó su teoría distinguiendo entre derechos subjetivos y estatutos, que más

14 Encinar, A. «La influencia de la Escuela Histórica del Derecho en la cuestión foral española» en la Revista Sistema, Revista de ciencias sociales, número 159, 2000, pp. 53-74.

15 Scerbo, A. «El institucionalismo jurídico de Georges Renard entre sugerencias filosóficas y afinidades teológicas» en Derechos y libertades, Revista del Instituto Bartolomé de las Casas, núm. 22, 2010. pp. 59 y ss.

tarde amplió a lo que es por voluntad del hombre y lo que perdura a través de generacione[16]s.

Supone la doctrina el dualismo fundamental entre individuo e institución como sujetos de Derecho. La personalidad supera a la institución; pero ésta tiene en aquélla su fuente y su impulso en virtud de la fundación, al mismo tiempo la personalidad vive y se desarrolla en el seno de instituciones. La institución posee vida autárquica. La unidad de los individuos está en el mantenimiento de las instituciones. La institución posee estructura jerárquica y autoritaria. Es una organización (Jerarquía) y ésta es una autoridad. Toda autoridad es institucional, la degeneración de autoridad lo es de las instituciones. El contrato representa lo discontinuo frente a la perpetuidad de la institución: ésta es adaptable y la perpetuidad es su razón de ser; el contrato es rígido y sólo adaptable a la institución. Aunque hay instituciones que se adaptan a la forma contractual (ejemplo clásico, el matrimonio). Hay situaciones jurídicas que son contractuales bajo un aspecto e instituciones en otro (v.gr. la concesión de un servicio público); otras que siendo institucionales se transforman en derechos subjetivos (los derechos reales administrativos), otras, permaneciendo institucionales, engendran derechos subjetivos (la situación de funcionario)...

El Derecho tiende a evolucionar de lo contractual a lo institucional: es la evolución de un pensamiento individualista a un pensamiento comunitario; lo contractual, sin embargo, no puede desaparecer jamás. Es una teoría que, lejos de tener atacantes como LE FUR, que entendía que la oposición entre contrato e institución llevaría al desorden en el primero y el orden en el segundo, es interesante por renovar el método jurídico tradicional. RENARD distingue, sin separar, el contrato de la institución, y admite que el primero sufre la influencia de la institución y a la inversa.

IV. PRINCIPALES CRÍTICAS A LAS TEORÍAS DE RENARD: GURVITCH

GURVITCH (L'idee du Droit social, 1932) ha reprochado a Renard esa influencia tomista, y que haya considerado la organización y la autoridad como ingrediente esencial de la institución, olvidando que ese «Derecho espontáneo»

---

[16] Y es teoría que para ciencia política marca la producción legislativa, pero desde nuevos frentes, así Velázquez Leyez, R. «El institucionalismo histórico como respuesta a los retos actuales de la ciencia política» en la revista Jurídica Ibero, número 8, 2020, pp. 13-31, trabajo en el que se propone un estudio histórico jurídico a través de las instituciones, para mejorar la vida de la población por los gobernantes en su acción normativa.

de los grupos sociales inorganizados se da con independencia a toda organización. Este autor terminó siendo un sociólogo del Derecho. Sus investigaciones se centraron en tomo al «Derecho social», cuyas manifestaciones se encontraban en las teorías iusnaturalistas del XVII y XVIII, en el krausismo y, modernamente, en el «Derecho Libre» y en la doctrina institucionalista de HAURIOU. Los ataques se dirigen al formalismo, la comprensión de la realidad social del Derecho al margen de la idea de Estado es central en su obra. Es antiestatista y defensor del pluralismo de las fuentes del Derecho. El Derecho social, propio de los grupos sociales, se diferencia tanto del Derecho de las relaciones interindividuales como de la perversión que representa el «Derecho de subordinación», que es el Derecho social domeñad por el estado y puesto al servicio de un Derecho individual, caso típico el Derecho de la empresa capitalista. El Derecho social puede ser espontáneo u organizado. Pero la capa más profunda de la experiencia jurídica está en el «Derecho intuitivo», creado al margen del Estado, ya afirmado por su maestro PETRASIZKY.

Lección 18

EL DERECHO SUBJETIVO COMO CONTENIDO DE LA RELACIÓN JURÍDICA

I. LA SITUACIÓN JURÍDICA COMO CONCEPTO PREVIO A LA RELACIÓN

Antes de tratar el tema del derecho subjetivo conviene precisar algo de la situación jurídica. La situación debe considerarse como un elemento de la existencia. La forma de la existencia jurídica es la personalidad jurídica, indica Legaz. Se puede definir la situación jurídica como «las distintas circunstancias de la existencia jurídica personal, en las que se contienen en potencia todas las posibilidades de la vida del sujeto del Derecho, con arreglo a las cuales realiza actualmente o puede realizar en cualquier momento las varias formas de conducta que constituyen el activo y pasivo de su haber jurídico» (LEGAZ). Se ha puesto siempre de relieve la situación jurídica como introducción a la relación jurídica[1].

Algunas situaciones no han de cambiar (el estado civil de la persona en su esencia), el Derecho moderno parte del principio de que todo hombre en cuanto tal posee la condición de persona, no admite la condición romanista de poseer los status. Sobre la base de las situaciones jurídicas fundamentales, el sujeto de derecho puede crear para sí o para otros, por medio de su libertad, nuevas situaciones jurídicas. El «mayor de edad» puede situarse como propietario, vendedor, heredero, testador, arrendatario...se puede decir que a mayor fundamentalidad de la situación, menor intervención creadora del sujeto de Derecho. El concepto de situación jurídica se puede hallar en las doctrinas de la sociología jurídica y en COMTE (Auguste), inspirando a DUGUIT. Este último pretendiendo oponerse a la metafísica personalista dominante del mundo del cristianismo y del individualismo, afirma que la es la única realidad la de la solidaridad, en la realidad social, es una regla ésta que limita al hombre en la falacia del derecho subjetivo. Sólo existe esa norma general esa ley social ese «Derecho Objetivo», negando el comportamiento en contra de ella, y, por tanto, la categoría de «derecho sub-

---

1 Hay situaciones jurídicas estables como la mayoría de edad que despliegan sus derechos desde que nacen, el contexto del tiempo es clave para la relación jurídica, así Herreros López, J. M. «Relación jurídica y Situación jurídica» en el Boletín jurídico de la Universidad Europea de Madrid, número 6, 2003. En esa estabilidad, hay situaciones jurídicas que precisan de un tratamiento específico, así Navas Navarro, S; Gete-Alonso Calera, M. C. «La situación jurídica de las personas mayores» en el volumen *Los derechos de las personas mayores: perspectivas sociales, jurídicas, políticas y filosóficas.* Madrid: Dykinson, 2007, pp. 37-70.

jetivo». No existen derechos subjetivos, sino «funciones sociales» que cumplir. LARENZ arranca del hecho de al «comunidad» que para él tiene un valor de postulado. Niega la categoría de derecho subjetivo y la idea abstracta de persona. El hombre es «miembro» de una comunidad, con arreglo a ésta, se determina su capacidad jurídica, «está en determinadas situaciones jurídicas». La situación jurídica es simplemente un modo de concretarse el Derecho Objetivo, más tarde acude a los conceptos que él mismo niega. P. ROUBIER ha intentado dotar a la situación jurídica de un papel central en la Teoría del Derecho. Divide las situaciones en situaciones subjetivas y objetivas, las primeras son preestablecidas por una regla jurídica en virtud de un acto voluntario o por efecto de una ley de las que derivan algunas prerrogativas que establecen una posición ventajosa para sus beneficiarios y a las que, en principio, pueden renunciar. Las situaciones objetivas son las que el elemento de la obligatoriedad prevalece sobre el de la ventaja y la disponibilidad. Toda situación posee unos deberes y obligaciones, contraposición de estos. No implica que este autor niegue la categoría de derecho subjetivo y de sujeto de derecho. Lleva el razonamiento de ROUBIER a sus últimas consecuencias, hace coincidir la idea de situación jurídica con la de sujeto de derecho, pues aquélla, en la definición más simple que de la misma cabe dar, es la de un sujeto considerado en relación con un Ordenamiento jurídico, que a su vez es una estructura ordenada de acciones humanas en una determinada sociedad. Sujeto de derecho es la de una situación jurídica como conjunto de poderes y deberes reconocida por el Ordenamiento como capacidad de exigir y prestar.

II. LA CONTRAPOSICIÓN DE DERECHO OBJETIVO (*NORMA AGENDI*) Y DERECHO SUBJETIVO (*FACULTAS AGENDI*)

La forma típica del Derecho subjetivo es la facultad, la facultas agendi, derivada de la norma agendi, de la ley. Para la ciencia jurídica tradicional, no sólo es la facultad el paradigma del derecho subjetivo, sino que es el Derecho en general, en su propia definición. El Derecho subjetivo aparece como «mi derecho» el meum iuris, de Kant. Las direcciones modernas han desvalorizado este concepto, hacia el normativismo, que identifica la realidad jurídica como las normas objetivas; ello es un error, la idea de derecho subjetivo está vinculada a la de «derechos fundamentales de la persona» y es una forma de negar el derecho subjetivo[2].

El Derecho es realidad existencial, de la persona en su dimensión social, y vincula la aplicación de un efecto jurídico cualquiera, singularmente de determi-

[2] Ya conceptos en crisis, como indica en su tesis doctoral Pérez Sánchez, C. Crisis del principio de generalidad y del formalismo jurídico: Rousseau, Kant y Hauriou. UCM, 2004.

nadas consecuencias favorables, convalidadoras o desfavorables (esto es el cumplimiento de un deber jurídico) al acto facultativo de un sujeto, cuya posibilidad jurídica es el signo que el Derecho le da.

El acto facultativo es un acto del sujeto de derecho, es lo contrario a acto debido. Un acto es jurídicamente debido cuando su contrario acarrea una sanción a su autor.

Facultativo será aquel cuyo cumplimento lleva consigo efectos favorables para su autor o cuyo impedimento está jurídicamente prohibido. El efecto de un acto facultativo es directa o indirectamente la producción de una norma de Derecho: un negocio jurídico válido, una sentencia judicial es el supuesto para la creación de una norma jurídica.

El derecho subjetivo es una situación jurídica por la que se participa en la creación del Derecho.

El acto facultativo se halla definido en la norma y no es cosa distinta del Derecho objetivo, es una manifestación de su libertad. El derecho subjetivo se define como aquella situación del sujeto de derecho en la cual, y por virtud de la cual una conducta del mismo significa una participación en el proceso creador del Derecho, porque la imposición de deberes jurídicos a otro sujeto, y la creación de situaciones jurídicas nuevas en beneficio propio o de tercero, se halla a su disposición[3].

III. EL DERECHO COMO ACCIÓN Y EL PROBLEMA DE LOS DERECHOS CON ACCIÓN NULA O DÉBIL EL DERECHO Y SU CAUCE PROCESAL

El derecho de cada individuo se sustancia en un cauce formal o procesal. Se ha planteado —dice LEGAZ— si el proceso o la acción igual al derecho subjetivo. Esta identificación la suelen realizar las concepciones poco progresivas. El Derecho procesal aparece como un Derecho meramente «adjetivo» un Derecho

---

3 Los estudios de los derechos subjetivos se extienden en la bibliografía jurídica a enormes temas, y en todas las materias, con la pandemia se acentuaron estudios, así Cedeño Ceballos, C. «Derecho subjetivo condicionado y estados de excepción por covid 19 en Ecuador» en Mulitverso journal, vol. 2, número 3, 2022, pp. 76-90; así aplicados a materias diversas, Marcos, A. M. «Eutanasia: ¿excepción moral válida o derechos subjetivo? En selecciones de Teología, vol. 59, número 233, 2020. También muy debatido el propio concepto en las políticas públicas y su aplicación, como ejemplo reciente, Gómez Ciriano, E. J. «El derecho subjetivo a los servicios sociales en el contexto de la Agenda 2030» en Los Objetivos de desarrollo sostenible desde una perspectiva de derechos humanos, el trabajo social y la comunicación. Valencia: Tirant lo Blanch, 2020, pp. 55-81.

formal que sólo sirve para actuar, mediante el procedimiento, el Derecho material: «Ius persequendi in iudicio quod sibi debeatur».

Mientras se ha estimado que la acción es el mismo Derecho en ejercicio, una parte del Derecho privado subjetivo, se le ha concedido la parte más externa, la forma, el rito: el derecho de acción ha sido el procesal como ritual o litúrgico, vigilante de los trámites que se habrían de seguir para llevar a cabo, esos trámites lo eran todo en el Derecho. El problema jurídico son todos aquellos derechos que no poseen un cauce específico para su acción, pese a ya ser derechos reconocidos, sin dar más validez a las generaciones de derechos, pero que no tienen ese cauce y quedan dentro de las políticas públicas como objetivo, pero se asemejan a derechos fundamentales poco a poco, y es inconcebible estén sin acción específica[4].

El Individualismo, proveniente del Derecho romano, no ve en la realización del Derecho más que la satisfacción del interés privado, interés que es exclusivamente amparado por la norma jurídica privada que es la más relevante. Sólo el trámite es el contenido del Derecho de acción, no posee un lado estrictamente jurídico.

Hay que aclarar con LEGAZ que:

1) La acción es cosa distinta al derecho subjetivo que con ella se hacen valer. El derecho subjetivo es una situación jurídica; la acción es un modo jurídico de hacer valer aquella situación (porque se pida al Tribunal una sentencia o por el «petitum» que se haga). Existen dos tipos de acciones: la de condena, hacer lo que se declare en la sentencia, y la declarativa, en que se pide que se declare lo que es Derecho.

2) Existen derechos subjetivos sin acción procesal y acciones procesales que no corresponden con derechos subjetivos. (p.e. derecho subjetivo sin acción procesal es la negación de acción para reclamar lo ganado de un juego de suerte, envite o azar (art. 1798 Ce). Existen acciones sin derecho subjetivos correlativos, como la acción para pedir la juez la nulidad del matrimonio (art. 101 y ss...del CC), la situación jurídica del individuo es semejante a la del titular del derecho subjetivo.

   Desde el punto de vista del Derecho positivo, donde existen los «derechos potestativos» no hay acción procesal correlativa y donde hay acción «constitutiva en lugar de un derecho potestativo, es porque el Orden jurídico ha

[4] Como ejemplo, Moreno Pérez, SC. Medio ambiente, derecho fundamental, tesis doctoral leía en 2008 en la Universidad del País Vasco. Sobre este tema ya habíamos reflexionado de manera extensa en Carretero Sánchez, S. *El cambio de los derechos sociales y su justiciabilidad: (impacto jurídico de la inmigración en la teoría tradicional de los derechos humanos)*, Madrid: Universidad Complutense, 2004.

querido expresamente debilitar la situación jurídica del titular, reservando al juez, por razones de seguridad, la potestad de intervenir en una relación jurídica existente. (P.E. el inquilino que puede rescindir por sí solo el contrato, el ama de casa que puede despedir por sí misma a una criada etc… es más fuerte esta acción que la de los titulares de los derechos no correlativos de derechos subjetivos.

3) La acción constituye un «derecho público subjetivo»: el derecho de excitar la actividad jurisdiccional del Estado. La acción tiene carácter público y su ejercicio constituye una relación jurídica entre el individuo y el Estado (un órgano estatal): la norma que constituye esa relación no es la que señale el deber jurídico de los particulares de abstenerse de realizar ciertos actos, sino el deber del Estado de proteger las situaciones mediante una sentencia favorable y aplicación de las consecuencias desfavorables (ejecución), se utiliza por otros, la expresión pretensión, pero significa lo mismo[5].

IV. PRINCIPALES AUTORES DEL DERECHO SUBJETIVO

1. *El derecho subjetivo en Ockam*

Guillermo de Ockam (1300-50), estudió en Oxford. Sus obras más importantes son:

- «Dialogus intermagistrum et discipulum de imperatorum et pontificium potestate» «Comentarios a las sentencias de Pedro Lombardo»
- «Opus nonaginta iderum».

Es el creador del nominalismo como punto central de toda su Filosofía, esto es, niega las esencias; sólo existe lo individual. Los conceptos existen sólo en nuestra mente y no son más que el resultado de abstracciones. Se trastoca con él la base realista del tomismo. La rectitud moral depende de la conformidad con la contingente y no necesaria voluntad de Dios. Divide tajantemente Fe y Razón; Filosofía y Teología. Remite a la fe aquello que trascienda a la experiencia sensible. La revelación cobra protagonismo: la revelación auxilia a la razón. «Ni la existencia de Dios, ni sus atributos, ni la inmortalidad del alma pueden ser demostradas racionalmente con absoluta certeza».

---

[5] Aarnio, A. «Derecho como acción» en Isonomia Revista de Teoría y Filosofía del Derfecho, núm. 8, 1988, pp. 103-124. Se ha estudiado la historia del derecho subjetivo en la aplicación administrativa del mismo, así, Medina Alcoz, L. «Historia del concepto de derechos subjetivo en el Derecho administrativo español» en Revista de Derecho Público: teoría y método, número 13, 2021, pp. 7-52.

Respecto al derecho subjetivo, indica VILLEY que la primera formulación del derecho como «poder» estaría en su obra Opus nonaginta. La ocasión fue en la polémica con el Papa Juan XXII sobre la pobreza evangélica: la orden franciscana, con el fin de imitar a Cristo, renunció a todo derecho sobre las cosas. Así los papas anteriores distinguieron entre ius o propietas y dominium, y simplex usus facti. Esto es, entre un derecho sobre algo y el mero uso de ese algo. Así la propiedad la tendría la Santa Sede, y el uso la orden franciscana. Juan XXII revisó la postura de los papas anteriores, y estableció in ius utendi en la bula «Cum Inter nonnullos» (1323): el uso no sería justo, consideraba el Papa, sin un cierto ius, un ius utendi, un poder jurídicamente reconocido sobre las cosas, amparable ante los tribunales, y del que no podían ser privados sin culpa o causa racional. Así el término «derecho», en lugar de significar el bien que nos corresponde según justicia, se identificó simplemente con el poder que se tiene sobre dicho bien[6].

Poco a poco, OCKAM se distancia del Papa, no es infalible ni tampoco el Concilio. La infabilidad de la Iglesia sólo es patrimonio de la ecclesia universalis, compuesta por los fieles. Reduce el poder papal, pues separa como Lutero la Iglesia y el mundo, mención aparte de su pensamiento político y económico que aquí no se trata.

2. Hugo Grocio (1583-1645)

Su vida está marcada por un contexto histórico, de eclipse del Imperio (siglo XIV y XV), aparición de Monarquías absolutas, la reforma de Lutero, quiebra de la unidad religiosa, el descubrimiento de nuevos mares y océanos, y las guerras religiosas y el orden internacional cambiante. Fue hijo de padre protestante y madre católica, lo quele influyó toda su vida. Estudió teología, Derecho e Historia. Participó activamente en la vida política y social holandesa, agitada por las luchas de las fracciones calvinitas: los rimostrantos o arminianos (próximos al catolicismo) y los gomarristas (afines al calvinismo y enemigos de los primeros). Grocio fue condenado a cadena perpetua, aunque pudo escapar de la cárcel viviendo en Suecia, y muriendo en Rostock (Alemania).

Obras:

– «De iure belli ac pacis»; «De mare liberum», «De iure summarum potestarum circa sacra». Afirma en «De iure belli...»(su gran obra), principios universalmente válidos de justicia. La naturaleza social y racional del hombre es para Grocio la fuente del Derecho: el hombre necesita vivir en sociedad para su desarrollo, tres normas rigen: el respeto de las cosas ajenas,

6 Mora, E. «El derecho subjetivo en la neoescolástica» en el volumen editado por la Universidad de Cádiz, 2003, 389, 419 y también Carpintero, F en ese mismo volumen pp. 35-288.

la obligación de mantener promesas y la responsabilidad penal por los delitos cometidos. Afirma que la existencia del Derecho Natural se puede conocer incluso por los no creyentes. Para él, el Derecho natural se define como «norma de la razón recta que hace conocer una determinada acción, según sea o no conforme a la naturaleza racional, es moralmente necesaria o inmoral y que, por consiguiente, tal acción está prescrita o prohibida por Dios, autor de la naturaleza»[7].

Parte de la evidencia del Derecho Natural para afirmar luego el imperativo divino: se trata de un razonamiento inverso al tradicional teológico, que partía del mandato divino para concluir con la bondad o maldad de los actos. Dios no puede querer otro Derecho Natural diferente al que existe. Autores posteriores indican que con él comienza un nuevo Derecho Natural, desvinculado de toda connotación religiosa. Parece que ello también puede ser una exageración de los países protestantes (en España, DE SOTO, VITORIA; SUÁREZ, MELCHOR CANO… tuvieron esa misma influencia). GROCIO pretende conseguir un sistema de derecho natural válido en sus ramificaciones. Se rechaza el argumento de autoridad y se postula la razón como el método imperante. Delimitadas las premisas del Derecho natural, considera que estamos en condiciones de construir un sistema completamente racional de normas morales como si fuera una demostración matemática. No comparte la doctrina del pacto social: la sociedad es connatural al hombre, la comunidad pacífica y organizada con arreglo a su entendimiento con los seres de su propia especie; la «sociabilidad». El mantenimiento de una sociedad pacífica es la fuente de la obligatoriedad de las normas legales. El Derecho positivo de los Estados, mantiene su validez sobre el principio de pacta sunt servanda. Por todo esto, ha sido considerado el padre del Derecho Natural racionalista, caracterizado por el laicismo, individualismo y subjetivismo.

La frase de Grocio de que «se puede conocer el Derecho Natural al margen de la existencia del Dios» no es original suya. Teólogos como De Rímini y Gabriel Biel ya la utilizaron. Rodrigo de Arriaga posteriormente; pero ello no le califica de hombre no creyente, muy al contrario. Tuvo una importancia decisiva en el Derecho Internacional y en el término de «soberanía» es un poder «cuyos actos no están sujetos a otro Derecho, de suerte que puedan anularse por el arbitrio de otra voluntad humana».

---

7 Altamira, R. «Hugo Grocio y España» en la Revista de la Facultad de Derecho de Madrid, volumen 9, núm. 36, 1926; Doyle Sánchez, D. «Iustitia el ius Naturale» en De iure belli ac pacis: Observaciones a la distinción grociana entre justicia expletiva y justicia atributiva» en la revista Pensamiento: Revista de información e investigación filosófica, vol. 77, número 294, 2021, pp. 365-362.

3. El Derecho en Samuel Pufendorf (1632-1694)

Otro de los grandes autores de la escuela de Derecho Natural racionalista. En la base del pensamiento se cifra el sistematismo. La misión propia del pensamiento filosófico consistía en la construcción de Sistemas. Se buscaba el principio que fundamentase la posibilidad de esa construcción. La concepción de la escuela iusnaturalista no era ideológica sino metodológica; lo importante no era el concepto de Derecho Natural, sino la presuposición de que había leyes necesarias y universales que regulan la vida del hombre, al modo de las restantes leyes que rigen el Universo, y que podían derivarse de la consideración de la naturaleza humana. Su obra más importante es «De iure naturae et gentium». El Derecho natural quedaba enmarcado en la socialidad como uno de sus fundamentos. Pufendorf se lamentaba de que en el Derecho faltaba la certeza (y en las ciencias morales) de la matemática. Los dos primeros capítulos de la obra presentan un problema metodológico, intentando demostrar que el Derecho natural puede ser una ciencia exacta y certera. Todos los autores del Derecho Natural (WOLF) parten de la hipótesis del estado naturaleza y, cada uno, de un principio de interpretación de la naturaleza humana (sociabilidad, felicidad, perfectibilidad, seguridad...) intentando conseguir un Derecho Natural racional y geométrico[8].

4. El derecho subjetivo como facultad moral: la Escolástica española

La Escolástica española es la heredera de los siglos XVI y XVII del Legado de la teología y a Filosofía jurídica tomistas. El alto número de teólogos-jurídicas de las escuelas más importantes: La de la Orden de santo Domingo (Vitoria, de Soto) y la Orden de san Ignacio de Loyola, la compañía de Jesús (Suárez y Molina) trataron el tema del derecho subjetivo. Aceptan la idea del Derecho como poder o facultad, propia de la escuela franciscana de la baja edad media, y de Occam, pero rechazan el fundamento voluntarista del mismo, como se había defendido.

La escolática española en pleno renacimiento sigue perfeccionando este concepto de derecho subjetivo[9]. El nuevo concepto no está a salvo de implicaciones teológicas, pero su punto de referencia es ya el sujeto autónomo, a cuyo servicio se encuentra la sociedad, y no al revés, si bien la persona como la sociedad tienen, a su vez, como punto definitivo de referencia un orden divino de creación. SUAREZ define el derecho subjetivo como un poder que se tiene sobre una cosa que de alguna manera nos pertenece. «Suele llamarse propiamente Derecho a

---

8 Martínez Albiach, A. «Grocio-Puffendorf ante Mayáns Campomanes» en los cuadernos de estudio del Instituto Feijoó de Oviedo, núm. 6.7, 1996-7, pp. 139-156.

9 Megías Quirós, J. «De la facultad moral a la cualidad moral» Anuario filosofía del Derecho, núm. 9, 1992, pp. 325-350.

cierto poder moral que uno posee sobre lo suyo o lo que es debido; así se dice que el propietario de una cosa derecho sobre la cosa y que el trabajador tiene derecho al salario» (De Legibus ac Deo Legislatore)[10]. Molina indica que el derecho subjetivo es la «facultad de hacer, obtener, insistir, o en general actuar de cierto modo sobre alguna cosa, que, si se contraviene sin causa legítima, provoca una injuria al investido de esa facultad».

Domingo de Soto en «De iustitia et iure» define dos versiones del Derecho, objetiva y subjetiva. En la segunda distingue entre los conceptos de dominio y derecho, define el derecho subjetivo como «facultad de disponer y usar libremente de las cosas». El dominio, el uso y el usufructo vienen a ser modalidades de esa facultad o poder. El dominio es la facultad y el derecho propios, que cada uno tiene sobre una cosa para servirse en beneficio suyo, mediante cualquier uso permitido por la ley. El uso y el usufructo son en cambio facultades no propias, sino dependientes del verdadero dueño o del juez que los concede, para usar o disfrutar de las cosas de otro, respetando la naturaleza de estas.

Hobbes en su Leviathan (1651), define el Derecho Natural como la libertad de todo hombre a usar de su propio poder, que tiene por objeto la preservación de la propia vida y la utilización de los medios que su razón conciba a tal efecto.

5. Noción de derecho subjetivo de Savigny

En su «Sistema de Derecho romano actual» el jurista más destacado de la Escuela Histórica del Derecho, considera el derecho subjetivo como la voluntad del sujeto de Derecho; el derecho subjetivo supone una exigencia de la voluntad de su titular. Esta idea esbozada por Savigny fue después matizada por un discípulo suyo, WINDSCHEID[11].

6. Noción de derecho subjetivo de Windscheid (1790-1859): voluntad

En su «Manual del Derecho de las Pandectas» (Lehrbuch des Pandektemechsts) desarrolla esta idea anunciada. El derecho subjetivo queda definido como voluntad jurídicamente protegida, la voluntad del sujeto respaldada por la norma jurídica. Es concebido como:

---

[10] Widow Lira, F. «El derecho subjetivo entre la escolástica y la modernidad. La posición de Francisco Suárez» en Bajo Palabra. Revista de Filosofía, número 26, 2021, pp. 201-220.

[11] Frossini, V. «Las transformaciones del derecho subjetivo» en Anuario Filosofía del Derecho, núm. 1967-68, pp. 267-174.

A) Voluntad de un sujeto que exige un comportamiento de otra u otras personas en virtud de las facultades concedidas por la norma jurídica.

B) La voluntad del sujeto que da lugar al nacimiento, modificación o extinción de ciertos derechos.

En ambos casos la voluntad humana es el resorte que modifica las relaciones jurídicas o exige los derechos derivados de relaciones jurídicas anteriores. La voluntad se mueve de esta manera en el mundo del Derecho porque la norma lo permite, al ser una voluntad protegida por el Derecho. Es el «poder o señorío de la voluntad concedidos por el ordenamiento jurídico».

7. Noción de derecho subjetivo de R. Ihering (1818-1892): el interés protegido jurídicamente

La tesis del jurista alemán representante de la jurisprudencia conceptual evolucionada hasta la jurisprudencia de intereses es que el derecho subjetivo es un «interés jurídicamente protegido». En el «Espíritu del Derecho romano» defiende esta tesis. Afirma que en todo derecho existen dos elementos: uno formal y otro sustancial. El sustancial es el interés, y el formal, la acción para su defensa. Ambos elementos son igualmente necesarios un interés no es jurídico si no cuenta con procedimientos para su protección judicial; será otra clase de interés. Advirtió que el Derecho no era simple forma, que la forma que lo encubría era la «materia» que también conformaba el Derecho. La concepción dinámica del interés: hay intereses de todas clases pueden recaer en multitud de bienes u objetos, cambiar de naturaleza y grado y desaparecer. Al igual que la teoría de la voluntad sufrió fuertes críticas[12].

8. Noción de derecho subjetivo de G. Jellinek (1851-1911)

Considera que el derecho subjetivo es a un tiempo voluntad y el interés protegido por el Ordenamiento jurídico. La conveniencia era la de conjugar voluntad e interés en el ambiente jurídico de la época. En su «Sistema de derechos públicos subjetivos» entiende que el Derecho subjetivo es el interés que se protegía jurídicamente con la voluntad actuante del sujeto; ambos elementos complementarios y necesarios. El error era que las teorías anteriores eran parciales al desvelar dos elementos como no complementarios; así dice «el derecho subjetivo es el poder de la voluntad humana en dirección a un bien o interés, reconoci-

---

12 Ruiz Resa, J. D. «El concepto de interés en Ihering» en la revista de la facultad de Derecho de la Universidad de Granada, núm. 3, pp. 435-453.

do y protegido por el Ordenamiento jurídico»[13]. En este sentido, se discute ese derecho subjetivo y su fuerza constitucional al no estar contemplado sino como derecho social, económico o cultural…

9. La negación del derecho subjetivo de León Duguit (1859-1929)

Realizó este autor en sus primeras obras «El Estado, el Derecho objetivo y la Ley positiva» un primer ataque a la categoría de derecho subjetivo, por considerarlo contrario a la naturaleza y así lo ataca hasta su «Tratado de Derecho constitucional» (1921).

Rehúye de la teoría del pacto social y de la base tomista del derecho subjetivo: la idea de función social la concibe como la norma objetiva en su aplicación social y en el desarrollo de la solidaridad social. No existe un derecho a la propiedad, sino una función social poseedor de la riqueza. Lo importante en el Derecho es que fomenta la solidaridad social y desterra la concepción individualista del Derecho. Niega la categoría del derecho subjetivo y ésa es su gran crítica en lo que ha sido el centro de todas las concepciones de los Ordenamientos[14]. Es verdad que se resume en su negativa al derecho subjetivo, pero para llegar a ello, realiza toda una argumentación jurídica metodológicamente muy detallada.

10. Sobre el derecho subjetivo en el realismo norteamericano y escandinavo

FRANK; LLEWELLYN, COHEN, etc. Han valorado frente al Derecho legislado el Derecho como decisión judicial. El Derecho es básicamente un cuerpo de resoluciones judiciales afectadas de una emotividad que les impide una mínima unidad y coherencia. El relativismo decisionista no sólo afecta al Derecho en sentido objetivo, como regla exterior de comportamiento, sino a todos los conceptos jurídicos, como el derecho subjetivo.

Realismo norte europeo (LUNDSTEDT, OLIVECRONA; ROSS, HÁGERSTRÓM), criticaron los conceptos tradicionales del derecho por irreales entre ellos el de derecho subjetivo; es un concepto imaginario irreal y metafórico, no representa una realidad objetiva, ese poder que representa es ficticio[15].

---

13 Y sigue escribiéndose sobre el derecho subjetivo en las Constituciones modernas, así, Menke, C. «Constitución y derechos subjetivos» en Revista de estudios de la Justicia, número 35, 2021, pp. 131-142.

14 Rodríguez de Quiñones y de Torres, A. «Algunas consideraciones sobre la negación del derecho subjetivo en L. Duguit» en Anuario de Filosofía del Derecho, núm. 1, 1984, pp. 301-330.

15 Hierro Sánchez-Pescador, L. «El realismo jurídico escandinavo: una teoría empirista del derecho». Madrid: Universidad Autónoma de Madrid, 2003.

11. El derecho subjetivo en el realismo escandinavo: Olivecrona y Ross Olivecrona

En su obra «The Law as fact» pretende desterrar del Derecho todos aquellos conceptos jurídicos que no tengan una correspondencia empírica —deber jurídico, derecho subjetivo, persona jurídica— más bien cumplen una función psicológica sin correspondencias reales. Escoge como ejemplo el derecho de propiedad. El derecho subjetivo es una imagen irreal, es un poder imaginario muy beneficioso para la eficacia de las normas jurídicas. «El término derecho subjetivo no se utiliza para expresar objeto alguno»; por ello, es un término que queda reducido a un mero sentimiento psicológico.

12. Ross

Profundiza en la declaración del carácter metafísico e irreal de los conceptos jurídicos (piedra angular del pensamiento de sus maestros LUNDSTEDT y HÁGERSTRÓM).

Llama al derecho subjetivo con el término «tíl-tíl». Simboliza de forma imaginaria la violación de un tabú en una tribu, que conlleva unas determinadas consecuencias, como el exorcismo en quien lo viola, pero es una expresión que no se corresponde con la realidad, es una mera pretensión; el derecho subjetivo es un poder imaginario que tiene el valor de reforzar las consecuencias jurídicas. No es otra cosa que una técnica o instrumento de representación de las directivas de conducta de las normas, que unifica y clarifica la correspondencia entre los supuestos de hecho y sus consecuencias jurídicas. Si la norma es una concatenación de supuestos de hecho a consecuencias jurídicas, el derecho subjetivo sería la representación de n/supuestos a n/consecuencias intercaladas entre unos y otras[16].

13. El derecho subjetivo en Kelsen

La teoría kelseniana parte de una idea principal: el derecho subjetivo es un aspecto del Derecho objetivo, no realiza esta distinción. El derecho subjetivo es el mismo Derecho objetivo contemplado desde el aspecto del sujeto. «La esencia del derecho subjetivo se encuentra en el hecho de que una norma otorga a un individuo el poder jurídico de reclamar, mediante una acción, por el incumplimiento de la obligación».

---

16 Alexy, R. «El concepto de competencia de Alf Ross» en cuadernos Doxa, Cuadernos de Filosofía del Derecho, núm. 35, pp. 549-570.

Cuando el concepto se saca de su contexto se vuelve ideológico y presiona sobre el Derecho objetivo para que lo incorpore a las normas internas. KELSEN propone diversos sentidos del «derecho subjetivo»:

a. Derecho como equivalente a no prohibido: se limita a describir la ausencia de una norma prohibitiva para poder realizar o no algo.
b. Derecho como equivalente a «autorización»: describe normas que permiten o autorizan los comportamientos que mencionan.
c. Derecho como correlato de una obligación activa.
d. Derecho como correlato de una obligación pasiva.
e. Derecho como acción procesal.
f. Derecho como acción o elección política[17].

---

[17] Alarez Gálvez, I. «Sobre el concepto de derecho subjetivo en Kelsen» en Boletín de la Facultad de Derecho de Uned, núm. 17, 2001, pp. 27-76.

Lección 19

LA CIENCIA JURÍDICA Y LAS TEORÍAS POLÉMICAS MODERNAS

I. LOS AUTORES CRÍTICOS CON J. LA CIENCIA JURÍDICA: VON KIRCHMANN

VON KIRCHMANN (1802-1899) En 1847 Von Kirchmann pronunció su discurso como Procurador del Rey en Prusia: «Die Wertolosigkeit der Jurisprundenz al Wissenschaft» (la falta de valor de la Jurisprudencia corno ciencia)[1]. Vino a ser este autor un detracto de la Jurisprudencia científica, existentes en todos los tiempos y en la época moderna. (PETRARCA, LUIS VIVES, ERASMO en el Renacimiento), las burlas de RABELAIS contra los jueces, MONTAIGNE contra los intérpretes del Derecho, PASCAL...La jurisprudencia conceptualista (PUCHTA) ofrecía motivos abundantes de crítica y burla a un espíritu novedoso, ágil y dotado de buenas maneras al escribir. La escuela Histórica también tenía aprecio por el Derecho poco formalizado y popular, lo que animó a este autor. La ciencia posible era la general, la griega, la aristotélica. Sólo lo general tiene cabida, mientras que lo individual o singular queda al margen de la consideración científica. Lo general es lo estable y constante. Pero el Derecho pertenece a esas cosas singulares, irreductibles a lo general porque es huidizo y mudable. Las ciencias avanzan con lentitud. Sus leyes son el resultado de la tradición, pero como los objetos de la ciencia no cambian, esa lentitud no implica ningún inconveniente práctico. En cambio, el Derecho varía rápidamente, y la ciencia jurídica es lenta. Un error cometido afecta a toda la ciencia del Derecho. La Jurisprudencia se alimenta de las imperfecciones de su objeto; parece que le guste lo fragmentario y difícil, las lagunas, equívocos, contradicciones... «tres palabras rectificadoras del legislador y bibliotecas enteras se convierten en basura». Kirchmann ha sido autor seguido, aunque con escaso bagaje filosófico, pero su crítica a la jurisprudencia ha sido famosa, tal es su escepticismo en que la Jurisprudencia pudiera ser una «ciencia», propugnó una politización intensa de la misma[2].

---

1 Versión de la traducción de Navarro Heras, M. A. y Martínez Neira, M. Madrid: Dykinson 2021.

2 Haba P. «Kirchmann...¡sabía menos pero vio mejor!» en la Revista Doxa, Cuadernos de Filosofía del Derecho, núm. 14, 1993, pp. 269-318.

Es lamentable que la ciencia hay excluido de su seno a la política, con lo que es incapaz de dominar la materia y el curso de las cosas nuevas, al revés que otras ciencias. Las leyes positivas deben reducirse a los mínimos como material instrumental, el juicio del pueblo se dejará oír para completar un buen sistema. Esta tendencia de acercarse a la política o a la ciencia social es frecuente en las tendencias críticas o negadoras del valor científico del Derecho. Como han indicado muchos autores, sabía quizás menos Derecho, pero fue visionario con respecto a los acontecimientos posteriores, y mucho se ha escrito sobre su mensaje anticientífico del Derecho. Ciertamente dedicarse a una ciencia que se dice no existir, cuando menos, es una posición innovadora, pues ni siquiera los escépticos sostienen no existir la Filosofía para negarla.

1. Lundstedt (1882-1955): la Escuela de Upsala

Formó parte de la llamada «Escuela de Upsala» (inspirador HAEGERSTROEM), junto a Olivecrona, Hedenius, Ross...sin quizá conciencia alguna de ser escuela como tal.

Su obra representa una especie de nihilismo jurídico: niega a la jurisprudencia al negar el Derecho como objeto en general. Toda la ciencia jurídica es sinónimo de superstición e irrealidad. La confusión de causa y efecto está en todas las teorías jurídicas. Quiere, mediante una doctrina que cree original y que nadie hasta él ha dicho algo parecido, eliminar la superstición de la Jurisprudencia. Todos los juristas, incluso quienes lo niegan, creen en el Derecho Natural. No hay derechos subjetivos, ni deberes, ni derecho de la propiedad... es terminología que hay que utilizar. Sólo lo científico es lo que tiene fundamento en la experiencia. Todo funciona por un «mecanismo jurídico» de racionalidad y nada más. La conciencia jurídica es irracional, no existen reglas o normas. Para construir una máquina es necesario poner unos conocimientos en marcha, así las reglas son necesarias para el juez para obrar en beneficio común. La norma o ley es sólo una asociación de palabras cuya observancia es de importancia suma para la vida del Estado, la diferencia entre normas válidas y normas ideales (de lege data y de lege ferenda) es una pura ilusión de la imaginación del jurista. Lo que hasta ahora ha impedido la fundación de una jurisprudencia científica es el fantasma del Derecho objetivo, el material de normas o preceptos legales, derivados de la justicia natural. La Jurisprudencia es una ciencia inexacta, el jurista ansioso de proceder científicamente, tiene un campo práctico de acción de sentido constructivo para la vida social. La obra de construcción tiene que estar determinada en relación con la legislación, ya que ésta lo único para lo que sirve es para asegurar el máximo beneficio a la comunidad. Por ello, la jurisprudencia tiene que ser «activa» en esa «construcción social» nada que ver con el «deber ser» abstracto o del imperativo categórico que tanto daño hace a la ciencia jurídica[3].

2. *Jaehner (el mito en el Derecho)*

Muy cerca de la dirección de LUNSTEDT fue un autor con especial referencia en sus trabajos («Der Mitos von Recht und seine empirischen Grundlagen», 1933) de la idea de depurar los elementos míticos del lenguaje jurídico. Según él, el lenguaje jurídico expresa un mundo de conceptos jurídicos inadecuados. Ha ido el lenguaje de mal en peor desde los romanos, pero por lo menos ellos sabían del carácter ficticio de muchas de sus instituciones. El concepto actual del Derecho es completamente mítico. No hay valores objetivos, sino reflejo de las valoraciones que recaen sobre los objetos; la doctrina de los valores es una metáfora sin objeto, una hipótesis. El concepto de causa es antropomórfico; es el lenguaje humano el que crea este concepto, inspirándose en un antropomorfismo que refiere todo acaecer a lo que es un acaecer del hombre. El hombre piensa en imágenes y alegorías, en suma, mitología. A través de la religión y la ética, los mitos han cumplido siempre una misión devastadora, porque han perturbado y desviado en lugar de procurar conocimientos más modestos, pero positivos. Derecho subjetivo, deber jurídico, norma…son pura mitología. Quiere que la Jurisprudencia sea ciencia eliminando esa mitología, depurado el lenguaje jurídico. Y luego esa línea de trabajo se ha seguido para calificar de mitos modelos jurisdiccionales que han mostrado sus debilidades aun cuando se intentan mantener a toda costa, entendiendo más modernamente esa defensa de modelos trasnochados o deficientes, por el mal entendido positivismo constitucionalista[4].

II. LA ESCUELA SUDOCCIDENTAL: LASK Y RADBRUCH

Lask (1875-1915) reconoce que la especulación valorativa tiene de común con el Derecho natural el plantearse la pregunta acerca del sentido del Derecho y de la Justicia. La realidad empírica, es la única realidad que hay, no hay más derecho que el dado en la realidad jurídica que se desarrolla históricamente, pero de esa realidad, cabe la doble consideración empírica (genético-causal) y filosófica

---

3 Fernández, O. «Balance del realismo jurídico escandinavo» en Revista de Derecho privado, núm. 65, 1981, pp. 1012-1022. Acerca del nihilismo jurídico como línea de trabajo o peligro está el trabajo de Luna Serrano, A. «Sobre el nihilismo jurídico y los intentos de superación» en la Revista jurídica de Catalunya, vol 121, número 4, 2022, pp. 873-908.

4 Messner, V. «¿Viviendo el mito?: la jurisdicción constitucional austriaca» en la Revista general de Derecho Constitucional, número 7, 2009.

(Derecho esclarecido, juzgado, valorado...) por ello, se dice que la metodología del Derecho es «teleológica» la jurisprudencia ha llegado a su exactitud en los métodos por el valor y el fin. La tarea del jurista, según Lask, es creadora, lo que le diferencia de Stammler, que entendía que la ciencia del derecho tenía el material ya dado. La orientación unilateral de la lógica, los métodos de las ciencias naturales y el olvido de la teleología han sido los grandes males del Derecho[5].

1. *Radbruch*

Se habla de la esencia (Rechtsphilosophie, 1932) de una cosa cuando el valor puede aprehenderse como el principio de su ser. El Derecho sólo puede comprenderse en el círculo de conducta impregnada de valor. El Derecho es un fenómeno cultural, un hecho referido a un valor. La idea de Derecho desempeña, pues, un papel constitutivo y no meramente «regulativo» y valorativo en la determinación de lo que es Derecho. El Derecho es un «ensayo» de justicia, puede ser injusto, pero es Derecho en cuanto su sentido es ser justo. La idea del Derecho es la justicia. La justicia es su principio específico, nos da la pauta de su determinación conceptual. La justicia consiste en la igualdad, pero el criterio de lo igual se encuentra en la teoría de los fines del Derecho. Como el fin no puede ser establecido científicamente, sobre las opiniones de los partidos tiene que prevalecer un elemento de «orden», la exigencia de la «seguridad jurídica». La verdadera construcción es teleológica, aspira a comprender los fines de cada instituto para el fin supremo de todo Derecho. La construcción de tipo formalista —necesaria en el Derecho— olvida el «fin» obsesionándose con la forma. Se centra su pensamiento en la metodología del Derecho (cómo conocerlo), la visión ontológica (cómo es el Derecho) y el axiológico (cómo debería ser el Derecho o la idea de Derecho).

2. *Rickert (1863-1936)*

La posibilidad de un conocimiento científico, no naturalista, de las realidades que hoy llamamos vitales, culturales...procede de estos autores. RICKERT entiende que una misma realidad se hace naturaleza cuando la consideramos con referencia a lo universal y se hace historia cuando la consideramos con referencia a lo particular. No hay que obsesionarse con establecer leyes de carácter general, hay ciencias que ni siquiera se preocupan de obtener conceptos universales:

---

5 Rodríguez Gómez, E. «La idea del Derecho en la filosofía jurídica de Gustav Radbruch» en la Revista Universitas, del Instituto Bartolomé de las Casas, Universidad Carlos III, Revista de Derecho, Filosofía y Política, núm. 6, 2007, pp. 29-56, donde también se analiza la figura de Emil Lask.

las ciencias históricas. Exponen la realidad, que nunca es general, sino constantemente individual. Tan pronto falla la generalidad, falla el concepto de ciencia natural. La historia no quiere generalizar como lo hacen las ciencias naturales[6].

3. Dilthey (1831-1911)

DILTHEY caló con más hondura en la ontología propia de lo histórico. «Las ciencias del espíritu» (ciencias de la cultura para Rickert) tienen por finalidad captar lo singular, lo individual en la realidad histórico-social. Esta finalidad se cumple por medio del análisis y la abstracción. Es estudio de las ciencias históricas es por «comprensión» y es muy distinto al de las ciencias de la naturaleza. Poseen dificultades para conocer una unidad psíquica, las interacciones por las distintas generaciones, no permite conocer un estado de la sociedad. La situación del Derecho es paradójica: la vida jurídica son los casos particulares, históricos, pero opera con normas generales que comprenden todos los casos posibles: lo individual se individualiza; lo imprevisible está ya predeterminado. La ciencia jurídica adapta su lógica a la índole de ese objeto inmediato cuya naturaleza nomotética genérica y abstracta se le impone con necesidad. El Derecho es para el hombre y la ciencia del Derecho o sirve a la vida o no sirve para nada: por eso, la misión de esta ciencia es individualizadora: aspira a comprender el orden jurídico como una totalidad individual. Además, toda su tarea de interpretación y de construcción trata de poner de relieve los elementos concretos e individuales del derecho y de sus instituciones y no concede más valor a lo genérico y abstracto que el de un elemento precisamente ineludible en el justo tratamiento de los casos individuales[7].

3. Edmundo Husserl (1859-1938)

En sus «Investigaciones Lógicas» explica HUSSERL que la experiencia de algo, en cuanto conocimiento, implica cuatro cosas:

a. Un signo sensible, con función indicativa o señalativa, es decir, una «señal» que nos dé la pista (fósiles, huesos palabras de una ley).

b. Los signos significativos la expresión como significación, el «sentido».

---

6 Lacombe, P. «La Historia como ciencia: a propósito de un artículo de Rickert» en la obra *La polémica sobre el método histórico (1900-1908): textos escogidos.* (Sevillano Calero, F et al). Ed. Norte Crítico, 2017, pp. 69-78.

7 Hernández Jorge, M. «Dilthey y la esencia de la Filosofía» en Scientia helmantica: revista internacional de Filosofía, vol. 1, número 8, 2001, pp. 37-52.

c. El objeto ya irreal y: ficticio, ya real, pero en todo caso «mentado» de la significación.

d. El cumplimiento de la significación y la verificación del objeto en la intuición.

Sólo en este último caso hay una experiencia sensible, positiva; donde falte esa intuición el objeto será irreal o «ideal».

Pues para que haya una experiencia jurídica positiva, susceptible de ser «objeto» de una ciencia, se requiere estos cuatro elementos, que sea posible la intuición, sensible del objeto. Existen dos posturas para buscar estos elementos:

1) Postura racionalista:

Signo: palabras de la ley, costumbres…

Significación: el sentido del signo es lo que las palabras significan. Objeto: indicado en la significación de la norma.

Intuición: en este caso sensible no es posible, porque la norma es un objeto ideal.

2) Postura egológica (doctrina sustentada por Carlos Cossío y su escuela): signo: de la experiencia jurídica, palabras de la ley, costumbres jurídicas… significación: el sentido del signo de la norma jurídica.

Objeto: es la conducta humana que se ve en la norma.

Intuición: es posible, la conducta humana, es real, existencial y temporal.

En consecuencia, para esta posición el objeto de la ciencia jurídica no son las normas del Derecho, sino la conducta humana, es más, el Derecho, en cuanto objeto de la ciencia jurídica, consiste no en normas sino en conducta; las normas sólo son el instrumento conceptual de conocimiento jurídico[8].

La posición egológica es válida frente a la posición racionalista, que reduce el ser del Derecho al ser de las normas en cuanto proposiciones normativas que cifra en el conocimiento del contenido de éstas, la finalidad última de la ciencia del Derecho.

HUSSERL, sin abandonar el ámbito del idealismo y concibiendo la Lógica como una «teoría de la ciencia», ha logrado autonomizar, independizar el mundo lógico, de los problemas gnoseológicos y de las polémicas de las escuelas filosóficas, que había sido su sede históricamente de la Lógica (Aristóteles). La Lógica

---

8 Adrián Escudero, J. «Husserl y la neurofenomenología» en Anuario de la Sociedad española de fenomenología, núm. 9, 2012, pp. 173-194, donde aclara lo que entiende este autor por la meta de las ciencias cognitivas.

recibe en manos de este autor, una orientación Ontológica, y no epistemológica, y los conceptos de Lógica formal y Ontología formal quedan equiparados, esta orientación se agudiza en HARTMANN para quien las leyes lógicas son antes leyes del ser ideal que leyes del pensamiento. Pero Husserl es más, en epistemología, es el padre de la fenomenología y de un sinfín de aplicaciones de la misma en la antropología, en la psicología del hombre…sin duda, un autor que, como filósofo generalista, transciende al mundo jurídico quedando su impronta en la Ontología formal así como en sus ideas previas, esto es, abstracción, conocimiento transcendental, entes ideales, y puso la misma al servicio y en conexión con otras disciplinas y conceptos, el yo, la conciencia colectiva, en la justificación epistémica de los temas, responsabilidad ética, sobre el debate de realismo versus idealismo, problemas como la urdoxa (la protocreencia o las creencias originarias de los hombres), influencia en los pensadores cristianos y la relación fenomenología y teología, en la filosofía contemporánea, en la filosofía del lenguaje[9]…

[9] Se sigue trabajando sobre Husserl en la actualidad existen muchos trabajos sobre su obra, regidos por el criterio de modernidad, por ejemplo, Moran, D. «La actitud personalista: Edmund Husserl, Max Scheler y Edit Stein» en Arete: revista de filosofía, vol 34, número 1, 2022, pp. 171-205. Marcos del Cano, J. M. La estructura fenomenológica de la afectividad de Husserl, tesis doctoral leída en la Universidad Pontificia de Comillas, 2022; Balbontin Gallo, C. «Tres críticas a la teoría de la intersubjetividad de Edmund Husserl: lenguaje, mundo y cultura» en la Revista Pensamiento: revista de información e investigación filosófica, vol. 79, número 302, 2023, pp. 181-201.

Lección 20

LA LÓGICA DEL SIGLO XX: NUEVOS OBJETIVOS Y TRABAJOS

I. LUIS RECASENS SICHES Y LA LÓGICA DE LO RAZONABLE

Autor que intentó analizar el Derecho desde la perspectiva de la Lógica (Introducción al Derecho, Nueva filosofía de la Interpretación del Derecho, 1980). Defendió una concepción del Derecho separada del formalismo en su aplicación, fuera de la aplicación silogística que propugnaban los exegetas, a los que estudió con profundidad.

1. La lógica formal clásica, la Lógica fisicomatemática o aristotélica, cartesiana, silogística, lógica de lo racional (todos ellos términos sinónimos) no es el instrumento apto para la solución de los problemas complejos jurídicos y políticos.
2. Incluso en el campo de la matemática y de otras ciencias, sigue la controversia de hasta qué punto son intuitivas, previas a toda inferencia, y condicionantes de la validez de las premisas de la deducción.
3. La lógica formal desde sus inicios, no agota la totalidad del Logos, de la razón, sino que es un sector del logos o de la razón.
4. La Lógica formal de lo «racional» no es la única, hay otras regiones que pertenecen igualmente a la lógica, pero que son de naturaleza muy diversa: problemas humanos de la conducta práctica, de llamado «lagos de lo razonable».

El Derecho no es un sistema lógico y puro, como pretendió la escuela del Racionalismo, con ser muy respetable.

El análisis de la human existencia descubre los siguientes puntos:

a. El hombre opera siempre en un mundo concreto, en una circunstancia real y particular.
b. Ese mundo concreto es limitado, con posibilidades diversas.
c. Intervienen en la búsqueda de la solución diversos factores: la adecuación del propósito o del fin para satisfacer la necesidad en cuestión; la justificación de ese fin, la corrección ética de los medios, y la eficacia de los medios.
d. Que en todas las operaciones para establecer el fin y los medios, los hombres se guían por las luces de sus mentes personales.

Características del «logos de lo razonable»:

Primero. Esta lógica de la acción humana está limitada por la realidad del mundo en que opera, el Derecho circunscrito por el momento social, histórico y particular, para ese mundo se formulan las reglas jurídicas.

Segundo. Esta impregnada de valoraciones, de criterios axiológicos. Algo ajeno a la lógica formal o la teoría del silogismo o la inferencia.

Tercero. Valoraciones son concretas, están referidas a una determinada situación humana real, a una realidad social.

Cuarto. Las valoraciones constituyen la base o apoyo de propósitos, para el establecimiento de finalidades.

Quinto. La Lógica de lo razonable está regida por razones de congruencia o de adecuación:

a) Entre la realidad social y los valores.

b) Entre los valores y los fines o propósitos.

c) Entre los propósitos y la realidad social concreta.

d) Entre los fines o propósitos y los medios, en cuanto a su conveniencia de los medios para los fines.

e) Entre los fines u los medios respecto a su corrección ética y su eficacia.

Sexto. La lógica de lo razonable se extrae de la experiencia de la vida humana y de la experiencia histórica, de la individual y de la social[1].

La producción del Derecho debe estar inspirada en la Lógica de lo Razonable.

La lógica de la razón pura, de lo racional, de la inferencia, tiene aplicación solamente al estudio de las formas a priori o esenciales de lo jurídico, pero no tiene aplicación a la materia de las reglas jurídicas. La producción de los contenidos del Derecho, tanto de las reglas generales como de las normas individualizadas, debe regirse por la lógica de lo humano o de lo razonable. El proceso de producción del Derecho en la obra del órgano jurisdiccional, el cual, en lugar de valorar, en términos generales, como hace el legislador, debe hacerlo, en términos concretos de situaciones particulares. Dentro de sus límites, la función valoradora no está reservada exclusivamente al Legislador. La función axiológica impregna todos los grados de la producción del Derecho. La función del juez, en este sentido, dentro de la obediencia al Derecho formalmente válido es siempre creadora, pues se alimenta de un rico complejo de valoraciones particulares

---

1 Se tiende a una aplicación de la lógica razonable en otros campos, así, recientemente, Pasinello Martínez, J. «Una lógica razonable para el derecho de daños» en CEF legal, Revista práctica en Derecho, Comentarios y casos prácticos, número 241, 2021; Chávez-Postigo, J. «Ponderación y Equidad: Alexy Recasens y la búsqueda de lo razonable en la argumentación jurídica» en Revista de Derecho del Estado, Colombia, número 43, 2019, pp. 107-130.

sobre lo singular, valoraciones que pueden ser llevadas a cabo con autoridad solamente o por el órgano judicial o el administrativo[2].

II. L. J. LOEVINGER

En general, los realistas muestran una acusada hostilidad hacia la Lógica. Se basa en la reducción de la lógica al razonamiento por el tradicional silogismo aristotélico (Introducción a la Lógica jurídica, 1953) y en el olvido de que ya está superado la dicotomía Silogismo/Juicio intuitivo. La Lógica moderan permite que la ciencia natural y jurídica sigan el mismo método. Se rechaza el único método posible. Conviene en el proceso jurídico distinguir entre las distintas fases o niveles o «marcos de referencia» (aparente, lógico, psicológico y empírico) a que puede llevarse el análisis. Se apoya en la semántica para su investigación. No está este autor nada de acuerdo con la intuición como modelo de las sentencias judiciales del realismo que crea inseguridad, pues la vaguedad no es característica del Derecho y de las ciencias sociales. La lógica de la democracia consiste en averiguar técnicas para alcanzar algún acuerdo por medios racionales, y no con palabras vagas y ambiguas. Todo procedimiento racional exige el análisis semántico de palabras y conceptos para que su sentido y encuadramiento sea tan claro y preciso como pueda conseguirse. El Derecho puede producir comprensión mutua sobre los temas fundamentales de la convivencia.

III. G. KLUG

En su «Jurisprudencia Lógica» ha tratado de criticar y sistematizar la lógica formal y sus consecuencias difíciles de mantener. Ha estado centrado en conseguir una verdadera lógica de la interpretación jurídica, una verdadera aplicación de los argumentos de la lógica cartesiana y otros que propone para el Derecho. Ha analizado profundamente el papel de la Analogía y el argumento «a maiore ad minus» y el «argumento a contrario». Defiende el papel restrictivo de la Analogía y el uso correcto de los argumentos lógicos de interpretación, es decir, la aplicación de la Logística a la Ciencia jurídica, pero de una forma ponderada y metódica, que no pierde de vista el resultado final. Defiende una diferenciación entre norma y formulación normativa, pero es una diferenciación más implícita que explícita. Las normas preceptivas, prohibitivas y las permisivas, las refunde

---

2 La obra de Recasens es bien conocida por Legaz Lacambra, L. Filosofía del...ob. cit. pp. 343, 393, 527, 542, 603, 732, 738, 780...

KLUG en el concepto de «directiva», aún cuando, por ello, no considera esencial a ésta la forma imperativa ni el expresarse en proposiciones de deber ser, pero en realidad, acerca de la estructura lógica de las normas, toda norma tiene un sentido imperativo, que reduce el resultado ilógico[3].

IV. LÓGICA Y TÓPICA EN T. VIEHWEG

Desde la obra «Topik una Jurisprudenz» se ha exagerado tanto la contraposición entre el llamado pensamiento axiomático y el pensamiento aporético, algo no resuelto o por lo menos con premisas que no terminan de dar por terminado un tema[4]. El análisis aporético es más importante en el ámbito de la Dogmática, Viehweg reconduce la esencia de la Ciencia del Derecho al hacer de los juristas prácticos. «La ciencia del Derecho ha sido siempre, es y no puede dejar de ser una ciencia de problemas singulares, jamás reductible —frente a ingenuos intentos, siempre fallidos—, al esquema mental axiomático deductivo, expresado en las matemáticas». Es contrario a la teoría del silogismo como único método de trabajo de la Lógica: el problema está en las premisas y en su búsqueda para aplicar la teoría del Silogismo. La Tópica señala cómo se hallan las premisas, en tanto que la Lógica recibe las premisas trabaja con ellas. La Tópica es un procedimiento de búsqueda de premisas, basado en la técnica del pensamiento «problemático». El terreno en el que se ejercita es el debate, lo que Aristóteles llamó dialéctica.

Tiene su origen en las llamadas teorías de la argumentación retórica. En virtud de la Tópica se trata de hallar procedimientos verosímiles que son susceptibles de ser puestos de referencia en una discusión. Lo que Aristóteles llama endoxa, la Tópica se basa en el argumento ab auctoritate y no en el argumento ex ratione, pues los sabios daban por válidos ciertos argumentos. No pretende ser una ciencia, y no lo es. En el Derecho romano encontró gran aplicación como indica Savigny. La Tópica la utilizó a su manera la Escolástica, pero identificando Jurisprudencia y Teología, lo que no es aceptable, para Viehweg, la Escolástica se

---

3 Klug, U. Juristische logik, Berlín, Springer, 1951, n (2ª ed 1959) ed española Caracas, 1961, escaneado en dialnetunirioja.com. Mucho se puede descubrir de Ulrich Klug en «Entrevista a Kug» (Atienza, M; Garzón Valdés; E) en la revista Doxa, número 6, 1989, pp. 509-519.

4 Viehweg o Viehueg, T. Topik und jurisprudenz (ed española) que cita Legaz en su monografía página 527. Sobre la tópica y su uso en Derecho ahora se ha centrado más en el papel de esa metodología o concepción del Derecho, que ni más ni menos propone Aristóteles y sobre todo, moderniza y difunde Viehweg, como muestra el trabajo de Díaz Sastre, S. «La tópica como método del Derecho Público» en Revista de Derecho Público: teoría y método, número 1, 2020, pp. 363-396.

basó en el argumento ab auctoritate, pero se cifró como fin esencial de su método el llegar a crear un Sistema.

Contrario a la idea de Sistema en el Derecho, VIEHWEG anuncia las misiones de la Tópica:

a. Técnica jurídica y Ciencia del Derecho son un mismo problema.
b. No defiende un sistema de carácter lógico-deductivo de proposiciones deónticas ni de decisiones jurídicas particulares.
c. El pensamiento interpretativo debe moverse dentro del estilo de la Tópica.
d. Pretende ser una teoría de la práctica, pero una teoría de la práctica no puede sustituir a la Dogmática ni la ciencia del Derecho.
e. Para él la Tópica no se encarga de la axiomatización, sino en la búsqueda de las premisas, pero no se excluyen: en la Tópica se trata de la elección de las proposiciones; a la axiomatización le corresponde su ordenación, dice Neumann.
f. La Tópica quiere resolver casos concretos, pero generales de una sociedad, acerca el Derecho al consenso, el consenso constituye el presupuesto de la Tópica.
g. La objeción que se le puede hacer a la Tópica es que no garantiza la objetividad en el proceso de decisión, se presenta a sí misma como el único camino adecuado para conseguirla, encubre de esta manera la conexión necesaria entre Técnica de la decisión jurídica y Política, se convierte en una legitimación de la arbitrariedad, o en una justificación del proceso de decisión y la decisión misma.

La Tópica hunde sus raíces en Aristóteles, y el Derecho Natural aristotélico constituye una prolongación al ámbito especulativo más general del esquema tópico. Si el Derecho Natural aristotélico es considerado como una justificación del proceso de decisión, la Tópica no constituye sino el mecanismo interno de dicho proceso. Y si además se piensa que el Derecho Natural aristotélico es entendido como la emanación que se consolida en criterios de justicia y que tiene su origen en la praxis de la polis, parece justificado afirmar que aquél no es sino una aplicación de la idea general de la Tópica. Como se indica, el pensamiento de Viehweg está siendo analizado modernamente en su papel en el Derecho público, llegando a conclusiones poco sólidas.

V. PERELMAN Y LA NUEVA RETÓRICA

En la misma línea de Viehweg, Chaim Perelman (Traité de l'Argumentation, 1958, The idea fo Justice and the problem of Argument) inspirándose en la retórica de la Antigüedad Clásica, condena definitivamente el pensamiento silogístico y matematizante en el Derecho, y propugna una forma de razonamiento más elevado, que es la deliberación, sobre las argumentaciones presentadas en los casos jurídicos, y desenvuelve toda una doctrina sobre la argumentación y la deliberación, las cuales no llevan a la evidencia de carácter absoluto, pero conducen al hallazgo de la solución más plausible, más justa y más adecuada para decidir los problemas jurídicos prácticos. Perelman elabora una nueva retórica, como una nueva doctrina del diálogo, de la deliberación y de la confrontación entre argumentos diferentes. Su doctrina está presidida por la argumentación, por ejemplo, niega la existencia de una justicia en sí y para sí y sólo reconoce la existencia de actos justos o injustos, también los refiere a un criterio lógico de igualdad: es conforme a justicia el acto que da una igualdad de trato a todos los miembros de una clase esencial. Bajo su influencia, muchos filósofos del Derecho en Bélgica, especializados en estudios de lógica material de las reglas jurídicas, repudian la lógica tradicional en jurisprudencia, y critican adversamente la separación tajante entre cuestión de hecho y de Derecho, las cuales, en el fondo, son inseparables. A esta escuela pertenecen los profesores Foriers, Buch, Bayart. En contra de los razonamientos de la Lógica moderna, en contra de que las únicas pruebas aceptables resultan de operaciones deductivas y de generalizaciones inductivas, el papel de los valores, debería acometerse un nuevo esfuerzo para elaborar una Lógica de los juicios de valor, y el razonamiento de los valores[5].

VI. STRUCK

Autor que se centra en su obra en la tópica y en la teoría de la argumentación (Zur Theorie der juristischen Argumentation, 1977) analizando los siguientes temas:

La estructura Lógica de la argumentación. La fundamentación de los juicios de valor. Las reglas de la argumentación. El procedimiento de argumentación entendido como ordenación del pensamiento, que se lleva a cabo en ciertos pasos, constituye una auténtica metodología de acercamieto al Derecho. Struck entiende que el modo de argumentación de los juristas no se distingue esencialmente del por lo demás usual, a no ser por sus más frecuentes cortocircuitos ideológicos. Esa opinión no coincide con Clemens que entiende que la argumentación jurídica es una argumentación sobre juicios de valor. Opina al igual que

---

5 Perelman, Ch y Olbrechsts-Tyteca, Tratado de la argumentación (trad Sevilla Muñoz, J). Madrid: Gredos Biblioteca románina hispánica, 1989, gran estudio de prólogo de González Bedoya, J. y lo que ha significado Perelman en el Derecho y la argumentación. Arenas Vidal, A. *Chaim Perelman,* tesis doctoral de la UCM, 1995 (dir. Iturmendi Morales, J).

otros expertos que la Jurisprudencia nunca trata de juicios de identidad, como simula el silogismo, sino siempre de juicios de similitud, a los que subyace un juicio de valor[6].

---

6 Ha sido García Amado, J. A. quien ha estudiado la obra de Struck «Del método jurídico a las teorías de la argumentación» en el Anuario de Filosofía del Derecho, 1986. Sobre la Obra de Hart, la analiza en una extensa entrevista en la Revista Doxa, Cuadernos de Filosofía del Derecho, 2006, 479-489, Manuel Atienza entrevistando a otra gran figura de nuestro Derecho, Neil Maccormick, que conoció y supo valorar la obra de Hart vivida al lado del maestro.

Lección 21

LOS ESTUDIOSOS DEL LENGUAJE JURÍDICO

I. APORTACIONES DE LA FILOSOFÍA ANALÍTICA: EL GRUPO DE OXFORD (AUSTIN, STRAWSON, HARE, HART)

Resulta usual distinguir, dentro de la corriente del neoempirismo, entre el neopositivismo lógico, que considera de la incumbencia de la filosofía el análisis del lenguaje científico, del lenguaje de cada una de las ciencias y Filosofía analítica que entiende que lo que está propiamente a cargo de la filosofía es el análisis del lenguaje común. Se atribuye a la filosofía la investigación de los significados de las expresiones propias de la vida cotidiana. La Filosofía analítica se asienta en tomo a la Universidad de Oxford. Pese a que no se quieren ver convertidos en grupo así lo dicen los tratados (grupo de Oxford, análisis de Ofxford, dentro de ellos, Austin, Strawson, Warnock, Urmson…)

Se suele distinguir a los oxfordnianos por centrar su atención en el lenguaje corriente, denominándolos «lingüistas», con lo que se acentúa su contraste con los analistas formalistas. Esta corriente ha producido obras sobre la moral y el Derecho de relieve internacional, como «The language of Morals», HARE, y «The concept of Law» de Hart.

II. GRUPO DE CAMBRIDGE: VON WRIGHT, WISDOM

Wisdom recoge la idea de que las proposiciones filosóficas nos muestran cómo quien las usa «se ha extraviado» en las complejidades del lenguaje, llegando a pensar que las paradojas filosóficas a que nos llevan estas proposiciones pueden ser ilustrativas, aun cuando sean falsas. Esta posición se denomina «positivismo terapéutico» en cuanto atribuye al análisis filosófico la función de aclarar (dilucidándonos) los enigmas que produce la defectuosa utilización del lenguaje[1]. Von Wright, fue antiguo discípulo de Wittgenstein, se constituye como el autor iniciador de la Lógica deóntica contemporánea, esto discutido por autores como Cossío, que sin dejar de reconocer el papel de Wright, entiende que Kelsen es el verdadero iniciador de una nueva Lógica del Derecho[2]; con ella, se propone el

---

1 Osuna Sánchez, L. E. «El pensamiento jurídico terapéutico» en la Revista Iberoamericana de Justicia terapéutica, número 2, 2021.

2 González Lagier, D. «Apuntes sobre la vida y obra de Georg Henrik Von Wirght (1916-2003)» en la revista Theoría revista de Teoría, Historia y fundamentos de la ciencia, vol. 19, issue 1,

estudio lógico formal de los conceptos normativos o deontológico (obligación, permitido, prohibido, facultad...) se apoye en aquellos conceptos (normativos) y facilite el análisis sistemático de las formas específicamente propias de las disciplinas prácticas[3].

III. SEMIÓTICA Y LÓGICA DEÓNTICA EN GEORGES KALINOWSKI

Kalinowski («Le probléme de la verité en morale et en droit», 1967, Querelle de la science nomative, 1969; Introduction á la logique juridque, 1965) ha estudiado todavía más profundamente el análisis de la Lógica desde el lenguaje y la semiótica desde un aspecto semántico y sintáctico. Lleva a cabo la configuración de una semiótica jurídica como base de una lógica jurídica. Se atiene a las investigaciones de OPPENHEIM en su estudio de la «Lógica y Análisis de la ley» (1944), al cual objeta no distinguir entre lenguaje de los juristas y lenguaje del Derecho. En primer lugar, distingue los lenguajes en simbólicos, semisimbólicos y no simbólicos o corrientes. Observa que el lenguaje de los textos jurídicos deriva del lenguaje natural corriente, pero mantiene características de los lenguajes «técnicos» no simbólicos. Mezcla en el Derecho tres tipos de lenguajes: corriente, técnico y científico. La Lógica jurídica la presenta Kalinowski como una aplicación deóntica al razonamiento jurídico. El Lenguaje de los juristas lo concibe en un sentido amplio: magistrados, abogados, profesores, investigadores, notarios...

Los razonamientos jurídicos se dividen en tres grupos:

a. Los de carácter intelectual (razonamientos jurídico lógicos): éstos divididos en normativos (la interpretación y aplicación del derecho) y no normativos (la inducción, deducción, por analogía, reductivo, estadístico, justificación racional)

b. Razonamientos de carácter persuasivo (retóricos).

---

enero 2004 pp. 107-114.

3 Velázquez, H. J. F. «La lógica deóntica de Von Wright en Norm and Action: estructura y problemas conceptuales. En Nuevo pensamiento, vol. 10, número 15, 2020, pp. 1-49. En 1951 von Wright construyó el primer sistema de lógica deóntica, iniciando el estudio riguroso y sistemático de una nueva rama de la lógica: la lógica deóntica. Dicho sistema, a pesar de sus múltiples virtudes, posee una estructura simple basada principalmente en la lógica proposicional y en la lógica modal alética, la cual, no es capaz de dar cuenta del carácter dinámico propio de las acciones que, justamente, constituyen el objeto de las normas. En razón de ello, von Wright refinó su aparato conceptual y desarrolló, en su obra Norm and Action (1963), un nuevo sistema de lógica deóntica más complejo y apto para representar el cambio y el carácter dinámico propio de las acciones. No obstante, tal sistema no está exento de problemas y dificultades conceptuales.

c. Razonamientos de argumentación jurídicos extra lógicos).

Para este autor la Lógica deóntica (Wright, Castañeda, Tammelo…), establece que:

a. Se halla en sus comienzos la Lógica deóntica.

b. Es una obra colectiva.

c. La Obra lógica más decisiva para el desarrollo de una Lógica de las normas es la WRIGHT.

d. Debe ensayar las técnicas lógicas más diversas.

Lección 22

LOS MOVIMIENTOS DE LA METODOLOGÍA DEL XIX Y XX: ROMPIENDO MODELOS ANTERIORES

I. FORMALISMO CONCEPTUAL ALEMÁN

1. *La Escuela alemana de los conceptos*

En el Derecho privado, desde los romanos, ya presenta un grado de elaboración técnica, que ha sido causa de la construcción jurídica se haya dejado guiar por preocupaciones lógicas, perdiendo el pulso de lo vital de la realidad jurídica.

La Jurisprudencia conceptualista, constituye la expresión de esa tendencia abstracta y sistematizadora, claramente «formalista» y «logicista». La conexión lógica se convierte en fundamentación de la validez normativa y el proceso entero se convierte en un círculo: los principios superiores son inferidos de las proposiciones jurídicas, todo lo que ellas contienen se considera válido. PUCHTA radicalizó esta posición, pero ello es algo común en toda la Escuela de los Pandectistas, nombre que proviene de la máxima obra del jefe de la escuela, WINDSCHEID, su obra «las Pandectas». Impidieron estas posiciones la puesta al día del Sistema jurídico alemán, anclado en abstracciones lógicas y separando entre la visión científica y la visión popular del Derecho. El Logiscismo moderno se vincula la pandectismo y presupone una concepción (herencia de la Escuela Histórica, desprendida de sus supuestos místicos y metafísicos) en la que la ley es el único material de la ciencia, pero el único valor que le da sentido es el sistema conceptual[1].

Mediante los conceptos, la ciencia insuflaría vida espiritual a la Ley; el sistema científico es pleno, existencial del Derecho. Esto implicaba penetrar de Lógica el sistema del Derecho, y como el objeto de la Lógica son los conceptos, los jurídicos, en los que se manifiesta el Derecho, son el verdadero objeto de la ciencia del Derecho. Predomina en este pensamiento jurídico es la «construcción categorial». El estilo logicista presupone una fe: en el Legalismo. Esta fe es salvadora, justificadora.

El material con el opera la justicia es la Ley, con la que se crea y reconstruye el mundo de los conceptos jurídicos, un mundo al margen de la vida real, con-

---

1 Garrido Marin, J. «Jurisprudencia de conceptos» en l a Enciclopedia de Ciencias Morales y Políticas en el siglo XXI, Pendas, B; Herrero de Miñon (pr), M. Madrid: BOE, 2020, pp. 875-877.

tenido en su propia esfera lógico-ideal. Se tiende a generalizar, pues no se mira la realidad vital y humana. El juez opera el estilo logicista cuando interpreta tomando como punto de vista el gramaticalista, y procede exclusivamente con los cánones de la interpretación lógica, vista como finalidad de su acción juzgadora. También el dogmático, que recomienda al juez que proceda de ese modo, y el teórico del Derecho sobre esa fe legalista, debe construir con arreglo a esquemas puramente categoriales, que encajan en los cánones de la Lógica tradicional. Por personalizar esta escuela de la Pandectística se hace referencia a WINDSCHEID. En el Derecho Público no había tanta tradición en estas concepciones, pero tuvo sus seguidores también (GERBER, AFFOLTER, LABAND; JELLINEK)[2].

II. LA REVUELTA ANTIFORMALISTA

1. *La Escuela científica francesa: F. Gény*

En 1899, publica en Francia su método de «Interpretación y fuentes del Derecho Privado positivo». Cree que el Derecho es algo complejo y móvil para que un individuo o Asamblea, aunque tengan soberanía para ello, puedan pretender dar satisfacción con los preceptos a todas las exigencias de la vida jurídica. Se enfrenta al «fetichismo de la ley» profesado por la Escuela de la Exégesis, dominante entonces. El Derecho positivo no se identifica con la ley ni con el Derecho estatal. Todo Derecho positivo, incluso el que no se identifica con la ley es rígido y su esquematismo no le deja acercarse a la vida jurídica real, variable y movible.

Por ello, es preciso que una libre investigación científica por la que se hagan valer los datos irreductibles del Derecho Natural, ayude la juez a colmar las lagunas que todo Derecho positivo posee. Dice que hay que distinguir entre el «dato» y lo «construido», equivalente a la «libre investigación científica» y la «técnica jurídica».

La Ley no es más que una opinión emitida por el Legislador sobre los datos primeros del Derecho. Admite la lógica en su metodología. Su obra tuvo un carácter crítico y programático, que no llegó a todo lo que se propuso. «Los elementos puramente formales y lógicos que se presentan a los juristas en el aparato exterior clásico del derecho Positivo son insuficientes para satisfacer los desiderata de la vida jurídica».

---

2 Timm Hidalgo. A. K. en la Revista del Instituto Bartolomé de las Casas de la Universidad Carlos III en su colección Papeles de Teoría y Filosofía del Derecho, taller, 2009-2010, «Entre formalismo y antiformalismos: algunas aproximaciones básicas» año 2010, número 12, analiza el Formalismo francés y alemán (pp. 6 y ss.) en sus todas sus vertientes y cambios.

La libre investigación científica se mueve en diversos frentes:

a. Interrogarse a la razón y a la conciencia para descubrir las bases de la justicia en nuestra naturaleza íntima.
b. Dirigirse a los fenómenos sociales para extraer sus leyes de armonía y sus principios.
c. Apoyo de las ciencias sociales, en concreto, de psicología, sociología, economía…
d. Más tarde concibe al derecho como una función de la vida social y como uno de los elementos que informar y dirigen esta vida. (Science et technique en droit prive positif, 1914). El pensamiento jurídico de François Gény marcó toda una generación de juristas. Consiguió alzarse como una de las figuras más importantes del pensamiento jurídico de finales del siglo XIX y de la primera mitad del siglo XX, tanto en el ámbito teórico como en el ámbito práctico. Sus ideas cruzaron fronteras y continentes e influyeron en la elaboración y consolidación del pensamiento jurídico tanto continental como anglosajón. Su éxito se debió a la riqueza y novedad de sus ideas. No obstante, las ideas de François Gény fueron recepcionadas parcialmente y comprendidas fuera del contexto más complejo de su pensamiento, lo que le llevó a ser etiquetado de «sociologista» o incluso de «legalista». Sin embargo, François Gény elaboró una teoría del derecho única en su tiempo. Partiendo de una crítica al método exegético usado por los juristas de su época, François Gény construye un nuevo método para el derecho que le llevará definitivamente a recomponer una teoría del derecho completa (metodología, epistemología, ontología). Su genialidad reside en haber mostrado que la ciencia jurídica defendida por la Escuela de la exégesis debe ser combatida desde sus presupuestos metodológicos. De este modo, mostrando las deficiencias del método exegético y de sus aplicaciones más particulares, se abre el camino hacia el cuestionamiento de los presupuestos epistemológicos y ontológicos que lo fundamentan. Así, François Gény emprendió el camino de una reconstrucción y una refundamentación del derecho sobre la base de las críticas de un método y de una Escuela (la exegética) miope ante la evolución de la ciencia, los cambios sociales, las nuevas corrientes de filosofía general y las nuevas doctrinas jurídicas y iusfilosóficas. François Gény propuso un método jurídico abierto a otras disciplinas científicas y no científicas. Analizó y extrajo del pensamiento jurídico contemporáneo (sociologismo jurídico, idealismo jurídico, legalismo, iuspublicismo, etc.), del pensamiento iusfilosófico que nos ha legado la tradición, así como de las ciencias sociales y de la filosofía de su época, todo aquello que permitía completar la estrecha visión de la Escuela de la exégesis. El pensamiento jurídico de François Gény representa el intento

de construcción de una teoría jurídica objetiva y científica más logrado y acabado del último siglo[3].

2. *La Escuela Sociológica francesa: León Duguit*

También crítico con el formalismo, abre la vía sociológica de manera rotunda, considerando al Derecho como una ciencia social y centrándose en el problema de la solidaridad social, algo central en Sociología. La persona humana como individualidad aparece más activa en el grupo social. Los hombres viven en sociedad: por las necesidades comunes, por la conciencia del intercambio de servicios y aptitudes[4]. «No hacer nada que disminuya la solidaridad social por semejanza y la solidaridad social por la división del trabajo; hacer todo lo que materialmente el individuo pueda hacer para acrecentar la solidaridad social en sus distintas formas» es la regla de conducta que propone. Considera al Derecho como «una formación espontánea, un producto natural del desarrollo social», la moral aún no ha penetrado en la mente de todos, en ese favorecimiento de la solidaridad social. La Ley positiva no es otra cosa que la constatación por parte de los gobernantes de una regla de Derecho objetivo. Es necesario un acto de voluntad que haga de una ley obligatoria. Hay una parte constructiva en la legislación, un sistema que asegure en lo posible la obediencia a las leyes, lo distingue de la parte normativa de la legislación, meramente reguladora. La parte constructiva, no es esencial, la normativa, la constatación de una ley positiva que los gobernantes quieren aplicar es la importante. El Derecho es un producto de la vida social, una regla de la vida social, ya señalamos su ataque al derecho subjetivo: no puede haber ningún «derecho subjetivo individual». La escuela de la Libre Jurisprudencia de KANTOROWICZ y EHRLICH Abstracción hecha de aquellos autores que, procediendo del campo de la sociología, han sometido sus investigaciones a la realidad jurídica (Jerusalem, Weber...) el sociologismo alemán es el cultivado por el denominado «movimiento del Derecho Libre», la afirmación de un derecho libre, vivo, espontáneo, anterior y superior al impuesto estatalmente es la idea central de estos autores. Ehrlich fue quizá el que mejor conjugó la sociología del Derecho y la concepción del Derecho Libre. El profesor DUGUIT, de la Universidad de Burdeos fue un jurista de gran personalidad y de mordaz elocuencia, que evolucionó a lo largo de su carrera en su cuestionamiento de la figura del Estado. Padre de la Escuela del servicio público,

---

3 Pérez Cánovas, L. A. «El pensamiento de Francois Gény: metodología, epistemología y ontología jurídica» tesis doctoral léída en la Universidad de Murcia, 2021.

4 Han sido los administrativistas quienes han estudiado más la figura de Duguit, el trabajo de Rodríguez-Arana, J es uno de los más completos, «sobre las transformaciones del Derecho Público de Leon Duguit» en la Revista de Administración Pública, núm. 190, 2013, pp. 61-.100.

reflexionó sobre el origen y destino del Derecho como ciencia social, sobre el papel del Estado en la sociedad, Estado que debía estar sometido al Derecho. Fuertemente influenciado por corrientes sociológicas, planteaba su doctrina con espíritu cartesiano, no exenta de crítica ácida. De gran proyección internacional, fue un insigne humanista a la vez que jurista interesado por el positivismo, sin perder de vista las perspectivas del Derecho natural. Opuesto dialécticamente a las tesis de Maurice HAURIOU, DUGUIT se aproximaría más a estas últimas al final de su vida. Detractor del individualismo, estudia el fenómeno del poder del Estado y la fuerza de los gobernantes, poder que debe estar objetivado en una ley, pero que debe estar sometida a prescripciones superiores: DUGUIT, en efecto, rechaza el dogma de la soberanía popular. Reacio inicialmente a una jurisdicción constitucional, terminaría por admitirla y alabar su existencia, aunque manteniendo sus críticas ante ciertas dificultades, como sobre su composición (de composición política o puramente teórica). Cuando se votó en Francia la excepción de inconstitucionalidad por la reforma constitucional de julio de 2008, supuso ello un reencuentro con el Estado que garantiza su legitimidad. Defensor del servicio público como fundamento del Derecho público, DUGUIT considera que el Derecho ha de garantizar la solidaridad social, a través de la libertad como instrumento para lograrlo[5].

3. *Kantorowicz*

Se produce una reacción contra el formalismo en diversos frentes, así STAMMLER (Derecho justo), Gény (Libre investigación científica), HECK (cálculo de intereses), al denominado movimiento del Derecho libre (Freirechtliche Bewegung) le corresponde la nota más acusada en Kantorowicz con su obra «la lucha por la ciencia del Derecho» (1906).

Sintetiza los métodos jurídicos a la sazón imperantes en la figura del jurista, y acaba indicando que nadie conoce el derecho impuesto por el Estado; contenido por los Códigos, nadie vive conforme a él. Cada cual vive según su Derecho Libre, conforme a sus normas individuales, la concepción de Kantorowicz procede del anarquismo jurídico. Las exigencias de la vida no las satisface la ley; otras fuerzas crean Derecho, esas normas del juicio individual. La aplicación judicial del Derecho es su punto central. El juez goza de libertad absoluta; no está sujeto a la ley, es presupuesto indispensable para la justicia, la libertad. El juez, con relación a la ley, adopta primero una postura crítica; después desempeña una función creadora siempre. No se niegan la existencia de lagunas, resulta incom-

---

5 Pacteu, B. «Duguit: ¡El Estado reencontrado¡» en la Revista de Administración Pública, número 185, 2011, pp. 345-363.

patible la afirmación de lagunas con la negación del Derecho Libre. Las normas varían según el mundo en que se mueven, los intereses...es relativista, se erigen sobre bases históricas y psicosociológicas, voluntaristas, en suma[6].

4. *Ehrlich*

Procede de la escuela del Derecho Libre, incluso reclama ser el fundador de esta concepción jurídica. En su célebre «Sociología del Derecho» (1913) se afianza su posición como sociólogo del Derecho propiamente dicho. Proclama la existencia de un Derecho en la sociedad. Es un derecho vivo, el social, el verdadero. No es el del Estado, ni el de los Tribunales. Precede a ellos, el ordenamiento social basado en las instituciones: matrimonio, familia, contrato, posesión, sucesiones. El Derecho del Estado es una fracción mínima y poco eficaz del dominio del Derecho. Este Derecho es independiente de la organización preexiste a toda organización. La Lógica jurídica usual es una pura técnica mal lograda de los juristas de una cierta época, para lograr reducir el Derecho, todo el Derecho, con el Estado. Considera el Derecho verdadero, el social; la vida no reconoce al individuo como ser único y singular separado de toda conexión. Los intereses en conflicto son todos sociales. La ciencia jurídica tiene un contenido social, no se ha de limitar a la persona, la patrimonio y controversias entre particulares. Ataca a los postulados de la Jurisprudencia de conceptos, a saber:

1. Vinculación del juez a proposiciones fijadas de antemano (es un postulado traído del Derecho romano).
2. Dependencia de todo el Derecho al Estado (es producto del absolutismo monárquico).
3. Unidad del Derecho identificada como unidad de las proposiciones jurídicas (efecto de la centralización estática y del racionalismo deductivo).

Como seguidores de este autor destacó SPIEGEL, que cree que el Derecho se mueve en el absolutismo, pero la ley no es el único medio de constatación del Derecho. Afín posición es la de JUNG. Otro seguidor de Kantorowicz es FUCHS, que propugna una integración del Derecho y del pueblo. Los tribunales deben crear un derecho concreto, y no de modo artificial, dinámico y libre, no el caduco del silogismo. Otras aportaciones son las de KLEIN, BRUT, STAMPE., WURZEL...

---

[6] Interesa el estudio de Segura Ortega, M. «Kantorowicz y la renovación jurídica» en la Revista Dereito: de la facultad de Derecho de Santiago de Compostela, vol. 2, núm. 2, 1993, pp. 113-130.

III. EL ANTIFORMALISMO CONCEPTUAL: LA JURISPRUDENCIA DE INTERESES

1. *Ihering*

Contra el abuso de la lógica formal en el Derecho se han levantado una serie de críticas, el autor que combatió esta ideología de hacer Derecho es Von IHERING, uno de los autores que demostró la insuficiencia de la lógica jurídica la uso para proclamar un método nuevo. Luchó contra la teoría voluntarista del derecho subjetivo, sustituyéndola por la teoría del interés. No tiene derecho el que puede querer sino el que puede aprovechar. Los derechos existen para realizar la idea de la voluntad jurídica abstracta, sino para garantizar los intereses de la vida, ayudar a sus necesidades y realizar sus fines. La utilidad y no la voluntad es la que supone la sustancia del Derecho, la voluntad conduce a la negación de la libertad: los derechos son intereses jurídicamente protegidos. En su obra «El fin en el Derecho» indica que el fin es el creador de todo el Derecho; define el Derecho como la «forma de aseguramiento de las condiciones de la vida de la sociedad, creado por el poder coactivo del Estado». A la idea de interés ha añadido el concepto romántico de «lucha». Seguidores de esta doctrina fueron muchos, pero destaca HECK el fundador de la escuela de la «Jurisprudencia de intereses» para el que la ley es «la diagonal de las fuerzas de un serie de intereses en lucha», conciben el Derecho como el juego integral de los intereses en litigio para que el juez y el jurista procedan a una valoración y selección de los mismos desde el punto de vista más favorable al pueblo y al Estado[7].

IV. EL ANTIFORMALISMO JURISPRUDENCIAL

1. *Roscoe Pound*

En América afín a la Escuela del Derecho Libre, nace la «jurisprudencia sociológica», inspirada en el pragmatismo que afirma que las teorías son instrumentos para producir unos resultados. Es un intento de colocar el factor humano en posición central en la Jurisprudencia, el Derecho es una ingeniería social. La tarea de estudiar el orden jurídico es estudiar los intereses, las demandas, no el sistema perfecto como proceso de la realización del Derecho. La ciencia jurídica debe ser útil para los juristas, es un proceso de ingeniería, aplica reglas generales

---

[7] García Salgado, M. J. «La Jurisprudencia de intereses antes y después del Nacionalsocialismo, Philipp Heck» en la obra colectiva Nazismo, Derecho y Estado (coord.: Blázquez Ruiz, F. J.) Madrid: Dykinson, 2014, pp. 211-234.

y luego debe individualizar para satisfacer pretensiones. La cualidad moral de algunos asuntos penetra en el análisis jurídico; el Derecho es algo más que un cuerpo de reglas. Son principios, conceptos, reglas, standars para la conducta y la decisión; pero también doctrinas, y formas de pensamiento profesional y de reglas de arte profesional mediante las que los preceptos de conducta y decisión pueden aplicarse, desarrollarse y alcanzar eficacia. El mecanicismo de las reglas rígidas es malo para una tarea de ingeniería, el valor del Derecho se expresa en su frase «Justice through law», «justicia a través del Derecho»[8]. Los seis puntos que deben caracterizar el estudio del jurista, según POUND son:

1. Estudio de los efectos sociales de las instituciones y de las doctrinas jurídicas.
2. Estudio de los medios para convertir en operativas efectivamente las normas jurídicas.
3. Estudio sociológico corno actividad preparatoria de la promulgación de las leyes.
4. Estudio de la metodología jurídica.
5. Elaboración de una historia sociológica del Derecho.
6. Solución razonable de los casos particulares y la equidad[9].

---

8 Es obligado citar el trabajo de Antonio Truyol «Del Homenaje a Roscoe Pound» en la Revista de estudios políticos, número 46, 1949, pp. 97-108, escaneado en la página del dialnet.unirioja.es, es un recorrido vital y jurídico sobre la figura muy importante de Pound.

9 Existe una tesis doctoral de García Ruiz, L. Derecho, intereses y civilización. El pensamiento jurídico de Roscoe Pound, 2000, Universidad de Navarrra.

Lección 23

LOS VALORES CLÁSICOS DEL DERECHO Y SU MODERNIDAD PERPETUA

I. LA JUSTICIA COMO VIRTUD PERSONAL Y COMO VALOR SOCIAL

El Derecho es un punto de vista sobre la justicia, define Legaz. Podría decirse que la justicia es un valor entendiendo por tal «la esencia por la que todo lo que en ella participa es, a saber. Valioso» (HARTMANN). Los valores no sólo califican a las cosas, sino que constituyen su específica realidad. Toda vida humana busca una cierta justicia. La justicia puede predicarse de un comportamiento humano o del hombre que lo practica y es una «virtud». Cuando la justicia se atribuye al comportamiento humano, a una estructura social, aspirada corno ideal, estarnos ante el valor social de la justicia.

La virtud, en cambio, representa un valor de la vida personal. Se ha definido como «constans ac perpetua voluntas ius suum cuique tribuendi», de forma clásica. Dar a cada uno lo suyo presupone la atadura a un orden positivo y la idea de elaborar uno mejor y más progresivo. La Justicia es límite y media, esta característica le pertenece ontológicamente, pero ello no significa que suministre a la voluntad ningún criterio de conformismo con las ordenaciones vigentes, las cuales pueden ser reputadas como injustas. La virtud de la justicia, es la «lucha por la justicia». La dike es un concepto objetivo, ético en la dikaiosine, es la virtud subjetiva de la justicia. La justicia es pues un ajustamiento, pero ad alterum, frente al otro; no hay justicia en que no intervenga el otro. Por ello, la justicia se encuentra en un plano de intersección de la vida personal y la vida social, es una categoría ética que por naturaleza insta su institucionalización y socialización. A Dios se le atribuye la suprema justicia. La lex divina es un reparto de bienes y males que, para nosotros es recognoscible en la Lex naturalis. La justicia cobra así la forma de la justicia distributiva: Dios reparte premios y puniciones. Esta justicia distributiva concierne a todos los hombres. Esta es la idea católico-escolástica de la justicia como una idea de la mente divina, parcialmente accesible como Ley natural y como Revelación.

Existen otras ideas para la justicia. SCHELER puso estas ideas en conexión en el ETHOS, la variación de la intuición de los valores, por las diferentes estructuras, no es un relativismo moral sólo, es una constatación de la variedad de contenidos y concepciones de la justicia. Para el romano sólo es justicia la del juez, en el derecho moderno se habla de justicia, que es una idea vaga

(ORTEGA)[1]. Según PERELMAN, han existido históricamente distintas fórmulas de justicia:

1. A cada uno lo mismo.
2. A cada uno según sus méritos.
3. A cada uno según sus obras.
4. A cada uno según sus necesidades.
5. A cada uno según su rango.
6. A cada uno según lo que le atribuye la ley.

II. CLASES DE JUSTICIA

Desde Aristóteles se distinguen diferentes clases de justicia. La justicia como virtud universal de PLATÓN y que subsiste en Cicerón y en la Filosofía cristiana con SANTO TOMÁS.

Aristóteles distinguió diversas clases de justicia:

1. Proporción geométrica entre el mérito de los miembros del Estado y bienes que reciben (a igual mérito, cosas iguales, lo desigual tratado desigualmente) es la justicia distributiva.
2. La segunda es una proporción aritmética en las relaciones mutuas de los hombres, nadie dé ni reciba más ni de menos, es la justicia correctiva o sinalagmática. Que se subdivide en conmutativa (a relaciones de cambio), judicial (la intervención del juez es necesaria).

Santo Tomás comentó esta clasificación y distinguió

1. Conmutativa: la que sería de las relaciones contractuales.
2. Distributiva: que afecta al Estado en cuento que debe repartir justamente cargas y honores.
3. Legal: que se refiere a los individuos en cuanto miembros del Estado, que deben contribuir a las cargas comunes y prescrito en las leyes.

COING divide:

1. Relaciones de coordinación: justicia conmutativa.
2. Relaciones de subordinación: justicia protectiva.

---

1 Urbano Salerno, M. «El ideal de Justicia en la cultura» en la Revista Prudentia iuris de la Universidad Pontificia Católica argentina, núm. 75, 2013, pp. 183-194.

3. Relaciones de comunidad: la Justicia distributiva[2] y la justicia social

Goldsmidt, por ejemplo, indica que toda la justicia es distributiva sin admitir clases.

Se habla frecuentemente, aunque cada vez menos, de la «justicia social». Aparece este término, al promediar el siglo pasado en textos de algunos autores utilitaristas (J. S. Mill), pasando a la doctrina del pensamiento social cristiano. Desde Aristóteles, la justicia es un valor o virtud que se refiere a los otros, es social. Indica Messner que hace referencia al bienestar económico y social de la sociedad como una comunidad de trabajo y de orden económico y social del pueblo de un Estado. Tiene por objeto la distribución justa de los bienes comunitarios y las contribuciones necesarias para formar el bien común.

Pérez-Luño dice que la justicia social aparece como la suma de los tres tipos tradicionales de justicia:

1. Justicia Legal: implica que los individuos realicen contribuciones necesarias previstas en la ley para conformar el bien común.
2. Justicia distributiva: por la distribución de bienes y cargas por los poderes públicos se realiza el equilibrio del orden social.
3. Justicia conmutativa: porque establece un orden social y económico que garantice el equilibrio en las relaciones entre los grupos sociales y los individuos.

Se ha objetado a este término que no añade nada nuevo al concepto de Justicia. Entiende Luño Peña que la justicia social expresa la exigencia de vínculos de integración y solidaridad social sobre los que se fundamenta el bien común[3].

En el Estado Social de Derecho los poderes públicos asumen la responsabilidad de garantizar el pleno y efectivo disfrute de sus derechos por los individuos y los grupos sociales y el reparto de la riqueza.

Modernamente, el neoliberalismo progresista —dice Pérez-Luño— pretende establecer cuatro correctivas o límites al funcionamiento del libre mercado por la justicia social:

1. Revisión de modelos de mercado y el postulado de la armonía espontánea (de Adam Smith) preconizando una intervención de los poderes públicos al no poder conseguirse exclusivamente por la «mano invisible» que domina el mercado.

---

2 Coing, H, *Fundamentos de Filosofía del Derecho.* Madrid: Ariel, 1976, pp. 77 y ss.

3 Pérez Luño, A. E. «Los derechos sociales y su significación actual» en la obra Los derechos sociales como una exigencia de la Justicia (coord. Zapatero, V). Universidad de Alcalá de Henares: servicio de publicaciones, 2009, pp. 37-58.

2. Garantía de la igualdad de oportunidades de todos los ciudadanos sin privilegios de grupo.
3. Pleno ejercicio de los ciudadanos en sus derechos civiles y políticos.
4. Aseguramiento a todos los ciudadanos a la participación política, a pesar de su posición en el mercado.

La Justicia social es algo más que un deseo de voluntad política y jurídica, es una meta permanente que se han propuesto la mayoría de las constituciones europeas de nuestro entorno corno un marco de actuación político-jurídico para las opciones que accedan a la gobernabilidad del Estado.

III. TEORÍAS SOBRE LA JUSTICIA Y EL DERECHO

Las diferentes posiciones doctrinales en esta relación Derecho y Justicia se resumen en cuatro:

A) El Positivismo: tesis separatista en lo que concierne a esta relación. El problema d de la justicia es «metajurídico» es ajeno a la preocupación del jurista en cuanto tal. El positivismo afirma ser su única misión la del conocimiento del Derecho, entendiendo por éste el Derecho vigente y positivo. Niega la posibilidad de adherirse a la existencia de una Justicia absoluta, sino sólo se puede hablar de una justicia relativa y contingente, la justicia posible de cada situación concreta, que la única existente.

B) El Idealismo es una tesis formalmente equiparadora de justicia y Derecho, coincide con el positivismo en que la justicia se realiza en el Derecho positivo, pero no relativiza la justicia, sino que el Derecho es la realización de «la» Justicia. La idea es que la justicia se realiza en el Derecho positivo, pero éste sólo recibe su justificación absoluta del hecho de ser realización de la justicia absoluta.

C) El formalismo crítico, formalmente separa al Derecho y a la Justicia: admite la validez de la idea de justicia como criterio de valoración del Derecho; se define con arreglo a un método puramente formal de ordenación de los datos de la experiencia jurídica, los cuales, a posteriori, son confrontados con la idea de justicia y calificados de justos o injustos.

D) El Iusnaturalismo es un criterio equiparador de la Justicia y Derecho. A diferencia del Idealismo, no porque el Derecho positivo realiza absolutamente la justicia, sino a la inversa, porque el Derecho Positivo pierde su condición jurídica en la medida en que no realiza la idea absoluta de justicia o, al menos, no se halla en oposición con ésta. Hablar de Derecho injusto es un contrasentido; hablar de Derecho justo un pleonasmo. Naturalmente que esta idea equiparadora tiene matizaciones en cada uno de los autores.

Otras teorías han tenido más en cuenta el factor ético, y así se dividen en «cognoscitivistas» y «no cognoscitivistas».

Cognoscitivistas:

A) Las teorías éticas de inspiración religiosa.

B) Las teorías axiológico-fenomenológicas (HARTMANN, SCHELER) que sostienen que los valores pueden ser determinados de una manera objetiva mediante la intuición emocional[4].

No cognoscitivistas:

A) El emotivismo de HUME. Los juicios de valor o éticos sobre la justicia son meras opiniones subjetivas, expresiones de las «emociones» de cada persona, lo bueno y malo expresa una emoción: sólo poseen carácter objetivo los juicios de hecho susceptibles de verificación empírica, y las demostraciones lógico-matemáticas[5].

B) El Utilitarismo de BENTHAM: lo bueno en sí es incognoscible; lo único que interesa es lo útil, no tanto que sea justo o injusto.

Modernamente estamos asistiendo a nuevos tipos de justicia a nivel doctrinal y legislativo, por ejemplo, el cambio jurídico que enfrenta el nuevo modelo de la Justicia ecológica y los derechos de la naturaleza implica, necesariamente, la transición del modelo del Estado de Derecho moderno y el concepto tradicional de la ciudadanía, hacia una nueva ciudadanía ecológica, que no sólo incluye los derechos humanos sociales y ecológicos, sino también los derechos propios de la naturaleza, algo que sólo se había tratado anteriormente desde un punto de vista filosófico si bien el impacto ambiental y la naturaleza han sido temas que no se pueden calificar de modernos en la propia legislación, y nos introduce en el tema de la naturaleza como sujeto de derechos[6] .

---

4 Vanney, M. A. «Teorías sobre la justicia y la legitimación» en la Revista de Derecho de la Universidad de Piura (Perú), vol. 12, 2011, pp. 199-211.

5 Reciente tesis doctoral sobre *La Teoría de la Justicia en Hume* de Álvarez García, S. dirigida por Hermosa Andújar, A. Universidad de Sevilla, 2016, pp. 100 en adelante.

6 Vicente Giménez, T. «De la justicia climática a la justicia ecológica: los derechos de la naturaleza» en la revista catalana de Dret ambiental, vol. 11, número 2, 2020, pp. 1-42.

IV. AUTORES MODERNOS Y TEORÍAS DE LA JUSTICIA

1. *Alemania: Apel y Habermas*

Representan un intento de proponer la ética de Kant sobre bases más amplias. Así, la idea de consenso en la filosofía de K. O. Apel. Parte del origen de este concepto en Ch. S. Peirce, fundador del pragmatismo americano, muestra su papel de puente entre cuestiones filosóficas de tipo teórico y práctico. Esta es una de las razones por las que la idea de «consenso» ocupa un lugar central en el pensamiento del filósofo alemán[7].

Mientras Kant concebía la ética desde el punto de vista del deber, estos autores propugnan que se tenga en cuenta las necesidades e intereses de los hombres. Esas necesidades han de ser determinados mediante una comunicación igualitaria, libre de dominio entre los afectados; mediante un consenso «racional» y no fáctico.

Para HABERMAS ese consenso, sin ser dato empírico ni abstracción formal es la base de la Justicia[8].

2. *Estados Unidos: Nozick*

Defiende el llamado «Estado mínimo», es decir, que el Estado existe únicamente para garantizar los derechos previos de los individuos, la esfera de lo privado y el derecho de propiedad. La impopularidad de la obra se explica por la tesis de fondo que sostiene: que el Estado mínimo —esto es, el Estado limitado a la realización de funciones de policía y administración de justicia— es el único Estado moralmente admisible. Nozick intenta sostener esta tesis a través de un doble razonamiento. Por una parte —y contra el así llamado «anarquista individualista»—trata de demostrar, mediante una narración hipotética, la posibilidad teórica de que el Estado hubiese podido surgir sin lesionar los derechos de nadie, como resultado inintencionado de una serie de acuerdos de protección mutua. Por otra —y con ello se pasa a la segunda parte de la obra—, Nozick intenta demostrar la ilicitud de cualquier Estado mayor que el Estado mínimo. Esta última demostración se ofrece fundamentalmente a partir de la llamada teoría del título válido (entitlement theory), que se ha convertido por ello en uno de los

---

7 Smilg Vidal, N. «Origen y significado de la noción de consenso en la filosofía de K. O. Apel» en la revista Daimon: Revista Internacional de Filosofía, número 78, 2019, pp. 207-222.

8 García Amado, J. A. «Justicia, Democracia y validez en el pensamiento de Jürgen Habermas» en la Revista de Ciencias Sociales, núm. 107, 1992. Pp. 115-126; Leterlier Wartenberg, L. «La justicia constitucional en el pensamiento de Jünger Habermas» en Revista Chilena de estudios constitucionales, año 9, número 2, 2011, pp. 337-394.

blancos preferidos de los detractores de Nozick. La teoría del título válido (conocida también como la «teoría del título posesorio») es enunciada por Nozick en la segunda parte de del siguiente modo: Si el mundo fuera completamente justo, las siguientes definiciones inductivas cubrirían exhaustivamente la materia de justicia sobre pertenencias.

1) Una persona que adquiere una pertenencia, de conformidad con el principio de justicia en la adquisición, tiene derecho a esa pertenencia.
2) Una persona que adquiere una pertenencia de conformidad con el principio de justicia en la transferencia, de algún otro con derecho a la pertenencia, tiene derecho a la pertenencia.
3) Nadie tiene derecho a una pertenencia excepto por aplicaciones (repetidas) de 1 y 2.

El principio completo de justicia distributiva diría simplemente que una distribución es justa si cada uno tiene derecho a las pertenencias que posee según la distribución. Estos principios deben ser completados con el principio adicional que establece que una persona tiene un justo título para recuperar la posesión de un bien que le ha sido injustamente arrebatado (principio de rectificación), así lo establece en su obra Anarquía, Estado, Utopía, 1988.

V. LA SEGURIDAD JURÍDICA

Estamos ante un principio de carácter estructural y de fondo, pero uno de los grandes valores de los Estados modernos de Derecho. Incluso se ha llegado a decir que es un concepto inseguro, pues el Derecho no puede abarcar cualquier supuesto de hecho. Exige claridad en el mensaje de la norma tanto en su confección (legislador) como en la interpretación (Poder Judicial). Se analiza el concepto de seguridad jurídica cuestionando la generalizada asunción de que la seguridad jurídica sea una cuestión de predictibilidad modernamente es como se entiende. La seguridad jurídica, no es una cuestión de mera predictibilidad de los resultados de las decisiones judiciales, sino más bien una cuestión atinente a la correcta identificación de las consecuencias jurídicas de un determinado caso y realmente se aboga por este tipo de aspecto práctico de este valor-principio[9]. Se ha realizado una doble dimensión de la Seguridad jurídica.

Así, desde la dimensión objetiva:

---

9 Pino, G., «Seguridad Jurídica» en la revista Eunomia: Revista de la cultura de la Legalidad, número 25, 2023, pp. 262-284.

1. Exigencia de una corrección estructural (formulación correcta de las normas jurídicas del Ordenamiento).
2. Corrección funcional (cumplimiento del Derecho por sus destinatarios y por los órganos especializados de aplicación).

En su dimensión subjetiva:

1 Se traduce en la posibilidad de conocimiento por los ciudadanos · de las consecuencias jurídicas de sus actos y ser un principio normativo de creación y hermenéutica de las normas[10].
2. La Justicia y la Seguridad jurídica sufren una concreción de ambos valores.
3. La Justicia deja de identificarse con la mera noción de legalidad de positivizar el Derecho para conectarse inmediatamente con aquellos bienes jurídicos básicos cuyo aseguramiento se estima social y judicialmente adecuados[11].

VI. LA LIBERTAD

Filosóficamente, la libertad pertenece esencialmente a la persona; la persona no es pensable sin la libertad, dice Legaz. La libertad jurídica, es libertad organizada. Ser libre jurídicamente significa estar en situaciones de derecho subjetivo y desenvolverse en ellas con la seguridad de lograr los efectos normales y de no ser impedido en el uso de las propias facultades sino por normas jurídicas regularmente establecidas. Toda libertad jurídica es libertad política: implica la participación directa o no en la creación de las normas generales legisladas y en sentido negativo, el que no sea un deber jurídico la abstención de determinadas actividades dañosas para el Estado o la libertad de otros. La libertad ha constituido el principio aglutinante de la lucha por los derechos humanos, la idea de libertad se ha identificado con la de los derechos humanos. La filosofía política (Berlín, Oppenheim,…) ha puesto de relieve que ese derecho «igual de todos los hombres a ser libres» (HART) tiene una pluralidad de significados: libres de qué cosas, para qué actividades, respecto a quién se es libre[12].

A) La libertad en el primer supuesto implica autonomía, facultad de ausencia o de vínculos, presiones que coacciones de forma externa. Se le denomina

---

10 Rodríguez-Arana, J. «Seguridad jurídica y técnica normativa» en la revista Ferrolanálisis, de pensamiento y cultura, número 32, 2020, pp. 251-259.

11 Pérez Luño, A. E. La seguridad jurídica. Madrid: Ariel, 1991, pp. 45 y ss.

12 Es un trabajo ciertamente clásico el de Salvador Cordech, P. El derecho de la libertad. Madrid: Centro de Estudios Constitucionales, 1993, pp. 59 y ss.

Libertad negativa, en cuanto supone la garantía de no injerencia de poderes o fuerzas extrañas al sujeto en el desarrollo de su actividad.

B) La segunda acepción aparece como la posibilidad para realizar determinadas actividades o conductas, la llamada libertad positiva que se concreta en una serie de actividades, posibilidades o poderes de actuación.

C) La tercera acepción alude la marco o contexto externo de su ejercicio, a las relaciones interpersonales o intersubjetivas en la llamada dimensión social y comunitaria de la libertad.

Es el gran ideal del Sistema social y jurídico, la libertad del individuo dentro de entorno seguro, previsible, Los discípulos de Kant (ellos se entendían así) en el cambio del siglo XVIII al XIX, proclamaron que la libertad personal era «formal, negativa y vacía». Benjamín Constant, algo tardíamente, hizo de estos rasgos lo constitutivo de la libertad propia de los tiempos modernos, y desde la extensión de su obra es costumbre oponer la libertad positiva —que sería la de los héroes de Homero y la de la Edad Media— a la libertad negativa, que es la descrita. Con la acentuación de ambos tipos de libertad, lo que debieran haber sido consideradas dos caras de la misma moneda, fueron consideradas realidades opuestas, y comenzó a entrar en juego una de estas dicotomías que resultan funestas para la inteligencia, en este sentido es el derecho más sagrado, y a su vez, el límite más claro en la actuación con los otros[13].

VII. CONCEPTO DE IGUALDAD

Se acepta por casi toda la doctrina que la igualdad es un derecho fundamental, además de un valor (ideal) y/o un principio (regla) como indica el profesor Francisco PUY. Ahora bien, existen reticencias y dificultades que se ha puesto de relieve el profesor Pérez Luño.

PÉREZ LUÑO indica que, en nuestro texto vigente constitucional, la igualdad, junto a su dimensión de valor y principio, se manifiesta como uno de sus derechos fundamentales, pero esto es controvertido indica el profesor. SILVIO BASILE dice que la igualdad evidentemente no es un derecho, puesto que es un modo objetivo de ser la ley. Y nunca se sabe si va antes la igualdad jurídica o igualdad material en el pensamiento contemporáneo[14].

---

13 Carpintero Benítez, F. «La doble cara de Isaiah Berlin sobre la libertad, libertad negativa y positiva» en la revista Dikaiosyne: revista semestral de Filosofía práctica, número 36, 2021, pp. 27-60.

14 Muñoz Cabrera, D. «Igualdad jurídica o igualdad material, ¿qué va antes el huevo o la gallina» en Anuario de Derecho humanos, número 11, 2010, pp. 403-422.

JAVIER GÁLVEZ sostiene que no es uno más entre los derechos y libertades que se proclaman, sino que es sólo uno de los presupuestos necesarios para la efectividad de aquéllos.

SUAY-RINCÓN aunque reconoce que la igualdad es un derecho, cree que no tiene vida propia porque aparece siempre en relación con otro.

OLLERO ha terciado en la rudimentaria argumentación basada en los principios constitucionales no son normas jurídicas lo considera al derecho de igualdad como un principio jurídico de «vinculatoriedad inmediata».

FRANCISCO PUY afirma el derecho de igualdad como derecho fundamental en sus Derechos Humanos, como un derecho subjetivo de los ciudadanos a obtener un trato análogo. Hoy se ha centrado también en aspectos históricamente no estaban resueltos[15].

RODRÍGUEZ-PIÑERO define el derecho de igualdad como un derecho a ser tratado de forma igual. Objeto de protección en los mismos que los restantes derechos fundamentales, no por asimilación al régimen jurídico de éstos, sino por plena identificación en cuanto a su naturaleza.

PÉREZ LUÑO lo define el derecho de la igualdad como el derecho fundamental, que tiende a asegurar un determinado estatus subjetivo, es decir, una determinada esfera de intereses de los ciudadanos, concretada en la garantía de paridad de trato y la consiguiente prohibición de una serie, no cerrada, ni exhaustiva, de discriminaciones. La especificidad del derecho de igualdad pues es clara[16].

VIII. LA IGUALDAD COMO FUNDAMENTO DE LOS DERECHOS HUMANOS

Según el profesor Segura Ortega, se utiliza la Igualdad no como fundamentación de los derechos humanos, que parece una cuestión que carece de solución definitiva, sino como requisito o condición necesaria sin la cual no es posible hablar de derechos humanos.

---

15 García Sedano, T. «De la igualdad material a la igualdad formal: obstáculos en el ejercicio de derecho para la tutela judicial efectiva» en la revista Éxodo, número 159, 2021, pp. 47-49.

16 La Bibliografía sobre la igualdad ciertamente es espectacular, desde luego el trabajo de Pérez Luño, A. E., González Tablas, R. *Dimensiones de la Igualdad.* Madrid: Dykinson, 2005. Y Pérez Luño, A. E. «Sobre la igualdad en la Constitución española» en Anuario de Filosofía del Derecho, núm. 4, 1987, pp. 133-152. Tiene García Manrique, R. un trabajo muy interesante sobre Bobbio titulado «las ideas de Igualdad y Libertad en Norberto Bobbio» en el Anuario de la Facultad de Derecho, núm. 2, 1992-1993, pp. 143-172.

Se afirma que los derechos humanos son poseídos por todos los hombres, o al menos, que deben ser poseídos, parece indudable que en tal atribución se está aplicando el Principio de Igualdad ya que la titularidad de estos derechos corresponde a todos los seres humanos sin excepción. Muchos han indicado que la igualdad tiene el fundamento en la dignidad humana, como Atienza, que entiende que la dignidad puede considerarse como el fundamento de todos los derechos humanos, sin que ello suponga relegar a los otros dos grandes valores de la Ilustración: la igualdad y la autonomía. Esto es así porque entiende que el núcleo normativo de la dignidad humana consiste, por un lado, en el derecho y la obligación que tiene cada uno de desarrollarse a sí mismo como persona y, por otro lado, en la obligación de contribuir al libre desarrollo de todos los otros[17].

Poco importa que se les conciban como derechos naturales (indica Fernández-Galiano) o derechos morales (Fernández) o como valores cuya incorporación a los distintos ordenamientos jurídicos resulta deseable (Peces-Barba).

Hay que intentar perfilar el concepto de Igualdad.

El profesor Pérez Luño ha señalado que la noción de igualdad, como casi todos los valores presenta concomitancias con otros principios ideales (libertad, justicia, bien común, etc...) dirigidos al desarrollo ético-social de la comunidad humana. Posee este valor una «diversidad significativa». Se ha convertido en uno de los términos mágicos que se utiliza con profusión en el lenguaje jurídico, político y ético sin saberse exactamente en qué sentido se emplea, por ello se habla del sentido polisémico del término. Tiene la igualdad un carácter relativo porque lo primero que hay que determinar es en qué condiciones puede establecerse la igualdad. El punto de partida es la desigualdad. Bobbio se plantea tres preguntas: igualdad entre quiénes, respecto a qué casos, para qué se invoca la igualdad. Segura indica que la respuesta no puede ser de un modo absoluto respecto de ninguna cuestión con la única excepción de los derechos humanos. Si se aplica el Principio de Igualdad no puede ser de un modo absoluto (no todos poseen los mismos bienes). Se parte de la desigualdad, ni las doctrinas igualitarias más radicales llegaron a afirmar la posibilidad de la absoluta igualdad entre todos respecto de todo. Siempre se trata de una igualdad relativa.

A) La igualdad formal supone la garantía efectiva de la generalidad de las normas, esto es, significa pura y simplemente igualdad ante la ley. Esta idea —indica Segura— aparece con las revoluciones burguesas y supuso el fin de una etapa histórica caracterizada por la arbitrariedad y los privilegios. Lo que vino a consolidarse de un modo definitivo fue la igualdad jurídica de todos los hombres (recogido en nuestro texto constitucional en el artí-

---

17 Atienza, M. «El fundamento de los derechos humanos: ¿dignidad o autonomía?» en la Revista cubana de Derecho, vol. 1, número 1, 2021, pp. 9-35.

culo 14 CE. La igualdad formal es una noción que, en principio, se refiere a una realidad que se concreta en una situación de permanencia.

B) La igualdad material es más cambiante como concepto. Ha indicado Peces-Barba que la igualdad material no es una conquista consolidada por el transcurso del tiempo, como la igualdad ante la ley, sino un objetivo a alcanzar progresivamente para poder hablar de Estado Democrático de Derecho. La Constitución española en el artículo 9.2 que confía a los poderes públicos la tarea de promover las condiciones para que la libertad y la igualdad del individuo y de los grupos en que se integran sean reales y efectivas y remover obstáculos que impidan y dificulten su plenitud y facilitar la participación de todos los ciudadanos en la vida política, social, etc... No sólo es un ideal, sino que representan un auténtico mandato que genera obligaciones en los poderes públicos. El Principio de Igualdad tanto formal como material tiene una relevancia práctica considerable, pues se presenta como una de las pautas conforme a las cuales deben interpretarse y aplicarse las normas jurídicas y al mismo tiempo condiciona y determina la propia estructura de las normas, esto es, su creación.

IX. LA DIGNIDAD DE LA PERSONA

Entraña no sólo la garantía negativa de que la persona no va ser objeto de ofensas o humillaciones, sino que supone la afirmación positiva del pleno desarrollo de la personalidad de cada individuo, dice Pérez Luño. El pleno desarrollo de la personalidad implica:

- Reconocimiento total de la autodisponibilidad de las posibilidades de actuación sin coacciones o presiones externas.
- La autodeterminación que surge de la libre proyección histórica de la razón humana, antes que una predeterminación dada por la naturaleza de una vez por todas.

El nexo entre la razón y la dignidad humanas aparece como una constante en las fuentes del humanismo clásico, así en el «Diálogo de la dignidad del hombre» de Pérez de Oliva. La dignidad humana supone el valor básico fundamentador de los derechos humanos que tienden a explicitar y satisfacer las necesidades de la persona en la esfera moral. La dignidad de la persona parte del sistema de los derechos naturales elaborado por Pufendorf, en «De iure naturae et gentium». (1672). Sostenía PUFENDORF que es una conquista gradual, partiendo de un estado de precariedad, que denomina imbecillitas, en el que los individuos egoístas están viviendo en un caos e inseguridad. La necesidad de superar la situación conduce a los seres humanos a crear el contrato o pacto social, a la socialitas o estado de socialidad donde se da una convivencia ordenada por las normas que regulan el funcionamiento de las instituciones sociales. Se llega la dignitas, la afirmación y autoconciencia del hombre éticamente libre, como culminación racional de este proceso. El concepto de dignidad se halla vinculado a KANT en la dimensión moral de la persona, el fundamento de la libertad y autonomía de la persona. La dignidad representa el principio de los derechos de la personalidad. La dignidad del hombre se basa para Kant en la libertad. Buscó una base sólida que no presentase fisura alguna, y le pareció que su concepción de la libertad era la que ofrecía garantías a la dignidad. Su concepción de la dignidad de la persona, sita en su libertad autónoma, es un logro incuestionable de su sistema filosófico[18].

Se acentuó mucho el individualismo de la dignidad y de los derechos de la personalidad en ella basados.

En Las Declaraciones americanas y en la francesa del hombre y del ciudadano aparecen reconocidos los principales derechos de la personalidad.

El hombre no debe ser jamás degradado a ser un mero medio para la realización de fines extraños o ajenos por completo a los suyos propios. El ser humano es un fin en sí mismo, dice Recasens. La idea de dignidad viene del arraigo de la cultura cristiana en el valor del hombre, pero en la Antigüedad clásica, la Filosofía estoica (Epicteto, Séneca, Cicerón...) formo una idea universal de la humanidad, de la igualdad esencial de todos los hombres.

El pensamiento en la Edad Moderna contribuyó enormemente a subrayar el valor de la dignidad humana, mediante argumentos filosóficos, la expresión kantiana de que en el mundo todas las cosas tienen su precio, excepto el hombre, que tiene dignidad porque constituye un fin en sí mismo, porque es el sustrato para la realización de un valor absoluto —el valor moral—. Existe una igualdad esencial entre todos los hombres, la igualdad determinada por lo suyo propio de todos los hombres, es el valor intrínseco de la esencia humana en cuanto tal, dice Recasens. Es más, dice este autor que el valor supremo en el Derecho consiste en el «reconocimiento de la dignidad de la persona humana individual, de la cual fluye el principio de libertad, los derechos básicos o naturales se cimentan sobre la idea de dignidad del ser humano». Modernamente se está ante nuevas variaciones de la dignidad, «La civilización moderna representa para la dignidad humana una amenaza como nunca había existido anteriormente» (Spaemann, 1989, p. 117). Pues, a la vez que, por un lado, extiende la idea de unas condiciones mínimas e iguales para todos, se advierte, por otro, la tendencia a eliminar la idea de dignidad (dominio). A la tesis de Spaemann subyace la cuestión de

---

18 Peces Barba, G. *La dignidad de la persona desde la Filosofía del Derecho.* Madrid: Dynkinson, 2002, pp. 85 y ss...existen trabajos más generalistas.

qué cosmovisión adoptamos, pues, en efecto, en la sociedad científico-técnica, tenemos como fundamento el modelo cartesiano, que reduce la realidad a su mera objetividad, olvidando que, puede asimismo existir un polo subjetivo. Esto ha degenerado en el antropocentrismo radical que se olvida incluso de que el mismo hombre forma parte de la naturaleza y, por ende, él mismo puede estar amenazado si sigue considerando adecuado este modo de ver el mundo y a sí mismo. De ahí que Spaemann, frente al antropocentrismo, presente el antropomorfismo, dotando de ese polo subjetivo, de querer ver a los demás seres como algo importante en sí mismos, y, en particular, proponga la defensa de la idea de dignidad humana, no solo mediante las reflexiones teóricas que nos proporcione la ética, sino también desde un nuevo modo de hacer ciencia, más cuidadoso con el mundo natural. Y motivando el establecimiento de una codificación jurídica, que verdaderamente proteja el valor especial que tiene cada ser humano. Así, pues, se advierte la necesidad de recuperar y revalorizar el concepto de dignidad humana, frente a toda propuesta de utilizar a la persona y al mundo que la rodea, a fin de contemplarlos desde un modelo de racionalidad no instrumental. En definitiva, el planteamiento de Robert Spaemann es válido para la recuperación del ansiado humanismo en el siglo XXI, ya que se trata de una propuesta que quiere poner en valor tanto la filosofía moral como la antropología[19].

X. EL PLURALISMO POLÍTICO

El pluralismo consiste en el reconocimiento de variedad de grupos y formaciones sociales intermedios entre el individuo y el Estado, que favorecen la vida y el desarrollo de la personalidad, dice Lucas Verdú. Se dice que el pluralismo es el reconocimiento de grupos intermedios que favorecen la vida y el desarrollo de la personalidad y su participación en la convivencia política. La doctrina de los cuerpos intermedios entre el Estado y el individuo, fue mantenida por MONTESQUIEAU, rechazada por ROUSSEAU, HOBBES, y luego defendida por TOCQUEVILLE[20].

Se puede indicar que:

- No hay pluralismo verdadero si éste no funciona a favor de la persona.

---

19 Pro Velasco, M. L. «La dignidad de la persona en Robert Spaemann como defensa del humanismo» en la Revista Scio, número 24, 2023, pp. 131-148, donde se estudia la figura del filósofo R. Spaemann (1927-2018), autor que trabajó sobre temas bioéticos y de la persona, en su obra el concepto de dignidad generalizable para todos es esencial.

20 Cortina Orts, A. «Pluralismo moral y político» en la obra colectiva Filosofía práctica y persona humana, editada por la Universidad Pontificia de Salamanca, 2004, pp. 619-624.

- La persona encuentra, en la pluralidad y variedad de grupos y formaciones sociales, el conveniente contexto sociopolítico para desarrollarse.
- Se trata de un valor y no de un elemento instrumental.
- La persona se desarrolla en grupos, que son productos de lo humano, de su dignidad, la persona es el prius lógico, ontológico y deontológico respecto a la igualdad, la justicia y el pluralismo político.
- El pluralismo ha de ser libre como lo es la persona, justo e igual, en una armonización e interdependencia de todos los valores.
- Es un valor que debe ser institucionalizado, el ser individual no encauza el pluralismo activo si no forma parte de órganos institucionalizados (partidos, organizaciones, Estado...)

La preocupación por el pluralismo es antigua. Es más interesante que su contrario, el monismo, supone variedad y vitalmente complejidad y dinamismo. Frecuente es en la dogmática, desde el desarrollo de HEGEL y aplicada en sentido materialista por MARX, la dicotomía de ambos:

- TOENNIES: comunidad y sociedad.
- SPENCER: sociedad militar, sociedad industrial. KELSEN: autocracia y democracia.

Para entender el concepto de «pluralismo» hay que partir del individualismo. El individualismo en el campo ético se ha manifestado desde antiguo (sofistas, EPICURO, HOBBES, HUME, utilitaristas, pragmatistas...) y en el campo jurídico-político con variadísimas tendencias (contractualismo, individualismo, anarquismo individualista, liberalismo clásico...)

Pero arranca modernamente del cartesianismo y del empirismo del XVII. Es un sistema jurídico que considera al individuo como fin único de todas las reglas y situaciones jurídicas. La Declaración de los derechos del hombre posee grandes matices individualistas, como reacción a las corporaciones de artes y oficios, típicos del Antiguo Régimen, no recogió el derecho de asociación para asegurar la plena libertad de iniciativa económica.

Dos juristas intentaron atacar el individualismo: DUGUIT, HAURIOU.

DUGUIT entiende que cuanto más social es el hombre más individual se hace, rechazó el concepto de soberanía y percibe con claridad el papel de los sindicatos en el Estado.

Por su parte, HAURIOU sostiene que es menester partir del individualismo subjetivo, como creencia de la conciencia subjetiva por ser el que funda las instituciones, pero ello hay que armonizarlo con el pluralismo.

El Liberalismo clásico es una especie de individualismo y guarda alguna semejanza con lo que pretendió el anarquismo individualista. Para el anarquismo el Estado no debe existir, para el Liberalismo debe limitar su papel y misión al mínimo. El primer Liberalismo que después evolucionó al democratizarse, no consentía el pluralismo o lo veía con cierta sospecha, y a lo sumo, lo toleraba en cuanto manifestación jurídicamente.

En el aspecto económico hay que respetar el orden natural. Lo mismo que la naturaleza, la sociedad y la economía se rigen por leyes naturales inderogables que tienen que aceptarse (BASTIAT, SAY, RICARDO; MALTHUS…) apenas puede hablarse de un pluralismo, sino de una atomización socioeconómica. Todo ello se vería frustrado en esa armonía económica que es donde surge la potenciación del pluralismo con el advenimiento del socialismo. Estamos hoy en día ante un valor normativizado y estructural de los Estados, sin el cual, son Democracias fallidas, con una decidida proyección internacional del mismo[21].

---

[21] Capodiferro Cubero, D. «La proyección institucional del pluralismo político en la Unión Europea» en la obra colectiva, *División de poderes en el Estado de los partidos* (coord. Salvador Martínez, M; Gutiérrez Gutiérrez, I.(ed. lit). Madrid: Marcial Pons, Ediciones jurídicas y Sociales 2021, pp. 361-380.

Lección 24

LAS TENDENCIAS MODERNAS DE LA FILOSOFÍA DEL DERECHO EN EL SIGLO XXI: LOS DOS MODELOS CONTINENTAL Y AMERICANO

I. ESTADOS UNIDOS

La época actual está siendo asediada por la vuelta a los clásicos, poca creatividad y por un deseo de pragmatismo que rodea toda la filosofía del Derecho actual. Y no surgen nuevas tendencias novedosas, sino que muchas lo que hacen es modernizar las ya trabajadas. Esta idea es esencial para entender el momento filosófico actual: pocas propuestas nuevas y tendencia a reinterpretar a los clásicos y modernos del momento.

Con sólo dos siglos de historia, los Estados Unidos, líder cultural del planeta en la actualidad más discutido, fue capaz de sacar adelante un pensamiento filosófico propio del que derivan buena parte de las corrientes filosóficas occidentales de nuestros días, destacando las disciplinas de epistemología, pedagogía, lingüística, semiótica, moral y política. Desde que los transcendentalistas de Thoreau y Emerson alumbraran el primer movimiento de pensamiento auténticamente americano en el siglo XIX, hasta las recientes aportaciones de Rawls y Nozick a la filosofía política, no dejaron de surgir corrientes de gran influencia en todo el pensamiento posterior que hoy en día suponen modelos de igual importancia a los tradicionales filósofos europeos.

Los primeros filósofos que dejan sus escritos en suelo americano son los puritanos llegados al continente en el siglo XVII. Teología y filosofía de la religión fueron sus principales objetivos de estudio, aunque también se estudió, por razones prácticas, la relación del individuo con la comunidad, caso de pensadores como **John Winthrop**, que fue el principal filósofo social de la época y analizó las diferencias entre lo público y lo privado en una sociedad recién nacida como la de las colonias norteamericanas. Otro pensador, **Roger Williams**, realizó interesantes estudios morales sobre tolerancia religiosa, muy influyentes en la posterior construcción de las libertades del país[1].

En el siglo XVIII, la Ilustración por un lado y el calvinismo por otro serán importantes influencias para el nacimiento de la primera democracia del mundo.

---

1 Es de destacar la importante tesis doctoral de Hernández, A. J. J. *La tolerancia en el pensamiento de Roger Williams,* Universidad de Salamanca, 1980.

La teología calvinista, encabezada por **Jonathan Edwards**, famoso por sus enérgicos sermones sobre el púlpito fue una de las bases de la permanente presencia de la figura de Dios en la política norteamericana. Mezclando platonismo cristiano, empirismo epistemológico y la física newtoniana supo conciliar la fe y la razón en una misma doctrina científica. Muy influenciado por Berkeley, se opuso al libre albedrío, dejando una famosa sentencia: «we can do as we please, but we cannot please as we please».

Sin embargo, esta doctrina se fusionó con la Ilustración llegada de Europa, promocionada por importantes pensadores que serían los padres de la nación, con Thomas Jefferson como principal cabeza visible. Esta fusión derivaría en la actual Constitución y en el primer sistema democrático desarrolló los **Derechos del Hombre**, base del nuevo sistema político que separaba poderes y daba soberanía al pueblo del mundo. Las ideas de Rousseau o Voltaire se adaptaron al nuevo continente y podemos decir que marcaron claramente la filosofía política del XIX y del XX.

Con el sistema ya consolidado, se importa el romanticismo europeo y el pensamiento de Hegel, fundamental para el nacimiento del primer pensamiento autóctono, el transcendentalismo. Esta corriente se basa en la subjetividad de la experiencia humana, y supone un paradigma del individualismo que caracteriza a la nación. El individuo y su propia intuición, y su experiencia empírica sobre la naturaleza, se oponen al excesivo intelectualismo y al materialismo propio del XVIII. Ralph Waldo Emerson, Margaret Fuller y Henry David Thoreau serán los principales impulsores de este pensamiento[2].

Tras la guerra de Secesión surge otro movimiento que tendrá una importancia capital en el desarrollo de la filosofía norteamericana y mundial: el pragmatismo. Son claves las figuras de Charles Sanders Pierce, matemático abanderado de esta corriente, y William James, empirista radical que también se posicionó del lado de este otro gran movimiento del pensamiento filosófico del XIX, desde una perspectiva más teológica. También dentro del pragmatismo destacan John Dewey y sus estudios sobre pedagogía, filosofía aplicada y filosofía de la educación, que llegan a renegar de la escolarización infantil.

Con la llegada del nuevo siglo, el pragmatismo va perdiendo fuerza y surgen numerosas corrientes que se cuestionan nuevas realidades propias de los tiempos. Básicas para estos cambios de pensamiento son las ideas de Einstein y su teoría de la relatividad, el existencialismo y la nueva filosofía del lenguaje. Sin embargo, a principios de siglo, pensadores como **George Santayana** siguen apoyando el pragmatismo con sus tesis. Escéptico, naturalista y opuesto al idealismo,

---

2 Se debe mencionar la tesis doctoral de Montes Pazos, F. *Henry David Thoreau y Friedich Nietzsche, profetas del nihilismo,* leída en la Universidad de León, en 2003.

Santayana, de origen español, defendió ante todo el sentido común y la idea de que el conocimiento no es resultado de la razón, sino de lo que llamó fe animal, una confianza en los sentidos que nos ayuda a actuar en el mundo.

La **filosofía analítica** surge a mediados de siglo con la llegada de **Bertrand Rusell** y otros exiliados europeos que se instalan en los Estados Unidos a causa de la II Guerra Mundial. Ajustados al positivismo lógico, tocaron todas las disciplinas filosóficas, poniendo énfasis en la ética, la teología, la metafísica y la ontología. Dentro del movimiento destacan las figuras capitales de W. V. O. Quine, padre de la teoría de indeterminación, y sus alumnos en Harvard, Saul Kripke, David Kellogg Lewis y Thomas Kuhn[3].

La filosofía analítica, demasiado abstracta y conceptual, se vuelve a partir de los años 50 mucho más práctica en lo referente a los social y político. Como resultado, nace el **objetivismo**, muy influenciado por la literatura de **Ayn Rand** y lo que ella llamó egoísmo ético, que indagaba en un nuevo pensamiento político. John Rawls, Robert Nozick y Alasdair MacIntyre en los 70 desarrollaron todo tipo de ideas políticas que parten desde el anarquismo hasta el clásico contrato social de Rousseau[4]. La figura de Martin Luther King es fundamental en la filosofía social de estos años, pese a que no era tanto un filósofo como un impulsor del movimiento de los derechos civiles. Partiendo de la base de Luther King y desarrollando la defensa filosófica de las minorías en la sociedad, en los 60 y 70 surgen movimientos como el **feminismo** de **Betty Friedan** o **Adrienne Rich**.

Hacia finales del siglo XX surge un nuevo interés por el pragmatismo. Figuras como **Hilary Putman** o **Donald Davidson** aportarán novedosas ideas en lo referente a lo que denominaron filosofía de la mente, que indagan en el comportamiento y la consciencia humanas[5]. Adscritos a la sólida filosofía analítica, ya

---

3 Semele, H. O. «Coherentismo, contractualismo y justicia procesal dura» en la Revista de la facultad de Derecho de México, vol 54, número 241, 2004. Partiendo de la teoría de la justicia de Ralws, el método utilizado por Rawls ha venido a completar una revolución epistemológica que tuvo su inicio en 1953 con la publicación, por parte de W. V. O. Quine, de Two Dogmas of Empiricism, y fue expandida, casi diez años más tarde, por Kuhn, al ámbito del conocimiento científico, y por Dworkin al ámbito jurídico, mediante la utilización del «equilibrio reflexivo» rawlsiano en su teoría del derecho. Esta revolución epistemológica ha consistido básicamente en el surgimiento del coherentismo como paradigma dominante a la hora de explicar el conocimiento, en detrimento del paradigma fundacionista.

4 Loria, M. «Alasdair Macintyre: una filosofía del florencimiento» en la revista Hispanoamericana TOR, número 1, 2020. Pp. 27-48, en donde el autor reflexiona sobre dos de las cuestiones que más han ocupado la reflexión de nuestro autor: su profunda crítica a la cultura contemporánea y la necesidad de «volver a la virtud y a la vida comunitaria».

5 Sin llegar a querer construir un sistema Davidson ha tocado todas las ramas de la Filosofía con propuestas para el desarrollo personal interesantes, a este respecto, su evolución no es fácil de analizar como indica Hernández Borges, R. *La filosofía de Ronald Davidson. Lo humano interpretado.* Tesis doctoral de la Universidad de la Laguna, leída en 2001.

instaurada en las academias, hay que citar las figuras de **Richard Rorty** o **Noam Chomsky**. El pensamiento político y social sigue siendo la principal rama filosófica exportada por los Estados Unidos, además de importantes avances en la filosofía del lenguaje y de la ciencia. Ronald Dworkin y Richard Posner, por ejemplo, la analizan desde un punto de vista económico y legal.

II. CORRIENTES ACTUALES EN ALEMANIA

No se pretende dar una visión completa y detallada de todas las corrientes filosóficas alemanas contemporáneas, no sólo por falta de espacio y tiempo sino también por faltar actualmente los textos a los que se tendrían que hacer referencias concretas para fundamentar. Concretamente podemos referirnos como temas de trabajo a los puntos siguientes: 1) La teoría de la acción comunitaria 2) La teoría de la ciencia 3) La hermenéutica filosófica 4) La filosofía de la ciencia.

No podemos hablar de «corrientes» pues existe la dificultad de fijar en un esquema algo que está en continuo cambio y movimiento y por otro a la necesidad de ver estas «corrientes» como viniendo de diferentes orígenes y confluyendo o separándose unas de otras y con influencias cambiantes también. La filosofía es vasto campo, de modo que se observarán aquí la intersección de temáticas o problemas de las diversas ciencias naturales y humanas. Con el adjetivo «alemán» nos referimos en especial a pensadores y problemas discutidos en la República Federal y no, por ejemplo, en la República Democrática Alemana o en Austria o Suiza, aunque hasta cierto punto estas corrientes o pensadores no pueden considerarse tan 'nacionalmente'. Finalmente hay corrientes «contemporáneas» en especial de los últimos cinco años, si bien alguna de las obras que cite han sido publicadas en parte hace ya más tiempo, teniendo aún una influencia importante.

1. La teoría de la acción comunicativa

Con este título hay que aludir a su fundador en una de las últimas obras de Jürgen Habermas («Theorie des kommunikativen Handelns» Frankfurt 1984, 2 tomos). Habermas es uno de los sucesores de la llamada «Escuela de Frankfurt» («Frankfurter Schule»), que fue creada por Max Horkheimer y Theodor W. Adorno. La «teoría crítica» («kritische Theorie») desarollada por esos autores en parte en obras comunes, como por ej. la «Dialéctica del iluminismo» («Dialektik der Aufklärung»), retoma el pensamiento de Hegel y Marx intentando pensar en base a ellos los logros de la sociedad y la ciencia contemporáneas, haciendo una crítica de la cultura de masas, del positivismo científico, de la tecnificación de las relaciones sociales, se recordará aquí también a autores como Herbert Marcuse.

a) Jürgen Habermas en su «teoría de la acción comunicativa» de Habermas prosigue el diálogo entre esas corrientes filosóficas tradicionales (Hegel, Marx), con los grandes sociólogos alemanes y americanos (Emil Dürkheim, Max Weber, Talcott Parsons) y con algunas propuestas de la «teoría de la ciencia» («Wissenschaftstheorie») (Karl R. Popper, Th. S. Kuhn). Hace uno años había planteado Habermas las relaciones sociales como orientadas hacia una «discusión liberada de estructuras de poder» («herrschaftsfreie Diskussion»), destacando la importancia del lenguaje como vínculo social. En esta nueva obra el lenguaje pasa a ser acción, y dentro de este ámbito Habermas considera diversos tipos de discursos sociales (por ej. científico, cultural, ético, mítico, político, religioso) que se interrelacionan y relativizan mutuamente. Se puede ver aquí el paso de una teoría del lenguaje a un pragmatismo basado en parte en la teoría Husserliana (Habermas hace también referencia a Heidegger) de la «Lebenswelt» o sea del «mundo vital» que está vista desde la la perspectiva del complejo mundo científico-técnico en que vivimos. Habermas ha pasado además por la teoría de la ciencia asimilando la temática de la facticidad de las teorías científicas como esquemas de explicación de la realidad[6]. La Teoría de la acción comunicativa es una obra del filósofo y sociólogo alemán J. Habermas, que aborda la teoría de la acción y su fundamento racional, a partir de tres pretensiones fundamentales: desarrollar un concepto de racionalidad más allá de los postulados subjetivistas e individualistas de la filosofía y teoría social moderna, elaborar una nueva concepción de la sociedad en dos niveles integrando los paradigmas de sistemas y mundo de la vida, y por último, desarrollar una teoría crítica de la modernidad buscando las respuestas necesarias para retomar su proyecto original.

b) Karl-Otto Apel.

El concepto de comunicación va tomando un lugar cada vez más central en el pensamiento de Habermas y a través de él a otro pensador alemán contemporáneo, Karl-Otto Apel, quien, retomando razonamientos críticos (Kant) y fenomenológicos (Husserl, Heidegger), intenta hacer una síntesis con la filosofía del lenguaje (Wittgenstein) así como con las escuelas de la lingüística moderna (Charles Morris) y en especial con el pragmatismo de Charles S. Peirce. Apel habla por ej. en su libro «Transformación de la filosofía» del «apriori de la sociedad comunicativa trascendental» («Apriori der transzendentalen Kommunikationsgemeinschaft»), queriendo decir que es preciso concebir al apriori del sujeto trascendental Kantiano como

6 Garrido Vergara, L. «Habermas y la teoría de la acción comunicativa» en la Revista mexicana Razón y Palabra, número 75, 2011, pp. 1-19.

un apriori social (cosa que ciertamente ya está implícito en Kant) y constituido por el lenguaje (cosa que en Kant queda indicado a través del rol de las categorías). Este apriori es el que posibilita, según Apel, el discurso humano y en especial el discurso racional de las ciencias. Mientras Apel se mueve por tanto en un ámbito de fundamentación de tipo trascendental, Habermas razona desde la sociología, encontrándose ambos en el concepto de comunicación, Apel quiere una verdad consensuada en su Filosofía ante los ataques de la utilización política de la verdad y la mentira[7]. Es interesante destacar aquí, que este concepto también juega un rol importante en algunas teorías de la ciencia, así como en la hermenéutica filosófica, en la que se inspira Habermas pero sobre todo Apel. Habermas con todo critica las ambiciones totalizantes de la hermenéutica, destacando los límites del comprender tanto en el nivel social como en el nivel individual, retomando en este último los planteos de Freud. Habermas es por tanto interesante entre otras cosas por la apertura de sus planteamientos sociales críticos tradicionales (en especial marxistas) a corrientes aparentemente opuestas como la teoría de la ciencia y la hermenéutica. Apel se abre a su vez desde esta última a la filosofía analítica y a la «teoría crítica». Habermas es actualmente uno de los filósofos alemanes más populares y apreciados en Francia.

2. *La «teoría de la ciencia» («Wissenschaftstheorie»)*

La «Wissenschaftstheorie» es sin duda la corriente que ha tenido más influencia en el pensamiento alemán de los últimos años. La Zeitschrift für Wissenschaftstheorie, editada por Alwin Diemer (Düsseldorf) es una de las revistas importantes de esta corriente.

a) Orígenes. Sus orígenes son múltiples: la ciencia moderna, en especial las ciencias naturales, el positivismo filosófico y sus representantes del «Círculo de Viena» («Wiener Kreis», por ej. Rudolf Carnap, Otto Neurath, anteriormente: Paul Natorp y otros) dentro del cual operaba como «oposición oficial» Karl Raimund Popper, la filosofía analítica y del lenguaje (Ludwig Wittgenstein, George Edward Moore, Bertrand Russell, Willard van Orman Quine...). Sus representantes más destacados son, por ejemplo: Carl Gustav Hempel, Thomas S. Kuhn, Karl R. Popper, Nicholas Rescher. La influencia de la «Wissenschaftstheorie» y de la filosofía analítica ha creado un cambio general del ambiente filosófico alemán de los últimos años que

---

7 Nicolás Marín, J. A. «Apel y la época de posverdad» en la Revista Disputatio, vol. 9, número 12, 2020.

se caracteriza por un deseo de claridad de expresión, en contraposición a estilos (como por ej. los escritos del último Heidegger) calificados como «oscuros», «míticos», «irracionales» etc. El estilo filosófico es argumentativo y crítico, tiene tendencia a la simbolización y busca además el diálogo con las ciencias. Es interesante en especial en Alemania Hans Albert, como representante del «Racionalismo crítico» y Helmut Spinner, un crítico de esa escuela, Wolfgang Stegmüller quien retoma especialmente la línea de Thomas S. Kuhn, e indicar finalmente algunas ideas del físico y filósofo Carl Friedrich von Weizsäcker, quien si bien no pertenece en sentido estricto a las corrientes de la «Wissenschaftstheorie», reflexiona desde y hacia las ciencias naturales. abriéndose además a problemas éticos y metafísicos.

b) El «Racionalismo crítico» y sus críticos. Fue en especial el sociólogo Hans Albert quien introdujo y propagó el pensamiento de Karl R. Popper en Alemania en los últimos años. En sus escritos «Tratado sobre la razón crítica» («Traktat über kritische Vernunft») y «Tratado sobre la praxis racional» («Traktat über rationale Praxis») defiende Albert los presupuestos del «racionalismo crítico» de corte Popperiano, mostrando, y esto es como el nervio de esta corriente, que todo pensamiento dogmático es irracional. Esta crítica al dogmatismo a todo nivel (ya sea científico, filosófico, político o religioso) no termina en un escepticismo general sino en una opción por la racionalidad que cuestiona siempre las respuestas, fundamentaciones, teorías etc. alcanzadas, negando todo intento de fundamentación última o absoluta («Letztbegründung»). Según Albert los intentos de fundamentación desembocan en un trilema que él llama el «trilema de Münchhausen» aludiendo al famoso Baron de Münchhausen que se salvó de ahogarse levantándose de su propia levita. Los intentos de fundamentación última caen o en un círculo vicioso, o en un «regressum ad infinitum», o en un corte dogmático, en contraposición a los intentos racionales de fundamentación que, según Albert, evitan este trilema, señalando el carácter transitorio de toda teoría explanatoria y del saber en general. El saber objetivo es siempre un saber tentativo o falible. Con esto se opone Albert a la apuesta de tipo Kantiano trascendental así como a planteamientos de tipo preponderantemente lingüísticos, como algunas teorías filosóficas sobre el lenguaje (en especial Wittgenstein), a las corrientes puramente lógicas, a algunos discursos hermenéuticos (por ej. una oposición virulenta a su antiguo maestro Heidegger!)[8]. Sociopolíticamente Albert se encuentra del lado del liberalismo. Es importante destacar que tanto Albert como Popper parten de una crítica al positivismo del «Círculo de Viena», en especial a

---

8 Pacho García, J. «La crítica de Hans Albert al purismo epistemológico» en la Revista Logos: Anales del Seminario de Metafísica, número 30, 1996, pp. 275-286.

los planteos de fundamentación inductivista del saber científico (por ej. Carnap). En este sentido el «racionalismo crítico» no es un positivismo, pues no pretende defender un saber científico fundado definitivamente (o «comprobado»), sino que destaca que toda fundamentación es sólo provisoria o conjetural y que justamente eso caracteriza a un saber científico. Sin embargo, en la práctica Albert cae a menudo en planteos criticistas y polémicos y termina paradójicamente absolutizando su propia posición. Un crítico del «racionalismo crítico» es Helmut Spinner quien, al igual que Paul Feyerabend, perteneció al núcleo de la escuela, siendo cada vez más consciente de algunas de sus contradicciones. Spinner escribió su tesis de 'habilitación' sobre la teoría política de Popper («Popper und die Politik»), criticando en especial algunas conjeturas sociológicas y filosóficas del libro «La sociedad abierta y sus enemigos», un libro que, como se sabe, ha sido objeto de numerosas refutaciones, siendo además el mismo Popper quien ha reconocido que dicho libro no es representativo de su pensamiento. Spinner piensa que la idea núcleo del «racionalismo crítico», que es la crítica de las posiciones dogmáticas, tiene que ponerse en relación con otras corrientes de pensamiento, realizando algo semejante a lo que Habermas hizo desde su enfoque. Spinner critica además a Albert por haberse centrado en la crítica a la teología y a la religión, mientras que hay problemas mucho más urgentes que tratar, como son por ej. la técnica, la ecología, la paz, el «tercer mundo».

c) Wolfgang Stegmüller y el análisis de las teorías científicas Stegmüller es uno de los filósofos analíticos más renombrados de Alemania. Profesor en la Universidad de Munich, comenzó su carrera publicando un libro que se hizo standard sobre las corrientes filosóficas contemporáneas. Habiendo estudiando fenomenología (Husserl), filosofía existenciaria (Heidegger) así como las corrientes tradicionales (dialécticas, escolásticas, etc.), Stegmüller se interesó muy pronto por la temática de la ciencia, estudiando física y matemática. Fue él uno de los que vio la necesidad de introducir las corrientes de pensamiento anglosajón en Alemania y quien comenzó el diálogo con los problemas planteados por la «Wissenschaftstheorie» y la lógica moderna. Sus primeros ensayos tratan de problemas de la inducción y del cálculo de probabilidades. Una de sus obras más importantes se titula «Problemas y resultados de la Wissenschaftstheorie» que son varios tomos conteniendo sus clases, y que comienzan con el ABC de la lógica tradicional y moderna (silogismo, cálculo de proposiciones y predicados etc.) pasando luego a la argumentación científica basados en el esquema de Hempel y Oppenheimer. De acuerdo a este esquema un acontecimiento (Explanandum) se puede considerar explicado científicamente cuando dicha explicación es de naturaleza causal y se basa en una serie de observables (A1… An) (también llamadas «Basissätze») y de leyes (G = Gesetze). Stegmüller retoma el pensamiento de Popper con su crítica al inductivismo y la ficción de «hechos brutos»: todos los observables ya están impregnados de teoría y las leyes no son sino conjeturas con las que intentamos explicitar algunas regularidades habiendo además diferencias entre leyes, reglas, observaciones estadísticas etc. Esto hace que los criterios científicos de simplicidad, «legalidad» (o sea explicación en base a una ley), empiricidad (u observabilidad) y verificabilidad (criterios también adoptados por Carnap) sean cuestionados en cuanto ninguno de dichos criterios puede ser determinado en forma totalmente unívoca, habiendo por tanto diversos grados de teorización y de veri- o falsabilidad, sin que ninguno pueda llegar a dar un grado de certeza absoluta o una explicación total del fenómeno en cuestión. En uno de sus últimos libros dice Stegmüller que nunca podremos llegar a explicar al hombre científicamente en toda su totalidad (afectiva, racional, estética etc.), ¡y que si lo hiciéramos él no cree que eso nos aportaría algo necesariamente positivo y que además en dicho caso nos habríamos transformado en otra especie! «La vida es brumosa» («Das Leben ist diesig»), dice Stegmüller citando a Heidegger y también señala que «la vida es corta» (aludiendo sin duda al aforismo latino «vita brevis, ars longa»). Estas expresiones «existenciales» en medio de una temática lógica y teórica hacen de Stegmüller un autor atrayente, quien une sin miedo a los 'roces', posiciones que aparentemente se oponen. En este sentido su libro «Metafísica, Ciencia y Escepticismo» es un ejemplo digno de mencionar. Cabe recordar finalmente que Stegmüller critica a Popper desde las teorías de Th. S. Kuhn con respecto a los problemas de la evolución de las teorías científicas, estando de acuerdo con este, en que la «ciencia normal», un poco menospreciada por Popper, es la que juega el rol preponderante en la evolución del saber y que los momentos «revolucionarios» no pueden llegar a constituir la actitud normal del científico, sino que este debe «dejar la filosofía de lado» y actuar dentro de su «paradigma», mientras este sirva como esquema interpretativo. Es por tanto una posición pragmatista.

d) Carl Friedrich Von Weizsäcker y la unidad de la naturaleza. Hay que mencionar en último término, la obra del físico y filósofo Carl Friedrich von Weizsäcker, quien fue alumno de Werner Heisenberg y amigo personal de Martin Heidegger. Weizsäcker se inspira en Platón (esp. en el «Timeo») y en Kant y aspira a pensar la «Unidad de la naturaleza» (tal es el título de una de sus obras más conocidas) desde las premisas lógicas que subyacen a la mecánica cuántica. Tales premisas son las de una lógica temporal que Weizsäcker aún no ha explicitado en forma exhaustiva, en la cual el futuro juega un rol tan esencial como en la lógica tradicional el pasado y el presente. Vemos aquí también la influencia del pensamiento de Heidegger sobre la temporalidad. En uno de sus últimos libros «El jardín de lo humano» explicita Weizsäcker temas éticos, políticos, estéticos y religiosos que muestran su erudición universal y profundidad rara vez alcanzada en científicos filósofos y que recuerda a sus grandes contemporáneos Albert Einstein, Niels Bohr y Werner Heisenberg.

La «Wissenschaftstheorie» ha dejado una profunda huella en el pensamiento alemán contemporáneo trayendo no sólo nuevas ideas, sino también un nuevo estilo y una alta exigencia de coherencia y exactitud en la argumentación filosófica. Después de un momento polémico se ha llegado ahora a una etapa de tolerancia y apertura a otros lenguajes, lo cual es algo que constituye la premisa misma de la «Wissenschaftstheorie»: la imposibilidad de un lenguaje absoluto. Hay nuevos autores como Arendt que tienen un enfoque claramente multidisciplinar[9].

3. *La hermenéutica filosófica*

El representante más destacado de la hermenéutica y casi propiamente su fundador es Hans-Georg Gadamer, el nestor de la filosofía alemana. Orígenes. Gadamer estudió filolología clásica y filosofía, siendo alumno de Karl Jaspers y Martin Heidegger. Entre sus innumerables obras ciertamente la que causó mayor impacto fue «Verdad y método. Una introducción a la hermenéutica filosófica», que apareció a mediados de los años sesenta. Esta obra, inspirada en la filosofía del lenguaje, en la estética, en Platón (esp. en el «Cratilo») y en el pensamiento de Heidegger, causó vivas controversias porque se la interpretó como oponiendo la comprensión («Verstehen») de la verdad en las ciencias humanas («Geisteswissenschaften»), a la explicación («Erklären») de los hechos mediante el método en las ciencias naturales («Naturwissenschaften»). Esta falsa oposición, que tiene su origen en Wilhelm Dilthey, pero va por supuesto más allá de este, implicando todo el desarrollo de la ciencia moderna, dio lugar a una en parte infructuosa controversia entre «Verstehen» y «Erklären» y a actitudes polémicas tanto de parte de algunos representantes de la hermenéutica como de otras corrientes. Ya se indicó a este respecto por ej. las polémicas de Hans Albert así como algunos juicios peyorativos de Wolfgang Stegmüller. En conjunto da la impresión de que se trata menos de un problema contra la hermenéutica que contra alguno de sus representantes. Esta impresión se refuerza si recordamos que a partir de Popper se está elaborando una «hermenéutica objetiva» y que Stegmüller termina di-

9 Paz Garibo, A. «Algunas aportaciones de la filosofía alemana de los siglos xx y xxi a la Filosofía universal» en la revista Scio, número 23, 2022, con estudios de diversos profesores sobre autores novedosos.

ciendo en un artículo sobre el «círculo hermenéutico» que, si bien esta denominación es equívoca, la estructura tematizada por la hermenéutica está a la base de la «Wissenschaftstheorie». No es posible entrar aquí en detalles respecto a los orígenes y la evolución de la hermenéutica (y de las hermenéuticas, por ej. teológica, jurídica, histórica, bíblica etc.). Sobre esto remito a los seminarios publicados por Gadamer en la editorial Suhrkamp. Sólo indicar que la hermenéutica en su sentido etimológico (Hermes es el mensajero de los dioses) alude a la acción de trasmitir y anunciar un mensaje el cual es interpretado por sus destinatarios. Recuerdo aquí las alusiones de Platón en el diálogo «Ion» respecto a la tarea del poeta como hermeneutes (mensajero) de los dioses. Al auge de la hermenéutica teológica y jurídica en la Edad Media, en el Renacimiento y en la Edad Moderna (en especial bajo la influencia del protestantismo) se suma el surgimiento de los métodos de interpretación históricos y filológicos (Schleiermacher, Dilthey). Este proceso culmina, si se puede decir, con la concepción Heideggeriana de la «hermenéutica de la existencia («Hermeneutik des Daseins») como «analítica de la existencia» en la que surgen los temas de la temporalidad, historicidad y de la comprensión del ser. Aunque Heidegger posteriormente abandonó este término, en parte debido a la nueva orientación de su pensamiento lo que se suele designar con el término «Kehre» o «con-versión» y que alude a un replantear la temática de «Ser y tiempo» no desde la analítica de la existencia sino desde las diversas formas en que el ser se dice en el lenguaje Es en base a su pensamiento que Gadamer desarrolla algunos temas fundamentales.

3.1. La hermenéutica de Hans-Georg Gadamer

Los conceptos fundamentales de la hermenéutica de Gadamer son los de historicidad («Geschichtlichkeit»), comprensión («Verstehen»), «fusión de horizontes» («Horizontverschmelzung») y «actividad histórica efectuante» («Wirkungsgeschichte»). Estos conceptos están íntimamente interrelacionados de la siguiente manera: el hombre, como ser comunitario encarnado en el mundo, interpretando a este y a sí mismo en el lenguaje, realiza constantemente una tarea de comprensión.

En este proceso de comprensión se produce una separación de los horizontes, es decir, de lo que aporta el que comprende o lo que presupone, el «Vorverständnis» o «Vorurteil» como dice Gadamer aludiendo al doble significado de presupuesto y prejuicio, y lo que la cosa misma le dice, es decir el horizonte de la cosa. En este diálogo se produce una fusión de horizontes y se crea un nuevo horizonte de precomprensión que a su vez es trasmitido etc. Este es en cierta manera un proceso dinámico o 'cíclico' y de ahí la designación metafórica de «círculo hermenéutico», aunque esta metáfora (así como la de «horizonte») no sean adecuadas, como ya lo señalaba Heidegger en «Ser y tiempo», para designar fenómenos de comprensión existencial, estando tomadas de objetos que carecen de las estructuras que caracterizan al comprender y al ser en el mundo humanos. Este proceso de precomprensión, separación y fusión de horizontes y nueva precomprensión, es un proceso de tematización lingüística, del cual participamos, pero del que no somos los amos. Por eso dice Heidegger que en realidad es el lenguaje el que habla.

Gadamer ha señalado en los nuevos apéndices a su libro «Verdad y método» así como en otros escritos, que su intención no fue oponer por ej. la hermenéutica a la «Wissenschaftstheorie» sino que su modo de ver la «Wissenschaftstheorie» es una explicitación del fenómeno de comprensión a nivel específico, algo con lo que concuerda también Stegmüller, dándose un 'círculo' entre el «comprender» y el «explicar». Esto no quiere decir por otro lado que se anulen todas las diferencias entre los objetos del conocimiento que llevan a luchas metódicas a menudo estériles. La hermenéutica no anula, sino que posibilita y genera una pluralidad de métodos. Con todo se la ha podido acusar también de querer imponer un método, tomado de las ciencias humanas, a todos los objetos, volviéndose ciega para objetos como los fenómenos matemáticos (de carácter presuntamente ahistórico), o los sociales (crisis revolucionarias), o los insolubles (objetos fuera del alcance de toda «comprensión»). Las críticas hechas por Oskar Becker bajo el término de «Panhermeneutik» así como a las ya aludidas de Jürgen Habermas[10]. Oskar Becker fue junto con Heidegger el otro asistente de Husserl, quien había intentado darle a cada uno una orientación más hacia las ciencias naturales/ exactas (Becker) y hacia las ciencias humanas (Heidegger). Sus críticas han sido asumidas también por otro representante importante de la hermenéutica en Alemania, Otto Pöggeler, quien a su vez intenta abrir los planteos Heideggerianos a diferentes corrientes filosóficas como la dialéctica Hegeliana y la «Wissenschaftstheorie». Casi todas las grandes revistas filosóficas alemanas como por ej. la Zeitschrift für Philosophische Forschung (Revista de investigación filosófica), e incluso la Zeitschrift für Wissenschaftstheorie (Revista de la Filosofía de la ciencia), publican trabajos sobre hermenéutica. El director de esta última, Alwin Diemer, es al mismo tiempo Husserliano y un destacado representante de la hermenéutica. Fue él quien junto con Norbert Henrichs inició la reflexión herme-

---

[10] La bibliografía sobre Gadamer es muy amplia, siempre orientados por la modernidad el trabajo de 2019 de Fernández Membivre, M. «Finitud y verdad. Gadamer sobre la comprensión crítica» en la Revista Tópicos: revista de Filosofía de Santa Fe, número 27, 2019, pp. 28-53. La filosofía de Gadamer y su problema hermenéutico de una más adecuada comprensión de los «otros» queda subordinado al problema de la posible verdad de lo que éstos dicen. Asimismo, el autor sugiere que este último problema y el marco dialógico que Gadamer presupone como única posibilidad de afrontarlo, constituyen la clave principal para entender las diferencias entre su pensamiento y la tradición hermenéutica que lo precede, incluido —pese a su influencia directa— Martin Heidegger.

néutica en el campo de la informática y en especial del information retrieval. Pero sobre esto lamentablemente no me puedo extender en estos momentos. Sin embargo, sirve esta divagación como puente para el siguiente punto.

4. La Filosofía de la técnica

Bajo el título «Philosophie der Technik» (o también «Technikphilosophie») se vienen realizando en estos últimos años una serie de investigaciones cuyos orígenes más próximos remontan a fines del siglo pasado, cuando comenzaron a surgir las primeras obras filosóficas con este título explícito, siendo seguidas por un sinnúmero de obras en pro y en contra de la técnica. «Optimismos» y «pesimismos» se fueron sucediendo, participando de estos debates no sólo filósofos sino también sociólogos, literatos y técnicos (como E. Diesel, W. von Siemens, W. von Braun etc.) Por supuesto que la reflexión sobre el «homo faber» se remonta a orígenes mucho más antiguos, baste recordar los excelentes análisis de Marx en el «Capital», los de Hegel en la «Fenomenología» hasta los orígenes griegos de la techne. Pero también es cierto que la técnica moderna a tomado una forma tan globalizante que se la puede ver como un fenómeno hasta ahora no aparecido y que por eso recién se puede decir que sea tematizado en la época contemporánea.

4.1. La «Technikphilosophie» de inspiración analítica

Un grupo de filósofos entre los que se cuentan Hans Lenk, Günter Ropohl y Hans Rapp y que se inspiran en las corrientes analíticas así como en ideas de la «Wissenschaftstheorie» (teoría de la ciencia) han tematizado en los últimos años el fenómeno de la técnica, realizando además importantes estudios sobre la historia de la técnica y la historia de la filosofía de la técnica. En estos últimos campos cabe mencionar en especial a Hans Sachsse (sus obras: «Technik und Gesellschaft» 2 tomos, así como «Anthropologie der Technik»). Hans Lenk ha publicado trabajos importantes sobre «Sociología de la técnica» así como también sobre problemas éticos en especial relacionados con la medicina. Teóricamente ha hecho resaltar las diferencias entre la tematización de la ciencia por parte de la «Wissenschaftstheorie» (Filosofía dela Ciencia) y un pensamiento que todavía está subdesarrollado con relación a la técnica, la cual es vista a menudo, falsamente, como una «aplicación de la ciencia» y no como un fenómeno originario en el que priman otras categorías y criterios diferentes a los de las ciencias, así por ej. un aparato es «confiable», «manejable», tiene consecuencias pre- o imprevisibles diferentes por naturaleza a las de una teoría etc... La crítica a la definición puramente instrumental de la técnica acerca a Lenk a las ideas de la «Kulturkritik», pero frente a estos subraya él la inevitabilidad fáctica del mundo técnico para poder sobrevivir y la irracionalidad de una demonización global de «la» técnica[11]. Con esto coincide con algunos otros autores, José Ortega y Gasset y hace también referencia al pensamiento sobre la técnica de Heidegger (en especial su concepto de «Gestell»). Günter Ropohl parte de un comcepto inspirado en la «Systemtheorie» (teoría de los sistemas) y ubica a los distintos sistemas sociales como formando un todo permeado por la técnica. Hans Rapp por su parte desarrolla una «Analytische Technikphilosophie» (Filosofía analítica de la tecnología) en la que partiendo de un análisis del fenómeno nuevo en tanto que globalizante de la técnica, se abre a principios de tipo ecológico sin darles con toda la primacía[12].

4.2. Wolfgang Schirmacher y la «técnica como evento»

Schirmacher, hasta hace poco presidente de la Schopenhauer Gesellschaft (1982-1984), publicó su tesis doctoral con el título «La técnica como evento» («Ereignis Technik»). Inspirado en la concepción Heideggeriana de la historia como «descubrimiento» o aparición imprevista de eventos, la técnica es vista como uno de ellos, que en su fase y sus características actuales se muestra sobre todo con un aspecto devastador y destructivo. Pero, según Schirmacher, esto no tiene por qué ser la única posibilidad, y si queremos contribuir a que «el cosmos como evento tenga éxito» debemos trabajar para crear una técnica «ecológica» que se adapte a respete el funcionamiento del cosmos en la que está (y estamos!) insertada. Esto no significa un retorno a una «técnica manual», sino un domesticar la «gran técnica» si es posible aún antes que el «establishment técnico», lo que Heidegger llama el «Gestell», destruya (y nos destruya) aquello que lo posibilita. En esta visión Schirmacher vinccula entre otras cosas polos políticamente aparentemente contrapuestos como son los pensamientos de Heidegger y Adorno (una vinculación que también ha sido intentada por Hermann Mörchen).

III. TENDENCIAS EN ESPAÑA

No se puede trazar un panorama general de la Filosofía del Derecho actual como tal incluyendo sólo escuelas sino tendencias con clara interconexión euro-

---

[11] Lenk trata los contructos interpretativos, y la crítica a una razón interpretativa como algo nuevo, también sus contribuciones han sido importantes en Filosofía política.

[12] Rophol, G. «Ob man sich eine Wissenschaft vom Gesamtzusammenhang vorstellen könnte» (si se podría imaginar una ciencia del contexto general), en la Obra Colectiva, *Die Lust am Widerspruch: Theorie der Dialektik - Dialektik der Theorie,* El placer de la contradicción: teoría de la dialéctica - dialéctica de la teoría, (coord. Hahn, E, et at), 2008.

pea y americana. Si dijéramos que tres son las tendencias la filosofía analítica, la conceptual-continental y la filosofía postmoderna, tampoco es un análisis completo ni de forma media. Pero todavía más confuso es el panorama en la propia confección de escuelas, donde se han ido tamizando los límites a un extremo imperfectible en ocasiones. Se han producido adaptaciones del positivismo clásico, del humanismo, de la invasión de los principios políticos en la propia Filosofía del Derecho, en un deseo de un empirismo en cuanto a la seguridad jurídica y, a su vez, una vuelta a los temas bioéticos y deontológicos en la irrupción de la Inteligencia artificial. Se podría decir —de forma clara— que persiste el momento de desconcierto y de la redefinición de objetivos y de métodos de la Filosofía del Derecho. La agenda de la filosofía del derecho debe atender a demandas vinculadas al constitucionalismo actual, como la exigencia de control racional de la argumentación que acompaña a la ponderación entre principios, o a la apreciación de límites o de excepciones en la aplicación de las reglas jurídicas por razones de principio. Y replantearse métodos esto es Lógicamente, esta redefinición de objetivos tendría que ir acompañada por un replanteamiento del método jurídico. Hemos visto que los tradicionales recelos metodológicos del positivismo jurídico respecto de la idea de racionalidad práctica no nos permiten proyectar un análisis satisfactorio sobre las anteriores realidades. Los análisis lógicos y conceptuales son irrenunciables, pero deben ser completados con reconstrucciones racionales —y eventualmente críticas— de las exigencias que caracterizan nuestras prácticas jurídicas, ofreciendo una explicación plausible desde la perspectiva de qué es lo que estas requieren en cada caso concreto. El pospositivimo dworkiniano (Dworkin, 1977, 1995, 2007) y las teorías de la argumentación jurídica (Alexy; MacCormick, Atienza) pueden proporcionarnos un buen punto de partida para ello. La tesis medular de ambas concepciones es la de que el razonamiento jurídico constituye un caso especial del razonamiento práctico. Por cierto, de la asunción de la tesis del caso especial no se sigue —como muchas veces se ha recelado (Ferrajoli, 2011, pp. 28ss.)— la elaboración de un discurso filosófico legitimista o ideológico. Por el contrario, la adhesión a la tesis del caso especial se revela como condición necesaria para la elaboración de un discurso crítico dotado de sentido; solo valorando cuan alejadas se sitúan nuestras prácticas jurídicas reales del ideal de la racionalidad práctica nos podemos permitir armar un discurso crítico coherente. No se puede hablar del nacimiento de nuevas teorías que, como tales tengan nombre de tal, sino de tendencias de estudio o de objetos de una visión como el feminismo, o de doctrinas políticas de pragmatismo (buenismo) o de posturas acomodaticias desde la norma a la realidad de forma celérica (populismo jurídico). Su origen es el de atraer hacia los actos del poder a las clases populares en origen, pero ello queda atrás cuando desaparecen los estamentos sociales que le dieron origen siendo ahora simplemente un acomodo constante a la realidad social mayoritaria, o que se cree mayoritaria, en este caso, el uso peyorativo de lo popular es el que ha ganado la batalla del concepto y del lenguaje y cabe ya cualquier ideología política dirigido a él. La situación por decir algo esperanzador eso sí, es de libertad de cátedra absoluta con propuestas con mínimos morales y jurídicos en torno a creencias generales de derechos humanos y en la interpretación y creación de esas normas con ese resultado. De dónde haya nacido la idea populista, Rusia, Estados Unidos y América latina, lo cierto es que su concepto primigenio, del poder atender a las clases populares quedó atrás desde el punto de vista filosófico. Y aunque puede tener objetivos claros la ambigüedad ideológica de sus medios es algo reconocido también. Y se ha convertido en lógica política y jurídica. La Filosofía del Derecho actual tiene que atender muchos frentes, por una parte, el teórico y la defensa de los valores que le dan existencia, por otro, el nuevo frente procedimental, de aspecto procesal ante los nuevos retos de la tecnología fijándose en la defensa de los derechos humanos y la persona como límite, al menos, desde la óptica continental y europea sin duda. Sin llegar a un análisis pesimista sobre su futuro —creemos que siempre existirá como disciplina el pensamiento sobre lo jurídico, su interpretación, su lugar en el mundo— lo cierto es que el momento es de cambio y un cambio que le dota de una dirección práctica, interdisciplinar, mucho más conectada con la realidad jurídica de las demás disciplinas porque lo que parece estar en crisis es el propio Derecho y las Facultades de Derecho[13]. Parece que la distinción entre Filósofos del Derecho y juristas prácticos ha descendido, los juristas son interdisciplinares y prácticos en su gran totalidad. Se enfrenta a nuevos retos por sus nuevos temas: cambio climático, nueva diversidad antropológica, derechos fundamentales, inteligencia artificial…y no puede quedarse en un repaso del pensamiento jurídico de forma histórica, sino que tiene que proponer nuevos fundamentos buscando la verdad científica, pero también la verdad moral que no debe dar miedo en la investigación. Y reconocer el contexto de deshumanización, de pérdida de valores al que se está enfrentando la Filosofía del Derecho actual. En el momento actual la filosofía entraña toma de posiciones de riesgo, el avance tecnológico permite abrir nuevamente vías de solución a problemas de antaño, pero crea problemas irresolubles que pueden ser irreversibles, entre otros, hasta dónde llegue ese avance que haga retroceder al ser humano en otros muchos ámbitos de su existencia. La filosofía jurídica, por lo tanto, tal vez más imbricada con la psicología moderna, debería ofrecer en el marco de los estudios jurídicos no sólo una descripción histórica del desarrollo y evolución del pensamiento, sino, y también, una imagen científica de los fundamentemos de la conducta humana, es decir, proporcionar no solamente una

---

13 Ciertamente se puede mantener el análisis de García Amado sobre la crisis y la restructuración de la Filosofía del Derecho en sus propósitos y objetivos y eso que data ya de un 2010 lejano en este tipo de disciplina como momento crítico que permanece. García Amado, J. A. «La Filosofía del Derecho en España hoy. Un balance pesimista» en Anales de la Cátedra de Francisco Suárez, número 44, 2010, pp. 523-538.

fuente de conocimientos de la cultura y del pensamiento filosóficos, proporcionando aquella experiencia que hace posible una visión de la profundidad de campo del objeto de estudio, sino ofrecer, simultáneamente, el fundamento biológico que subyace tanto al aprendizaje como la explicación básica de la conducta humana; ciertamente el objetivo es complejo, probablemente utópico por la fragmentación de los ámbitos interdisciplinares, pero merece al menos ser considerado como una fórmula para proporcionar los elementos de una posible y deseable evolución de la filosofía en el marco de los estudios jurídicos. La finalidad es clara, se trata de que los juristas tengan permanentemente presente en los nuevos campos de regulación los fundamentos de un pensamiento no dominado exclusivamente por las especialidades y desconectado, por lo tanto, de una comprensión de la dimensión humana crítica que toda regulación debe estar llamada a satisfacer. Es importante destacar que estamos siempre con una lectura ética del Derecho y de la justicia y ello conlleva que el conocimiento en sí mismo es exclusivo de todo juicio de valor mientras que la ética, por esencia no objetiva, está por siempre excluida del campo del conocimiento. Desde el momento en que se pide el postulado de la objetividad para ser ciencia, la Filosofía (del Derecho) tiene un problema metodológico de primera magnitud. Es una distinción que ha creado la ciencia moderna, y que, en la Filosofía encuentra serios problemas de verificabilidad. Pero sí podemos decir que toda la Filosofía del Derecho parte del Estado de Derecho moderno y la Democracia como logro, pero como deseo de actualización permanente. El progreso amenaza con destruir el objetivo que estaba llamado a realizar: la idea del hombre. La tecnología es, exactamente, lo que se pretenda que sea, ya que es meramente instrumental. Es la idea del hombre la que no es, o más bien la que no debería ser, en ningún caso, instrumental y, en esa defensa —por que el hombre no sea un instrumento de la ciencia ni de otros hombres con Kant, si no un fin que no tiene otro propósito que reconocer, proteger y promover su dignidad como ser humano— es en la que debe concentrarse proactivamente la filosofía del derecho. Dignidad reconocida en el artículo primero de la Declaración Universal de los Derechos Humanos, de 10 de diciembre de 1948, que proclama que: «Todos los seres humanos nacen libres e iguales en dignidad y derechos y, dotados como están de razón y conciencia, deben comportarse fraternalmente los unos con los otros». No se puede, en cualquier caso, olvidar ingenuamente que tal propósito está plagado de innumerables amenazas y condicionamientos de todo orden, género y magnitud debido a la propia naturaleza del ser humano y a las circunstancias en las que se ve envuelto, como describieran tan atinada como perspicazmente Séneca, Spinoza, Voltaire, John Locke o Popper, entre tantos otros. La democracia del Estado de derecho no es una realidad substancial que pueda poseerse permanentemente, no es un estado donde pueda descansarse una vez alcanzado. Democracia y Estado de derecho son algo procesal, que tiene que ser formado como tarea continua. Es por ello por lo que en un mundo donde se precipitan los riesgos se precisa, hoy más que nunca, una filosofía de la ciencia que desarrolle un rudimento de teoría deontológica general que sirva para objetivar aquellos aspectos de su actividad susceptibles de mostrarse irreversibles en sus efectos. Tan sólo la evolución de la moral, en parte al menos sustentada en algunos de los valores actualmente disponibles, puede ser capaz de preservar la dignidad del ser humano. La filosofía del derecho y el derecho Constitucional deberían jugar, en el sentido apuntado, un papel relevante afinando y reforzando sinergias interdisciplinarias necesarias y convenientes de modo que se afronte el futuro con algunas garantías adicionales de éxito en el respeto de la dignidad humana. El progreso amenaza con destruir el objetivo que estaba llamado a realizar: la idea del hombre. La tecnología es, exactamente, lo que se pretenda que sea, ya que es meramente instrumental como señalara correctamente Schmitt. Es la idea del hombre la que no es, o más bien la que no debería ser, en ningún caso, instrumental y, en esa defensa —por que el hombre no sea un instrumento de la ciencia ni de otros hombres con Kant, si no un fin que no tiene otro propósito que reconocer, proteger y promover su dignidad como ser humano— es en la que debe concentrarse proactivamente la filosofía del derecho. Dignidad reconocida en el artículo primero de la Declaración Universal de los Derechos Humanos, de 10 de diciembre de 1948, que proclama que: «Todos los seres humanos nacen libres e iguales en dignidad y derechos y, dotados como están de razón y conciencia, deben comportarse fraternalmente los unos con los otros». No se puede, en cualquier caso, olvidar ingenuamente que tal propósito está plagado de innumerables amenazas y condicionamientos de todo orden, género y magnitud debido a la propia naturaleza del ser humano y a las circunstancias en las que se ve envuelto, como describieran tan atinada como perspicazmente Séneca, Spinoza, Voltaire, John Locke o Popper, entre tantos otros. La democracia del Estado de derecho no es una realidad substancial que pueda poseerse permanentemente, no es un estado donde pueda descansarse una vez alcanzado. Democracia y Estado de derecho son algo procesal, que tiene que ser formado como tarea continua. Es por ello por lo que en un mundo donde se precipitan los riesgos se precisa, hoy más que nunca, una filosofía de la ciencia que desarrolle un rudimento de teoría deontológica general que sirva para objetivar aquellos aspectos de su actividad susceptibles de mostrarse irreversibles en sus efectos. Tan sólo la evolución de la moral, en parte al menos sustentada en algunos de los valores actualmente disponibles, puede ser capaz de preservar la dignidad del ser humano. La filosofía del derecho y el derecho Constitucional deberían jugar, en el sentido apuntado, un papel relevante afinando y reforzando sinergias interdisciplinarias necesarias y convenientes de modo que se afronte el futuro con algunas garantías adicionales de éxito en el respeto de la dignidad humana. La exigibilidad de los derechos y la objetiva escasa creación de doctrinas que sean interesantes en cuanto a la innovación marcan la tendencia actual. Podemos hablar como hacía Calvo de tendencias que sí creemos compartidas: el derecho a felicidad, a las nuevas teorías de la intimidad e identidad del sujeto, el papel de los derechos humanos en los territorios de pobreza, soberanía y legitimidad en los Estados, la niebla jurídica (dificultad del lenguaje puramente jurídico y de los significados cada vez más difuminados), sobre la narrativa del Derecho, el minimalismo en la confección jurídica (reducir el Derecho a su momento de creación y aplicación), el culto a la jurisdicción, el nuevo papel de los principios generales, y una teorización meteórica que pronto caduca por las necesidades sociales... el Derecho irá por detrás más que nunca de los fenómenos sociales, el papel de la Filosofía del Derecho será pensar en el hombre, la persona, en todo momento y adaptación de sus derechos a las nuevas realidades y de temas que, sin duda, vendrá de la aportación y movimiento de la Inteligencia Artificial en todas las teorías del Derecho y su limitado papel[14]. Surgirán nuevos tratamientos de temas bioéticos, deontológicos y siempre habrá que delimitar el aspecto metodológico y conceptual del aspecto valorativo, al que la Filosofía del Derecho no debe ni puede renunciar. Más que el planteamiento de nuevas doctrinas y teorías, su papel será de defensa de valores y derechos pese a la cambiante realidad social con sus esquemas nuevos y de ruptura.

---

[14] Calvo González, J. «Doce preludios a la filosofía jurídica y política del siglo XXI» en el Anuario de Filosofía del Derecho, número 17, 2000, pp. 419-438, donde observamos que sí se han cumplido expectativas de esas tendencias pero otras han sido inesperadas: derechos de los seres no humanos, derechos al paisaje, nueva identidad de género y expectativas constitucionales...

Lección 25

LOS NUEVOS RETOS DE LA FILOSOFÍA DEL DERECHO ANTE LA INTELIGENCIA ARTIFICIAL

I. PAPEL DE LA FILOSOFÍA DEL DERECHO EN EL CONTEXTO DIGITAL

Mucho se está escribiendo sobre la Inteligencia artificial (IA) porque es lo que viene, la realidad del mundo en el que vivimos transformándose en cada instante. Lo que ahora se pretende explicar desde la Teoría del Derecho es cómo encarar sus nuevos conceptos, problemas, instituciones…todo su nuevo lenguaje en una disciplina como es la Filosofía del Derecho[1]. Las propias transformaciones de visión, de teorías que supone la IA son desde luego una incógnita, pero lo cierto es que la Filosofía del Derecho con ciencia interdisciplinar que estudia el pensamiento jurídico y la sistematización de los elementos del Sistema jurídico ya ha reaccionado en la comunidad científica, no hay más que mirar una muestra de la literatura jurídica existente en los últimos tiempos sobre la materia. La filosofía del Derecho estudia no sólo a los pensadores jurídicos sino la visión del fenómeno jurídico como conjunto y como parte de la vida social, de una manera siempre interdisciplinar en sus apreciaciones. La posición que se tenga de la concepción previa del Derecho marca la manera de encararlo en la explicación, argumentación e interpretación de este. Las posiciones metafísicas previas en esta ciencia son decisivas: siempre resumidas en el iusnaturalismo, el positivismo como extremos y las enormes variantes que, a lo largo de la historia han tenido uno y otro, sin contar con las exposiciones al margen como el estructuralismo, el sociologismo, el estudio del lenguaje, el estudio de los sistemas y relaciones…si llegamos a afirmar que se predica una Filosofía del Derecho postmoderna no es exageración sobre todo después de la pandemia del COVID 19 donde las bases de la Filosofía del Derecho de antaño —todo lo que los modernos Kelsen y Hart habían analizado— quedaron atrás, centrándose exclusivamente en la protección y daños ante la situación crítica de los derechos fundamentales. Atrás pueden quedar teorías comunicacionales del Derecho y otras basadas en la persona y la concepción empírica del Derecho. Lo cierto es que, aun cuando mucho actúe la nueva realidad, la Filosofía del Derecho analiza y explica el fenómeno jurídico, desde el hecho, desde los valores, desde la norma, en la teoría tridimensional

---

1 Es destacable la obra colectiva coordinada por Llano Alonso, F. H./Garrido Martín, J. Inteligencia Artificial y Derecho. El jurista ante los retos de la era digital. Pamplona, Editorial Aranzadi, 2021.

que puede ser válida, si bien el IA suponer un cambio en el parámetro tiempo y un cambio en la propia concepción de la relación jurídica como tal. La IA es definida de muchas maneras, pero lo cierto es que todas hacen referencia a procedimiento algorítmicos de conexión de datos que harán la resolución e intercambio de estos más rápidos y no sabemos si más seguros. Podemos dar muchas definiciones de lo que es la inteligencia artificial en el contexto de las ciencias de la computación, es el conjunto de sistemas o combinación de algoritmos, cuyo propósito es crear máquinas que imitan la inteligencia humana para realizar tareas y pueden mejorar conforme la información que recopilan[2]. En principio siempre se dice que la inteligencia artificial no tiene como finalidad reemplazar a los humanos, sino mejorar significativamente las capacidades y contribuciones humanas. Se hizo presente poco después de la Segunda Guerra Mundial, y el nombre lo acuñó en 1956 el informático John McCarthy, en la Conferencia de Dartmouth. En la actualidad, la inteligencia artificial abarca una gran variedad de subcampos. Éstos van desde áreas de propósito general, aprendizaje y percepción, a otras más específicas como el juego de ajedrez, la demostración de teoremas matemáticos, la escritura de poesía y el diagnóstico de enfermedades.

La Inteligencia Artificial sintetiza y automatiza tareas que, en principio, son intelectuales y, por lo tanto, es potencialmente relevante para cualquier ámbito de diversas actividades intelectuales humanas. En este sentido, es un campo genuinamente universal. Aquí lo que se analiza es la manera de afrontar los grandes temas jurídicos desde una Filosofía del Derecho que no puede ni debe desconocer este problema o evolución, que no es dable ahora saber cuál será su mejor definición. Debe ser su papel una apuesta decidida por el humanismo digital o tecnológico, esencia de su propia existencia.

II. LA RELACIÓN JURÍDICA Y LA INTELIGENCIA ARTIFICIAL

Uno de los grandes temas sobre los que versa la Filosofía del Derecho es el hecho jurídico, o más bien, el hecho con transcendencia jurídica que da lugar a unas consecuencias en forma de derechos y obligaciones, estableciéndose la llamada relación jurídica, sujeto, objeto y relación de nexo entre ambos. Con la llegada de la IA la persona del sujeto no es como tal, la categorización de persona desde el punto de vista filosófico, cuando además posee tal grado de autonomía que, desde luego tiene inteligencia y voluntad propia como parece ser que los seres o aplicaciones de la IA pueden llegar a realizar. Entre los actos más importan-

---

[2] Xabalader Plantada, R. «Inteligencia artificial y Derecho» en la Revista de Internet, Derecho y Política, núm. 27, 2018, pp. 108-110.

tes de la relación jurídica de los hombres, sin duda, se encuentra la contratación, el pacto, que al principio fue verbal y luego evolucionó a la famosa ley entra las partes. La persona que ya debió acudir a una ficción cuando la voluntad colectiva era la misma —persona jurídica— y evidentemente la persona física que se comprometía o bien a recibir algo o crear algo o darlo por extinguido obligándose frente a otra u otras personas a algo, concebido el derecho como contractualista hasta la herencia es un contrato. Pero lo cierto es que el pacto entre dos sujetos, el origen de cualquier contrato, incluso llevado a la esencia del Estado, es uno de los grandes temas de la Filosofía del Derecho. La llegada la IA puede sustancialmente cambiar esta visión y vamos a ver la razón. La relación jurídica viene a ser tan difusa que no sabremos a quién decir sujeto activo de la misa, si bien siempre tenemos claro que la prestación la realiza una máquina o algoritmo o aplicación que está impulsada por alguien, creada por alguien, producida por alguien[3]. Lo cierto es que la relación jurídica no se ve especialmente modificada en su estructura de sujetos, objeto, contenido, aun cuando este esquema quede realmente lejano en su propio dibujo. Estaremos pensando en una prestación que la propia IA ayuda y activa, pero no dejará de existir el nexo o hecho normativo que nos pueda indicar que esa relación sigue siendo jurídica. No habrá pues una transformación radical en la relación jurídica aun siendo creciente, la normativa de los Big data, o de la IA, está cada vez más desarrollada en cuanto a protección de derechos fundamentales y, sobre todo, en el problemático tema de los datos personales al que haremos referencia. Siempre esa aplicación tendrá una autoría, un seguro de responsabilidad civil y un mandato de prestación, generalmente contratado, que simplemente cambiará la forma, pero entendemos que no el fondo de la relación jurídica. Se regulará por la norma la intermediación de las partes, y se clarificará la relación jurídica siempre como elemento central del Derecho. Determinar las partes y el alcance de los acuerdos e intermediación de datos quedará todo para la normativa y la contratación, en este tema se abre otro problema más adelante.

III. INTELIGENCIA ARTIFICIAL Y PRINCIPIOS GENERALES DEL DERECHO

Otro apartado que debemos explicar es que los principios generales, como ideas sustentadoras de normas, como base programática de las mismas, no tendrán una gran transformación en la era digital o eso parece a simple vista, nada

---

3 Abarca Sánchez, J. «Reflexiones sobre inteligencia artificial y Derecho» en la Revista de Costa Rica, Revista de Ciencias jurídicas, núm. 159, 2022, pp. 1-14.

más inexacto[4]. Es cierto que en este tema existen grandes principios que se erigirán en los más decisivos, cual es el del consentimiento sobre el mercado de los datos, el consentimiento del titular como el gran principio del Derecho, el sujeto es responsable de sus datos, y al servicio de ese principio se crean los Reglamentos, como el Europeo de datos, así como la transformación digital de todo tipo de delitos e ilícitos civiles sobre la suplantación de datos, mercadeo, uso inconsentido… como gran principio de los del Derecho. Por supuesto ello no conllevará transformar en modo alguno el sentido jurídico de la irretroactividad, de la legalidad, del principio de presunción de inocencia, de legalidad, de interdicción de los poderes públicos…es decir, realmente para la Filosofía del Derecho no supone una nueva orientación de los principios generales en tanto bases ontológicas de la propia esencia del Derecho, y el debate siempre seguirá siendo si su papel es más normativo que hermenéutico, pero no tendrá una especial trascendencia en este sentido la Inteligencia Artificial salvo en lo que sea el nacimiento o fuerza de nuevos principios como el que antes se ha señalado. Nunca podrá negarse el carácter de instrumento para el juzgador, de vaciado ideológico para devenir en jurídico, de los principios generales del Derecho y se está viendo en la aplicación retroactiva más favorable para algunas leyes penales, dado que los principios generales no se pueden derogar al menos si una norma así no lo establece, pero algunos tienen la característica de constitucionales, lo que los hace prácticamente intocables. De ello ya se han preocupado los tratadistas de la materia en primeras monografías, pero cuando hablemos de la argumentación judicial e interpretación quedará más claro que el algoritmo la aplicación como tal de jurisprudencia y bases de datos —en lo que llevamos mucho tiempo de uso— no resuelven el problema ideológico de fondo ni pueden promover la sustitución de la persona a la hora de juzgar. Es un intento vano de que la IA pueda sustituir el razonamiento jurídico y la forma de interpretar una norma, y es algo, que ya debería estar resuelto dado el grado de enorme concreción y acierto que tienen todas nuestras colecciones legislativas y bases de datos. En el debate del papel que jueguen los principios generales del Derecho en la era de la IA estaremos siempre al planteamiento funcional de las fuentes del Derecho y, por supuesto, no será nunca un debate estéril, en ocasiones, y así lo afirma la Jurisprudencia veremos que siguen siendo prácticos para la resolución de los problemas jurídicos en sí. Pero como indicábamos no sólo habrá un principio, porque se generarán derechos, y cada derecho como ocurre con los derechos fundamentales son un principio, ni siquiera podemos imaginarlo en medicina, en industria, en empresa… como para poder siquiera predecirlo en Derecho, si bien el más preocupante para la doctrina y la legislación es el del consentimiento y la dimen-

---

4 Barrio Andrés, M. «Los principios generales del Derecho en los robots» en la Revista Derecho digital e Innovación. Digital Law and Innovation Rewiew, núm. 1, (enero-marzo), 2019.

sión ética del uso de la IA que, nuevamente, ha correspondido a la ciencia jurídica, como garante y alarma del peligro que supone para la privacidad de la persona y su libertad. No desaparecen los principios clásicos, pero otros son nuevos en su fuerza y en su propia presentación. No vemos qué posibilidad de transformación exista en este otro apartado, sino la de ampliar mucho más la base comunicacional del Derecho, es decir, dar a conocer de forma más concreta, sencilla, manejable y rápida conceptos jurídicos que no tienen que verse transformados en sí. La razón por la que el concepto de patria potestad, de nacionalidad, de compraventa, de negocio jurídico, de persona, de Nación… pueda cambiar por el cambio de los procedimientos de la Inteligencia artificial en cuanto a su desarrollo y búsqueda de material no atisbamos a entender que conlleve cambio alguno en cuanto a su idea o base de definición. Un concepto es una idea que queda limitada por palabras que son comunes a los seres humanos, unos cambiarán y otros tendrán la esencia platónica que les harán cambiar, pero más que nada en envoltorio pues siempre serán en esencia los mismos. Lo que sí se entiende de forma lógica es que la propia IA añadirá conceptos nuevos, vocabulario con ideas nuevas procedentes en su gran mayoría de las grandes empresas que construyen y manipulan big data y aplicaciones, ya todo el mundo domina un vocabulario conceptual en el delito digital malware, phishing, virus, troyanos, ventanas emergentes…que antes no existía y que serán nuevos conceptos terminológicos. Ya existen en Derecho Administrativo posiciones doctrinales que se preguntan si los conceptos jurídicos que poseemos serán suficientes para las nuevas realidades terminológicas y la respuesta es categóricamente, no[5]. Ello por no empezar a tener que manejar esos nuevos conceptos en cada subsede de uso, esto es, medicina, economía, turismo, entorno educativo, entorno industrial, tema bioético, el entorno de las garantías procesales, el tema de la propiedad intelectual… estamos en la creencia general que no serán suficientes nuestros conceptos jurídicos y que no se trata de una mera adaptación a la realidad cambiante, sino el nacimiento de nuevos conceptos, en este apartado entendemos que sí se va a producir una enorme transformación a la que tendrá que hacer frente el Derecho y, por supuesto, la Filosofía del Derecho. En el escenario educativo el uso de la tecnología digital está impregnando y transformando todos los sistemas sociales, y la educación no es una excepción. En la última década, el desarrollo de la Inteligencia Artificial ha dado un nuevo impulso a la esperanza de dotar a los sistemas educativos de soluciones «eficaces» y más personalizadas para la enseñanza y el aprendizaje. Educadores e investigadores

[5] Es importante la obra colectiva coordinada por Pérez Calle, R. E. *Economía, Empresa y Justicia. Nuevos retos para el futuro.* Madrid: Dykinson, 2021. En concreto, el capítulo de Prince Tito, F. «La clasificación del lenguaje jurídico. Barrera de entrada de la inteligencia artificial en el campo del Derecho», pp. 411-429.

en el campo de la educación y responsables políticos, en general, carecen de los conocimientos y la experiencia necesarios para comprender la lógica subyacente a estos nuevos sistemas. Además, no contamos con suficientes evidencias basadas en la investigación para comprender plenamente las consecuencias que tienen para el desarrollo del alumnado, tanto el uso extensivo de las pantallas como la creciente dependencia de los algoritmos en los entornos educativos. Se introduce en primer lugar los conceptos de «Big Data», Inteligencia Artificial (IA), algoritmos de aprendizaje automático y cómo se presentan y despliegan como «cajas negras», así como su posible impacto en la educación. No es la panacea para resolver el problema educativo, máxime cuando nuestra juventud está completamente familiarizada con cualquier proyecto educativo que tenga que ver con estas aplicaciones. Los Robots no podrán explicar la materia de una profesión con la profundización de los profesores, pero es cierto que son compañía para cualquier docente en su faceta investigadora y de comunicación[6]. En el derecho de patentes nos encontraremos también con nuevos conceptos —y quizás principios generales o nuevos derechos nacientes de los mismos, lo que veremos más adelante— la IA representa una herramienta muy útil para el Derecho, la ciencia jurídica y la profesión legal. En la IA hay todo un campo que tiene como objetivo aplicar el conocimiento en IA para resolver o al menos facilitar la solución de algunos problemas legales, como así al mismo tiempo utilizar herramientas y técnicas desarrolladas para resolver problemas específicos en la interpretación y aplicación de la Ley. La ciencia jurídica reconoce la utilidad de la IA especialmente para fines de razonamiento jurídico, un concepto general que se refiere a un proceso de formación y respuesta justificada a un determinado proceso legal. Por ejemplo, qué decisión debe tomarse al final de un juicio, o si y en qué medida una persona necesita pagar un determinado impuesto. Aplicaciones de IA pueden ayudar en el razonamiento legal, por ejemplo, buscando bases de datos de normas legales e identificación de qué casos son relevantes para los respectivos procedimientos judiciales en curso. Esta herramienta simplifica significativamente la investigación legal, ya que es capaz de encontrar y clasificar información relevante. Además, algunas aplicaciones pueden razonar y proporcionar respuestas específicas por sí mismas. Estas aplicaciones se conocen comúnmente como sistemas expertos o basados en el conocimiento. Existen cinco clases de sistemas expertos legales: de diagnóstico que proporcionan soluciones específi-

---

6 Sobre el fenómeno del Aula invertida y otros hay mucha literatura jurídica, destacamos Dima, L (y otros). «Búsqueda artificial y aprendizaje en línea: herramientas, métodos y estrategias» en la revista argentina Ciencia y Tecnología, núm. 12, 2012, pp. 57-71. Se destaca la obra coordinada por Sánchez Rivas, E; Colomo Magaña, E; Ruiz Palmero, J. Tecnologías educativas y estrategias didácticas. Málaga: Universidad de Málaga, servicio de publicaciones, 2020, en concreto en el papel del chat y los chatbots como apoyo o herramienta para el ámbito jurídico, pp. 682-692.

cas, sistemas de planificación que ofrecen recomendaciones sobre las cuales lograr un objetivo deseado, guías de procedimientos que ayudan a seguir procedimientos legales complejos, listas de verificación inteligentes que sirven para evaluar el cumplimiento de los requisitos establecidos por el Derecho y el documental, y sistemas de modelado que crean automáticamente documentos a partir de plantillas predefinidas basadas en las instrucciones de los usuarios. Los sistemas de modelado de documentos también se denominan «sistemas de ensamblaje de documentos». Hay, sin embargo, dos tipos de sistemas de montaje de documentos: sistemas de procedimientos y sistemas expertos. Los sistemas procesales no pueden ser considerados como una aplicación de IA dado que, en estos sistemas, un usuario sigue un proceso guiado con pasos predefinidos resultantes en un número limitado de resultados posibles. Los sistemas expertos, por otro lado, buscan reglas en su conocimiento. Por ejemplo, utilizando bases de datos y aplicándolas de manera tal que creen su propio árbol de decisiones para encontrar las soluciones necesarias. Estos sistemas son, por lo tanto, capaces de proporcionar soluciones a preguntas no anticipadas formuladas en lenguaje natural. El razonamiento legal está estrechamente relacionado con la representación del conocimiento legal y sus evaluaciones. Desafortunadamente, en el área de la Ley, esto ha sido probado como extremadamente difícil. El Derecho no es un sistema cerrado ni un campo científico duro, con reglas inmutables, sino que más bien contiene valores relativos y, a menudo, requiere intereses de equilibrio. Por otra parte, la IA aquí aplicada debe desarrollarse con el fin de enfrentar el desafío de abordar las ambigüedades contenidas en el lenguaje utilizado. Los científicos también tuvieron que encontrar soluciones sobre cómo representar la causalidad con respecto a los aspectos legales. Por ejemplo, nociones de «causa próxima» y «causa remota», cómo representar estados psicológicos internos de los humanos (emociones, objetivos, intenciones, etc.), así como sus relaciones interpersonales, o cómo representar los plazos y determinar su impacto en otras variables. A pesar de todas las complicaciones que enfrenta la IA cuando se trata del Derecho, sus aplicaciones se utilizan en numerosos contextos, si bien es cierto, que da la sensación de que más allá del cálculo de victoria o derrota de la Jurisprudencia e información detallada documental, no pueda existir problema de patentes, en este sector, no se puede decir que no surjan nuevos conceptos ni invenciones o potencialidades diferentes. Tal es manejo de banco de datos, de manipulación y transporte de estos, que se puede convertir en los próximos tiempos en un factor de contaminación o agente contaminante, por ello, a su vez, en el sector energético, como vemos, surgen nuevos conceptos, nuevos derechos cabe preguntarse también: la inteligencia artificial está suscitando intensos debates en el conjunto de la doctrina sobre su compatibilidad con la ética humanista imperante en la sociedad occidental. Esta perspectiva antropocéntrica del cambio de paradigma planteado por la inteligencia artificial no agota sin embargo la hilera de consecuencias perniciosas que la misma puede acompañar[7].

Así pues, el medio ambiente también se erige como un bien jurídico a proteger frente al fenómeno de esta nueva tecnología. La ingente cantidad de energía demandada por algunos de los modelos de inteligencia artificial erosiona de raíz cualquier objetivo de eficiencia energética que pueda llegar a plantearse en el campo de las TIC. Como vemos las líneas de conexión de los conceptos irán rodando a la misma vez en cada área especializada, y muy a nuestro pesar, cuando vayan surgiendo los problemas que no son pocos. No queremos ni siquiera nombrar, los efectos de la IA en los nuevos conceptos de marketing, la creación de redes neuronales artificiales para detectar empresarialmente vectores o líneas de mercado, cadenas de suministro, modelos de mercado…todos ellos con sus nuevos conceptos y derechos, que se irán creando poco a poco, excede todo lo que sea orientado a cadenas de producción, macro estudios multi-agente y otros, donde las consecuencias son realmente asombrosas y preocupantes.

IV. INTELIGENCIA ARTIFICIAL Y NUEVOS DERECHOS: LA PRIVACIDAD Y SU VULNERABILIDAD

Los derechos fundamentales deberían no sólo no verse transformados en su desarrollo sino promocionados mucho más por la acción de la IA, sin embargo, no sabemos la razón exacta por la que existe una preocupación de que esa propia IA puede afectar a la privacidad, a la discriminación de las personas y esto está siendo motivo de enorme preocupación, si bien, es generalizable para rama del Derecho no sólo para la Filosofía jurídica. Pero en este punto, la defensa de los derechos y el uso ético de la IA se ha erigido en la disciplina más beligerante de todas. La protección de los derechos se ha erigido en el gran principio, pero, sobre todo, se ha visto en las brechas o crisis de datos que es el gran peligro, con las consecuencias económicas que ello tiene, bursátiles, empresariales, penales… el uso indiscriminado de hackeo de datos, de mercadeo de los mismos, con consecuencias preocupantes para cada sector. La Confidencialidad, este objetivo de protección recoge como exigencia que nadie pueda acceder a los datos personales sin autorización. En ocasiones el acceso a los datos permite que el sujeto afectado sea identificado porque el contexto en el que los datos son almacenados permite sacar conclusiones sobre ese sujeto. Cuando nos referimos a personas no autorizadas, eso no significa que se trate necesariamente de terceros ajenos a la

---

7 Navas Navarro, S. *Daños ocasionados por sistemas de inteligencia artificial.* Granada: Comares, 2022.

organización, que pueden actuar con intenciones criminales o de otro tipo, sino que puede tratarse también de empleados de servicios técnicos que para prestar esos servicios no precisan de acceso a los datos personales, o de personas activas en departamentos de la organización que no tienen ninguna relación con un determinado proceso o con el sujeto afectado. Dentro de los grandes principios —nuevos— está el de integridad[8]. En este caso el objetivo de protección resalta como exigencia que los procesos y sistemas informáticos sean capaces de mantener las características que son esenciales para la realización de las funciones imprescindibles para alcanzar la finalidad establecida y, al mismo tiempo, que los datos tratados permanezcan indemnes, completos y actuales. Posibles efectos secundarios deben ser evitados o tenidos en cuenta y tratados. Este objetivo de protección reclama que entre las exigencias y la realidad haya una garantía suficiente, tanto en los detalles técnicos como en lo que afecta al tratamiento en general y su ajuste a las finalidades establecidas.

Tercer gran principio: Disponibilidad. Este objetivo refleja la exigencia de que los datos personales estén disponibles para ser utilizados de forma adecuada en el proceso previsto. Para ello deben ser accesibles para las personas correspondientes y se les deben poder aplicar los métodos indicados para su tratamiento. Eso incluye, entre otras cosas, que los métodos sean aplicables al formato en el que los datos están disponibles[9].

La disponibilidad incluye que los datos sean localizables, que los sistemas implicados los puedan presentar de forma adecuada y que esa presentación sea semánticamente comprensible. Antes de pasar a mencionar los nuevos objetivos de protección cabe recordar que los tres primeros han sido aceptados e implementados por los responsables de tratamiento por iniciativa propia, ya que, aunque pueden utilizarse también para proteger la privacidad en origen, están diseñados para proteger a las organizaciones frente a ataques tanto internos como externos. Conviene reseñar que, desde el punto de vista de la normativa de protección de datos, las organizaciones deben proteger sus procesos de posibles ataques, siempre que afecten a datos de carácter personal. Los objetivos de la protección de datos precisan, en comparación con los objetivos de protección de la seguridad informática, de un grado de comprensión más amplio, ya que la protección de datos debe incluir una perspectiva de protección adicional, al tener en cuenta los riesgos que las actividades de la organización en sí mismas pueden originar para el sujeto afectado, tanto si

---

8 La lectura ética de la inteligencia artificial es inevitable en ella se están volcando muchos trabajos jurídicos, Cotino, L. «Ética en el diseño para para el desarrollo de una inteligencia artificial, robótica» en la Revista catalana de dret públic, núm. 58, 2019, pp. 29-48.

9 Morte Ferrer, V. «Valoraciones éticas para una inteligencia artificial adecuada a la privacidad» en la Revista Arbor, Ciencia, Pensamiento y Cultura, vol. 197, núm. 802, 2021, pp. 1-10.

esas actividades están relacionadas con sus procesos de negocio o de administración como fuera de ellos. Desde el punto de vista metodológico eso significa que no solo una persona debe demostrar ante una organización que es de confianza, sino que la organización debe ser capaz de demostrar frente a una persona que es de confianza. Por ese motivo es preciso establecer objetivos de protección que garanticen la protección de los sujetos afectados frente a diferentes tipos de organizaciones.

Proveniente de este principio se encuentra el de la no encadenabilidad como objetivo refleja la exigencia de que los datos solo sean tratados y valorados para la finalidad para la que fueron recogidos. Nos queda hablar del principio de Transparencia. La transparencia requiere que, aunque en diferentes niveles, tanto el sujeto afectado participó en la consulta previa a la elaboración de un informe como el responsable de los sistemas y posibles autoridades de control puedan reconocer qué datos y para qué finalidad han sido recogidos y tratados en un proceso, qué sistemas y procesos han sido utilizados, en qué dirección y para qué fines fluyen los datos y quién es el responsable legal de los datos y sistemas en las diferentes fases de un tratamiento de datos. La transferencia es imprescindible para el control y dirección de los datos, procesos y sistemas desde su inicio hasta su cancelación, y un requisito previo para que un tratamiento de datos sea legítimo y, en caso de necesidad, los sujetos afectados puedan otorgar su consentimiento. La transparencia de un tratamiento de datos en su conjunto y de las partes implicadas puede permitir que especialmente los sujetos afectados y las autoridades de control puedan detectar posibles fallos y exigir que se lleven a cabo las modificaciones necesarias para suprimirlos. Capacidad de intervenir. Este objetivo exige que el sujeto afectado pueda ejercer de forma efectiva sus derechos de acceso, rectificación, cancelación y oposición (ARCO) en cualquier momento, y que el responsable esté obligado a tomar las medidas necesarias para hacer efectivos esos derechos. Para alcanzar este objetivo debe ser posible modificar el tratamiento de datos en cualquier momento y en cualquiera de sus fases, desde la recogida de los da-tos hasta su cancelación. Las potencialidades enormes, los peligros como se observa, absolutamente no controlables o previsibles. Tengamos en cuenta que los propios sistemas de IA están implementando la defensa de esa privacidad, con sistemas de verificación, reconocimiento ocular, facial... en los entornos empresariales, pero ni qué decir tiene que la firma digital no ha resuelto todos los problemas de privacidad que el sujeto posee cuando accede a una base de datos haciendo uso de su libertad, principio general que damos por supuesto. Porque no perdamos de vista una idea central: la Filosofía de la privacidad en la IA se basa en la propia IA, o, dicho de otro modo, solo la ciberseguridad se combate por la propia IA, el problema se complica. Los ataques de los ciberdelincuentes ponen en peligro todo este halo de principios, buscando un doble objetivo: crímenes virtuales en masa, esto es, organizaciones que ven así su actividad multiplicada, ciberseguridad privada, de organizaciones de más bajo nivel y, sobre todo, la ciberdelincuencia internacional para sembrar el caos, saber tendencias de la población o promover el descrédito de una empresa «enemiga», o el Estado incluso como se ha podido comprobar con ciberataques bajo rescate. Además de la utilización del uso ofensivo de la IA por parte de los ciber atacantes para conocer patrones de comportamiento de las futuras víctimas, también puede utilizarse para romper más rápidamente contraseñas y captchas, construir malware que evite la detección, esconderse donde no puedan ser encontrados, adaptarse lo antes posible a las contramedidas que puedan tomarse, así como para la obtención automática de información utilizando métodos de procesamiento del lenguaje natural (natural language processing, NLP) y la suplantación y generación de audios, vídeos y textos falsos. Los atacantes también están utilizando redes generativas conflictivas (generative adversarial networks, GAN) para imitar patrones de tráfico de comunicaciones normales con el objetivo de distraer la atención de un ataque y encontrar y extraer datos sensibles rápidamente. Diferentes empresas han sufrido ya ataques a sistemas comerciales de IA, como es el caso de Microsoft, que ha observado en los últimos cuatro años un importante incremento en este tipo de ataques, o de Tesla, Google y Amazon, por citar algunos. La red de innovación del proyecto SPARTA, dentro de su programa de investigación SAFAIR, ha identificado diferentes tácticas de ataque que pueden llevarse a cabo sobre los sistemas de IA, tanto durante la fase de entrenamiento del sistema como durante la fase de operación, pero el ataque presenta varias modalidades, esto es:

El ataque denominado «acceso a los datos» consiste en que el atacante puede acceder a todo o parte de los datos de entrenamiento y utilizar esos datos para crear un modelo sustituto.

En el caso de los ataques de tipo «envenenamiento», se alteran los datos o el modelo de forma indirecta o directa. En el primer supuesto, los atacantes sin acceso a los datos preprocesados utilizados por el modelo envenenan los datos antes del preprocesamiento.

No es objetivo de este trabajo pormenorizar sobre las modalidades de ciberdelincuencia todas ellas sabidas por la ciencia de la computación como especialidad. La cuestión jurídica es si el límite ético juega algún papel en esta materia, dicho de otro modo, la escalada de la IA debe tener un final o será siempre incontrolable y, por tanto, nuestros derechos de privacidad y principios subyacentes siempre en tela de juicio. Pues la contestación, en estos momentos, no puede ser positiva en modo alguno. La sensación es que el peligro a los derechos fundamentales es inminente, y en este aspecto, lógicamente se basa mucho de la crítica ética que se está haciendo a este uso indiscriminado de la IA en todos los ámbitos[10]. La inteligencia artificial (IA) puede tener un impacto positivo en el ejercicio de determinados derechos, pero otros pueden verse menoscabados por su uso como: la libertad de expresión (incluyendo el derecho a comunicar o recibir información libremente), la privacidad, la prohibición de la discriminación, y el derecho a la tutela judicial efectiva. Las organizaciones internacionales dedicadas a la protección de los derechos humanos están actualmente reflexionando sobre estos riesgos y las posibles soluciones para ayudar a sus Estados miembros a responder a estos retos, así se presentan las acciones llevadas a cabo en el marco universal por las Naciones Unidas y en el ámbito europeo por el Consejo de Europa y la Unión Europea. La Inteligencia Artificial es una herramienta sumamente poderosa y necesaria para ayudarnos a abordar los inmensos retos que debemos superar como especie. Pero si a la hora de desarrollarla pasamos por alto los factores sociales, laborales y éticos, la Inteligencia Artificial puede convertirse en arma a favor de la desigualdad, el control y la destrucción. Es, por tanto, un papel el del Derecho y la Filosofía del Derecho como sustentadora de valores y derechos humanos en el mismo, esencial. La comunidad científica y académica tiene un deber moral de poner el foco en estos peligros y en hacer ver que la norma jurídica no será por sí sola solución a este grave problema de falta de privacidad y de libertad de expresión. Sabemos que internacionalmente la Declaración de Toronto y en la UE el Reglamento Europeo de protección de datos y la gobernanza Acts son pasos imprescindibles para la defensa de nuestros derechos. Tenemos un doble problema: la defensa de la privacidad de cualquier ciudadano y, a su vez, la posibilidad de acceso a la IA, porque se puede producir una discriminación —que en las sociedades modernas están sufriendo personas de avanzada edad en muchas ocasiones— y que parte de la población nacional y mundial quede fuera del uso positivo de la IA para su promoción personal de todo tipo. Es por ello por lo que ese derecho a la educación debe siempre tomar en cuenta la nueva realidad, la realidad de que la IA estará presente en la vida de todos los ciudadanos europeos, mundiales, en su existencia venidera. La inteligencia artificial es una tecnología estratégica que ofrece numerosas ventajas a los ciudadanos, las empresas y la sociedad en su conjunto, siempre y cuando sea antropocéntrica, ética y sostenible y respete los derechos y valores fundamentales. La IA aporta importantes mejoras de la eficiencia y la productividad que pueden reforzar la competitividad de la industria europea y mejorar el bienestar de los ciudadanos. También puede contribuir a encontrar soluciones a algunos de los problemas sociales más acuciantes, como la lucha contra el cambio climático y

---

10 Vilegas Delgado, C (ed.) /Martin Rios, P. «El Derecho en la encrucijada tecnológica. Estudios sobre derechos fundamentales, nuevas tecnologías e inteligencia artificial». Valencia: Tirant lo Blanch, 2022, pp. 417.436, el trabajo de Verdugo Guzmán, S. sobre la ciberdelincuencia y su nueva sofisticación a raíz de la pandemia del Covid 19.

la degradación medioambiental, los retos relacionados con la sostenibilidad y los cambios demográficos, la protección de nuestras democracias y, cuando sea necesario y proporcionado, la lucha contra la delincuencia. En un contexto de feroz competencia mundial, se requiere un enfoque europeo sólido basado en la Estrategia Europea para la IA presentada en abril de 2018.

V. INTELIGENCIA ARTIFICIAL Y ARGUMENTACIÓN JURÍDICA

Si bien el tema central es el de la responsabilidad por daños producto de la máquina o robot, también se encuentran otros problemas como el ético o el de la capacidad de argumentación por parte de los algoritmos en el Derecho. En este tema convendría ser claro e indicar que nada podrá sustituir al ser humano en el momento de interpretar una norma para un determinado o impreciso supuesto de hecho. La toma de decisión no es perfecta, es cierto que los argumentos deben ser en cadena o al menos de la manera deductiva en la que nuestra cultura científica impone, pero es también cierto que las bases de datos ajustan de forma concreta las decisiones de los tribunales al menos numéricamente para marcarnos una tendencia. El problema de razonar y tomar decisiones a través de la argumentación ha estado presente en el campo de la Inteligencia Artificial desde hace casi tres décadas. La motivación es la representación del conocimiento y del razonamiento de sentido común, de modo de poder extraer inferencias plausibles a partir de información incompleta y potencialmente contradictoria. Para enfrentar el problema, en los comienzos los investigadores se orientaron en la búsqueda de lógicas no monótonas, i.e. formalismos en los que las inferencias pueden variar ante el cambio de la información. Un enfoque común fue el de utilizar reglas derrotables (default) que expresan la inferencia tentativa de una conclusión en razón de información aceptada. Pero es que la inferencia de las bases de datos muchas veces es meramente cuantitativa[11]. Si falla la motivación, la propia justificación o el factor moral es algo que no siempre es contestado de forma unívoca. Lo cierto es que se tiene una no muy sólida creencia en el poder argumentativo de la Inteligencia Artificial, y es también exagerado decir que carezca de él pues agrupa sectores normativos por supuestos de semejanza lo cual ya es un razonamiento más que empírico en sí. La capacidad de combinación de datos sobre una misma materia, doctrina, jurisprudencia, formularios, dictámenes… ciertamente es un logro y enorme, para que el juzgador pueda tomar una decisión. Desde la Antigüedad, Aristóteles planteó que, para la argumentación

---

11 Falta el factor ético o espiritual, que ya ha sido visto como gran problema, así Bajo Sanjuan, A. «La ética en la era digital» en el volumen colectivo *Ética, Deontología y Responsabilidad social empresarial* (coord. Valbuena García, E; Monfort, A). Madrid: ESIC, 2020, pp. 111.123.

de las ideas, no se debía conformar solamente con el racionamiento, sino que era importante entusiasmar al auditorio, por medio de la narrativa, de tal modo que se asegurara la movilización de los sentimientos, esto es, la inteligencia emocional de la que tantas veces se habla. Esta premisa estructuró el papel del logos como argumento racional, del pathos como comunicación emocional y al ethos como elemento de credibilidad frente a la audiencia. En el 2022, después de unas largas décadas de dominio del pathos dentro de las narrativas políticas, observamos un regreso del logos como protagonista en la construcción de los discursos. Varios elementos vienen explicar este fenómeno, dentro de los cuales encontramos la intromisión cada vez más evidente de la tecnología en las campañas y los equipos de gobierno que, con herramientas como el Big Data, la Inteligencia artificial y la técnica del fact checking, privilegian los discursos basados en datos y la lucha contra estrategias meramente emocionales privilegiadas por las fake news. El segundo elemento está amarrado a la crisis sanitaria mundial del COVID-19 que alimentó la necesidad de narrativas más racionales que buscan generar confianza, y el fortalecimiento de un liderazgo nuevo, basado en certezas, mientras el contexto se caracteriza por la incertidumbre. Por fin, se vislumbran en las narrativas, tanto electorales como gubernamentales, los límites de las narrativas puramente emocionales, para privilegiar un nuevo balance entre el pathos y el logos, dentro de las cuales el ethos también aparece como un elemento protagónico. Pero es cierto que el factor emotivo de las decisiones tanto judiciales como administrativas dejan fuera a la retórica matemática cuantitativa de la inteligencia artificial. Ahora bien, la muy precisa evolución de estos sistemas están permitiendo acercarnos a una precisión de los resultados, donde la decisión final —siempre difícil— puede ser plenamente satisfactoria. Como pueda la Inteligencia artificial apoderarse de ese factor emocional es algo que no queda lejos en su progreso. Y ello en parte a un argumento sí de carácter democrático: las soluciones más numerosas para un tema jurídico concreto, la solución más general, se entiende, más racional o menos gravosa. Pues como si un estudio de tendencia se tratara, la solución más general como jurisprudencia medida y aritmética se entendería la más justa. Pero ello en un entorno donde no estuviéramos hablando de casos difíciles o comprometidos o de entidad moral o bioética donde la Inteligencia Artificial sigue teniendo lagunas de decisión. El Estatuto de persona de todos estos métodos o aplicaciones es el problema de fondo que debe resolver la Filosofía del Derecho sin perder su base humanística, moral, de valores e ideas en el Derecho, concibiendo a la persona como aquel ente con voluntad, entendimiento y capacidad de raciocinio. Lo cierto es que el ente de la Inteligencia Artificial no posee los requisitos civiles para ser considerado persona, y, sin embargo, tiene acción, puede sin duda generar un daño y a él se le puede imputar por un nexo causal claro en el intercambio de datos, en el daño físico producido por fallos geoespaciales o de cualquier otro tipo, siendo el más grave el médico o el predictivo en la cadena industrial por indicar dos frentes absolutamente extraños. Es sólo el frente jurídico en el que nos fijamos, el comunicacional tiene otro tipo de disquisiciones no aplicables al Derecho en sí. Sí podemos establecer claramente que, sin embargo, suele ser un complemento decisivo el estudio de los logros de la IA para que la decisión (sea judicial o administrativa) sea justa. Conceptualmente los sistemas de Inteligencia Artificial son definidos como el software que se desarrolla a través de unas técnicas concretas con el objetivo de generar diversos resultados de contenido, predicciones, recomendaciones o decisiones que influyen en los entornos con los que interactúan. Concretamente, la aplicación de estos sistemas en el entorno jurídico ha sido clasificado de alto riesgo, por la citada propuesta, en virtud de los derechos y garantías que pueden resultar menoscabados no solo para el sujeto titular de los mismos, sino también, para la propia Administración de Justicia señalando, de forma literal, que tendrán dicha consideración «todos los sistemas de Inteligencia Artificial destinados a ayudar a una autoridad judicial en la investigación, interpretación y aplicación de la ley en unos hechos determinados» (Proposal for a regulation laying down harmonised rules on artificial intelligence, 2021, Anexo III,).

Con la finalidad de evitar que esa potencialidad del riesgo se materialice de forma efectiva en un proceso judicial, el anexo al Reglamento propuesto por el Parlamento Europeo y el Consejo lleva a cabo una enumeración detallando de forma concreta y exhaustiva en qué casos los sistemas de Inteligencia Artificial aplicados en entornos jurídicos pueden suponer la generación de un riesgo alto:

- En primer lugar, cuando los sistemas de Inteligencia Artificial realicen evaluaciones del riesgo sobre la reincidencia de un sujeto o sobre las víctimas de un delito.
- En segundo lugar, cuando se utilicen sistemas de Inteligencia Artificial para detectar el estado emocional de una persona, atenuantes, eximentes captadas desde un sentido emocional y empírico, del primer factor la IA carece en su propia esencia.
- En tercer lugar, cuando los sistemas de Inteligencia Artificial se utilizan para ponderar la fiabilidad de las pruebas presentadas y podríamos añadir sin género de dudas la moralidad de determinadas pruebas que tampoco puede analizar.
- En cuarto lugar, cuando dichos sistemas sean utilizados para para predecir la ocurrencia o recurrencia de un delito penal real o potencial basado en la elaboración de perfiles de personas físicas o evaluar rasgos y características de la personalidad o antecedentes de comportamiento delictivo de personas físicas o grupos. Sólo lo podría hacer desde un aspecto cuantitativo, no social, ni espiritual, ni entender un conflicto que conlleve una introspección psicológica de la que carece.

- Finalmente, cuando los sistemas de Inteligencia Artificial permitan a las autoridades policiales buscar interacciones complejas en grandes conjuntos de datos disponibles provenientes de distintas fuentes para identificar patrones desconocidos o descubrir relaciones ocultas en los datos analizados.

A la vista de lo expuesto, la aplicación de la Inteligencia Artificial en las distintas fases de un proceso no se encuentra exenta de controversia en virtud de los eventuales riesgos que su utilización conlleva para todas las partes involucradas en un asunto judicial. Estos riesgos aumentan, aún más, cuando nos encontramos ante sistemas de aprendizaje autónomo que, con el paso del tiempo, evolucionan hasta desarrollar una inteligencia autónoma y singular, indescifrable, en ocasiones, para el ser humano. No es menos cierto que en la recopilación de pruebas, en la eficacia de las mismas la inmediatez para su valoración, la eficacia decisoria la IA es un instrumento absolutamente positivo, pero como siempre en materia cibernética, cada invento tiene su cara oscura. En la propia cercanía e infraestructura de la Justicia es esencial, pero en la estrategia de defensa, marca tendencias, no puede quedar simplemente ésta en la doctrina mayoritaria, no habría lugar al amado estudio del caso particular, como no hay dos casos iguales, esta ventaja hace aguas también, y se dice, con ilusión de ver luz en la acción del hombre, que se ha convertido en el mayor peligro para sí mismo, inventando y creando seres inteligentes que le pretenden aminorar en su actuación y libertad: la gran paradoja o el peligro del progreso ilimitado al sustituir al hombre como ya ha pasado en cantidad de sus facetas, poniendo como ejemplo de todas, su actuación en el medio rural. Los propios despidos de grandes tecnológicas, a su vez, ponen de relieve que los beneficios deben ser, al menos, calculados si ello pudieres suceder, al respecto muchas profesiones dejarían de existir.

Además de ello, principios como el de inmediación del Juez, podrían ser puestos en duda y sus garantías procesales inexistentes. Por otra parte, la aplicación de la IA en las bases de datos y demás, realiza un examen ex post de las situaciones no permitiendo augurar capacidad de futuro o situación de un mismo problema, en cualquier reforma legal pertinente se puede aplicar esto. Precisamente, la esperanza de los Filósofos del Derecho está en que ese expediente judicial, en última instancia, tiene como garante al ser humano Juez o funcionario, pues, así como es eficaz en cualquier tramitación, resulta preocupante cuando fuera en la fase de decisión. No queda claro, además, cómo la IA integraría las lagunas jurídicas, ni cómo aplicaría la equidad, ni cómo aplicaría los principios generales del Derecho en esa decisión o la prelación de fuentes o las antinomias existentes ni con qué criterio las podría resolver. Lo mismo ocurre en la valoración de la prueba: nadie puede poner en duda el gran avance que puede suponer la IA para verificar documentos de forma rápida y hacerlos llegar, pero evidentemente no puede ni podrá faltar el juicio humano de culpabilidad o inocencia, que dote de sentido a la documentación y prueba presentada y la valoración ética de la misma frente a la asimetría y teniendo en cuenta las primeras experiencias contradictorias, el legislador europeo parece decidido a aportar cierta seguridad jurídica al respecto. El 20 de octubre de 2020, el Pleno del Parlamento Europeo aprobó su propuesta de regulación de la inteligencia artificial, cuya principal finalidad es impulsar la innovación a partir de normas éticas que promuevan la confianza en la tecnología, en la igualdad de partes y en el principio de contradicción, partamos de la base de que los principios generales del Derecho rigen la actuación de la IA en el proceso y no se ven alterados. Para el ciudadano la IA también le acerca como justiciable en formularios, ideas, claridad, conceptos previos, documentación y dirección de sus acciones: a poco irá meramente informado de lo que pasará en el juzgado o Administración.

VI. INTELIGENCIA ARTIFICIAL JURÍDICA Y LAGUNAS HERMENÉUTICAS

Quizá uno de los grandes escollos para que podamos hablar de un nuevo ente con personalidad propia. Sabemos que la laguna legal existe cuando no tenemos norma ni previsión para un supuesto de hecho. Como depende de la labor de un Legislador por sí misma la IA podrá estudiar tendencias sociales, pero no crear norma en sí, pues pondría en jaque el concepto de soberanía del pueblo que reside en sus representantes. No puede la IA ser representada por, pues su esencia es que actúa como… es decir, que la Laguna jurídica no podrá ser colmada por ningún sistema de IA, sin previamente hacer un estudio exhaustivo de lo que se entiende laguna. Todos los avances de la investigación en IA se han centrado en construir inteligencias artificiales especializadas y los éxitos alcanzados son muy impresionantes, en particular durante el último decenio gracias sobre todo a la conjunción de dos elementos: la disponibilidad de enormes cantidades de datos y el acceso a la computación de altas prestaciones para poder analizarlos: pero no razona desde la nada, y no aplica analógicamente esos datos a procesos o supuestos que no ha analizado[12]. No se aplican valores, ni derechos fundamentales, se recopilan datos —con criterios de semejanza muchas veces forzados— se vuelcan en una nube que es de acceso rápido y que supone un enorme avance para el estudio del caso de la defensa y de la motivación jurídica de la misma. Nadie duda que la UE es la institución que está desarrollando pasos normativos gigantescos porque este y no otro es el futuro, al menos, jurídico que es el que estamos

---

[12] Incluso en sectores como el Derecho Tributario la interpretación es decisiva ver Serrano Antón, F (coord). Inteligencia artificial y Adminostración Tributaria. Pamplona: Aranzadi-Thompson-Ministerio de Hacienda, 2021.

analizando. Hay informes que hablan de una cuarta revolución industrial, si bien queremos pensar que todo no vaya tan rápido y que el carácter de racionalidad, equilibrio, proporcionalidad como principio no está dentro de la propia esencia de la IA si no es conducida por el cerebro humano. No podrá por sí sola resolver problemas de lagunas jurídicas que obedecen a reglas de inferencia que no existen aún o que evolucionan sobre parámetros que no tiene medidos: dicho de otro modo, el primer caso de la nueva situación social, no podrá enjuiciarlo y suplir su laguna sin el razonamiento humano, sus análisis jurídicos y de costes y, sobre todo, la generalización que supondrá su decisión. Y ello porque la IA actúa siempre después de la situación, su análisis es posterior, quizás muy poco posterior, pero lo suficiente para poder afirmar que este es uno de sus grandes límites, el de la previsibilidad futura. Ahí se podrá decir que la Sociología y otras ciencias se apoyan en la IA para esas predicciones y ello es cierto, pero el Derecho trabaja sobre regulaciones a futuro que previamente han quedado o mal reguladas o en clara laguna, ello se vio de forma rigurosa en la epidemia del COVID 19. No vamos a referirnos de nuevo a la privacidad y seguridad como los dos grandes principios del Libro Blanco de la UE que lo que no admitiría son oscilaciones e inseguridad en el trasvase. La confianza en el uso de los datos es otro de los grandes principios que no tenemos claro que pueda la IA colmar ante casos de laguna jurídica, incluida la propia problemática del uso fraudulento y la protección de los datos personales. El requisito 1 se intitula «Humanismo y supervisión» que implica que los sistemas de IA deberían dar el poder de la decisión final a los seres humanos, permitiéndoles tomar decisiones informadas y fomentar sus derechos fundamentales. Al mismo tiempo, deben garantizarse mecanismos de supervisión adecuados, que pueden lograrse a través de algún tipo de presencia humana en la toma de la decisión, dentro de las pautas éticas para una IA confiable. Hay que indicar que la propia IA debe ser responsable, pero con una presencia humana detrás, no es como tal responsable de una decisión injusta o desproporcionada: de ello lo será un sujeto físico. Y es que la IA por sí sola —por su inmediatez— posee una serie de riesgos jurídicos que no podemos desconocer, como ya intenta la UE en el Libro blanco de 2020: para los derechos fundamentales, principalmente sobre datos personales, privacidad y discriminación. Peligros para la seguridad de las personas y a la asunción de responsabilidades derivadas del uso de la IA. Para ello se contempla la necesidad de abordar cambios legislativos que conduzcan a la Unión hacia un nuevo marco regulatorio de la economía del dato, especialmente en lo que se denomina la Inteligencia Artificial de Alto Riesgo (HRAI, por sus siglas en inglés), definida como aquellas aplicaciones en las que se conjugan dos criterios:

a. Riesgo en función de la naturaleza del ámbito. Aquí se incluyen sectores como la salud, energía, transporte, algunos servicios públicos… en una lista que ha de completarse en el Plan definitivo.

b. Riesgo en función del uso final, lo que significa que no todos los usos que se hagan de la IA en los sectores considerados de alto riesgo serían incluidos en la categoría HRAI.

Pensemos por ejemplo en la gestión de las listas de espera de un hospital, como un uso de bajo riesgo en un sector de alto riesgo. Todo ello no se puede enmendar sino con un criterio ético, en lo que descansa, el llamado humanismo tecnológico. A la velocidad que puede ir, una vez se implemente todo el Sistema europeo, es complicado poder sostener este humanismo tecnológico con criterios éticos anticipativo. Igual nos pasará con las antinomias jurídicas donde el tino racional —humano— y sobre todo hermenéutico en la aplicación de los criterios nos resolverá la duda jurídica, y eso deberá estar cualitativamente añadido a los sistemas de inteligencia artificial[13].

VII. CONCEPTOS JURÍDICOS INDETERMINADOS E INTELIGENCIA ARTIFICIAL

Otro problema de teoría del Derecho es el de los conceptos jurídicos indeterminados, necesarios para la legislación. El Derecho nace con vocación de generalidad en el llamado sistema de legalidad, pero está pensando para la concreción o subsunción de la norma. Está claro que depende del ámbito del Derecho en que nos movamos el concepto jurídico tendrá una finalidad y otra, esto es, en el Derecho Público lo que el legislador pretende mediante su utilización, es el mantenimiento en el tiempo para evitar continuas rectificaciones de la norma. En cambio, en el Derecho Privado, al regir la libertad de actuaciones en las relaciones privadas, serán los acuerdos que se establezcan por los que deben regirse. La norma jurídica tiene, en estos casos, una función delimitadora. Se interpreta la ley y se aplica el concepto a la situación que hayan acordado las partes.

De manera que, mientras en el ámbito del Derecho Público, el órgano judicial debe pronunciarse sobre la decisión administrativa que previamente ha concretado el contenido de los conceptos jurídicos indeterminados, en el Derecho privado el juez debe tutelar los intereses de las partes determinando el alcance de los conceptos contenidos en la norma.

---

[13] Será tarea, nos tememos, casi en exclusiva, de la Filosofía del Derecho por luchar por un humanismo tecnológico, ver Dobarro, S. «la era del humanismo tecnológico» en la Revista Cuenta y Razón, núm. 32, 2014, pp. 29-35. Ver también el estudio breve, pero clarificador de Olalla Celma, J. R. «Humanismo tecnológico» en la Revista Fórum-Aragón, Revista FEAE, sobre gestión educativa y organización, núm. 30, 2020, pp. 5-8.

Sin embargo, los conceptos jurídicos indeterminados no suponen un vacío normativo. La vaguedad de su concepto será de un grado mayor o menor que requerirá un procedimiento de aplicación y concreción de distinta complejidad, pero ello no implica que se deje para su aplicación total libertad y autonomía.

La planificación de los conceptos jurídicos indeterminados sólo admite una solución justa y concreta que es adecuada al supuesto de hecho planteado. El legislador evita con ello, una excesiva casuística en la norma jurídica, y en cambio busca un resultado concreto que vendrá fijado por el adecuado cumplimiento del fin de la norma. Su finalidad es otorgar una solución más justa en la aplicación de la normativa.

Por ello, el sistema de IA debe manejar el concepto jurídico preciso al supuesto de hecho preciso, analizando algo más que normas. El factor humano, sin lugar a dudas, debe contribuir a conducir la imprecisión del concepto a una solución lógica y justa que cumpla con el sentido de la norma jurídica que la contiene. Lo cual, no significa que sea necesario precisarlo en atención tanto a determinar el supuesto de hecho como el contexto en el que el mismo se encuadra, de ahí que la IA deba ser completada por los órganos administrativos y los obligados tributarios, mercantiles, o pactos civiles[14].

El legislador busca con los conceptos jurídicos indeterminados una utilidad práctica que exige ser concretada debido a los múltiples elementos que configuran la realización del hecho imponible. Consecuencia de ello, es que la función social práctica del derecho no exige emitir formulaciones perfectas, tanto en las leyes como en las sentencias, sino formulaciones suficientes para que el derecho pueda cumplir con su función social. En la actualidad la inteligencia artificial no ofrece soluciones jurídicas definitivas, sino diferentes opciones cuya responsabilidad de elección recae sobre quién debe escoger. Aun así, el sistema judicial español es muy cauto con la introducción de las nuevas tecnologías y ha restringido el uso e injerencia de este tipo de inteligencia en nuestros tribunales, el expediente judicial, sin duda, deseado, no podrá suplir la tarea hermenéutica desde nuestra óptica. No estamos todavía con un «sistema predictivo» judicial como tal, si bien, de facto, cuando analizamos las posibilidades vamos al litigio con muchos datos de su finalización. En este sentido, con la finalidad de implantar las nuevas tecnologías en el sistema judicial y facilitar la tarea de los jueces y magistrados en aras a una mayor agilidad procesal, el Consejo General del Poder Judicial firmó con la Secretaría de Estado para la Sociedad de la Información y la Agenda Digital un acuerdo para dotar al poder judicial español de inteligencia artificial denominado «Convenio marco de colaboración con el objetivo de impulsar el

14 Moreno Bretes, P. «la dictadura del algoritmo: el derecho como respuesta» en el DIARIO LA LEY, 9 de noviembre de 2022, pp.

uso de las tecnologías del lenguaje en el ámbito de la justicia», que fue firmado el 13 de octubre de 2017, y que ha permitido aplicar los beneficios de las tecnologías del procesamiento del lenguaje natural a la justicia en colaboración con el Centro de Documentación Judicial. Esta tecnología tiene la finalidad de que los profesionales puedan filtrar y encontrar documentos legislativos y judiciales con mayor agilidad e incluso compararlos con el asunto en cuestión, eso sí, siempre bajo la premisa de que el software no puede nunca ser determinante para impartir justicia como sucede con COMPAS, lo que supone una lenta adaptación al avance de las tecnologías. Sin embargo, la inteligencia artificial está presente en el ámbito judicial de otros países que utilizan métodos predictivos basados en la misma como el primer sistema predictivo de inteligencia artificial de América Latina, denominado PROMETEA, o el software COMPAS 2 que es el sistema predictivo más implantado en Estados Unidos (en adelante, EE. UU.), en otras palabras, que es el futuro. Pero no se vislumbra el juez cibernético a lo lejos, o al menos, no queremos hacerlo[15]. Ni qué decir tiene en la contratación cibernética nos referimos a La utilización de la tecnología «Blockchain» constituye, a día de hoy, una avanzada herramienta tecnológica que debe ser acogida en el ámbito jurídico. Ya se ha realizado en otros sectores, como el Fintech, Health-tech, Adtech o el de telecomunicaciones, por lo que sectores como el Legaltech o el Regtech no deben quedarse atrás, máxime teniendo presente la utilidad práctica que brindan en el ámbito de la contratación. La tecnología «Blockchain», dada sus especiales característicos, otorga confianza a los usuarios, seguridad en las transacciones, trazabilidad de las operaciones y automaticidad en la contratación y en su ejecución. Por tanto, resulta necesario resaltar su aplicación jurídica, tanto en el ámbito civil con la figura de la contratación inteligente, como su aconsejable implementación en el ejercicio de la función jurisdiccional. Se articula a través de redes peer-to-peer 5, también denominadas P2P o red entre pares, que registran los datos de las transacciones producidas, de forma que cada contrato celebrado derivará en una entrada en la cadena de bloques vinculada con la entrada anterior que no se puede alterar, lo que conlleva la imposibilidad de modificar unilateralmente las condiciones de un contrato e incluso de sustraer de la voluntad de una de las partes la posibilidad de incumplir voluntariamente una obligación pactada o legalmente exigible. Es inmutable e inalterable al resultar imposible modificar o revocar lo ya incluido en la cadena de bloques, dado que tal cambio sería perfectamente identificable por los usuarios que tienen acceso a la cadena. Sin embargo, esa imposibilidad de modificar, por ejemplo, lo pactado en un contrato inteligente, supone un sistema excesivamente rígido, que no tiene en cuenta los cambios y acontecimientos propios del devenir contractual, por

---

15 De la Nuez Sánchez-Cascado. E. «Inteligencia artificial y transparencia» en el DIARIO LA LEY, Derecho digital e innovación, núm. 5, 2020.

lo que ya existen proyectos innovadores que tratan de flexibilizar esta relevante característica. Relacionada con ésta encontramos la seguridad como elemento característico del Blockchain, en tanto que aporta confianza a todos sus usuarios al poder estar el acceso limitado a través de códigos cifrados, no quedando su control al arbitrio de una persona determinada, sino de una pluralidad de servidores, permitiendo a todos los usuarios cuyos datos o contratos inteligentes se encuentran registrados en una cadena de bloques tener conocimiento de si los mismos han sido alterados o modificados, así como el estado o grado de cumplimiento del contrato celebrado. El factor de interpretación de la perfección del contrato no puede quedar enmarcado solo en la mera concepción jurídica general sin ser analizado el proceso. Los avances tecnológicos convierten al algoritmo en una oportunidad en muchos órdenes —el legislador español así lo reconoce en ámbitos en los que podría sorprender, como el cambio climático—, pues el mundo simplemente sería distinto sin algoritmos, inteligencia artificial y big data, cuyo impacto económico resulta significativo. Sin embargo, también generan riesgos, porque las decisiones basadas en meras probabilidades no son sencillas de aceptar en ocasiones, ni desde una perspectiva humana, ni de justicia social, ni tampoco jurídica. La sofisticación de los algoritmos aumenta la confianza, quizás desmedida, en el análisis efectuado y los resultados obtenidos, que se consideran los más eficientes a partir de la información disponible, y, si no óptimos, sí con más probabilidades de éxito y menores de fracaso que los derivados del análisis humano en teoría lo que no sabemos si se puede ello sostener en la interpretación de conceptos jurídicos indeterminados, nunca se puede sustituir al juzgador[16]. Que la IA es positiva poca doctrina lo discute, pero la interpretación jurídica tenemos muchas incógnitas abiertas, a día de hoy hay múltiples incertidumbres y problemáticas en torno a las IA. De entre ellas, cabe destacar las relativas a los datos utilizados por estos sistemas para el cumplimiento de su función, la transparencia de su funcionamiento y la intervención humana en el mismo. Dentro de la primera, la información captada por el sensor es clave y determinante en la solución adoptada y la acción escogida como mejor, de ahí el problema en los supuestos en los que dicha información sea insuficiente, desequilibrada o incompleta, lo que llevará al sistema a la toma de una decisión potencialmente injusta, que pueda perjudicar a algún colectivo.

En cuanto a la segunda, de acuerdo con los expertos, muchos de los mecanismos de aprendizaje de la IA adolecen de una notoria opacidad en lo que respecta a la toma de decisiones, lo que nos lleva a la existencia de sistemas conocidos como «black box AI» o «Inteligencias Artificiales de caja negra», en las que es

---

16 Montesinos García, A. «Empleo de inteligencia artificial en algunas fases del proceso judicial civil: prueba, medidas cautelares y sentencia» Actualidad Civil, noviembre 2022, predicando el uso con cautela y desde luego, nunca en fase de sentencia y su motivación.

muy difícil trazar las bases y razonamientos internos que han conducido a la toma de decisión final y la actuación consecuente; a la inversa, nos encontramos ante sistemas basados en la «comprensibilidad» o transparencia («XAI»). Por último, respecto a la cuestión de la posibilidad de dirigir las decisiones de las IA, actualmente la práctica totalidad de estos sistemas son dirigidos a un fin o meta por el ser humano, siendo éste el que lo marca y la IA aplica las técnicas para alcanzarlo: la propia introducción de la cadena de datos o las consecuencias de esta son actos humanos dirigidos a un fin, ese fin puede ser interpretativo…nos preguntamos sin mala fe. Nos encontramos así con que no fijan (por ahora) sus propios fines u objetivos, aunque, en función de las técnicas de aprendizaje que aplique, pueden tener mayor o menor libertad en cuanto a la toma de decisiones sobre qué vía seguir para su consecución. Si bien en algunos derechos más matemáticos como el tributario o el fiscal o parte del Derecho laboral el papel de la IA podría ser más determinante —pese a que la norma tributaria tiene que ser analizada por los criterios jurídicos de la Teoría del Derecho o la Laboral igual— en otros ámbitos de Derecho Penal o de derechos fundamentales su papel se ve más limitado desde una perspectiva general claro. Bien sea por bases de datos de doctrina y jurisprudencia, bien por instrumentos de justicia predictiva, marcando tendencias, al final la resolución ha de obedecer a un razonamiento humano, con valores, con ideas, en definitiva, con argumentación. Para la confección de pruebas tiene un papel determinante y positivo. El inmenso potencial que tiene la relación hombre-máquina debe ser explorado y puede llevar nuestra civilización a otro nivel, desde que se respete los principios éticos básicos, teniendo en cuenta la gran responsabilidad que se debe tener al desarrollar la IA. Es imprescindible controlar los algoritmos utilizados, para intentar reducir la probabilidad de que los conjuntos de datos puedan producir resultados con impactos discriminatorios basados en la raza, religión, orientación sexual y discapacidad. Además de eso, debe centrarse en las personas, creando beneficios para la sociedad, creando Justicia, normas y aplicación justas de la norma, como valor ontológico del Derecho, basamental del mismo. De hecho, en esa interpretación de conceptos jurídicos aludimos constantemente a principios que deberán ser respetados por los humanos al final del proceso: el Grupo Europeo de Ética en la Ciencia y en las Nuevas Tecnologías GEE, específicamente el equipo de Inteligencia Artificial, Robótica y Sistemas Autónomos ha presentado los siguientes:

a) Dignidad Humana: Principio fundamental en un Estado Democrático de Derecho que, cuando relacionado a las nuevas tecnologías, viene para conferir la manutención del respecto a la dignidad humana y su no violación por las tecnologías autónomas;

b) Autonomía: La autonomía tiene como sentido principal la libertad del ser humano y todo que esto implica. Así, en correlación con las nuevas tecnologías, podría verse traducido en la responsabilidad humana de conocer los sistemas autónomos a fin de controlarlos y no al revés. Impidiendo que estos sistemas controlen a los seres humanos, al final, se está garantizando que la libertad del hombre no sea afectada por las máquinas y la inteligencia artificial, debiendo establecer antes de lo posible sus propios estándares y reglas;

c) Responsabilidad: Uno de los principios primordiales en las investigaciones y usos de la IA. Se debe siempre tener en cuenta que los sistemas autónomos deben ser desarrollados respectando los valores humanos, los derechos y deberes, visando un equilibrio social, político, ambiental y económico. La tecnología debe ajustarse al hombre —al fin de proporcionar más oportunidades y difundir más el conocimiento con calidad— y no al revés;

d) Democracia: Partiendo para una perspectiva más colectiva, tenemos el Principio de la Democracia y todo lo que representa para la manutención del sistema político y estructura social, además del derecho de mantener, con el merecido respecto, el pluralismo de valores, la libertad de expresión y la veracidad de las informaciones difundidas. Nada de esto podrá ser puesto en peligro por los nuevos sistemas autónomos;

e) Seguridad, Integridad Física y Mental: la seguridad de los sistemas autónomos se materializa en tres formas: (i) Seguridad externa para su entorno y usuarios (ii) Confiabilidad y robustez interna contra la piratería y (iii) Seguridad emocional con respeto a la interacción hombre-máquina. Los desarrolladores de IA deberán tener en cuenta todas estas dimensiones de la seguridad desde el diseño de sus productos, a fin de garantizar una buena relación hombre-máquina, preservándose la salud física y mental del hombre, todo esto en un ambiente igualmente seguro;

f) Protección de Datos y Privacidad: En una era de desarrollo del Big Data entrelazado a la IA, de una inmensa recopilación masiva de datos a través de los diversos medios digitales y de las tecnologías de la comunicación, el Derecho a la Protección de Datos de Carácter Personal y a la Privacidad se ven desafiados de manera crucial. Así que es fundamental pensar en la protección de estos derechos desde el diseño, así como cuidar en cuanto a la difusión de estos datos, no permitiendo que los sistemas autónomos interfieran en la vida de las personas, difundan datos personales sin el consentimiento expreso de sus titulares;

Sostenibilidad: Con relación a la sostenibilidad, es inminente la necesidad de precaución y de tomada de responsabilidad al estructurar y desarrollar estrategias y políticas que eviten que las nuevas tecnologías agredan al medio ambiente y a la vida humana, promoviendo valores de sostenibilidad, garantizando una calidad de vida para las futuras generaciones y para nosotros mismos, ya que el desarrollo camina a pasos rápidos.

Ello conlleva tratar el último punto sobre lo que se plantea y es de la Responsabilidad por daño en el uso de la IA[17].

VIII. RESPONSABILIDAD POR EL USO Y DAÑOS DE LA INTELIGENCIA ARTIFICIAL

Los sistemas que emplean la llamada Inteligencia Artificial (IA) son aquellos que funcionan de forma autónoma interpretando determinados datos de entrada mediante un conjunto de instrucciones predeterminadas, sin limitarse a ellas, a pesar de que el comportamiento del sistema esté orientado a cumplir el objetivo que se le haya asignado y esté limitado por este y por otras decisiones de diseño pertinentes tomadas por su desarrollador. Se produce una acción, una decisión, que puede y debe tener consecuencias jurídicas al utilizar el sistema. El tema es de interés y de enjundia pues en el campo médico, industrial, alimentario, ingeniería… la IA toma ya un papel decisivo y fundamental, y aún así, siguen los continuos sucesos con robótica, drones, vehículos autónomos… y nos preguntamos qué tipo de papel tendrá la teoría de la responsabilidad jurídica explicada por la Filosofía del Derecho: hasta ahora objetiva y antes personal, al final estaba el agente humano. Los sistemas que emplean tecnologías de IA, la robótica y las tecnologías conexas pueden presentar nuevos riesgos de seguridad para los usuarios cuando tales tecnologías estén integradas en productos y servicios, ello independientemente de la responsabilidad civil profesional de los técnicos y profesionales responsables del diseño, ejecución y supervisión de estos sistemas.

Partimos de la base de que la capacidad jurídica es la aptitud de la persona, física (natural) o jurídica, para ser sujeto de derechos y obligaciones y tener la condición de titular de relaciones jurídicas. Por tanto, la capacidad jurídica la ostenta, por su condición de tal, toda persona física; y también la persona jurídica en la medida en que se la reconozca el Derecho. Sin embargo, los robots, las máquinas, los dispositivos y las aplicaciones que tienen integrados sistemas de IA carecen de personalidad jurídica entendida como reconocimiento por parte del ordenamiento jurídico de alguien como sujeto de derechos y de obligaciones. Esta cuestión previa es determinante a la hora de enmarcar el régimen de

---

17 El Observatorio de Bioética y Derecho de la Universitat de Barcelona, tiene traducidos los informes del Grupo Europeo de ética de la ciencia y las nuevas tecnologías, EGE, en concreto sobre su Declaración sobre Inteligencia Artificial, robótica y sistemas autónomos, 2018, (Statement of Artificial Intelligence, Robotics, and «Autonomous» Systems), donde en 20 páginas exponen los peligros y cautelas en el uso y en la generalización de la Inteligencia Artificial, es en este último apartado donde habla de Principios éticos y de prerrequisitos democráticos, los peligros son muchos.

responsabilidad de los fabricantes de productos que lleven incorporados sistemas de inteligencia artificial e igualmente de los prestadores de servicios que empleen en sus procesos dichos sistemas, en la medida en que la exigencia de responsabilidad civil requiere la identificación de la persona física o jurídica titular de los derechos y obligaciones generados a raíz de los hechos generadores de tal responsabilidad, quedando supeditada la personalidad jurídica a un instrumento del ordenamiento legal al servicio de la finalidad de reparación de los daños y perjuicios originados en los perjudicados. Toda persona física o jurídica tiene derecho a obtener la reparación por las lesiones y los daños causados por el desarrollo, la implementación y el uso de la inteligencia artificial, la robótica y las tecnologías conexas, incluidos los programas informáticos, los algoritmos y los datos utilizados o producidos por dichas tecnologías, cuando se infrinjan el régimen jurídico y las obligaciones de gobernanza y diligencia en el debido control encaminadas a evitar y minimizar las consecuencias dañosas cuando se produzcan[18]. Es el gran problema los años y su agente culposo o doloso en ellos. El régimen de responsabilidad actualmente aplicable en materia de responsabilidad civil de productos defectuosos pasa por la aplicación del Libro tercero del RDL. 1/2007, de 16 noviembre (TRLCU), como Ley especial que protege los derechos de los consumidores. Respecto de la responsabilidad civil de productos entre empresas y profesionales, son de aplicación las normas generales del Derecho de obligaciones y la responsabilidad civil extracontractual y contractual. Mientras que la responsabilidad civil por prestación de servicios precisa aplicar las normas clásicas de la responsabilidad civil extracontractual (art. 1902 y siguientes del Código Civil) y la responsabilidad contractual por el incumplimiento total o parcial de las obligaciones de carácter contractual (artículo 1101 y siguientes del Código Civil); tanto si se trata de arrendamiento prestación de servicios como de contrato de obra. Esto significa, que el principio básico de un futuro derecho de la responsabilidad de los robots deberá ser proteger al ser humano, frente a cualquier daño que pueda causarle un robot.

Y como es principio general, también del derecho, el «alterum non laedere», de cuyo incumplimiento surge la correspondiente responsabilidad civil, que generalmente se traduce en la indemnización de los daños y perjuicios causados ya de desde la lex Aquilina, está claro que, también en el ámbito de la robótica y de la inteligencia artificial que pueda integrarla, surgirá dicha responsabilidad por los daños y perjuicios que causen los robots y/o sus mecanismos directrices inteligentes.

---

18 Lumbreras Sancho, S. «Robótica y Cyborgs» en la Revista Pensamiento, de investigación e información filosófica, vol. 78, núm. extra-298, 2022, pp. 535-546, se reflexiona sobre si estas máquinas pasarán el test de Turing, esto es, la conversación racional y se está muy cerca de conseguirlo, pero se apuesta por la irreemplazable persona humana al final.

La cuestión que se plantea es la de determinar quién será el sujeto pagador de las pertinentes indemnizaciones por daños, toda vez que los robots y demás mecanismos de inteligencia automatizada, no son personas equiparables a los seres humanos y, por tanto, no pueden ser sujetos ni objeto de derechos y obligaciones personales.

Descartada la posibilidad de otorgar personalidad jurídica propia a estas sofisticadas máquinas, tan superiores a las personas humanas en muchos ámbitos, pero carentes —por el momento— de conciencia de su propio ser y de libre albedrío más allá de sus correspondientes programaciones y de su propia capacidad de aprendizaje, se han barajado al respecto varias alternativas, destacando las siguientes:

a) Trasladar la responsabilidad al fabricante del producto, asignándole la responsabilidad en caso de defectuoso funcionamiento del sistema robótico de inteligencia artificial.

b) Asignársela al usuario del robot o a aquel a quien pertenezca, como guardián del mismo.

La primera opción, tiene la ventaja de que ya está diseñada en las leyes de responsabilidad por productos defectuosos, si bien no llega para cubrir todos los supuestos planteables, dado que el daño puede causarse por la máquina aun no siendo esta defectuosa, por un lado, y, por otro, los fabricantes del complejo integrado en el robot o sus modificaciones pueden ser muchos y difícil deslindar su responsabilidad, a costa del dañado.

La responsabilidad por daños en el ámbito de la inteligencia artificial y de los robots fue objeto de atención en la Resolución del Parlamento Europeo, de 16 de febrero de 2017, en la que se realizan recomendaciones sobre normas de Derecho civil en materia de robótica. En esta Resolución se hace referencia al fabricante, el operador, el propietario, el usuario y se plantea cómo se puede establecer esa responsabilidad por el daño causado. Si es suficiente la normativa existente sobre responsabilidad o si es preciso una normativa específica que se centre en la máquina propiamente y el daño que pueda causar sin tener una vinculación con un agente humano concreto.

Con la legislación actual, el robot no es responsable, no tiene personalidad jurídica. Como indica la Resolución de 2017, anteriormente mencionada, el robot puede causar un daño, y el robot puede ser autónomo, y dicha autonomía entendida como la capacidad de decidir, puede causar un daño. La autonomía será mayor cuanto más complejo y sofisticado sea el robot. Dejará de ser un instrumento, una herramienta y se convertirá, quizás, en un «sujeto». Desde luego, las normas actuales no resultan suficientes para arbitrar la responsabilidad, ya que estamos ante un sujeto que no puede asumir derechos y obligaciones y que tampoco va a satisfacer una indemnización. El robot no llega a esos parámetros.

Entonces, ¿cómo se puede solucionar el problema? A todo ello se une, el tipo de responsabilidad, objetiva o subjetiva o por culpa.

La responsabilidad contemplada en el marco de la Directiva 85/374/CEE solo cubre los daños de defectos de fabricación de un robot en el caso de que el perjudicado pueda demostrar el daño, el defecto y la relación de causalidad entre el defecto y el daño (18), con lo que no cubriría todos los supuestos de daño, tal y como indica la citada Recomendación. La doctrina se ha posicionado también sobre esta consideración, y se refiere a la creación de dos modalidades de persona, junto con la física y jurídica que actualmente conocemos. Se habla, pues, de la incorporación de la «persona híbrida», como simbiosis de persona más máquina, en la que habría una incorporación de tecnología (podríamos hablar de cyborgs) y la «persona maquínica», en la que no hay un componente humano, sino solamente inteligencia artificial y robots, que realizan actuaciones humanizadas. La Propuesta de Reglamento del Parlamento Europeo y del Consejo por el que se establecen normas armonizadas en materia de inteligencia artificial (Ley de inteligencia artificial) y se modifican determinados actos legislativos de la Unión, de 21 de abril de 2021 [COM (2021) 206 final 2021/0106 COD)] (28) respecto de la responsabilidad establece la conveniencia de que una persona física o jurídica, definida como el proveedor, asuma la responsabilidad asociada a la introducción en el mercado o puesta en servicio de un sistema de Inteligencia Artificial de alto riesgo. Ello es con independencia de si dicha persona física o jurídica es o no quien hizo el diseño o desarrolló el indicado sistema. La Propuesta de Directiva del Parlamento Europeo y del Consejo relativa a la adaptación de las normas de responsabilidad civil extracontractual a la inteligencia artificial (Directiva sobre responsabilidad en materia de IA) sobre responsabilidad civil en materia de inteligencia artificial de 28 de septiembre de 2022 [COM (2022) 496 final 2022/0303 (COD)] (29) establece normas comunes relativas a la exhibición de pruebas relativas a sistemas de Inteligencia Artificial de alto riesgo con la finalidad de permitir a los demandantes fundamentar sus demandas de responsabilidad civil extracontractual subjetiva, es decir, basada en la culpa, y no de tipo objetivo o sin culpa, por daños y perjuicios. También establecer las normas comunes para la carga de la prueba en estos casos de responsabilidad subjetiva interpuestas ante los tribunales nacionales por daños y perjuicios causados por sistemas de IA. Se apuesta por una responsabilidad con culpa o subjetiva y se establece la carga de la prueba: ni es coherente y dejará muchos daños sin responsabilidad y todo ello porque se engarza con la Directiva por el uso de productos defectuosos. señar que se centra en los casos de Inteligencia Artificial de alto riesgo por lo que hay que atender a lo indicado en la Propuesta y en su anexo de Reglamento del Parlamento Europeo y del Consejo por el que se establecen normas armonizadas en materia de Inteligencia Artificial (Ley de Inteligencia Artificial) y se modifican determinados actos legislativos de la Unión

[COM (2021) 206 final y Anexos I a IX]. La presunción refutable de relación de causalidad en caso de culpa se establece en el artículo 4, en el que se presume el nexo causal entre la culpa del demandado y los resultados producidos por el sistema de inteligencia artificial, pero deberán de cumplirse una serie de condiciones que se establecen: demostración de la existencia de culpa en el demandado o de una persona de cuyo comportamiento sea responsable aquel, consistente en el incumplimiento de un deber de diligencia debido; que se pueda considerar razonablemente probable que la culpa ha influido en los resultados producidos por el sistema de inteligencia artificial; que el demandante demuestre que la información de salida producida por el sistema de inteligencia artificial o la no producción de una información de salida ha causado los daños.

IX. LA RESPONSABILIDAD EN LA INTELIGENCIA ARTIFICIAL Y SU COMPATIBILIDAD CON LA TEORÍA TRADICIONAL

Estamos ante una petición de responsabilidad exigida a una persona jurídica, Estado o gran empresa de data, que pueden vulnerar gravemente nuestra intimidad. Es por ello, que, aunque estemos hablando del delegado de protección de datos en cada momento, nos deberemos orientar a la responsabilidad penal, siendo esta la más fuerte, de las personas jurídicas, también en sus consecuencias civiles. Asistimos en estos momentos a la aparición de nuevas expectativas jurídicas, nuevos retos que el Derecho no puede desconocer. Algunos pasan desapercibidos, pero desde luego, no puede serlo la primera resolución judicial del Tribunal Supremo español que versa sobre la responsabilidad jurídica de las personas físicas, nos referimos a la importante sentencia 154/2016 de 29 de febrero que declara responsables penales a personas jurídicas. Esto rompe con una teoría sobre la persona jurídica, sobre su capacidad y voluntad para ser merecedora de un reproche penal. Hasta ahora, la responsabilidad penal venía dada por el cargo de la sociedad, por sus representantes legales, y esa misma se extendería sólo a sus bienes, sin perjuicio de que, cuando se cobraban esos bienes desde los societarios, la sociedad pudiera repetir por sus acciones civiles y penales a ese socio. Ese tema estaba claro y no rompía la teoría tradicional de la persona jurídica. Pero el caso es que la resolución de febrero de 2016 ha sido histórica, la primera, que se plantea el tema de la responsabilidad en global, a toda la persona jurídica en sí. Algo que ya permitía nuestro art. 31 bis del CP en sus letras a) y b) que permite transferir la responsabilidad de las personas físicas a las jurídicas. El primer hecho de conexión lo generan las personas con mayores responsabilidades en la entidad y el segundo las personas indebidamente controladas por aquéllas. En aquellos casos, se establece un sistema de responsabilidad por transferencia o vicarial de la persona jurídica, aunque la novedosa regulación de los programas de cumplimiento normativo introducidos por la LO 1/2015 nos acerca un poco más al ambicioso modelo de «culpabilidad por defecto de organización». Indica Legaz que el sujeto de Derecho es el ser que es capaz de derechos y obligaciones. El punto de partida de nuestro Derecho occidental es el hombre, el sujeto de Derecho es el hombre por influencia del cristianismo, de toda la doctrina ética kantiana. No se trata de hacer un repaso de clara Filosofía del Derecho sobre las doctrinas que afirman que las características de inteligencia y voluntad sí son aplicables a asociaciones de personas físicas, como las teorías de Gierke, Del Vecchio, o las teorías idealistas como Binder, Larenz...es clara ya la idea de las teorías patrimonialistas, Mayer como la teoría de la persona jurídica como empresa, o la doctrina del patrimonio colectivo (Planiol), el propio Kelsen considera la persona jurídica dentro del orden jurídico no la ve ficción alguna del Derecho. Eran otros tiempos. Había autores que negaban la existencia de la persona jurídica como tal como Duguit al negar el derecho subjetivo, o Hoelder que no entiende aplicables las características de la persona a la persona jurídica, conocimiento, voluntad, acción. Una mera ficción como indica Affolter. Hoy en Día no tiene sentido, nuestra economía está basada en personas jurídicas, bien institucionales (Estado, Nación) o bien desde el punto de vista mercantil (Sociedad de todas las diferentes formas) es más, cuantas más empresas, personas jurídicas existan, más próspero es un país. Cualquier empresa, por pequeña que sea, en cuanto aumenta su objeto social, contrata a otros trabajadores, cuando aumenta su producción, difícilmente no adopta forma societaria. Por tanto, el debate sobre la existencia o no de la persona jurídica, nos lleva a un terreno más epistemológico que jurídico, a un planteamiento pre jurídico, que, como tal, hoy en día ya no se puede volver atrás. Desde el Derecho romano, el que hace verdaderamente que exista la persona jurídica, la realidad del Derecho se ha ido institucionalizando, pero, aun así, el concepto persona jurídica era una ficción como se indicaba en el aforismo conocido ya de societas delinquere non potest. Y ello ha pasado con la responsabilidad, el proceso de objetivación del daño en el terreno civil se ha observado en el Derecho penal. De ahí que esta resolución sea histórica por sus repercusiones mercantiles, económicas, jurídicas y de reflexión. Por ello, ya nadie pone en duda la existencia de una responsabilidad estatal en este campo, la responsabilidad digital y sus nuevos derechos[19]. El Plan de España Digital 2025, alineado con la Agenda Digital para Europa, hace referencia expresa al derecho a la protección de los datos personales como derecho fundamental en la UE, abriendo un marco de acción en las administraciones públicas, que, basado en el dato seguro y su minimización, impulse la mejora de los servicios públicos digitales. En su reciente Comunicación Brújula digital 2030: el camino europeo para la década digital, la

---

[19] Rallo Lombarte, A. «Una nueva generación de derechos digitales» en la Revista de Estudios Políticos, número 187, 2020, pp. 101-135.

Comisión Europea hace hincapié en una administración pública conectada, así como en la construcción, desde la complementariedad, de un sistema único que permita el intercambio de datos respetando en su plenitud los derechos fundamentales; los de privacidad, protección de datos e intimidad, derecho al olvido y libertad de expresión, entre ellos, incluyendo el acceso a medios plurales, fiables y transparentes de información. La «ciudadanía digital» reclama mayor control de sus datos, mayor transparencia, seguridad y privacidad, porque el mundo de hoy está generando más datos que nunca. Navegación en las webs, redes sociales, telefonía, mails, dispositivos GPS..., gestan, de manera espontánea en su mayoría, un caudal de datos que ocasiona el fenómeno «big data» o «new data», con implicaciones en el mundo del trabajo. El «big data» y, con él, los algoritmos y otros sistemas de inteligencia artificial permiten la observación, seguimiento y control, facilitando los procesos decisorios; también posibilitan la medición de ciertos acontecimientos y la realización de predicciones. El riesgo de que los datos, los algoritmos y los softwares que los sustentan, inicialmente diseñados para usos concretos, sean utilizados con finalidades distintas son amenazas que planean en el universo digital, cuya revolución impacta en las relaciones de trabajo, abarcando un espectro multidimensional cada vez mayor. La vigilancia y gestión del rendimiento, las interacciones entre la oferta y la demanda de trabajo, la obtención de información relativamente detallada sobre las características de las personas trabajadoras y empleadoras, comportan nuevos riesgos que deben ser ampliamente abordados en el plano jurídico, tomando en consideración que los medios actuales de acopio, tratamiento y recuperación de datos revisten cada vez mayor complejidad. Sus formas de utilización y difusión, además de facilitar la vigilancia, permiten influir en las personas trabajadoras y empleadoras, en sus comportamientos y decisiones. Cada vez los juristas se preguntan más dónde encajar la responsabilidad de personas jurídicas que pertenecen al sector de la robótica y de la Inteligencia artificial[20]. A este respecto, el Dictamen de 2017 del CESE señala la controversia sobre quién asume la responsabilidad de los daños que pueda causar un sistema de inteligencia artificial, también en el caso de que se trate de sistemas autodidactas que continúan el aprendizaje después de entrar en servicio. El Parlamento indica que es conveniente definir el concepto de «Robot autónomo inteligente» teniendo en cuenta elementos tales como su autonomía, capacidad de autoaprendizaje, soporte, adaptación del comportamiento.

Las consideraciones que realiza el Parlamento Europeo se pueden condensar en las siguientes:

---

20 Ramón Fernández, F. «Robótica, inteligencia artificial y seguridad: ¿cómo encajar la responsabilidad civil?» en el Diario la Ley, número 9365, 2019.

a) La dotación a los robots de rasgos cognitivos y autónomos, antes propios sólo de los seres humanos. Se asimilan a los agentes interactuantes del entorno y pueden modificarlo, y de ahí la cuestión de la responsabilidad por daños.

b) Autonomía y capacidad de decisión por parte de los robots con independencia del control. Si hay mayor sofisticación, habrá mayor autonomía[21].

c) La mayor autonomía se traduce en la superación de la instrumentalidad del robot, por lo que se plantea si la normativa existente en materia de responsabilidad es adecuada o se precisa normas y principios sobre la responsabilidad jurídica de los agentes (fabricante, operador, propietario, usuario) por los daños y perjuicios de los actos y omisiones de los robots, que no se pueda atribuir a un agente en concreto, y también de los actos y omisiones dañosos que podían evitarse.

d) La naturaleza jurídica de los robots incluyéndolos dentro de una categoría existente o crear una nueva exprofeso para ellos.

e) En el actual marco legal, los robots no son sujetos responsables por daños a terceros. Las normas vigentes contemplan la responsabilidad al agente humano (fabricante, operador, propietario o usuario), tanto en la previsión del daño como en la omisión de este por parte de los robots.

f) La responsabilidad por daños causados por productos defectuosos en la que el fabricante responde por un mal funcionamiento, y en las que el usuario responde por un mal comportamiento se aplica a los robots.

g) Si un robot es autónomo en la toma de decisiones, las normas existentes no serán suficientes para generar responsabilidad por los daños, ya que no pueden determinar la parte que deba indemnizar, ni la reparación del daño causado.

h) Deficiencias en las normas de responsabilidad contractual en el caso de máquinas para elegir parte contractual, celebrar contratos, por lo que es preciso adoptar normas que sean aplicables en un marco tecnológico.

i) Insuficiencia de la normativa en materia de responsabilidad extracontractual en el ámbito comunitario, ya que sólo cubre los daños ocasionados por defectos de fabricación de un robot a condición de que el perjudicado pueda demostrar el daño real, el defecto del producto y la relación causa efecto entre el defecto y el daño (responsabilidad objetiva o sin culpa). Inaplicación de la normativa referida para cubrir los daños ocasionados

---

21 Lledó Benito, I. «El impacto de la robótica: la inteligencia artificial y la responsabilidad penal en los robots inteligentes» en la Revista Foro Galego, Revista Xuridica, número 208, 2020, pp. 173-202.

por robots, y teniendo en cuenta sus capacidades e imprevisibilidad en la actuación.

El Parlamento Europeo recomendó el examen de dotar a los robots de personalidad jurídica para atribuirles responsabilidad civil por daños, siendo esto importante para la exigencia de Responsabilidad del Estado también[22].

X. RECOMENDACIONES PARA UNA NUEVA TEORÍA DE LAS RESPONSABILIDAD ROBÓTICA

El Parlamento Europeo formuló recomendaciones respecto a la legislación civil en materia de robótica, y el examen de dotar a los robots de personalidad jurídica, e-personality, para atribuirles responsabilidad civil por daños.

Ha dictado unos «Principios generales relativos al desarrollo de la robótica y la inteligencia artificial para uso civil»:

1. La responsabilidad por daños y perjuicios causados por robots debe ser analizada para garantizar la eficiencia, transparencia y coherencia en la garantía de la seguridad jurídica en la UE en beneficio de ciudadanos, consumidores y empresas.
2. La importancia de las relaciones de interdependencia básicas, previsibilidad y direccionalidad para determinar la información que compartan humanos y robots.
3. Necesidad de propuesta de legislación sobre los aspectos jurídicos relacionados con el desarrollo y uso de la robótica y la inteligencia artificial[23].
4. La herramienta legislativa para la responsabilidad civil por daños y perjuicios causados por robots en casos diferentes a los perjuicios económicos, no debe limitar el alcance de la responsabilidad patrimonial que pueda ser compensada, ni su naturaleza, por el hecho de que sean causados por un robot.

---

22 Salardi, S. «Robótica e inteligencia artificial: retos para el Derecho» en la Revista Derecho y Libertades: Revista de Filosofía del Derecho y derechos humanos, número 42, 2020, pp. 203-232. Goñi Huarte, E. «la personalidad jurídica de los robots» en la obra colectiva *Los derechos humanos en la inteligencia artificial: su integración en los ODS de la Agenda 2030*, Madrid: Thomson-Aranzadi, Universidad Europea de Madrid, Ministerio de AAEE, Unión Europea y Cooperación, 2022, pp. 293-314.

23 Santos González, M. J. «Regulación de la robótica y la inteligencia artificial: retos de futuro» en la Revista Jurídica de la Universidad de León, número 4, 2017, pp. 25-50.

5. El instrumento legislativo debe basarse en una evaluación para determinar el enfoque de la responsabilidad objetiva o el de gestión de riesgos.
6. La responsabilidad objetiva precisa probar el daño, nexo causal y perjuicios sufridos, pero no la intención, en esto ha ido de la mano de la teoría tradicional de la responsabilidad patrimonial moderna y se tendrán que regular los supuestos de hecho, detrás estará el ser humano siempre.
7. La gestión de riesgos no está centrada en el ámbito subjetivo o actuación negligente, sino en la persona capaz de minimizar riesgos y gestionar el impacto negativo.
8. La identificación de las partes será un elemento para aplicar la responsabilidad proporcionar según las instrucciones que hayan dado las mismas a los robots, y el grado de autonomía de estos. Influirá las capacidades adquiridas y la formación otorgada por el ser humano a la máquina, por lo que no se puede confundir la competencia adquirida por la formación con la competencia dependientes de la capacidad de aprendizaje autónomo.
9. Establecimiento de un régimen de seguro obligatorio similar a los vehículos, pero cubriendo todas las responsabilidades potenciales y no sólo las actuaciones humanas y los fallos mecánicos. Complemento con un fondo para garantizar la reparación de los daños en los casos de ausencia de cobertura del seguro, por lo que habría que generar nuevos productos que se adapten a dichas circunstancias[24].

Se solicita a la Comisión que, en la evaluación de impacto de la futura regulación, se consideren las implicaciones de todas las soluciones jurídicas, como las siguientes:

«a) establecer un régimen de seguro obligatorio en los casos en que sea pertinente y necesario para categorías específicas de robots, similar al existente para los automóviles, en el que los fabricantes o los propietarios de robots estarían obligados a suscribir un contrato de seguro por los posibles daños y perjuicios causados por sus robots, no siempre sería el Estado el responsable así.

b) establecer un fondo de compensación que no sólo garantice la reparación de los daños o perjuicios causados por un robot ante la ausencia de un seguro.

c) Decidir si conviene crear un fondo general para todos los robots autónomos inteligentes o crear un fondo individual para cada categoría de robot, así como la elección entre un canon único al introducir el robot en el mercado o pagos periódicos durante la vida del robot.

---

24 Martínez Muñoz, M; Veiga Copo, A. *Retos y desafíos del contrato de seguro: del necesario aggiornamiento a la metamorfosis.* Pamplona: Aranzadi. Dentro de esta obra el artículo de Badillo Arias, «La Responsabilidad civil y el aseguramiento de los robots», pp. 913-954.

d) crear un número de matrícula individual que figure en un registro específico de la Unión que asegure la asociación entre el robot y el fondo del que depende y que permita que cualquier persona que interactúe con el robot esté al corriente de la naturaleza del fondo, los límites de su responsabilidad en caso de daños materiales, los nombres y las funciones de los participantes y otros datos pertinentes.

e) crear a largo plazo una personalidad jurídica específica para los robots, de forma que como mínimo los robots autónomos más complejos puedan ser considerados personas electrónicas responsables de reparar los daños que puedan causar, y posiblemente aplicar la personalidad electrónica a aquellos supuestos en los que los robots tomen decisiones autónomas inteligentes o interactúen con terceros de forma independiente»[25].

Por su parte, la Comunicación de la Comisión al Parlamento Europeo, al Consejo Europeo, al Consejo, al Comité Económico y Social Europeo y al Comité de las Regiones. Inteligencia artificial para Europa (COM/2018/237 final), establece respecto a la responsabilidad por daños:

«La aparición de la IA, en particular el complejo ecosistema que la hace posible y la característica de la adopción autónoma de decisiones, exige una reflexión acerca de la idoneidad de algunas de las normas establecidas en materia de seguridad y de cuestiones de Derecho civil relativas a la responsabilidad.

Por ejemplo, los robots avanzados y los productos del internet de las cosas que se apoyan en la IA pueden no comportarse con arreglo a lo previsto cuando el sistema entró en funcionamiento por primera vez. Habida cuenta de la generalización de la utilización de la IA, es posible que sea necesario revisar las normas tanto horizontales como sectoriales.

El marco de seguridad de la UE ya se ocupa de la cuestión del uso previsto y del uso (o abuso) previsible de los productos cuando se comercializan. A raíz de ello, se ha elaborado un sólido conjunto de normas para los dispositivos que se apoyan en la IA, normas que se adaptan constantemente en consonancia con el progreso tecnológico.

La transferencia de responsabilidad civil al robot, al tener la normativa sobre responsabilidad un efecto de carácter preventivo o cautelar y correctivo, supondría la desaparición de esa nota. El otorgamiento de responsabilidad jurídica podría ser susceptible de un uso y aplicación indebido. No es válido compararla con la responsabilidad limitada societaria, ya que al final el responsable es una

---

25 García-Antón Palacios, E (dir*). Los derechos humanos en la inteligencia artificial: su integración en los ODS de la Agenda 2030.* Pamplona: Thompson-Aranzadi, 2022. Dentro de esta obra hay que destacar el trabajo de Goñi Huarte, E. «La personalidad jurídica de los robots» pp. 293-314.

persona física. Habrá que atender también a cómo se contempla en la legislación de cada Estado la responsabilidad por producto defectuoso (entendiéndose como producto cualquier bien mueble, aun cuando esté incorporado a otro bien mueble o inmueble), teniendo en cuenta, por ejemplo, la Directiva 85/374/CEE del Consejo, de 25 de julio de 1985, relativa a la aproximación de las disposiciones legales, reglamentarias y administrativas de los Estados miembros en materia de responsabilidad por los daños causados por productos defectuosos, modificada por Directiva 1999/34/CE del Parlamento Europeo y del Consejo, de 10 de mayo de 1999, y en el caso de España, se atenderá a lo indicado el Real Decreto Legislativo 1/2007, de 16 de noviembre, por el que se aprueba el Texto Refundido de la Ley General para la Defensa de los Consumidores y Usuarios y otras leyes complementarias, modificado por Ley 3/2014, de 27 de marzo, y Ley 4/2018, de 11 de junio.

Dentro de la categoría de los robots, la doctrina se refiere como agentes morales (implícitos, explícitos y plenos) a los que son capaces de tomar decisiones de transcendencia moral y jurídica, dado su grado de autonomía y complejidad, que los lleva a adoptar un comportamiento no del todo previsible. Se caracterizan con las notas de interactividad, autonomía y adaptabilidad. Dentro de ellos, nos podemos encontrar con los denominados automóviles autónomos, los robots quirúrgicos y asistenciales, los drones, o cualquier tipo de inteligencia artificial capaz de crear una obra original, que plantearía cómo resolver los derechos de autor), cuestión esta última que no se contempla en el Real Decreto Legislativo 1/1996, de 12 de abril, por el que se aprueba el Texto Refundido de la Ley de Propiedad Intelectual, regularizando, aclarando y armonizando las disposiciones legales vigentes sobre la materia, modificado por Real Decreto-ley 12/2007, de 3 de julio, y Real Decreto-ley 2/2018, de 13 de abril.

Respecto a los drones, el Real Decreto 1036/2017, de 15 de diciembre, por el que se regula la utilización civil de las aeronaves pilotadas por control remoto, y se modifican el Real Decreto 552/2014, de 27 de junio, por el que se desarrolla el Reglamento del aire y disposiciones operativas comunes para los servicios y procedimientos de navegación aérea y el Real Decreto 57/2002, de 18 de enero, por el que se aprueba el Reglamento de Circulación Aérea, en su art. 26, indica que se dispondrá de una póliza de seguro u otra garantía financiera para cubrir la responsabilidad civil a terceros por daños, estamos viendo en la guerra de Ucrania ser instrumento bélico para los ataques de Estado[26].

Junto a ello hay que tener en cuenta lo dispuesto en la Resolución de 2 de marzo de 2018, de la Dirección de la Agencia Estatal de Seguridad Aérea, por la

---

[26] Badouin, L. «Overiew of The French and European Regulations On Aerial Drone» en la revista ecuatoriana Foro: Revista de Derecho, números 36 y 35, pp. 73-90.

que se adoptan los medios aceptables de cumplimiento y material guía, aprobados para las operaciones con aeronaves pilotadas por control remoto, en virtud de la Disposición Final Cuarta del Real Decreto 1036/2017 de 15 de diciembre.

En el reciente Reglamento (UE) 2018/1139 del Parlamento Europeo y del Consejo de 4 de julio de 2018 sobre normas comunes en el ámbito de la aviación civil y por el que se crea una Agencia de la Unión Europea para la Seguridad Aérea y por el que se modifican los Reglamentos (CE) n.o. 2111/2005 (CE) n.o. 1008/2008 (UE) n.o. 996/2010 (CE) n.o. 376/2014 y las Directivas 2014/30/ UE y 2014/53/UE del Parlamento Europeo y del Consejo y se derogan los Reglamentos (CE) n.o. 552/2004 y (CE) n.o. 216/2008 del Parlamento Europeo y del Consejo y el Reglamento (CEE) n.o. 3922/91 del Consejo, en su Anexo VI referente a los requisitos esenciales de los organismos cualificados se indica que éste deberá contratar un seguro de responsabilidad civil, salvo que un Estado miembro asuma dicha responsabilidad según su Derecho interno.

Se menciona también la responsabilidad extracontractual que cuyos daños serán reparados por la Agencia o su personal, según la aplicación de los principios generales comunes al Derecho de los Estados miembros.

Con la legislación actual, la imputación de responsabilidad a la máquina o robot no es posible, ya que siempre es una persona quien asume la responsabilidad, sea el fabricante, dueño o usuario. Siguiendo el sistema de responsabilidad objetiva, existencia del daño, y no en la culpa, como sucede en la responsabilidad subjetiva. En la legislación española se opta por la primera, por la aplicación de la legislación anteriormente indicada de consumidores y usuarios. No puede desaparecer la responsabilidad personal en esta materia tampoco. La causa del daño está relacionada con la responsabilidad y quién asume la misma. En el caso de las máquinas se debe relacionar la inteligencia artificial de la que está dotada y el aprendizaje del aparato, cuanto mayor sea su autonomía en la capacidad de realizar una tarea a través del aprendizaje, mayor será la responsabilidad de la máquina; y, al contrario, si se aumenta la dependencia humana, la responsabilidad disminuirá en la máquina. En verdad, nos encontraríamos ante la denominada probatio diabólica si se optara por el sistema de culpa, por lo que la responsabilidad objetiva, daño y responsabilidad con independencia de la intención, será el más idóneo para obtener el resarcimiento, realmente no quedará otra posibilidad. A ello irá unido la contemplación del riesgo y su cobertura en materia de seguros que deberá de suscribir el fabricante de la máquina para asumir su responsabilidad civil[27]. Con todo este nuevo panorama la conclusión sería que las nuevas teorías y nacimiento de conceptos generales y doctrinas deberán ser

---

27 Lacruz Mantecón, M. L. «Robótica y responsabilidad civil: el daño cibernético» en Revista General de Jurisprudencia y Legislación, número 3, 2022, pp. 379-415.

analizadas siempre desde el respeto a la persona, al concepto humanista de la misma, y esa será la lucha de la Filosofía del Derecho moderna.

XI. LA NUEVA LEY DE INTELIGENCIA ARTIFICIAL EUROPEA DE 2023

El nuevo reglamento acordado en Europa crea cuatro niveles de riesgo y se prohíben aquellas actividades que se enmarquen dentro del riesgo considerado 'inaceptable'. Quienes no cumplan la ley, tendrán sanciones. Establece multas y usos prohibidos de la IA. Algunos los calificará como de riesgo inaceptable.

Bruselas está de celebración: después de cuatro años de idas y venidas, la Unión Europea ha dado luz vez a su Ley de Inteligencia Artificial. Esta norma empezó a gestarse en un mundo en el que ChatGPT era algo completamente desconocido para el público general y solo algunos expertos hablaban de modelos de lenguaje de gran tamaño —los LLM, por sus siglas en inglés—. De hecho, en su primer borrador apenas se mencionaban los sistemas de IA tipo chatbots.

El contexto para hacernos una idea: OpenAI, la compañía que ha desarrollado ChatGPT, fue fundada en diciembre de 2015 y hasta junio de 2018 no fue presentado GPT-1, la primera iteración de la serie GPT que estableció la arquitectura fundamental para ChatGPT tal como lo conocemos hoy. Actualmente el LLM que alimenta al chatbot es GPT-4 Turbo.

Por seguir con la breve contextualización, cabe destacar que hoy por hoy, en diciembre de 2023, ChatGPT tiene 100 millones de usuarios activos a la semana a nivel mundial. En España, los últimos datos disponibles confirman que la herramienta cuenta con 4 millones de usuarios.

Pero volvamos a la Ley de IA europea. En el momento en que se planteó, la normativa fue aclamada como una primicia mundial, pero el proceso se ha visto estancado por las novedades que se han ido produciendo en el sector y el auge de la inteligencia artificial generativa que ha provocado la ya mencionada herramienta ChatGPT y el resto de los competidores que han ido apareciendo. A la luz de su popularidad, las grandes tecnológicas que están detrás de esta tecnología han presionado para frenar lo que a sus ojos era una regulación excesiva.

XII. PRINCIPALES NOVEDADES DE LA LEY DE INTELIGENCIA ARTIFICIAL EUROPEA

La nueva legislación de la Unión Europea sobre inteligencia artificial, conocida como Ley de Inteligencia Artificial, se centra —según los organismos oficiales que la proponen— en garantizar que la IA en Europa sea segura y respete los derechos fundamentales y la democracia, al tiempo que fomenta la innovación. Sus puntos clave incluyen:

- Prohibiciones sobre ciertas aplicaciones de IA, como la categorización biométrica basada en características sensibles —creencias políticas, religiosas, filosóficas o por su raza y orientación sexual—, el reconocimiento de emociones en los lugares de trabajo, la puntuación social y la IA que manipula el comportamiento humano o explota vulnerabilidades.
- Permisos y salvaguardas específicos para que las fuerzas del orden utilicen sistemas de identificación biométrica, sujetos a condiciones estrictas y autorización judicial.
- Obligaciones para los 'sistemas de IA de alto riesgo', incluidas evaluaciones obligatorias del impacto en los derechos fundamentales.
- Requisitos transparentes para los sistemas de IA de uso general, con obligaciones más estrictas para los modelos de alto impacto.
- Apoyo a la innovación y a las PYMES a través de entornos de pruebas regulatorios y pruebas en el mundo real.
- Sanciones por incumplimiento, con multas de hasta 35 millones de euros o el 7% de la facturación global.

XIII. USOS PROHIBIDOS LA LEY ARTIFICIAL EUROPEA

Así es como la IA se imagina los límites a la inteligencia artificial en Europa. Lo que la inteligencia artificial ya no podrá hacer contigo: usos prohibidos a raíz de la Ley de IA.

El grueso de estas negociaciones ha estado centrado en ciertas aplicaciones de la IA consideradas como amenaza para los derechos de los ciudadanos y la democracia. De hecho, las principales novedades de esta nueva ley son las salvaguardias y excepciones limitadas para el uso de sistemas de identificación biométrica en espacios públicos con fines de aplicación de la ley.

Los principales riesgos que se buscan mitigar son de carácter social y de seguridad nacional, ya que la mayoría de las excepciones serán para las búsquedas de una persona condenada o sospechosa de haber cometido un delito grave. Se han identificado los sistemas de inteligencia artificial de alto riesgo para los derechos fundamentales, el medioambiente, la salud, la seguridad, la democracia y el estado de derecho. Este ejercicio de unificación de sistemas busca lograr la mitigación de su impacto en los derechos fundamentales.

XIV. EVALUACIÓN OBLIGATORIA DEL IMPACTO

Otra de las novedades incluidas en esta ley es una evaluación obligatoria del impacto en los derechos fundamentales. Además, detalla el experto, los ciudadanos tendrán derecho a presentar quejas sobre sistemas de IA y recibir explicaciones sobre decisiones basadas en sistemas de inteligencia artificial de alto riesgo que impacten en sus derechos. Una de las claves de la nueva legislación es que clasifica esta tecnología en función del riesgo que representan sus sistemas. Tal y como señala la Comisión Europea en su comunicado, se establecen cuatro niveles de riesgo, que van desde el más bajo hasta el inasumible. Así es como la IA se imagina un sistema de inteligencia artificial de 'riesgo inaceptable', que tendría que estar contenido y vigilando.

XV. RIESGO INACEPTABLE Y USOS PROHIBIDOS DE LA LEY

Qué son los sistemas de inteligencia artificial de 'riesgo inaceptable' que clasifica la nueva Ley de IA. Usos prohibidos de la IA por la nueva ley. La norma prohíbe, entre otros usos, los sistemas de categorización biométrica por creencias políticas, religiosas, filosóficas o por su raza y orientación sexual. Este es uno de los puntos más polémicos de la misma.

Tal y como dicta la ley, directamente se prohibirán aquellos sistemas de IA «que se consideren una clara amenaza a los derechos fundamentales de las personas». Esto incluye sistemas o aplicaciones de inteligencia artificial «que manipulan el comportamiento humano para eludir el libre albedrío de los usuarios, como juguetes que utilizan asistencia de voz para fomentar comportamientos peligrosos de menores o sistemas que permiten la "puntuación social" por parte de gobiernos o empresas, y ciertas aplicaciones de vigilancia policial predictiva». Además, se prohibirán algunos usos de los sistemas biométricos, por ejemplo, «los sistemas de reconocimiento de emociones utilizados en el lugar de trabajo y algunos sistemas para categorizar personas o identificación biométrica remota en tiempo real con fines policiales en espacios de acceso público (con excepciones limitadas).

Finalmente, al emplear sistemas de inteligencia artificial como los chatbots, los usuarios deben ser conscientes de que están interactuando con una máquina. Los deepfakes y otros contenidos generados por IA deberán etiquetarse como tales, y los usuarios deberán ser informados cuando se utilicen sistemas de categorización biométrica o reconocimiento de emociones.

XVI. CÓMO AFECTARÁ A LA EMPRESAS

La ley de inteligencia artificial de la UE es la primera en el mundo que regula esta tecnología. Aún es pronto para estimar las consecuencias de esta nueva ley en las empresas que ya operan con modelos de inteligencia artificial, más allá de afirmar que la implementación de las medidas deberá realizarse intentando proteger el valor intrínseco de la compañía. Sin embargo, el impacto en la actividad empresarial no debe asustar a las pymes, ya que, como han afirmado eurodiputados, las pequeñas y medianas empresas que integren modelos como el conocido ChatGPT no se verán sobrecargadas regulatoriamente de manera innecesaria. Cada compañía, dependiendo del uso y relación con la inteligencia artificial, deberá cumplir con unas obligaciones determinadas.

Es pronto para valorar si el progreso en este ecosistema empresarial se verá afectada y en qué medida. Solo se aventura a afirmar que su implementación va a requerir del esfuerzo de las empresas que, además, deberán seguir con su actividad habitual, garantizando que no se menoscabe la innovación. Finalmente, no se cree que la nueva norma de Europa pueda provocar una «fuga» de talentos o empresas hacia regiones con regulaciones más laxas. Más bien podría pasar lo contrario, esto es, teniendo en cuenta el papel de una normativa pionera que tiene esta ley europea, numerosos países de otros continentes ya están tomando nota de su contenido con intención de adaptarla para su propia actividad económica. Este movimiento de la UE en forma de ley pionera va a servir de modelo para la regulación de otros países extracomunitarios que ya estarán tomando nota para imitar y adaptar el contenido de la legislación para evitar quedarse rezagados frente a otros mercados.

XVII. ASPECTO SANCIONADOR Y COACTIVO

Saltarse las pautas establecidas en la norma puede salir caro a las compañías, con multas que van desde 7,5 millones de euros o el 1,5% del volumen de negocio a otras de 35 millones o el 7% del volumen de negocio, según la infracción cometida y el tamaño de la empresa. Así es como la IA se imagina el régimen de sanciones establecido para las empresas que no cumplan con las normativas.

XVIII. CAMBIOS PARA LOS USUARIOS

El principal cambio que notarán los usuarios y ciudadanos europeos es que podrán identificar claramente los contenidos que sean generados por inteligencia artificial cuando estén navegando por Internet. Fuera del mundo online, los ciudadanos europeos convivirán con videocámaras, aunque no debe cundir el pánico, ya que su uso estará cuidadosamente restringido para reforzar la seguridad de las personas. La Ley de IA se aplicará a los casi 450 millones de residentes de la UE, pero los expertos dicen que su impacto podría sentirse mucho más allá debido al papel de liderazgo de Bruselas en la elaboración de reglas que actúan como un estándar global.

XIX. TRASLADO AL ORDENAMIENTO JURÍDICO

Lo primero que hay que tener en cuenta es que este proyecto de normativa se ha de trasladar al lenguaje jurídico en el que se detallarán todos los requisitos y medidas y las correspondientes sanciones. En ese momento, se podrán conocer con mayor exactitud qué es necesario para la implementación y el cumplimiento de esta legislación.

De momento, solo se puede afirmar que debido a su carácter pionero supone toda una novedad para las empresas europeas y que operan en el continente. Por ello, el principal desafío es superar la primera fase de expectación y recelo para poder adaptar la actividad económica a las nuevas necesidades de los usuarios europeos. Tras el traslado de este proyecto de normativa al lenguaje jurídico, deberá ser ratificado por el Parlamento Europeo y por los Gobiernos de los países miembros con anterioridad a la disolución de las cámaras debido a las próximas euroelecciones. Así, se espera que su ratificación tenga lugar durante el primer trimestre de 2024. Entrará en vigor 20 días después de su publicación en el Diario Oficial y, teniendo en cuenta los plazos de los trámites europarlamentarios —las leyes son aplicables dos años después de su entrada en vigor—, la regulación de la IA no podría aplicarse antes del año 2026. Habrá algunas disposiciones específicas: las prohibiciones ya se aplicarán después de 6 meses, mientras que las normas sobre IA de uso general se aplicarán después de 12 meses.

PANORAMA DE LA FILOSOFÍA DEL SIGLO XX

(Generalista y con influencia en el derecho)

- **FILOSOFÍA ANALÍTICA (CORRIENTE ANGLOSAJONA)**
  - REALISMO O PRAGMATISMO (PEIRCE 1833-1914) JAMES (1842-1910) DEWY 1859-1952) DERECHO: LLEWELLYN, FRANK, ESCANDINAVOS: ESCUELA DE UPSALA, WILHELM. LUNDSTEDT, OLIVECRONA, GEIGER, ROSS
  - FILOSOFÍA ANALÍTICA FREGE (1848.1925) MOORE (1873-1858), RUSSELLL (1872-1970)
  - FILOSOFÍA DE LA CIENCIA: CARNAP (1891-1970); SCHLICK (1882-1936) AYER (1910.1989)
  - EMPIRISMO RACIONALISTA: POPPER (1902-1994), ALBERT (1921); DUHEM (1861-1916)
  - ESTUDIO DEL LENGUAJE: WITTGENSTEIN (1899-1951); DAVIDSON (1917-2003) STRAWSON (1019-2006); QUINE (1908-2000)
  - RELATIVISMO EPISTEMOLÓGICO: FEYERABEND (1924-1994) KUHN (1922-1996)

- **ESPECULATIVA (CONTINENTAL)**
  - HISTORICISMO: DILTHEY (1833-1911); SPENCER 1820-1903), TOYNBEE (1889-1975)
  - FENOMENOLOGÍA: HUSSERL (1859-1938) SCHELER (1889-1928) DERECHO: ARNOLD.
  - EXISTENCIALISMO: HEIDEGGER (1889-1976)
  - HEGELIANOS: BINDER, LARENZ
  - NEOKANTIANOS: KELSEN, GRUPO DE VIENA, KUNZ, VERDROSS
  - ESPIRITUALISMO: BERGSON (1859-1941) BLONDEL (1851-1950) UNAMUNO (1864-1936)
  - PERSONALISMO: MARITAIN (1882-1973), MOUNIER (1905-1950)
  - RACIOVITALISMO: ORTEGA Y GASSET (1883-1955)
  - HERMENÉUTICA: GADAMER (1900-2002), RICOEUR (1913-2005)
  - EXISTENCIALISMO: MARCEL (1889-1973), JASPERS (1883-1969), CAMUS (1913-1960) SARTRE (1905-1980)
  - ESCUELA DE FRANKFURT: MARCUSE (1898-1979), FROMM (1900-1980), REICH (1897-1957) HABERMAS (1929)
  - ESTRUCTURALISMO: LACAN (1901-1981), FOUCOULT (1926-1984) SAUSSURE (LINGÜÍSTICA), LEVI-STRAUSS (ANTROPOLOGÍA) ALTHUSER (HISTORIA Y FILOSOFÍA)
  - PENSAMIENTO POSTMODERNO: DECONSTRUCCIÓN, DIFERENCIA, PENSAMIENTO DÉBIL, NO HAY ESCUELAS (VATTIMO, ITALIA), DELEUZE, DERRIDA
  - SIGLO XXI DESCONCIERTO FILOSÓFICO, SIN ESCUELAS DEFINIDAS: BRICMONT (IMPOSTURA INTELECTUAL), RÉE (REALISTA Y ANTIRREALISTA), SEARLE (REALISTA ESCÉPTICO), CUPPIT (RELIGIOSIDAD NUEVA DE OTRO

MUNDO ESPIRITUAL), STANNARD (EGOCENTRISMO, Y TEOCENTRISMO POR NECESIDAD), VARDY, PLATINGA (ANALÍTICO), WILSON (SOCIOBIOLOGÍA),

– **FILOSOFÍA DEL DERECHO MODERNA SIGLO XX EN ADELANTE**: LÍNEAS DE PENSAMIENTO Y REFLEXIÓN
  - FORMALISMO CRÍTICO: KELSEN (TEORÍA PURA DEL DERECHO)
  - LA ESCUELA DE KELSEN: MERKL, KAUFMANN, KUNZ, VERDROSS
  - LA ESCUELA DE LYON: LO CONCRETO Y LO ABSTRACTO EN EL DERECHO
  - LA FORMA EN EL DERECHO: WEBER.
  - JURISPRUDENCIA DE INTERESES: IHERING, HECK.
  - INSTITUCIONALISMO: DUGUIT
  - ESCUELA DEL DERECHO LIBRE: KANTOROWICZ, ERLICH
  - JURISPRUDENCIA SOCIOLÓGICA: POUND, MOVIMIENTO DE DERECHO LIBRE.
  - TEÓRICOS DE LA INSTITUCIÓN: SANTI-ROMANO, HAURIOU, RENARD
  - JURISPRUDENCIA EXPERIMENTAL: COWAN
  - PENSAMIENTO ORDINALISTA CONCRETO: SCHMITT
  - ESCUELA SUDOCCIDENTAL ALEMANA: LASK, MAYER, RADBRUCH
  - JURISPRUDENCIA TELEOLÓGICA: ESSER
  - ESCUELA FENOMENONÓGICA: HUSSERL
  - ONTOLOGÍA EXISTENCIAL: HEIDEGGER, KIERKEGAARD, JASPERS
  - SEGUIDORES DE KELSEN ENLAZANDO CON HUSSERL: KAUFMANN, SCHEREIER
  - EXISTENCIALISMO CRISTIANO: ELÍAS DE TEJADA
  - ESCUELA EGOLÓGICA DEL DERECHO: COSSIO
  - SEGUIDORES DE HEGEL EN DERECHO: LARENZ, BINDER
  - SEGUIDORES MODERNOS DE HEGEL EN ITALIA: GROCE, GENTILE, BATTAGLIA
  - NEOTOMISMO FRANCÉS: CATHREIN
  - NEOIUSNATURALISMO ESCOLÁSTICO: MESSNER, COING, WOLFF, SE SUELE CITAR A KAUFMANN, FECHNER, MAIHOFER
  - EN ITALIA: DEL VECCHIO
  - NEOIUSNATURALISMO FRANCÉS: GÉNY, RENARD, DELOS, VILLEY
  - DOCTRINA NATURAL DE LAS COSAS RUNDE, RADBRUCH, FECHNER, MAIHOFER
  - POSITIVISMO: BOBBIO
  - ESTRUCTURALISMO: GOLDMANN, LEVI-STRAUSS, RUIBAL, LUHMANN
  - CIENTIFISMO JURÍDICO: KIRCHMANN
  - POSITIVISMO JURÍDICO-LÓGICO: LLEWELLYN, HOLMES, JAMES, CARDOZO
  - REALISMO NORTEAMERICANO: ARNOLD, GARLAN, COHEN, LEOVINGER, COOK, CAIRNS
  - FISICALISMO
  - ESCUELA DE UPSALA: HAEGERSTROM, LUNDSTEDT, HEGENIUS, OLIVECRONA, BRUSIN, GEIGER
  - ANÁLISIS DEL LENGUAJE: RUSSELL, WITTGENSTEIN

PANORAMA SIGLO XXI Y ESCUELAS O LÍNEAS DE TRABAJO

- **AUTORES EN REINO UNIDO**
  - HELENA CRONIN: DARWINISMO RACIONALISTA
  - DAVID WIGGINS: METAÉTICA E IDENTIDAD
  - MIRANDA FRICKER: TEORÍA DE LA INJUSTICIA EPISTÉMICA
  - IAN HAMILTON GRANT: FILOSOFÍA POSTKANTIANA
  - TED HONDERICH: FILOSOFÍA DEL LIBRE ALBEDRÍO
  - PETER MILLICAN: FILOSOFÍA DE HUME Y DE LA RELIGIÓN
  - DAVIR PEARCE: FILOSOFÍA DEL UTILITARISMO, VEGANISMO Y TRANSHUMANISMO
  - ROGER SCRUTON: FILOSOFÍA DE LA ESTÉTICA Y DEL TRADICIONALISMO
- **FILÓSOFOS DE FRANCIA**
  - ELISABETH BADINTER: FILOSOFÍA DEL FEMINISMO
  - ALAIN BADIOU: FILOSOFÍA DE LA ONTOLOGÍA MATEMÁTICA
  - ETTIENE BALIBAR: FILOSOFÍA MARXISTA
  - OSCAR BRENIFIER: FILOSOFÍA HEGELIANA Y CRÍTICA PRÁCTICA
  - ENMANUEL FAYE: FILÓSOFO ESTUDIOSO DE HEIDEGGER Y EL NAZISMO
  - GUILLAUME FAYE: IDENTITARISMO EXTREMO
  - LUCE IRIGARAY: FILOSOFÍA DEL FEMINISMO DE LA DIFERENCIA
  - DENIS KAMBOUCHER: FILOSOFÍA CARTESIANA MODERNA
  - DAVID LAPOUJADE: FILOSOFÍA DEL PRAGMATISMO
- **FILÓSOFOS ALEMANES**
  - ROBERT ALEXY: FILOSOFÍA NO POSITIVISTA Y ARGUMENTATIVA
  - MARCUS GABRIEL: FILOSOFÍA POSTKANTIANA Y DEL NUEVO REALISMO
  - AXEL HONNETH: TEORÍA DEL RECONOCIMIENTO Y HABERMAS
  - PETER SLOTERDIJK: FENOMENOLOGÍA DEL ESPACIO
- **FILÓSOFOS ITALIANOS:**
  - EVANDRO AGAZZI: FILOSOFÍA DE LA CIENCIA
  - FRANCO BERARDI: MOVIMIENTO AUTONOMISTA ITALIANO
  - PAOLO CASSINI: FILOSOFÍA DE LA ILUSTRACIÓN Y NEWTON
  - PIER PAOLO DONATI: SOCIOLOGÍA RELACIONAL
  - LUCIANO FLORIDI: FILOSOFÍA DE LA ÉTICA DE LA INFORMACIÓN
  - CARLO LOTTIERI: FILOSOFÍA LIBERTARIA ANARCOCAPITALISTA
  - MARIO TRONTI: FILOSOFÍA DEL OPERAÍSMO
- **FILOSOFÍA DE ESTADOS UNIDOS SIGLO XXI**
  - AMY ALLEN: FILOSOFÍA DE LA MUJER Y EL GÉNERO
  - ROBERT AUDI: FILOSOFÍA DE LA ACCIÓN Y LA EPISTEMOLOGÍA
  - SAM HARRIS: ESCEPTICISMO CIENTÍFICO Y NUEVO ATEÍSMO

- JUDIT PAMELA BUTLER: TEORÍA QUEER Y ORIENTACIÓN SEXUAL
- PATRICIA GREENSPAN: FILOSOFÍA DE LA ACCIÓN Y LA ÉTICA
- GRAHAN HARMAN: REALISMO ESPECULATIVO
- JAMES OTTESON: ESTUDIOSO DE ADAM SMITH
- PAUL ROBERT DRAPER: FILOSOFÍA DE LA RELIGIÓN
- AGUSTIN RAYO FIERRO: FILOSOFÍA DE LAS MATEMÁTICAS
- JENNIFER SAUL: FILOSOFÍA DEL LENGUAJE Y FEMINISMO
- TAMARA SMITH: TEORÍA DEL OBJETIVISMO
- JOHN JEREMY STUHR: FILOSOFÍA DE LAS TRADICIONES FILOSÓFICAS
- SUSAN WOLF: FILOSOFÍA DEL SENTIDO DE LA VIDA Y FELICIDAD
- RICHARD WELKLEY: FILOSOFÍA POSTKANTIANA Y ROUSSEAU

– **ESCUELA AUSTRIACA DEL SIGLO XXI**
- MARTIN BALLUCH: FILOSOFÍA Y DERECHO DE LOS ANIMALES
- FRITJOF CAPRA: FILOSOFÍA DE LA CIENCIA
- ADNAM IBRAHM: FILOSOFIA MUSULMANDA ILUSTRADA
- JOSEF SEIFERT: FENOMENOLOGÍA REALISTA

– **ESCUELA CANADIENSE**
- JEAN GRONDIN: FILOSOFÍA DE KANT Y GADAMER
- NICOLAS KOMPRIDIS: TEORÍA CRÍTICA ESCUELA DE FRANFURT
- WILLIAM DRAY: FILOSOFÍA ANALÍTICA DE LA HISTORIA
- DAVID GAUTHIER: TEORÍA CONTRACTUALISTA
- CHARLES TAYLOR: HERMENÉUTICA, SECULARIMO Y ÉTICA
- WILLIAM KYMLIKA: MUNDO GLOBALIZADO Y LIBERALISMO
- DANIEL WEINSTOCK: DIVERSIDAD CULTURAL E INTEGRACIÓN

– **ESCUELA DE AUSTRALIA**
- NICHOLAS AGAR: NUEVA GENÉTICA Y FILOSOFÍA DE LA MENTE
- DAVID JOHN CHALMERS: FILOSOFÍA DE LA MENTE Y DEL LENGUAJE
- FRANK JACKSON: METAÉTICA, EPISTEMOLOGÍA
- GRAHAM OPPY: FILOSOFÍA DE LA RELIGIÓN
- TOBY ORD: FILOSOFÍA DEL ALTRUISMO EFICAZ
- PETER SINGER: FILOSOFÍA DEL UTILITARISMO PRÁCTICO
- MCKENZIE WARK: FILOSOFÍA SITUACIONISTA

– **ESCUELA SUIZA**
- PETER BIERI (PASCAL MERCIER): FILOSOFÍA DEL ESPACIO Y EL TIEMPO
- ALAIN DE BOTTON: FILOSOFÍA DE LA VIDA COTIDIANA
- JOSEF ESTERMANN: FILOSOFÍA DE LA INTERCULTURALIDAD ANDINA

– **ESCUELA RUSA**
- ALEXANDER DUGUIN: GEOPOLÍTICA
- SERGUEI GAVROV: MODERNIZACIÓN SOCIEDAD NO OCCIDENTALES

BIBLIOGRAFÍA POR TEMAS UTILIZADA PARA ESTA MONOGRAFÍA

*(No incluye las notas a pie de página, aclaratorias)**

INTERPRETACIÓN Y APLICACIÓN:

Carretero Sánchez, S. «Controversia sobre el criterio sociológico de interpretación de las normas». Madrid: facultad de Derecho, UCM publicaciones, 2000.

Carretero Sánchez, S. «Teoría Práctica del Derecho». Valencia: Tirant lo Blanch, 2015.

Frossini, V. «La letra y el espíritu de la ley». Barcelona: Ariel, 1995.

Hood, C; Jackson, M. «La argumentación administrativa». Estudio introductorio de R. Uvalle. México, 1997.

Hernández Marín, R. «Interpretación, subsunción y aplicación del Derecho». Madrid, 1999.

Iglesias Vila, M. «El problema de la discreción judicial. Una aproximación al conocimiento jurídico». Madrid, 1999.

Kantorowicz, H. «La definición del Derecho» (trad. J. M. de la Vega). Madrid: Revista de Occidente, 1964.

Lifante Vidal, I. «La interpretación jurídica en la teoría del Derecho contemporánea». Madrid: Centro de Estudios Políticos y Constitucionales, 1999.

López Moreno, A (coord.). «Teoría y práctica en la aplicación e interpretación del Derecho». Madrid, 1999.

Marín, J. A. «Naturaleza jurídica del Tribunal Constitucional». Barcelona: Ariel, 2000.

Montoro Ballesteros, A. «Sobre la superación del formalismo metodológico en el realismo jurídico nórdico: la doctrina de la interpretación de Alf Ross» en Anuario de Filosofía del Derecho, Madrid, t. XVIII, 1975.

Moran, D. «La actitud personalista: Edmund Husserl, Max Scheler y Edith Stein» en la Revista peruana, Areté: Revista de Filosofía, vol. 34, número 1, 2022, pp. 171-225.

Marcos Recio, J. C. «La documentación electrónica en los medios de comunicación». Madrid, 1999.

Muñoz Rojas, T. «Ética, equidad y proceso jurisdiccional» en la Ley, año 1999 (octubre), nº 4910.

Ricodeur, P. «Discurso filosófico y hermeneusis». Barcelona, 1999.

DERECHO Y TECNOLOGÍAS:

Bisbal, J; Viladás, C. «Derecho y tecnología: Curso sobre innovación y transferencia». Barcelona: Ariel, 1990.

Corripio Gil-Delgado, M. R. «Los contratos informáticos. El deber de información precontractual». Madrid, 1999.

* La presente bibliografía comprende hasta el año 2000, siendo la más moderna citada en cada capítulo en los pies de página. Casi toda ya a partir entre el año 2005 y 2024 incluyendo trabajos publicados antes de su edición.

Davara, M. A. «La protección de datos en Europa». Madrid: Edit. Universidad Pontificia Comillas, 1999.

Falcón, E. M. «¿Qué es la informática jurídica? del abaco al Derecho informático». Buenos Aires, 1992.

Femández Aller, C; Suárez, J. M. «Informática para abogados». Colección Informática para profesionales. Madrid, 1999.

Derecho y nuevas tecnologías. Añol n°O. (Dirigida por P. Palazzi). Buenos Aires, 1999.

Guichard, S; Harichaux, M (y otros). «Internet pour le Droit. Connexion, recherce, Droit». Paris, 1999.

Matthijssen, L. «Interfacing between Lawyers and computers. An architecture for knowledge based interfaces to legal databases». The Hague, 1999.

Moreno Navarrete, M-A. «Contratos electrónicos». Madrid, 1999.

Pérez Luño, A. «Manual de Informática y Derecho». Barcelona: Ariel, 1996.

Singleton, S. «Data protection. The new Law». Bristol, 1998.

Tapscott, D. «Crecimiento en un entorno digital. La generación Internet». Bogotá, 1998.

SOCIOLOGÍA DEL DERECHO

Posner, R. A. «El análisis económico del Derecho» (trad E. Suárez). México, 1998.

Rendón Vásquez, J. «El Derecho como norma y como relación social. Teoría General del Derecho». 3ª ed. Lima, 1998.

Rodríguez Uribes, J. M. «Opinión Pública (Concepto y modelos históricos)». Madrid, 1999.

TEORÍA DEL DERECHO Y FILOSOFÍA DEL DERECHO

Aguiló Regla, J. «Teoría General de las fuentes del Derecho (y del orden jurídico)». Barcelona: Ariel, 2000.

Ballesteros, J. «Sobre el sentido del Derecho». Madrid: tecnos, 1986 (2ª ed.)

Ballesteros, J. «Ética y política en la sociedad democrática». Madrid, 1980.

Carretero Sánchez, S. «Introducción a la Teoría del Derecho». Madrid: Universidad Rey Juan Carlos, Servicio de Publicaciones, 2000.

Escobar de la Sema, L. «Introducción a las ciencias jurídicas». Madrid: Dykinson, 1999.

Carretero Sánchez, S. «Teoría práctica del Derecho». Valencia: Tirant lo Blanch, 2015.

Hernádez Marín, R. «Historia de la Filosofía del Derecho contemporánea». Madrid: Tecnos, 1989.

Larenz, k. «Metodología de la ciencia del Derecho» (trad. Rodríguez Molinero). Barcelona: Ariel, 1994.

Legaz Lacambra, L. «Filosofía del Derecho». Barcelona: Bosch, 1979.

Lucas, J. «Introducción a la Teoría del Derecho». Valencia: Tirant lo Blanch, 1993. Níno, C. S. «Introducción al análisis del Derecho». Barcelona: Ariel, 1997.

Ost, F; Van der Kerchove, M. «El sistema jurídico entre orden y desorden» (trad. Hoyo Sierra). Madrid: servicio de Publicaciones de la facultad de Derecho, UCM.

Recasens Siches, L. «lntroducción al estudio del Derecho». México: ed. Porrúa. (5ª ed.) Soriano, R. «Compendio de Teoría del Derecho». Barcelona: Aríel, 1993.

Suñe Llinás, E. «Prácticas de Teoría y Filosofía del Derecho». Madrid: Servicio de Publicaciones de la Facultad de Derecho, UCM, 1998.

Treves, R. «La Sociología del Derecho». Barcelona: Arile, 1988.

Palombella, G. «Filosofía del Derecho moderna y contemporánea». (trad. J. Calvo). Madrid: Tecnos, 1999.

Pattaro, E. «Filosofía del Derecho. Derecho. Ciencia jurídica» (trad. Dr. Iturmendi). Madrid: Reus, 1980.

DERECHOS FUNDAMENTALES

Ballesteros, J. «Derechos humanos. Concepto: fundamentos, sujetos». Madrid: Tecnos, 1992.

Ferrajoli, L. «Derecho y garantías. La ley del más débil». Madrid: Trotta, 1999.

Foravanti, M. «Los derechos: fundamentales. Apuntes de historia de las constituciones». Madrid: Trotta, 1998.

Jiménez Campo, J. «Derechos: fundamentales. Concepto y garantías». Madrid: Trotta, 1999.

Pérez-Luño, A. «El concepto de igualdad como fundamento de los derechos económicos, sociales y culturales» en Anuario de Derechos humanos, t. I, pp. 257-275, 1981.

Saiz Arnaiz, A. «La apertura constitucional al Derecho internacional y europeo de los derechos: fundamentales. El artículo 10.2 CE». Madrid: CGPJ, 1999.

Waldron, J. «The Dignity of Legislation». Cambridge, 1999.

NUEVA BIBLIOGRAFÍA CONSULTADA HASTA MAYO DE 2024

Aarnio, A. «Derecho como acción» en Isonomia Revista de Teoría y Filosofía del Derecho, núm. 8, 1988, pp. 103-124.

Amado, J. D. «Las declaraciones de voluntad impropias en la teoría del acto jurídico» en la Revista Themis, número 10, 1988, pp. 75-80

Amaya Arias, A. A. El principio de no regresión en el Derecho ambiental, tesis doctoral leída en la Universidad de Zaragoza, 2015

Arenas Vidal, A. *Chaim Perelman,* tesis doctoral de la UCM, 1995.

Atienza, M. «El fundamento de los derechos humanos: ¿dignidad o autonomía?» en la Revista cubana de Derecho, vol. 1, número 1, 2021, pp. 9-35.

Balaguer Callejón, M. L. Interpretación de la Constitución y Ordenamiento jurídico. Madrid: Centro de Estudios Políticos y Constitucionales, 2022, pp. 179-182

Barrio Andrés, M. «Los principios generales del Derecho de los robots» en Derecho Digital e Innovación, Digital Law and Innovation Review, número 1, 2019

Canale, D. «Paradojas de la costumbre jurídica» en la Revista jurídica Doxa, número 32, 2009, pp. 205-228.

Carretero Sánchez, S. *La practicidad de los principios generales del Derecho.* Valencia: Tirant lo Blanch, 2022.

Carretero Sánchez, S. El cambio de los derechos sociales y su justiciabilidad: (impacto jurídico de la inmigración en la teoría tradicional de los derechos humanos), Madrid: Universidad Complutense, 2004

Capodiferro Cubero, D. «La proyección institucional del pluralismo político en la Unión Europea» en la obra colectiva, *División de poderes en el Estado de los partidos* (coord. Salvador Martínez, M; Gutiérrez Gutiérrez, I.(ed. lit). Madrid: Marcial Pons, Ediciones jurídicas y Sociales 2021, pp. 361-380.

Carpintero Benítez, F. «La doble cara de Isaiah Berlin sobre la libertad, libertad negativa y positiva» en la revista Dikaiosyne: revista semestral de Filosofía práctica, número 36, 2021, pp. 27-60.

Castellá Andreu, J. M. «los principios constitucionales» en la obra colectiva *Derecho constitucional básico.* Huygens, 2021, pp. 75-92.

Cedeño Ceballos, C. «Derecho subjetivo condicionado y estados de excepción por covid 19 en Ecuador» en Mulitverso journal, vol. 2, número 3, 2022, pp. 76-90

Correa Roman, J. «¿Por qué la ciencia necesita a la Filosofía? En Filosofía & co, número 4, 2023, pp. 82-84

Cruz Ortíz de Landázuri, L. M. *Derecho y expectativa. Una interpretación de la teoría Jurídica de Jeremy Bentham* leída en la Universidad de Navarra, 2000.

Chávez-Postigo, J. «Ponderación y Equidad: Alexy Recasens y la búsqueda de lo razonable en la argumentación jurídica» en Revista de Derecho del Estado, Colombia, número 43, 2019, pp. 107-130.

De Rosa, E. «Analogía e intengibilidad del Derecho: límites de la propuesta metodológica de John Finnis para la conceptualización del fenómeno jurídico» en Dikaion: Revista de actualidad jurídica, vol. 31, número 1, 2022, pp. 93-119.

Díaz Romero; U. «Una aproximación a las fuentes: la regla de conocimiento en la teoría de Herbert. L. A. Hart» en la revista Estudios de Filosofía, número 67, pp. 127-147, 2023

Díaz Sastre, S. «La tópica como método del Derecho Público» en Revista de Derecho Público: teoría y método, número 1, 2020, pp. 363-396.

Doyle Sánchez, D. «Iustitia el ius Naturale» en De iure belli ac pacis: Observaciones a la distinción grociana entre justicia expletiva y justicia atributiva» en la revista Pensamiento: Revista de información e investigación filosófica, vol. 77, número 294, 2021, pp. 365-362.

Encinar, A. «La influencia de la Escuela Histórica del Derecho en la cuestión foral española» en la Revista Sistema, Revista de ciencias sociales, número 159, 2000, pp. 53-74.

Espinoza, K. «Rudolf Carnap: el fin de la filosofía, el fin de la teoría del conocimiento» en la Revista Ánima, vol. 2, número 0, 2022, pp. 1-28, estudio sobre el límite de la Filosofía sólo al análisis del Lenguaje, y la metafísica como fuera del objeto científico.

Fastiggi, R. «Francisco Suárez and the non believers» en la revista Pensamiento: Revista de investigación e información filosófica, vol. 74, extra 279, 2018, pp. 263-270

Fernández García, E. «La obediencia al Derecho» en la revista Eunomía: Revista en Cultura de la legalidad, número 1, 2011, pp. 114-118.

Franco Castellanos, C, Sandoval Salazar, R. T. «La validez de la normas y su control» en la Revista Derecho y Cambio Socia, número 64, 2021, pp. 74-105.

Feito Torrez, M. V. «El juez Hermes y el logos de lo razonable: Por qué la aplicación silogística del Derecho no es suficiente» en la Revista de Derecho y Ciencias Sociales, número 23, 2020, pp. 111-114

Fernández Membivre, M. «Finitud y verdad. Gadamer sobre la comprensión crítica» en la Revista Tópicos: revista de Filosofía de Santa Fe, número 27, 2019, pp. 28-53.

Frisch, M. J. «Edmund Burke and the Origins of the Constitucionalism» en European constitutional law, 1988, PPU, pp. 1893-1910.

García Manrique, R. «Radbruch y el valor de la seguridad jurídica» en el Anuario de Filosofía del Derecho, núm. 21, 2004, pp. 261-286

García Villegas, M. «Normal social-norma jurídica» en la Revista Eunomia: Revista general de la Legalidad, número 2, 2012, pp. 133-138.

Garcez Callil, M. L.; Malta Leite, C. «Notas sobre la norma fundamental en Hans Kelsen» en la Revista de ciencias jurídicas e sociais de Unipar, vol. 21, número 2, 2018, pp. 247-262

Garrido Marin, J. «Jurisprudencia de conceptos» en l a Enciclopedia de Ciencias Morales y Políticas en el siglo XXI, Pendas, B; Herrero de Miñon (pr), M. Madrid: BOE, 2020, pp. 875-877

Garrido Vergara, L. «Habermas y la teoría de la acción comunicativa» en la Revista mexicana Razón y Palabra, número 75, 2011, pp. 1-19.

García Amado, J. A. «La Filosofía del Derecho en España hoy. Un balance pesimista» en Anales de la Cátedra de Francisco Suárez, número 44, 2010, pp. 523-538.

García Sedano, T. «De la igualdad material a la igualdad formal: obstáculos en el ejercicio de derecho para la tutela judicial efectiva» en la revista Éxodo, número 159, 2021, pp. 47-49.

Gómez Ciriano, E. J. «El derecho subjetivo a los servicios sociales en el contexto de la Agenda 2030» en Los Objetivos de desarrollo sostenible desde una perspectiva de derechos humanos, el trabajo social y la comunicación. Valencia: Tirant lo Blanch, 2020, pp. 55-81.

González Martin, M. C. «Autonomia y Heteronomía» en la Revisa Isegoría: Revista de Filosofía Moral y Política, número 30, 2004 (ejemplar dedicado a la vigencia del pensamiento kantiano), pp. 203-218

Grande Yáñez, M. «La mutabilidad del Derecho Natural» en Bajo Palabra. Revista de Filosofía, número 27, 2021, pp. 252-272.

Gutiérrez Gutiérrez, I. «Un orden jurídico para Alemania y Europa» en la Revista Teoría y realidad constitucional, número 3, 1999, pp. 215-224

Habib, J. «El análisis de proporcionalidad y el derecho privado argentino» en la Revista Jurídica Austral, vol. 3, número 1, 2022, pp. 327-366

Hernández Jorge, M. «Dilthey y la esencia de la Filosofía» en Scientia helmantica: revista internacional de Filosofía, vol. 1, número 8, 2001, pp. 37-52.

Hernández, A. J. J. *La tolerancia en el pensamiento de Roger Williams*, Universidad de Salamanca, 1980, tesis doctoral.

Hernández Borges, R. *La filosofía de Ronald Davidson. Lo humano interpretado*. Tesis doctoral de la Universidad de la Laguna, leída en 2001.

Herszenbaun, M. «Valores y Normas en Hans Kelsen Max Ernest Mayer» en la Revista Nuevo Itinerario, número 13, 2018, pp. 91-118.

Igartua Salaverría, J. «La despistada función epistémica de la «motivación reforzada» en el Diario la Ley, número 10139, 2022

Igartua Salaverria, J. «Control judicial de las discrecionalidad técnica: error manifiesto, inmediación, sana crítica» en la Revisa de la Administración Pública, 2017, pp. 11-39.

Iturrralde Vea, J. L. en la Obra colectiva *Para comprender la teoría sociológica: Auguste Comte*, (coord. Beriain, J; Iturralde, J. L.). Verbo divino, 2008, pp. 127-208.

Jarillo Gómez, J. L. «Aplicación e Interpretación del Ordenamiento jurídico: lagunas del Derecho. Antinomias y los criterios de resolución» en la obra colectiva *Problemas y cuestiones filosófico-jurídicas* (dir. Martínez-Sicluna, C). Madrid: Dykinson, 2022, pp. 101-110

Kucsko-Stadmayer, G. «El concepto de la norma y sus tipos» en la Revista de la Facultad de Derecho de México, vol 55, número 243, 2005, pp. 227-242

Lacombe, P. «La Historia como ciencia: a propósito de un artículo de Rickert» en la obra *La polémica sobre el método histórico (1900-1908): textos escogidos*. (Sevillano Calero, F et al). Ed. Norte Crítico, 2017, pp. 69-78.

Laguna, R. «¿Permanencia de lo político-teológico en J. J. Rousseau?» En la revista Páginas de Filosofía, vol. 14, número 17, 2013, pp. 85-101.

Leterlier Wartenberg, L. «La justicia constitucional en el pensamiento de Jünger Habermas» en Revista Chilena de estudios constitucionales, año 9, número 2, 2011, pp. 337-394

López Fuentes, J. L. «El problema de la relación entre Derecho y Moral» en Enfoques jurídicos, número 3, 2021, pp. 65-80

López Hernández, J. «El concepto de legalidad en perspectiva histórica» en los cuadernos electrónicos de Filosofía del Derecho» número 18, 2009, pp. 153-166

Loria, M. «Alasdair Macintyre: una filosofía del florencimiento» en la revista Hispanoamericana TOR, número 1, 2020. Pp. 27-48

Luna Serrano, A. «Sobre el nihilismo jurídico y los intentos de superación» en la Revista jurídica de Catalunya, vol 121, número 4, 2022, pp. 873-908.

Malalogi, L. «A Phrase which rest upon confusion. Llewelyn y el problema de la «Observancia del Derecho» en Iuris dictio, número 25, 2020, pp. 1-15.

Maraguat, E «La apropiación de Hegel, filósofo de la ambigüedad» en Aperion: estudios de Filosofía, número 17, 2022, (número dedicado a la vigencia de la Filosofía de Hegel), pp. 13-31.

Marcos, A. M. «Eutanasia: ¿excepción moral válida o derechos subjetivo? En selecciones de Teología, vol. 59, número 233, 2020.

Martín Barinaga-Rementería, J. «Diferencias entre las concepciones del «estado de la naturaleza» en Hobbes y Locke en Paideia: Revista de filosofía y didáctica filosófica, volumen 25, número 69, 2004, pp. 445-470.

Martínez Bretones, V. «Gustav Radbruch» en Rostros y personajes de las ciencias penales. (coord. Laveaga, G). 2020, pp. 349-358.

Massini Correas, C. «La interpretación jurídica como interpretación práctica» en la Revista Ars Iuris, número 31, 2004, pp. 205-233

Medeiros de Andrade Bilcalho, L. «El principio de legalidad administrativa en Brasil: la recuperación de un concepto fundamental para la democracia» tesis doctoral leída en la Universidad de Granada, 2023.

Menke, C. «Constitución y derechos subjetivos» en Revista de estudios de la Justicia, número 35, 2021, pp. 131-142.

Medina Alcoz, L. «Historia del concepto de derechos subjetivo en el Derecho administrativo español» en Revista de Derecho Público: teoría y método, número 13, 2021, pp. 7-52.

Messner, V. «¿Viviendo el mito?: la jurisdicción constitucional austriaca» en la Revista general de Derecho Constitucional, número 7, 2009.

Mindus, P. «La legislación en Hägerstrom» en la revista Iuris dictio, número 25, 2020. Pp. 1-23.

Mora Sifuentes, F. M. «Hart y el problema del positivismo jurídico. Una reconstrucción en tres actos» en la Revista Universitas: Revista de Filosofía, Derecho y Política, número 31, 2020, pp. 2-32.

Morello, A. M. «La enseñanza del Derecho en el pensamiento de Carlos Cossio y su recepción por el Derecho procesal» en Revista de Derecho procesal, número 1, 2006, pp. 501-509.

Monereo Pérez, J. L. «Sociología crítica del Derecho y teoría Jurídica en Hans Kelsen» en la Revista de Estudios jurídico laborales y de Seguridad Social, número 6, 2023, pp. 327-349.

Moreno Pérez, SC. Medio ambiente, derecho fundamental, tesis doctoral leía en 2008 en la Universidad del País Vasco

Montes Pazos, F. *Henry David Thoreau y Friedich Nietzsche, profetas del nihilismo*, tesis doctoral leída en la Universidad de León, en 2003.

Moreno Cuñat, M. J. «La concepción de la Filosofía jurídica en la obra de Giorgio Del Vecchio» en el Anuario de la Facultad de Derecho. Universidad de Extremadura, número 5, 1987, pp. 557-579

Moreso, J. J. «Positivismo jurídico y filosofía analítica» en Teoría y Derecho: revista de pensamiento jurídico, número 22, 2017, pp. 118-136.

Muñoz, G. «La Jurisprudencia norteamericana postliberal: orden y gobierno del bien común» en la revista Pensamiento al Margen: digital sobre ideas políticas, número 16 (dedicado a las guerras identitarias de las derechas contemporáneas), 2022, pp. 8-19.

Muñoz Cabrera, D. «Igualdad jurídica o igualdad material, ¿qué va antes el huevo o la gallina» en Anuario de Derecho humanos, número 11, 2010, pp. 403-422.

Navarro, P. «Lógica y Derecho» en la obra colectiva Filosofía: una introducción para juristas (coord. Lariguet, G.; González Lagier, D. Madrid: trotta, 2022, pp. 139-170.

Navarro López, P. E. «Lagunas del Derecho y casos irrelevantes» en la revista Doxa: cuadernos de Filosofía del Derecho, número 43, 2020, pp. 159-187.

Navarro, P. E. «Coherencia normativa y lógica deóntica. Comentario a Juan José Moreso, lo normativo: variedades y variaciones» en la revista Eunomia: Revista en Cultura de la legalidad, número 22, 2022, pp. 497-512.

Nicolás Marín, J. A. «Apel y la época de posverdad» en la Revista Disputatio, vol. 9, número 12, 2020.

Núñez Carpizo, E. «El concepto de Derecho en Luis Recasens Siches» en la Revista de la Facultad de Derecho de México, vol. 64, número 262, 2014, pp. 573-593.

Osuna Sánchez, L. E. «El pensamiento jurídico terapéutico» en la Revista Iberoamericana de Justicia terapéutica, número 2, 2021.

Pacho García, J. «La crítica de Hans Albert al purismo epistemológico» en la Revista Logos: Anales del Seminario de Metafísica, número 30, 1996, pp. 275-286

Pacteu, B. «Duguit: ¡El Estado reencontrado¡» en la Revista de Administración Pública, número 185, 2011, pp. 345-363.

Painkov, J. (et. at.) «La escuela de la exégesis y la investigación científica libre: reflejos hermenéutico jurídicos en Brasil (1873 a 1887)» en la revista Quaestio Iuris, vol. 16, número 1, pp. 281-312.

Pardeza Nieto, M. D. «Causas de nulidad de auto: teorías del árbol envenenado y del descubrimiento inevitable» Economist &Jurist, vol. 31, número 267, 2023, pp. 80-83.

Pasinello Martínez, J. «Una lógica razonable para el derecho de daños» en CEF legal, Revista práctica en Derecho, Comentarios y casos prácticos, número 241, 2021

Paz Garibo, A. «Algunas aportaciones de la filosofía alemana de los siglos xx y xxi a la Filosofía universal» en la revista Scio, número 23, 2022

Peris Cancio, J. A. *La recepción del tomismo en la filosofía del siglo XX.* Leída en Universitat de Valencia, 1997, tesis doctoral

Pérez Cánovas, L. A. «El pensamiento de Francois Gény: metodología, epistemología y ontología jurídica» tesis doctoral léida en la Universidad de Murcia, 2021

Pérez García, C. «Lagunas jurídicas y voluntad del Derecho» en la Revista Diálogos jurídicos: Anuario de la Facultad de Derecho de la Universidad de Oviedo, número 7, 2022, pp. 293-312.

Pino, G., «Seguridad Jurídica» en la revista Eunomia: Revista de la cultura de la Legalidad, número 25, 2023, pp. 262-284.

Pro Velasco, M. L. «El concepto de persona en la bioética contemporánea. Estudio confrontación y diálogo entre Daniel Dennet, Peter Singer y Robert Spaemann» en la Revista Quién: Revista de Filosofía personalista, número 11, 2020, pp. 125-141.

Ramírez Vargas, L. E. «La neutralidad valorativa en la teoría del Derecho. Las posturas de John Finnis y Joseph Raz» en Revista de Derecho, vol 21, 2000, pp. 71-99.

Reale Júnior, M. «Situación actual de la teoría tridimensional del Derecho, en los Anales de la cátedra Francisco Súarez, número 50, 2006, pp. 201-219.

Reyes Camargo, R. «Las líneas fundamentales de la Filosofía del Hegel y la idea de libertad» en la Revista de Filosofía, vol. 52, número 149, 2020, pp. 114-147.

Reyes Molina, S. «Jerome Frank: realismo jurídico estadounidense y los hechos en el Derecho» en la Revista Eunomía: Revista en Cultura de la legalidad, número 10, 2016, pp. 265-293.

de Rodríguez-Arias Bustamante, L. «La teoría de la institución y el positivismo sociológico» en la Revista de Derecho privado, número 65, 1981, pp. 586-594.

Rodríguez-Arana, J. «Seguridad jurídica y técnica normativa» en la revista Ferrolanálisis, de pensamiento y cultura, número 32, 2020, pp. 251-259.

Rophol, G. «Ob man sich eine Wissenschaft vom Gesamtzusammenhang vorstellen könnte» (si se podría imaginar una ciencia del contexto general), en la Obra Colectiva, *Die Lust am Widerspruch: Theorie der Dialektik - Dialektik der Theorie,* El placer de la contradicción: teoría de la dialéctica - dialéctica de la teoría, (coord. Hahn, E, et at), 2008.

Ross, A. «El concepto de la validez y el conflicto entre el positivismo y el Derecho natural» en Academia: revista sobre la enseñanza del Derecho en Buenos Aires, año 6, número 12, 2008, pp. 199-220.

Ruiz García, M. A. «Contribuciones filosóficas de Wittgstein a la hermenéutica» en la revista Escritos, vol. 15, número 35, 2007, pp. 318-347

Sánchez de la Torre, A. «la relación jurídica como concepto metodológico» en Revista de Ciencias Políticas y Sociales, número 11-12, 2010, pp. 31-53.

Schiavello, A. «Algunos argumentos a favor de una ciencia jurídica interpretativa» en Doxa: Cuadernos de Filosofía del Derecho, número 37, 2014, pp. 193.217

Semele, H. O. «Coherentismo, contractualismo y justicia procesal dura» en la Revista de la facultad de Derecho de México, vol 54, número 241, 2004.

Silva Abbot, M. *El positivismo jurídico de Norberto Bobbio,* 2005, Tesis doctoral.

Smilg Vidal, N. «Origen y significado de la noción de consenso en la filosofía de K. O. Apel» en la revista Daimon: Revista Internacional de Filosofía, número 78, 2019, pp. 207-222.

Solón Rudá, A. «Reflejos de la influencia de la filosofía del Lenguaje de Ludwig Wittgenstein en las teorías del Derecho de Kelsen, Ross, Hart y Dworkin» en la Revista Misión Jurídica: Revista de Derecho y Ciencias Sociales, vol. 13, número 19, 2020.

Stanek, J. «The autority of legal emotions: mysticism or truth? Leon Petrazycki`s legal realism vs.natural law» en la revista Ratio Iuris, vol. 17, número 35, 2022, pp. 495-522.

Sonales Corella, A.; Añón Roig, M. J.; Dalli, M. *Las funciones sociales del Derecho,* Valencia: tirant lo Blanch, 2021, pp. 833-852.

Valenzuela Sánchez, M. «Reformas de amparo y derechos colectivos» en Biolex: Revista Jurídica del Departamento de Derecho, vol. 9, número 17, 2017, pp. 85-90.

Vallejo García-Hevia, J. M. «Poder y Libertad en Montesquieu y Rousseau» en Revista de Libros, número 43.44, 2000, pp. 20-22.

Velázquez Leyez, R. «El institucionalismo histórico como respuesta a los retos actuales de la ciencia política» en la revista Jurídica Ibero, número 8, 2020, pp. 13-31

Velázquez, H. J. F. «La lógica deóntica de Von Wright en Norm and Action: estructura y problemas conceptuales. En Nuevo pensamiento, vol. 10, número 15, 2020, pp. 1-49.

Vergara Sandoval, R. *Un «tribunal constitucional» al margen de la «Constitución»* tesis doctoral leída en la Universidad de Alicante, 2022

Vernego, R. «El discurso del Derecho y el lenguaje normativo» en la revista Isonomia: Revista de Filosofía del Derecho y Teoría, número 4, 1996, pp. 87-95.

Vicente Giménez, T. «De la justicia climática a la justicia ecológica: los derechos de la naturaleza» en la revista catalana de Dret ambiental, vol. 11, número 2, 2020, pp. 1-42.

Vigo, R. L. «Del voluntarismo jurídico a la razón práctica en el Derecho» en la Revista General de Derecho Romano, número 35, 2020.

Widow Lira, F. «El derecho subjetivo entre la escolástica y la modernidad. La posición de Francisco Suárez» en Bajo Palabra. Revista de Filosofía, número 26, 2021, pp. 201-220.

Zitelmann, E; Segura Ortega, M. las lagunas del Derecho. Olejnik: Universidad Católica de Colombia, 2019.

Zofío Ferrer, J. L. *Problemas en la construcción de una lógica inductiva en Rudolf Carnap*, 1990, Universidad Autónoma de Madrid, tesis doctoral.